U0681821

集人文社科之思 刊 专业学术之声

中国歷史研究院集刊

PROCEEDINGS OF CHINESE ACADEMY OF HISTORY 2022 No.2 (Vol. 6)

高 翔 主编

2022年 2 总第6辑

社会科学文献出版社
SOCIAL SCIENCES ACADEMIC PRESS (CHINA)

中国历史研究院集刊

编辑委员会

主　　任：高　翔

委　　员：（按姓氏笔画排列）

于　沛　　马　敏　　马克垚　　包伟民　　刘庆柱

池田知久　李　凭　　李　捷　　李伯重　　李国强

李治安　　李剑鸣　　余新华　　汪荣祖　　林　沄

金冲及　　周　群　　庞卓恒　　钱乘旦　　高　翔

焦　兵　　路育松　　瞿林东

主　　编：高　翔

副 主 编：李国强　　路育松（常务）

中国历史研究院集刊

2020 年 1 月创刊　　　　半年刊　　　第 6 辑　　　2/2022

目　录

Proceedings of Chinese Academy of History

Founded in January 2020   Semiyearly   Vol. 6   **2**/2022

Contents

殷卜辞所见外服"侯"考[*]

张利军

摘　要：外服侯受商王册命，是商王朝设于四国的重要职事之一，其封地、族众构成商王朝国家的重要组成部分。外服侯的重要职责是军事防卫与征伐。外服侯封地的部分农业收成进入王朝仓廪，其战俘、劳动力、土产贡献于商王朝，成为国家经济收入来源，用于各类国家事务开支。部分外服侯之名见于青铜器铭文，且多为作器者，表明商王赐予外服侯制作青铜器的权力，使其认同商代主流文化。商王命令外服侯贡纳祭祀牺牲及占卜所用龟、骨，外服侯本人或其子弟通过作为贞人参与占卜等方式，融入商王朝占卜决疑的政治宗教文化之中。外服侯在商王朝政治、军事、经济、宗教、意识形态诸方面发挥重要作用，是商代国家存在与发展的基石。

关键词：甲骨文　外服　"侯某"　"某侯"　国家形态

考察甲骨文中某类人物的社会身分，对于认识商代社会结构、阶级状况、国家形态诸方面具有重要意义。20 世纪 30 年代，董作宾意识到甲骨文中人物的讨论对于推进甲骨学与殷商史研究的重要性。他特举"贞人"、"人物"两项甲骨断代标准，其中"人物"项列举"史官"、"诸侯"、"小臣"三类社会身分，并论证中国上古史中所谓"公、侯、伯、子、男"五等爵身分制在甲骨文中是否存在。① 其后，学者对卜辞中"侯"、"伯"、"子"、"男"等称谓进行深入研究，

---

* 本文系国家社科基金项目"出土文献与商周职官管理制度研究"（21BZS042）阶段性成果。

① 董作宾：《甲骨文断代研究例》，《庆祝蔡元培先生六十五岁论文集》上册，北平：中央研究院历史语言研究所，1933 年，第 323—424 页；《五等爵在殷商》，《中央研究院历史语言研究所集刊》第 6 本第 3 分，1936 年。

推进了对相关社会身分的认识。① 然而诸家观点存在较大分歧，如"侯"的身分、数量、史迹及其在商王朝中的作用等。既往研究多是根据甲骨卜辞中部分"侯"的资料进行讨论，缺乏全面整理甲骨文"侯"资料为基础的系统研究。近年出土甲骨材料及国内外相关机构、个人所藏甲骨的整理公布，为系统掌握卜辞中"侯"的历史信息、探讨"侯"的史迹提供了坚实的资料基础。

《尚书·酒诰》载"越在外服：侯、甸、男、卫、邦伯"，商代外服称谓在殷墟甲骨文中为"侯"、"田"、"男（任）"、"卫"、"伯"诸称。关于甲骨文中"侯"的身分，主要有诸侯说、爵称说和职官说。董作宾从甲骨卜辞考察所谓的"公、侯、伯、子、男"五等爵，指出卜辞中"公"并非表示爵称，而"侯、伯、子、男"为殷代爵称。② 其后胡厚宣、陈梦家、岛邦男、张秉权、杨升南等对此问题作了更深入探讨。③ 这些研究对卜辞中部分"侯"的相关史事作了考证，多肯定其为爵称，但并未正面论证。有学者提出新说，认为"侯"本为职官，于商代后期发展为诸侯。如裘锡圭在《逸周书·职方》孔晁注"侯，为王斥候也"以及劳榦所云"诸侯之事，最先本为斥候"的基础上，结合卜辞中"侯"的史迹，认为"侯本是驻在边地保卫王国的主要武官"，"虽然在商代后期，侯已经具有诸侯的性质，但从商王可以把田、牧等职官派驻在侯的封域之内的情况来看，商王对侯的控制显然仍是比较严格的，侯对王国所负的保卫之责大概也还是比较明确的"。④ 此后又有学者提出"外服职官是指臣属于商朝的诸侯"；⑤ 甲骨

---

① 胡厚宣、陈梦家、岛邦男、张秉权、杨升南等的研究概况，参见王宇信、杨升南主编：《甲骨学一百年》，北京：社会科学文献出版社，1999年，第462—470页；裘锡圭：《甲骨卜辞中所见的"田""牧""卫"等职官的研究——兼论"侯""甸""男""卫"等几种诸侯的起源》，《裘锡圭学术文集》第5卷，上海：复旦大学出版社，2012年，第153—168页；朱凤瀚：《殷墟卜辞中"侯"的身分补证——兼论"侯"、"伯"之异同》，李宗焜主编：《古文字与古代史》第4辑，台北：台湾"中研院"历史语言研究所，2015年，第1—36页。

② 董作宾：《五等爵在殷商》，《中央研究院历史语言研究所集刊》第6本第3分，1936年。

③ 诸家观点参见王宇信、杨升南主编：《甲骨学一百年》，第462—463页。

④ 裘锡圭：《甲骨卜辞中所见的"田""牧""卫"等职官的研究——兼论"侯""甸""男""卫"等几种诸侯的起源》，《裘锡圭学术文集》第5卷，第165页。

⑤ 李学勤主编：《中国古代文明与国家形成研究》，昆明：云南人民出版社，1997年，第431页。

文中的"侯"是诸侯身分而做外服职官；① 商代内外服即内外职事，甲骨文中的"侯、田、男、卫、伯"皆为商王朝外服职事称谓；②"侯"为外服职官，但尚未形成爵级制度；③ 等等。

以上认为商代有爵制的观点是以周代存在爵制为前提。近年学者对西周时期有无"五等爵"问题有了较多新认识，如吉本道雅考察西周金文中"公"、"侯"、"伯"、"仲"、"叔"、"季"等称谓，讨论了西周王朝的秩序，认为在"内诸侯"方面有公—伯、仲、叔、季称谓序列；在作为本族的外诸侯与作为分族的内诸侯关系方面，有侯—伯、仲、叔、季称谓序列；外服有侯—伯称谓序列。④ 李峰亦考察了"五等爵"称来源，认为虽然"公、侯、伯、子、男"五种称谓于西周时期均已存在，但分属不同的社会"秩序"，从未形成等级制度。"五等爵"称的形成很可能与春秋时期国与国间关系的霸主制度有关。⑤ 刘源指出"五等爵"称中只有"侯"、"男"为诸侯称号，"公"、"伯"、"子"广泛用于贵族名号，并不限于诸侯的范围。⑥ 这些认识促使学者进一步反思殷商"侯"的身分问题，如朱凤瀚认为"侯"为商王任命的外服职官，并非爵称，大多数为非子姓贵族，"侯"的职能主要是驻守边域、辅助王师出征。商王与"侯"的关系较为复杂，商王可以任命"侯"，"侯"时有反叛之举，商王在处理与"侯"的关系时较为慎重。⑦

笔者认为，殷墟甲骨文中"侯"应为外服职官，"侯"在商代晚期是否发展

① 王宇信、杨升南主编：《甲骨学一百年》，第462—470页；韩江苏、江林昌：《〈殷本纪〉订补与商史人物徵》，北京：中国社会科学出版社，2010年，第475—506页。

② 张利军：《〈尚书·酒诰〉所见商代"内外服"考论》，《史学史研究》2008年第4期。

③ 徐义华：《商王朝的外服职官制度》，王宇信等主编：《纪念王懿荣发现甲骨文110周年国际学术研讨会论文集》，北京：社会科学文献出版社，2009年，第346—364页。

④ 即"内诸侯における公—伯仲叔季なる序列"，"外诸侯（本族）—内诸侯（分族）の関係における侯—伯仲叔季なる序列"，"外服における侯—伯の序列が形成されていたこと"。参见吉本道雅：「春秋五等爵考」、東方學會編：『東方學』第87辑、1994年、第19页。

⑤ 参见李峰：《论"五等爵"称的起源》，李宗焜主编：《古文字与古代史》第3辑，台北：台湾"中研院"历史语言研究所，2012年，第159—184页。

⑥ 刘源：《"五等爵"制与殷周贵族政治体系》，《历史研究》2014年第1期。

⑦ 朱凤瀚：《殷墟卜辞中"侯"的身分补证——兼论"侯"、"伯"之异同》，李宗焜主编：《古文字与古代史》第4辑，第1—36页。

为诸侯身分而成为爵称，仍需进一步研究。以现有出土资料看，殷墟甲骨文有"多侯"、"多田"、"多任"、"多卫"、"多伯"等各类集合称谓，而未见"侯、田、任、卫、伯"的集合称谓——诸侯。《尚书·酒诰》载周公追述商代史事称"侯甸男卫邦伯"为外服，而未称之为诸侯，根据目前所见西周早期金文始称"诸侯：侯田男"（《令方彝》，《集成》9901），① 可以认为，将"侯、田、男"统称为诸侯应是周代分封诸侯制度建立后的称谓方式。商代外服中的"侯、田、男、卫、伯"等规模不同，互不统属而各自独立，且皆听命于商王，对商王朝担负的职责不同，在商王朝的地位和作用有别，是否可视为不同等级尚需更多材料支持。

目前所见甲骨文中具体称名的外服侯共 43 个，称谓方式有"某侯"、"侯某"、"某侯某"等。其中"某侯某"是侯名的完整形式，此种称谓方式较少见，侯前一字还用为地名、族名、人名，侯后一字一般认为是侯的私名。关于"侯某"称谓，陈梦家认为侯后用字也应为私名，② 但核实相关辞例，"侯某"之"某"一般也作为地名、族名、人名。此外，外服侯有单称"侯"的情况，如"甲申卜，王贞：侯其𢦔峀"（《合集》6842）、③ "贞：侯𡧜不其复"（《英藏》189）。④ "𢦔"字释读意见颇多，用于征伐有关的意义表示征伐而获胜。⑤ 这两条卜辞分别卜问外服侯讨伐"峀"，外服侯军事巡察回到商王朝复命，但不能确指具体侯名。卜辞"多侯"（《屯南》3396 正、3397 反，⑥《合集》11024、20592）之称非具体侯名，乃多个外服侯集合称谓。综上，甲骨文中的侯主要有"侯某"与"某侯"两种称谓方式，兹分别进行考察。

---

① 中国社会科学院考古研究所编：《殷周金文集成（修订增补本）》，北京：中华书局，2017 年，简称《集成》。

② 陈梦家：《殷虚卜辞综述》，北京：中华书局，1988 年，第 331 页。

③ 中国社会科学院历史研究所编：《甲骨文合集》，北京：中华书局，1978—1982 年，简称《合集》。

④ 李学勤等编：《英国所藏甲骨集》，北京：中华书局，1985 年，简称《英藏》。

⑤ 参见于省吾主编：《甲骨文字诂林》，北京：中华书局，1996 年，第 2367—2383 页；何景成编撰：《甲骨文字诂林补编》，北京：中华书局，2017 年，第 592—603 页。

⑥ 中国社会科学院考古研究所编：《小屯南地甲骨》，北京：中华书局，1983 年，简称《屯南》。

一、外服"侯某"史迹考

由于所见材料多寡有别、判断误差等，学者对殷卜辞中侯的数量及史事考察存在较大分歧。笔者从诸家研究所举卜辞异同入手，一一核实卜辞具体情况，全面搜集卜辞辞例，确定卜辞所见侯某具体情况。

关于"侯某"，董作宾列举侯虎、侯喜、侯光、侯专、侯告、侯𫐐、侯佁、侯𠂤（盾）、侯綌、侯敖，共 10 位；胡厚宣较之多出侯奠、侯雀、侯唐、侯昌，共 14 位；陈梦家列有侯光、侯专、侯告、侯𫐐、侯佁、侯𠂤（盾）、侯唐、侯涩、侯卲、侯旭、侯敖，共 11 位；岛邦男统计有侯敖、侯光、侯专、侯𫐐、侯綌、侯佁、侯𠂤（盾）、侯卲、侯汾、侯奠、侯屯，共 11 位；张秉权列侯敖、侯专、侯告、侯𫐐、侯汾、侯奠、侯綌、侯唐，共 8 位；王宇信、杨升南统计有侯告、侯光、侯专、侯𡲿（前）、侯匿、侯屯、侯佁、侯奠、侯𠂤（盾）、侯任、侯卲、侯田、侯段、侯𫐐、侯殺、侯涩、侯唐、侯侯，共 18 位；韩江苏、江林昌所列基本与王、杨统计相同，仅改侯涩为侯徒、侯前为侯湔。[①]

核实已刊布甲骨材料，所谓"侯侯"（《合集》20650）、"侯田"（《合集》36528），皆应句读开释读，不是具体侯名。"侯屯"（《合集》32187）卜辞原作"用侯屯"，宜如蔡哲茂意见，理解为用侯带来的屯为人牲，不是侯名。[②]"侯段"，见于"丙子卜，［惟］虎令比角［葬］☒［侯］段"（《合集》3306），该辞残，难以确定为侯名。岛邦男、张秉权提到的"侯汾"，据《合集》9154 确知为外服侯名。董作宾、胡厚宣、张秉权、岛邦男提到的"侯綌"，应为"献侯綌"（《合集》36345），"献"为族邦名，"綌"为献侯私名，宜归入外服"某

---

① 董作宾：《五等爵在殷商》，《中央研究院历史语言研究所集刊》第 6 本第 3 分，1936 年；胡厚宣：《殷代封建制度考》，《甲骨学商史论丛初集》，台北：大通书局，1972 年，第 31—112 页；陈梦家：《殷虚卜辞综述》，第 328—329 页；岛邦男：『殷墟卜辞研究』，弘前：弘前大学文理学部中国学研究会、1958 年、第 426—427 页；张秉权：《甲骨文与甲骨学》，台北：台湾编译馆，1988 年，第 426 页；王宇信、杨升南主编：《甲骨学一百年》，第 463 页；韩江苏、江林昌：《〈殷本纪〉订补与商史人物徵》，第 507 页。
② 蔡哲茂：《殷卜辞"用侯屯"辨》，宋镇豪主编：《甲骨文与殷商史》新 2 辑，上海：上海古籍出版社，2011 年，第 127 页。

侯"之列。胡厚宣提到的"侯雀"，所据《甲编》440 为残辞，① 不能证明是侯名。② 董作宾、胡厚宣所举"侯虎"，与"🏹侯豹"为同一外服，宜归入"某侯"之列。胡厚宣所举"侯昌"即王宇信、杨升南所举"昌侯"（《英藏》1772），该片仅存此二字，不能确定为外服侯名。陈梦家提到的"侯𡚉"，因《库》1809 系摹写，③ 有失误，据收入《英藏》191 的拓片释读为"癸丑卜，叀王自沚比□北伐［侯］☒"，亦不能确定为侯名。诸家所列"侯专"，据卜辞"丙寅卜，争，呼𰯟失侯专求（咎）权"（《合集》6834 正），"失侯专"与"失侯"为同一外服，"失"为族名、地名，"专"为侯私名，故宜归入外服"某侯"。诸家所举"侯丗"，应从林沄意见释为"侯盾"。④ "侯前"或"侯湔"宜改释为"侯洗（姓）"（详见后文）。经考察，目前甲骨文中较为确定的外服"侯某"共 14 位（表1），以下分别考证。

表 1　殷卜辞中"侯某"

侯告（《合集》20060、《合集》33039、《合集》7408）	侯光（《合集》3358、《合集》20057）	侯盾（《合集》3354、《合补》6569）	侯唐（《英藏》186）
侯奠（《合集》3351）	侯𤔲（《合集》19852）	侯𡚬（《合集》20024）	侯佰（《合集》1026）
侯洗（姓）（《合集》8656）	侯汾（《合集》9154）	侯敫（《合集》20066、《合集》3357）	侯任（《怀特》434、⑤《合集》6963、《合集》6799）
侯㳄（《合集》8656）	侯㞢（《合集》3353、《合集》5777）		

（一）侯告

侯告见于师组、宾组、历组等卜辞，亦见于非王卜辞中的妇女类卜辞。如：

---

① 董作宾：《殷虚文字甲编》，上海：商务印书馆，1948 年，简称《甲编》。

② 张惟捷《殷商武丁时期人物"雀"史迹研究》（《"中央研究院"历史语言研究所集刊》第 85 本第 4 分，2014 年，第 731 页）中将《合集》19852"雀侯"连读，判断雀为侯爵，实不可从，详见第 18 页对《合集》19852 甲骨卜辞的释读。

③ *The Couling-Chalfant Collection of Inscribed Oracle Bone*（《库方二氏藏甲骨卜辞》），drawn by Frank H. Chalfant，edited by Roswell S. Britton，Shanghai：The Commercial Press Ltd.，1935，简称《库》。

④ 林沄：《说干、盾》，安徽大学古文字研究室编：《古文字研究》第 22 辑，北京：中华书局，2000 年，第 93—95 页。

⑤ Hsü Chin-hsiung，*Oracle Bones from the White and Other Collections*（《怀特氏等收藏甲骨文集》），Toronto：The Royal Ontario Museum，1979，简称《怀特》。

☑令雀比侯告。 （《合集》20059）

□□卜，☑般 ［比］ 侯告。 （《合集》20058）

令贾比侯告。 （《合集》20060）

壬午卜，令般比侯告。癸未卜，令般比侯告。 （《合集》32812甲，师历间类）

壬午卜，令般比侯告。 （《合集》22299，非王卜辞妇女类）①

商王卜问命令雀、般、贾会同侯告践行王事。从"令般比侯告"这一事项来看，王卜辞的师组、历组与非王卜辞妇女类的时代有交叉。侯告所行王事可能是对夷方的战争，见于卜辞"侯告伐夷方"（《合集》33039，师历间类）。

武丁时期命令侯告参与征伐夷方的战事大概有两次，第一次发生在武丁某年6月，武丁就是否调遣侯告多次占卜：

［丙］ 寅卜，王，今来 ［戊］ 辰出，征夷……［六］ 月。（《合集》6458，典宾）

［己巳］ 卜，□贞：［□□比］ 侯告征夷。［贞：□］ 勿比侯告。

王占曰：□□比侯告。 （《合集》6457，宾一）

商王丙寅日卜问戊辰日亲自出兵讨伐夷方是否顺利，己巳日又卜问率领侯告征伐夷方之事。与是否率领侯告征夷有关的卜问尚有：

贞：王 ［重］ 侯告比。六月。 （《合集》3340，宾一）

［己］ 巳卜，㱿贞：王比侯告。 （《合集》3339，宾一）

贞：王重侯告比。勿惟侯告。 （《合集》13490）

贞：王重侯告比征夷。六月。贞：王勿惟侯告比。（《合集》6460正，宾一）

商王又卜问是册命侯告讨伐夷方，还是派遣外服易伯协助侯告讨伐夷方：

① 李爱辉、蒋玉斌在该版上先后加缀《合集》22473、《京人》3144。参见黄天树主编：《甲骨拼合四集》第930则，北京：学苑出版社，2016年，第140、289—290页，简称《拼四》；贝塚茂树：『京都大學人文科學研究所藏甲骨文字』、京都：京都大學人文科學研究所、1959年，简称《京人》。

［己］巳卜，殼贞：王勿卒𠦪侯告。

贞：其叀易［伯］☑。 （《合集》3342，典宾）

己巳卜，殼贞：王叀易伯𤉲𠦪。

□□卜，殼贞：侯告再册，王𠦪。☑叀侯告□𠦪。 （《英藏》197）

己巳卜，争贞：侯告再册，王勿卒𠦪。

庚午卜，争贞：王惟易伯𠦪。 （《合集》7410，典宾）

己巳卜，争贞：侯告再册，王勿卒𠦪。

庚午卜，争贞：王𠦪。 （《合集》7408，典宾）

其中较为关键的是"再册"的释读，学界争议颇多，主要有册封、报告军情、誓师等观点。岛邦男据《说文》"再，并举也"，认为"再册"是"奉举简册的意思"。奉举简册应包括两层含义：一为接受王命，一为向王报告。上举卜辞中"侯告再册"应是侯告上报军情、传递边报。"卒"字从裘锡圭释读。[1] "𠦪"字，徐中舒疑为"𡠗"字异体，[2] 蔡哲茂读为"𡠗"，意为相助，和金文之"𡠗"、文献之"乂"同义。[3] 辞意为商王就侯告所报边境受敌方侵犯之事占卜如何应对。卜辞显示，己巳日侯告上报受到敌方侵犯，商王占卜是否亲自出兵相助，次日占卜命邻近的外服易伯相助侯告，一直拖延到第 4 日壬申，还在贞问解决侯告受侵犯之事："［壬］申卜，□贞：侯告再册☑。"（《合集》7414，典宾）

6 月这次讨伐夷方似乎没有取得大的胜利，如前举卜辞壬午、癸未日，商王武丁又卜问由内服师般协同侯告征伐夷方。癸未日后的第 11 日甲午、第 12 日乙未，武丁卜问由妇好率兵征伐夷方或由妇好会同侯告的兵力讨伐夷方：

甲午卜，宾贞：王惟妇［好］令征夷。

---

① 裘锡圭：《释殷墟卜辞中的"卒"和"裈"》，《中原文物》1990 年第 3 期。

② 参见徐中舒主编：《甲骨文字典》，成都：四川辞书出版社，1989 年，第 1555 页；刘钊等编纂《新甲骨文编（增订本）》亦将此字列在"𡠗"字下（福州：福建人民出版社，2014 年，第 821 页）。

③ 蔡哲茂：《甲骨缀合集》，台北：乐学书局，1999 年，第 384 页。

乙未卜，宾贞：王惟妇［好］令征［夷］。　　　　　（《合补》332）①

贞：王令妇好比侯告伐夷。

贞：王勿令妇好比侯［告伐夷］。　　　　　　　（《合集》6480，典宾）

从丙寅日商王武丁卜问是否于戊辰日亲自率兵讨伐夷方，至乙未日命令妇好联合侯告讨伐夷方，时间持续30日。

甲骨文所见侯告史迹主要是征伐夷方，其地望大致为殷东。据以上卜辞，侯告主要活动于武丁时期，与内服贵族共同维护商王朝的统治秩序和边境安危。侯告还曾献羌人俘虏用于祭祀，如"侯告羌得"（《合集》517正）、"贞：翌丁巳用侯告岁羌三，卯牢"（《合集》401），意为侯告获得羌人俘虏，用侯告所献岁贡羌俘3个、剖杀太牢献祭。

宾类卜辞另有"告子"之称，"告"为族名，"子"为其族长称谓。如"贞：告子其屮（有）囚②（忧）。贞：告子亡囚（忧）"（《合集》4735正，典宾）。商王关心告族族长安危，当与告子践行王事有关。目前尚难确定告子是否与侯告相关，仅列存疑。

（二）侯光

侯光亦单称"光"，见于师组、宾组、无名组王卜辞以及非王卜辞。侯光受命践行王事：

丙寅卜，王贞：侯光若，［其］往束，嘉。□□侯光。□月。

　　　　　　　　　　　　　　　　　　（《合集》20057，师小类）

□王贞：次弗戎于光。　　　　　　　　　（《合集》7008，师宾间类）

商王武丁担心侯光奉命到束地办事安顺与否。"次"为"伯次"（《合集》3414）省称，商王占卜希望伯次不要侵犯侯光。

---

① 中国社科院历史研究所编：《甲骨文合集补编》，北京：语文出版社，1999年，简称《合补》。

② 此字释读意见颇多，如释读为"祸"、"咎"，近年一般从裘锡圭释读为"忧"。参见何景成编撰：《甲骨文字诂林补编》，第539—550页。

侯光践行王事的一个重要方面是俘获羌人，并将其献于商王：

甲辰卜，亘贞：今三月光呼来。

王占曰：其呼来，乞至惟乙。旬又二日乙卯，允有来自光，以羌刍五十。

（《合集》94 正，典宾）

丙午，王寻占光。卜曰：不吉，有求（咎），兹呼来。

（《合集》94 反，典宾）

甲辰日王命侯光 3 月来朝觐、进献。丙午日王又占问侯光是否来进献，卜兆显示不吉，此时命令侯光来会有灾咎，故迟至 12 日后的乙卯日才有自侯光进献羌刍 50 人。商王对侯光没有及时朝觐并进献羌人的原因进行占问，如：

贞：光不其来。□□卜，宾贞：光来。　　　　　　　　　　（《合集》4481）

贞：光获羌。　　　　　　　　　　　　　　　　　（《合集》182，典宾）

光不其获羌。弗其及。　　　　　　　　　　　　　（《合集》183，典宾）

光不其获羌。　　　　　　　　　　　　　　　　　（《合集》184，典宾）

侯光没有及时俘获羌人，故未能按时朝觐、进献。侯光俘获羌人进献时，商王命令迎接，如"光不其获羌。呼逆执"（《合集》185，典宾）、"☑光来羌"（《合集》245，典宾）。"逆"意为迎，"执"指代俘获的羌人。

非王卜辞主人亦关心侯光践行王事，如"丁未卜，贞：令戉、光有获羌刍五十"（《合集》22043，午组）、"丁未卜，光☑。六月。光亡卣（尤）"（《合集》22174，劣体类）。非王卜辞主人卜问的时间恰在上举辞例丙午王占的次日丁未，其为侯光俘获羌人行动的安危担忧，可能是其宗族武装参与了此王事，故担忧本族武装是否遭受损失。

侯光除向商王朝进献羌人外，还有进献刍牧者的义务：

呼洗、光刍。　　　　　　　　　　　　　　　　　（《合集》1380，宾一）

叀緤匕（比）侯光，叀（事）。　　　　　　　　（《合集》3358，宾三）

"洗"曾为商王朝的敌对者，称洗方，武丁时期被商王朝征服，册命为外服侯（《合集》8656，宾一）。第 1 例卜辞是命令侯洗与侯光进献刍牧者。"紓"为族名，商王朝外服"伯紓"（《合集》20088，师肥）省称。"匕"读为比，协同、会合之意。"事"为动词，《说文》："事，职也。"《尔雅·释诂下》："事，勤也。"郭璞注："由事事，故为勤。"邢昺疏"皆谓勤劳也"，"由能事事有功者，亦为勤"。[1] 第 2 例是命令外服伯紓协同侯光践行王事。

侯光还有协助商王朝讨伐敌对邦国的义务，如：

王占曰：有咎。兹龍执光。王占曰：惟既。　　　　　　（《合集》6566 反）

贞：戊弗其戋洗方。

□□卜，□，贞：光其戋。王占曰：不惟［既］。　　　（《合集》6568）

□戊卜，穀贞：戊戋洗方。

贞：戊弗其戋洗方。

贞：光戋。贞：亡其疾。

贞：光不其戋。　　　　　　　　　　　　　　　　　　（《缀续》437）[2]

甲午卜，宾贞：光亡尤。王占曰：［光］☒。

甲午卜，宾贞：光其有尤。二月。　　　　　　　　　　（《合集》6566 正）

王占曰：有求（咎）。叙、光其有来艰。乞至六日戊戌，允有［来艰］。

有仆在曼，宰在□，其☒晨，亦焚廪三。十一月。　　　（《合集》583 反）

"戋"字有多种释读意见，至今未能达成共识，但均认为与军事征伐有关。据同版"戊戋洗方"，侯光所戋"洗方"承前省略。第 2 例卜问命令戊还是侯光讨伐敌对的洗方，表明戊、侯光是讨伐洗方的主要军事将领。商王还占卜侯光讨伐洗方是否会取胜，并为侯光族安危担忧。"叙"多指武丁时期贞人，最后 1 例中作地名。"仆"、"宰"皆为劳动者，"廪"即仓廪。辞意为商王视兆后认为有灾祸，

① 郭璞注，邢昺疏：《尔雅注疏》卷 2《释诂下》，阮元校刻：《十三经注疏》，北京：中华书局，1980 年影印本，第 2574 页。

② 蔡哲茂编著：《甲骨缀合续集》，台北：文津出版社，2004 年，第 69、183 页，简称《缀续》。

将从叔及侯光居地传来灾祸的消息。果然第 6 日戊戌日，受地的仆、宰发生暴乱，并焚烧了 3 个仓廪。侯光之地的仓廪当与商王朝密切相关，很可能为商王朝所设。商王室与侯光还有婚姻关系，如卜辞"☑品，妇光"（《合集》2811，宾三），"妇光"可能是嫁于王室贵族的侯光族女子。

综上，侯光作为商王朝外服之一，一直臣服于商王朝。侯光向商王朝纳贡，说明其有封地和民众。侯光以其族氏力量为商王朝事务奔波，如俘获并进献羌刍。侯光出兵协助商王征伐敌对方国，商王担忧侯光的安危。商王在侯光之地建有仓廪。商王室以婚姻关系拉拢侯光族。

（三）侯盾

侯盾又单称"盾"，见于师组、子组、宾组、历组卜辞。侯盾是商王朝军事行动的重要参与者：

贞：王［比］侯盾。	（《合集》3355，宾一）
□□卜，王比侯盾☑。	（《合集》32813，师历间类）
戊子［卜］，王弜［比］侯盾。	（《合补》6569）
贞：盾再册，孚。	（《合集》7427 正，典宾）
辛亥卜，贞：盾其取方。八月。	（《合集》6754，师历间类）
戊戌卜，贞：盾其以方，［敦］。	（《合集》9082，宾一）
贞：盾弗戋周。	（《合集》6825，宾一）

前 3 例贞问王会同侯盾进行某事是否可行。后 4 例为卜问侯盾接受王命服御王事，讨伐方方、周方之事。其中，商王于亥日卜问，侯盾是否能够战胜方，戊戌日盾到达方，敦伐之。

侯盾距离雀、疋、甫之地不远，商王担心侯盾与他们产生摩擦，如：

丁巳［卜］，贞：盾［弗］戋雀。五月。	（《合集》6971，师宾间类）
盾其戋疋。	（《合集》6974，师宾间类）
☑贞：雀受盾又（佑）。雀以。	（《英藏》387）

"雀"为外服任(《合集》19033),"疋"为外服任(《拼四》907),商王担心侯盾与他们产生冲突,希望侯盾能起到保护雀、疋的作用。

侯盾有朝觐商王并贡纳的义务,如"侯盾来"(《合集》3354),"来"即来享、来朝之义。卜辞可见侯盾捕获鸟贡献给商王朝的记录,"庚戌卜,盾获网雉。获十五"(《合集》10514)。侯盾为商王朝的祭祀大典献牺牲:

> 乙未[卜],岁祖□三十牢□。兹用。羞盾岁,祐雨,不延雨。
>
> (《合集》33986,历二)
>
> □叀□用。嬴侯盾,王不湝。　　　　　　　(《合集》3356,宾一)

"羞",《说文》:"进献也。"段玉裁注:"引申之,凡进皆曰羞。"[1] 辞意为乙未日卜问岁祭祖某用30头牛,可行,并进献侯盾所献牛牲举行岁祭祈求降雨,但希望不要连续降雨。"用"字前应也是关于祭祀的内容,"嬴"读为赢,《广雅·释诂一》:"赢,益也。""湝"作为吉凶用语,有凶祸、灾害之义。[2] 商王举行的祭祀益于侯盾,王亦不遇祸殃。商王还为践行王事的侯盾安危担忧,如"丙子卜,贞:盾亡不若。六月"(《合集》16347,宾一)。

甲骨文所见外服侯盾的活动,反映侯盾与周、雀、甫、疋相去不远,尤其是与殷西之周接近,可大体判断为商王都西部外服。侯盾的主要职责是守卫商王朝西部疆土并向商王朝贡纳祭祀之物,侯盾执行王命为王朝办事时得到商王的关心。

(四)侯唐

侯唐又称"唐",唐亦为地名、族名,侯唐主要活跃于武丁时期。商王武丁命令雀和儌到唐度量其地范围,并且在唐地建造城邑:

> 庚午卜,令雀、儌量唐。　　　　　　　　(《合集》19822,师小类)
>
> 贞:作大邑于唐土。　　　　　　　　　　(《英藏》1105正)

---

[1] 许慎撰,段玉裁注:《说文解字注》,上海:上海古籍出版社,1981年,第745页。

[2] 赵诚编著:《甲骨文简明词典——卜辞分类读本》,北京:中华书局,1988年,第282页。

贞：帝祑唐邑。贞：帝弗祑唐邑。　　　　　（《合集》14208 正，师宾间类）

丁卯卜，争贞：王作邑，帝若我从之唐。　　　　（《合集》14200，典宾）

"祑"，有灾祸意，饶宗颐谓"天命降灾伤害于兹邑也"。① 武丁在唐地修筑城邑，占卜希望上帝不要降灾祸于唐邑。武丁建大邑于唐土，或即册封唐族为外服侯唐。

侯唐之地是重要的田猎区：

辛卯卜，［贞］：方其出［于］唐。　　　　　　（《合集》6715）

辛卯卜，贞：［方］不出于唐。□月。　　　　　（《合集》6716）

□□卜，𡧡贞：王狩唐，若。舌方其大［出］。　　（《合集》10998 反）

［田］于唐。叀尸、犬呼田。　　　　　　　　　（《合集》11000）

前 2 例意为商王卜问希望舌方不要侵扰侯唐之地。第 3 例贞问商王于唐地狩猎顺利与否，结果舌方出动来侵扰。第 4 例意为商王于唐地田猎，呼命尸与犬参加。据此可知，侯唐之地与舌方邻近，舌方地处今晋中汾水流域灵石、介休以东，靠近晋东南地区。② 侯唐是商王朝抵御舌方的重要基地，其地可能也在晋南地区，文王玉环铭云："文王卜曰：我及唐人弘战崇人。"③ 此"唐人"即侯唐族众，侯唐居地与周初分封叔虞的唐地当不远。商王向唐地派驻兵力，"贞：使人往于唐"（《合集》5544），并占卜是否会合侯唐采取军事行动，"□巳卜，王，［惟比侯］唐；不惟侯唐"（《英藏》186），应与讨伐进犯的舌方有关。

侯唐之地是重要的农业区，如"贞：我受黍年，于唐"（《合集》9948），商王卜问于唐地获得好的收成。商王向唐地征集饲养放牧者"唐刍"（《合集》

---

① 饶宗颐：《殷代贞卜人物通考》，香港：香港大学出版社，1959 年，第 118 页。

② 朱凤瀚：《武丁时期商王国北部与西北部之边患与政治地理——再读有关边患的武丁大版牛胛骨卜辞》，中国国家博物馆编：《中国国家博物馆馆藏文物研究丛书·甲骨卷》，上海：上海古籍出版社，2007 年，第 281 页。

③ 山西省考古研究所、北京大学考古学系：《天马—曲村遗址北赵晋侯墓地第三次发掘》，《文物》1994 年第 8 期，第 31 页。

145)，说明侯唐之地可能还有畜牧区。

侯唐有向商王朝纳贡的职责，主要贡献与祭祀、占卜等宗教活动有关的物品：

唐入十。	(《合集》892 反)
唐入十。	(《合集》9811)
唐来四十。	(《合集》5776 反)
唐入二。廌	(《合集》9269)
乙亥卜，贞：取唐黿。	
乙亥卜，王贞：我取唐黿大甲，不蚩（害），保。	
乙亥卜，王贞：我取唐黿大甲，其蚩（害）我。	
乙亥卜，王贞：我取唐黿祖乙。	(《合补》95)
乙巳卜，殻贞：王其取唐黿☒，受佑又。	(《合集》1295)
癸未卜，宾贞：王取唐黿。七月。	(《合集》1296)
☒贞：王其取唐黿。	(《合集》1297)
贞：王取唐［黿］。	(《合补》84)
丙寅卜，［贞］：王取［唐］黿。贞：勿取唐黿。九月。	(《合集》1299)
贞：翌甲申勿［取］唐黿。	(《合集》1300)
贞：入。勿卒入。贞：入。取唐黿。	(《合集》5739)

唐多次贡献 2 只、10 只、40 只不等的大龟用于占卜活动。商王朝还多次向侯唐征取祭祀所用牺牲"黿"，或许这种牺牲为唐地特有，是唐地向商王朝固有的贡献。

卜辞有"唐子"，是商王同姓贵族，受到武丁的祭祀：

侑于唐子伐。	(《合集》456 正，典宾)
贞：唐子伐。［贞］：唐子燮父乙。	(《合集》973 正，宾一)
贞：唐子亡其咎。	(《合集》3281，宾三)

商王祭祀唐子，应与父乙有关。父乙乃武丁之父小乙，唐子或为小乙的子辈，如此武丁与唐子或为兄弟关系。唐子后代继续居唐地，如"贞：御唐于母己"

（《合集》4517，宾三）。唐族首领有祸患，商王向母己举行御祭，祓除唐子之不祥。推测武丁基于与唐族亲近的血缘关系，以及巩固疆土的需要，将唐族分支册封在地理位置重要的殷都西北部，建立外服侯唐作为抵御舌方的重要基地。商王朝在侯唐之地建有城邑，向其增派兵力、举行田猎并设有农业、畜牧业区域。侯唐有向商王朝贡纳的义务，主要贡纳用于占卜的龟与祭祀牺牲等。

（五）侯奠

侯奠亦称"奠"，侯为外服职名，奠为族名。侯奠听命于商王，有朝觐、纳贡的义务。如：

甲寅卜，王呼以，侯奠来□，六月。 　　　　　　　（《合集》3351，宾一）

贞：勿曰侯奠。 　　　　　　　　　　　　　　　　（《合集》3352，宾一）

丙子卜，古贞：奠妊不以。贞：其至，七月。

丙子卜，古贞：翌丁丑妊至，七月。

丙子卜，古贞：翌丁丑奠至，七月。 　　　　　　（《合集》8473，宾三）

第 1 例意为商王命令致献贡物，外服侯奠会来献，时在 6 月甲寅日。第 2 例为商王卜问是否诰令侯奠。第 3 例为丙子日卜问当日侯奠是否致送女奴于商王朝，时在 7 月，丙子日又卜问翌日丁丑外服侯奠来朝，致送女奴。

侯奠有向商王朝贡纳占卜用龟的义务，如：

奠入二。 　　　　　　　　　　　　　　　　　　　（《合集》152 反）

奠来十。 　　　　　　　　　　　　　　　　　　　（《合集》151 反）

奠来四，在襄。 　　　　　　　　　　　　　　　　（《合集》5439）

奠来五。 　　　　　　　　　　　　　　　　　　　（《合集》10345 反）

奠来十。 　　　　　　　　　　　　　　　　　　　（《合集》6654 反）

奠来三十。 　　　　　　　　　　　　　　　　　　（《合集》9613 反）

奠入十。 　　　　　　　　　　　　　　　　　　　（《合集》110 反）

奠来十。 　　　　　　　　　　　　　　　　　　　（《合集》506 反）

奠入二十。 (《合集》2415 反)

以上皆为甲桥记事刻辞,"入"、"来"为贡纳用语。侯奠多次进贡 2 只、4 只、5 只、10 只、20 只、30 只数量不等的大龟,说明其有封地且产龟。第 3 例表明侯奠的封地与襄地有关。侯奠要向商王朝提供劳动力,如"共奠臣"(《合集》635 反),"共"即贡,意为向商王朝贡纳奠臣。侯奠还进献占卜用牛胛骨。如"奠示十屯又一。永"(《合集》6527 臼),载侯奠一次贡纳了十对零一块卜骨,贞人永作了记录。

商王朝与侯奠关系密切,商王曾命令会同外服侯奠一起取三个邑,"贞:呼比奠取炘、尃、晶三邑"(《合集》7074)。商王担心外服侯奠的疾病,"贞:奠肩兴[有疾]。奠弗其兴有疾。于妣甲御。勿于妣甲"(《醉古集》250)。[1]"肩"训为克,[2]"兴"的意思是"起","肩兴有疾"即"克兴有疾",是说疾病状况好转。[3] 向妣甲举行禳除灾祸的御祭,目的是祈求奠的疾病好转。商王举行御祭而禳除灾祸的对象多为王室成员,可推测侯奠与商王室有血缘关系。

从武丁到帝乙、帝辛时期的卜辞看,商王可以在奠地活动:

贞:今日勿步于奠。 (《合集》7876,典宾)

贞:刍[于]奠。 (《合集》11417 正,典宾)

甲子卜,中贞:求(咎)奠,示奠。 (《俄藏》67,出二)[4]

在奠[贞]:王田师东,往来亡灾。兹孚[5]。获鹿六,狐十。

(《合集》37410,黄类)

商王在外服侯奠的封地举行占卜、田猎、放牧、巡视等活动,并关心奠地安危,

---

① 林宏明:《醉古集——甲骨的缀合与研究》,台北:万卷楼,2011 年,简称《醉古集》。

② 裘锡圭:《说"口凡有疾"》,《故宫博物院院刊》2000 年第 1 期,第 3—4 页。

③ 蔡哲茂:《殷卜辞"肩凡有疾"解》,台湾图书馆等编:《屈万里先生百岁诞辰国际学术研讨会论文集》,台北:台湾图书馆,2006 年,第 389—432 页。

④ 宋镇豪、玛丽娅主编:《俄罗斯国立爱米塔什博物馆藏殷墟甲骨》,上海:上海古籍出版社,2013 年,简称《俄藏》。

⑤ 此字旧多释"御",裘锡圭释读为"孚"字,可从。参见《夒公盨铭文考释》,《裘锡圭学术文集》第 3 卷,第 161 页。

说明侯奠作为外服侯一直臣服于商王朝,并且与商王朝保持友好关系。

卜辞另有"子奠",如"庚寅卜,争贞:子奠惟令"(《合集》3195 甲,宾一)。语序当为"惟子奠令",商王占卜是否命令贵族子奠践行王事。子奠属于内服商人家族,由商王为侯奠向妣甲举行御祭被除疾病,说明侯奠与商王有血缘关系,不排除侯奠与子奠为同一族不同分支的可能性,子奠为内服,侯奠为外服。

(六)侯匿

商爵有族氏铭文"匿"(《集成》7495),说明匿为族氏名。① 甲骨文有"在匿"(《合集》8192),匿为地名。

卜辞有"辛丑卜,勿呼雀𢀳,雀取侯十匿"(《合集》19852,师类),②"𢀳"字横刻,此种刻法还见于《合集》32328、《合集》32393、《英藏》2398,"三匚二示"(《合集》32392)与"三𢀳"(《合集》32393)对读,可将"𢀳"读为"报"。"十匿"表示 10 个匿族人。雀向侯征取 10 个匿族人,此侯即为匿地、匿族之侯,应是向侯匿征取 10 人。卜辞意为辛丑日商王卜问不要命令雀参与报祭,而是让雀征取侯匿 10 个人的贡纳。

甲骨文所见外服侯匿的事迹主要是向商王朝贡纳占卜所用龟、骨。甲桥刻辞记载侯匿多次主动贡纳占卜用龟,如贡纳龟 1 只(《合集》3521 反)、10 只(《合集》9250)、100 只(《合集》12396 反)不等。相较而言,侯匿所献占卜用的牛肩胛骨更多,如:

壬子,殻乞自匿。　　　　　　　　　　　　(《英藏》786 骨面刻辞)

丁丑㞢乞于匿二十屯。河。　　　　　　　　(《合集》9399 骨面刻辞)

---

① 按匿字为两竖目张望之形,周忠兵释读为"睂"的本字,参见《出土文献所见"仆臣台"之"台"考》,《"中央研究院"历史语言研究所集刊》第 90 本第 3 分,2019 年,第 381 页。

② 此辞释读尚未达成共识,姚孝遂主编《殷墟甲骨刻辞摹释总集》读为一辞,作"辛丑卜勿呼雀𢀳雀取侯匿"(北京:中华书局,1988 年,第 437 页);胡厚宣主编《甲骨文合集释文》读为二辞,作"辛丑卜,勿乎雀取匿。𢀳雀侯"(北京:中国社会科学出版社,1999 年,第 992—993 页);曹锦炎、沈建华编著《甲骨文校释总集》沿袭《甲骨文合集释文》而微异,作"辛丑卜,勿乎雀取匿。匚雀厌('匚'字横刻)"(上海:上海辞书出版社,2006 年,第 2289 页)。此处采用释为一辞意见,经核对拓片"侯"下还有"十"字。

乙□，邑乞自匿五屯，十二月。　　　　　　　　　　（《合集》9400 骨面刻辞）

癸卯［帚］井示四屯。自匿［乞］。　　　　　　　　　　　（9790 骨臼）

自匿五十屯。　　　　　　　　　（《合集》9396、9397、9398 骨面刻辞）

乞自匿五十［屯］。　　　　　　　　　　　（《合集》9401 骨面刻辞）

对于记事刻辞中的"气"，目前多数学者理解为"乞求"意，并直接写作"乞"。季旭昇认为，将"气（乞）"训为"乞求"并不妥帖，应为给与、贡献、致送之意。① "乞"本有二义，《广雅·释诂三》有"乞，求也"，"乞，予也"。方稚松在此基础上提出，记事刻辞中"乞"的含义，既有"给与"意，也有"求取"意。② 上举辞例为"自匿乞"或"乞自匿"，表明占卜所用骨或求取自侯匿，一般记有某求取自侯匿，或称来自侯匿所贡献，不标明求取者。

侯匿接受王命，为践行王事奔波，如商王命令门、匿、曾三族一起践行王事（《合集》19095 正，典宾）。又如"令匿罘歼"（《合集》4495，师小类）。"罘"，多数学者认为用为接续词，其义如"及"、"与"。③ "歼"为商王朝臣属，辞意为商王命令侯匿与歼践行王事。

商王关心侯匿，为其安危和生死担忧，如"贞：匿其屰。不［屰］。贞：匿有囚（憂）"（《合集》4498 反，宾一）。《醉古集》第 35 组为正反对贞卜辞："壬申卜，宾贞：匿不屰。"（《乙编》1482 + 《合集》17083 甲，宾一）④ "壬申卜，宾贞：匿［屰］。"（《乙编》1491 + 《合集》17083 乙）⑤ "屰"字作人处棺椁之中形，张政烺释读为"晶"，⑥ 陈剑释读为文献中意为"暴死"的"昏"、"婚"。⑦ 商王卜问外

---

① 季旭昇：《说气》，《中国文字》新 26 期，台北：艺文印书馆，2000 年，第 139—148 页。

② 方稚松：《殷墟甲骨文五种记事刻辞研究》，北京：线装书局，2009 年，第 71 页。

③ 于省吾主编：《甲骨文字诂林》，第 566—569 页。

④ 董作宾主编：《殷虚文字乙编》，台北：台湾"中研院"历史语言研究所，1994 年，简称《乙编》。

⑤ 林宏明：《醉古集——甲骨的缀合与研究》，图版第 39 页。

⑥ 张政烺：《释甲骨文"俄"、"隶"、"蕴"三字》，《张政烺文集·甲骨金文与商周史研究》，北京：中华书局，第 14—17 页。

⑦ 陈剑：《殷墟卜辞的分期分类对甲骨文字考释的重要性》，《甲骨金文考释论集》，北京：线装书局，2007 年，第 427—436 页。

服侯匿是否会因有忧祸而死去。外服侯匿所受灾祸应与方方国侵犯有关，卜辞有"壬寅卜，古贞：方匿［不其佑］☒。贞：方匿其佑☒"（《合集》4300 正，典宾）。

（七）侯扣

目前所见外服侯扣辞例不多，主要见于师组、宾组、子组。侯扣向商王朝贡献占卜用龟，并接受商王的命令率族人践行王事：

侯扣来	（《合集》20024）
扣入	（《合集》9377）
己卯卜，王，咸𢦏失。余曰：雀、扣人伐面不。	
	（《合集》7020，师宾间类）
☒朕余曰：扣召爱☒	（《合集》20338，师肥类）

"来"、"入"皆有贡献之意。"咸𢦏"，见于周初方鼎"惟周公于征伐东夷，丰伯、薄姑咸𢦏"（《集成》2739），表示大获全胜。"余"，商王自称。"曰"，谓、问之意。"雀"为外服雀任，"雀人"、"扣人"，为雀任、侯扣军队。"面"为族名，可能参与了失方侵犯商的活动。己卯日王亲自卜问战胜失方后，是否命令雀人与扣人征伐反商的面族。经此一役，失方被征服而纳入外服侯系统（详见"失侯"节）。非王卜辞主人亦关心商王对侯扣的任使，如"乙巳卜，贾告人☒呼扣□"（《合集》21641，子类），或许与该族众参与侯扣所践行的王事有关。

（八）侯佡

有关侯佡的卜辞时代皆为武丁时期，从中可见侯佡有贡纳与听从商王命令的义务：

戊申卜，侯佡以人。	（《合集》1026，师宾间类）
☒易𣏌佡以，由。	（《合集》19026，典宾）
贞：惟佡令𣏌卯。	（《英藏》321）

"以"，致送也。"由"，"由王事"的省略语。"凵"字释读意见颇多，影响比较大的有"由王事"、"古王事"、"甾王事"、"赞王事"、"堪王事"等，① 但该字明显与"古"、"甾"不同，释为"由"字较为可信，《广雅·释诂四》："由，用也。"辞意为商王命令侯伯致送人众，命令易和侯伯致贡，用王事。"惟伯令罙卯"是"惟令伯罙卯"倒语，即降命于侯伯与名卯者。

外服侯伯贡献占卜所用牛肩胛骨：

辛酉，伯示六屯。叔。　　　　　　　　　（《合集》17615 臼，典宾）

壬戌，伯示三屯，岳。　　　　　　　　　（《合集》17616，典宾）

记事刻辞中"示"的含义历来争议较多，刘一曼、曹定云归纳"示"字各家意见，以释"示"为"视"，意为省视、检视的观点影响较大。② 据裘锡圭释读，"乙巳瞽示屯。亘"（《合集》5299 臼）中"示"上一字为女性之"瞽"的专字，③ 那么，在记事刻辞中释读"示"为"视"似有不妥。比较而言，赵诚认为记事刻辞中的"示"用作动词，有交纳、进贡、奉献之意，④ 能够通读。即外服侯伯进贡六对牛肩胛骨，由叔作了记录；外服侯伯进贡三对牛肩胛骨，由岳作了记录。从相关卜辞看，外服侯伯听从商王朝调遣，任用王事，有向商王朝贡人、贡卜用牛胛骨的贡纳职责。

（九）侯洗（姺）

关于这一侯名用字，大致有如下形体："𣥂"（《合集》8621）、"𣥩"（《屯南》917）、"𣥂"（《合集》1380）、"𣥃"（《合集》4822）。另有字形相关的方国

① 相关研究参见于省吾主编：《甲骨文字诂林》，第699—706页；何景成编撰：《甲骨文字诂林补编》，第191—213页。
② 刘一曼、曹定云：《论殷墟花园庄东地H3的记事刻辞》，王宇信等主编：《2004年安阳殷商文明国际学术研讨会论文集》，北京：社会科学文献出版社，2004年，第42—43页。
③ 裘锡圭：《关于殷墟卜辞的"瞽"》，王宇信等主编：《2004年安阳殷商文明国际学术研讨会论文集》，第1—5页。
④ 赵诚编著：《甲骨文简明词典——卜辞分类读本》，第320页。

名，如"𧉪方"（《合集》8616）、"𧉪方"（《合集》6567）。罗振玉将侯名之字与方国名都释读为"冼"，[1] 王子杨赞同该意见并进行了补释。[2] 杨树达认为："冼与莘为双声，与佚、姺则声类相同之字也。"[3] 此侯之族氏，可能是文献所载"有姺氏"，有姺氏为姒姓夏后裔，史载商汤与有姺氏联姻，并重用该族出身的伊尹辅政，以至于间夏、灭夏，可以说有姺氏是商王朝建立的重要同盟功臣。

侯冼事例主要见于武丁时期，主要职责应是配合王师讨伐敌方，如：

庚子卜，贞：曰侯冼出自方。

庚子卜，贞：呼侯浞出自方。　　　　　　　　（《合集》8656 = 19327，宾一）

呼冼、韦　　　　　　　　　　　　　　　　（《合集》1777，典宾）

令吴、冼　　　　　　　　　　　　　　　　（《合集》667 反，典宾）

勿呼弘、冼　　　　　　　　　　　　　　　（《合集》4771，宾一）

"方"为地名或方国名，辞意为商王命令侯冼从方地出动。"韦"、"吴"、"弘"为人名，商王命令侯冼与他们一起践行王事。"入冼"（《英藏》750），"冼"作为地名，应是指侯冼居地。侯冼向商王朝纳贡，并为王事奔波，如：

贞：冼、雍刍。　　　　　　　　　　　　　（《合集》123，宾一）

呼冼、光刍。　　　　　　　　　　　　　　（《合集》1380，宾一）

丙申卜，古贞：呼见冼、甫刍，弗其擒。

丙申卜，古贞：呼见冼、甫刍，擒。

　　　　　　（《合集》9504 正 + 《乙编》4982 + 《乙补》6091）[4]

呼冼有刍。冼牛臣刍。　　　　　　　　　　（《合集》1115 正，典宾）

---

[1] 罗振玉：《增订殷虚书契考释》，罗振玉著，罗继祖主编：《罗振玉学术论著集》第 1 集，上海：上海古籍出版社，2010 年，第 278 页。

[2] 王子杨：《甲骨文字形类组差异现象研究》，上海：中西书局，2013 年，第 230—240 页。

[3] 杨树达：《积微居甲文说》，上海：上海古籍出版社，1986 年，第 12—13 页。

[4] 林宏明：《醉古集——甲骨的缀合与研究》第 197 组，第 138 页；钟柏生主编：《殷虚文字乙编补遗》，台北：台湾"中研院"历史语言研究所，1995 年，简称《乙补》。

贞：勿呼洗陷。 （《合集》4822，宾一）

"刍"为放牧者。"雍"为人名，甲骨文中有"子雍"（《合集》3122）。"光"为外服侯光（《合集》3358），"甫"为外服甫任（《合集》1248），"牛臣"为管理牧牛事务的职官。商王命令侯洗与子雍、侯光献刍牧者。商王命令侯洗与甫任献刍牧者，并卜问是否能够捕获到刍牧者。商王卜问是否命令侯洗以"陷"的方式参与狩猎。

商王担心侯洗有灾祸，以及践行王事是否顺利，希望神灵佑助侯洗：

贞：洗其有囚（忧）。 （《合集》8620）

其洗有蛊（害）。 （《屯南》917）

丁巳卜，宾贞：呼洗若。 （《合集》4819，典宾）

丁巳［卜］，亘贞：洗［若］。 （《合集》4820，宾一）

贞：其佑洗。 （《怀特》43）

侯洗作为外服，很可能是支持商汤灭夏的有姺氏后裔，亦即商汤册封的姒姓夏族作为外服，对商王朝纳贡，听从商王调遣，践行王事，其主要职责是巩固商王朝北部疆土，协同王师讨伐方方国。商王武丁亦为侯洗践行王事的安危担心。

（十）侯汾

侯汾原为与商为敌的方国，称汾方，如"戈汾方"（《合集》6659，师宾间类）、"弗戈汾［方］"（《合集》6660，师宾间类）、"甲申卜，我弗其受分（汾）方［又］"（《合集》9728，典宾）。商王朝征伐汾方，并占卜是否会受到神灵的佑助。学者认为，汾方是在商王朝征服后被封为外服侯汾，仍据有原族众与土地。姬周族初居于晋境的汾水流域，古公亶父迁岐前的国号很可能是汾，侯汾有可能是姬周族受封为外服侯。①

① 晁福林：《从甲骨卜辞看姬周族的国号及其相关诸问题》，中国古文字研究会、中华书局编辑部编：《古文字研究》第18辑，北京：中华书局，1992年，第202—219页。

侯汾听从商王命令，为商王朝进贡和践行王事，如：

□巳卜，贞：以侯汾。	（《合集》9154，典宾）
贞：汾女呼于郭。	（《合集》7852，宾一）
癸未卜，兔以汾人，允来。	（《屯南》427）
癸酉［卜］，疋弜于入围，汾比。	（《合集》19956）
☑分（汾）牧。	（《合集》11398，宾一）

"以侯汾"语序当为"侯汾以"，即贞问外服侯汾致送贡物。"汾女呼于郭"，意为命令汾女前往郭地。癸未日卜问名兔者率领汾人能否来到。"疋"为人名，或为外服疋任。疋任进入围地，会同汾侯的军队践行王事。与"☑分（汾）牧"辞例相近的有"壬辰卜，贞：商牧。贞：勿商牧，六月"（《合集》5597）、"贞：于南牧"（《合集》11395）。汾、商、南都是地名，即贞问在某地放牧。侯汾有为商王朝进贡、致送人众以及配合商王朝的军事行动等职责。商王关心侯汾安危，"王臣其右（佑）汾。［王］臣其弗右（佑）汾"（《合集》117），希望王臣能够佑助侯汾。

（十一）侯敖

甲骨文中关于外服侯敖的材料不多，所见如下：

壬寅卜，蒜贞：呼侯敖绗，十一月。	（《合集》3357，师宾间类）
戊寅卜，呼侯敖田。	（《合集》10559，宾一）
乙巳卜，大，赢侯敖。	（《合集》20066，师小类）

韩江苏结合《花东》相关辞例认为，"绗"用于宗庙，取其威严之意，即西周宗庙中的"斧扆"。[①]据"乙丑卜，宾贞：蟊以绗。贞：蟊不以绗"（《合集》

---

① 韩江苏：《释甲骨文中的"绗"字》，《殷都学刊》2006年第2期；中国社会科学院考古研究所编著：《殷墟花园庄东地甲骨》，昆明：云南人民出版社，2003年，简称《花东》。

9002），知为贡纳物品。第1例卜辞意为商王命令外服侯敫贡纳物品纻。第2例是商王命令侯敫参与田猎活动。第3例大意是卜问神灵是否助益外服侯敫践行王事，反映商王对侯敫安危的担心。

（十二）侯任

关于侯任，目前见有占卜同一事项的3条卜辞：

甲辰［卜］，王，雀弗其获侯任，在方。　　　　　　（《怀特》434）

甲辰卜，王，雀获侯任，［在］方。　　　　　　　　（《合集》6963）

［甲辰卜］，王，［雀］获［侯］任，［在］方。　　　（《合集》6799）

"侯任"不能理解为"侯"与"任"，侯和任作为外服的不同类型，其各自数量很多，卜辞称"多侯"、"多任"，若将"侯任"理解为侯与任，辞意不明。据此，"侯任"作为外服侯名是明确的。商王卜问雀能否捕获"在方"的外服侯任，或许说明侯任反叛商王朝，可能归附到方方国，也可能是侯任居地处方方国附近。

（十三）侯泥

甲骨文中单称"泥"的辞例，一般是动词，与侯泥无关。卜辞中侯泥的材料甚少，如"庚子卜，贞：呼侯泥出自方"（《合集》8656正）。"方"可能是方方国，辞意为商王命令外服侯泥从方方国附近出兵，或与商王朝征伐方方国的军事行动有关。卜辞有"辛丑卜，☒𢀳伯弗☒泥☒"（《合集》3405）、"辛☒𢀳［伯］☒"（《合集》13350），可能是侯泥遭到𢀳伯侵扰，商王为侯泥的安危担忧。从侯泥相关辞例看，外服侯泥为商王朝守土，商王朝亦为外服侯泥提供相应的军事保护。

（十四）侯𢀳

甲骨文中关于外服侯𢀳的材料目前仅发现两条：

惟戕呼比侯叔。 　　　　　　　　　　　　　　　　　（《合集》3353）

□□卜，亘贞：令侯叔。 　　　　　　　　　　　　　　（《合集》5777）

"戕"，此辞中是人名，据"呼某"、"比某"的辞例，通常是内服比外服，且多与军事行动有关，故戕为商王朝内服臣子的可能性较大。相关卜辞反映，商王命令向戕征取刍牧者（《合集》117）。第 1 例意为商王命令内服臣子戕会同外服侯叔践行军事征伐相关王事，第 2 例是商王命令侯叔执行王事。侯叔为商王朝外服，听从王命践行王事，其主要职责是配合王师讨伐敌方。

综上，外服侯某由商王册封，占有土地、族众。商王同姓贵族被封为外服侯的有侯唐、侯奠，被征服方国就地册封为外服侯的有侯汾、侯洗等。外服侯某多分布于大邑商外缘，主要职责是捍卫商王朝疆土，协同王师征讨敌方。外服侯某向商王朝纳贡，主要是占卜祭祀之物以及俘虏、劳动力等，表达对商王权威的认同和对商王朝的臣服。商王可以在外服侯某居地进行田猎、耕种土地、设置仓廪、举行祭祀、占卜活动等，表明外服侯某居地为商王朝疆土的重要组成部分。商王关心任用王事的外服侯某之安危，部分外服侯某还与商王室建立婚姻关系，大多数外服侯某臣服于商王朝，仅见个别因叛乱而被征伐。

二、外服"某侯"史迹考

诸家对外服"某侯"的数量分歧较大。董作宾所举某侯有蒙侯、攸侯、杞侯、鼍侯弹、🔥侯敌、周侯、丁侯、犬侯、禾侯、崔侯、先侯、眞侯、斩侯、🔯侯、🔯侯、🔯侯、🔯侯、示侯，共 18 位；胡厚宣列🔯侯虎、攸侯喜、杞侯、🔯侯、周侯、🔯侯、丁侯、犬侯、禾侯、先侯、眞侯、斩侯、🔯侯、🔯侯、伊侯、粆侯、🔯侯、示侯，共 18 位；陈梦家举🔯侯、攸侯、杞侯、犬侯、上丝侯、禾侯、仪侯、崔侯、先侯、🔯侯、眞侯、🔯侯、粆侯、🔯侯，共 14 位；岛邦男所举较胡厚宣多出仪侯、上丝侯、🔯侯、🔯侯、窒侯、🔯侯，共 24 位；张秉权列仓侯虎、攸侯喜、杞侯艺、🔯侯弹、犬侯、禾侯、崔侯、先侯、眞侯、斩侯、🔯侯、🔯侯、舞侯、🔯侯、粆侯、示侯、戋侯、伊侯、妘侯、上丝侯、工侯、🔯侯，共 22 位；王宇信、杨升南列举了觥侯、亚侯、斩侯、攸侯、窒侯、上丝侯、🔯侯、🔯侯、献侯、弭侯、竹侯、▨侯虎、垂侯、罩侯、取侯、龙侯盾、▨侯、犬侯、眞侯、▨侯、先侯、禾侯、崔侯、▨侯、▨侯、▨侯、呂侯、戈侯、▨侯、休侯、黍侯,共31位;韩江苏、江林昌所列较王、杨少取侯、▨侯,而多出杞侯、▨侯。

　　岛邦男、张秉权所举“▨侯”(《乙编》4645)3332,与《合集》697为同一外服“暴侯”。胡厚宣、董作宾、岛邦男、张秉权所举“鼉侯(弹)”,与王宇信、杨升南所谓“▨侯”及韩江苏、江林昌“▨侯”为同一侯名,应释为“爂侯发”。① 这符合外服“某侯某”的称名原则,侯前一字为地名或族名,侯后一字为私名。所谓“兔侯”,应为“兔侯”。② 所谓“周侯”,朱凤瀚已辨其非是。③ 所谓“龙侯盾”(《合集》3356)与侯某中的侯盾为同一外服,“龙”字实为“羸”,作动词使用。董作宾所举“▨侯敔”,侯前之字亦为“羸”,此侯名应为“侯敔”。所谓“取侯”,核实《合集》3331拓片为残辞,可能为征取侯应献贡物的辞例,而非侯名。所谓“丁侯”(《邺》下38.3),④ 岛邦男指出是“多”的残字,⑤ “丁侯”实即“多侯”(《合集》11024、《屯南》3396),非侯名。诸家所谓“先侯”,赵平安释读为“失”,对照《逸周书·世俘解》应为商代的“佚侯”。⑥ “▨侯”与“▨侯”(《合集》23560)为同一外服。⑦ 胡厚宣所举“伊侯”(《龟》2.3.18)⑧ 与陈梦家、岛邦男所举“伇侯”,实为“攸侯”。岛邦男所举“▨侯”,所据《库方》1670为残辞不成文,难以断定为侯名。“呂侯”(《英藏》1772)仅此二字,不能确定为侯名。“黍侯”,据林宏明缀合,可确定为侯名。⑨ “罩侯”(《合集》3326)仅有此二字且系残辞,无法断定此片所载必为外服侯名。

① 王子杨:《揭示帝乙、帝辛时期对西土的一次用兵》,宋镇豪主编:《甲骨文与殷商史》新8辑,上海:上海古籍出版社,2018年,第224页。
② 参见刘钊编纂:《新甲骨文编》,第572—573页。
③ 朱凤瀚:《关于殷墟卜辞中的周侯》,《考古与文物》1986年第4期。
④ 黄濬撰集:《邺中片羽初集》,北平:尊古斋,1935年,简称《邺》。
⑤ 岛邦男:『殷墟卜辞研究』、第432页。
⑥ 赵平安:《从失字的释读谈到商代的佚侯》,《中国社会科学院历史研究所学刊》第1集,北京:社会科学文献出版社,2001年,第28—34页。
⑦ 郭沫若:《郭沫若全集考古编》第2卷《卜辞通纂》,北京:科学出版社,1982年,第602页。
⑧ 商周遗文會编:『龜甲獸骨文字』、東京:商周遺文會,1921年,简称《龟》。
⑨ 林宏明:《醉古集——甲骨的缀合与研究》第344组,第187页、图版第407页。

张秉权所举"工侯"，据《前》6.29.7（即《合集》23558）① 系残辞，"工"与"侯"二字分属不同卜辞。所谓"示侯"，见于"己未卜，令蕲示侯"（《甲编》57），"蕲"为人名，"示"为动词，与"眎"同，《说文》："视，瞻也。从示、见。眎，古文视。"示有检视、查看之义，该辞卜问命令内服蕲检视侯的职责，示侯并非侯名。所谓"𢆶侯"，卜辞中有"𢆶侯"与"𢆶伯"，"戊囗〔卜〕，𢆶侯〔亡〕囚（忧）。中"（《合集》20061，𢆶类）。𢆶侯似不为侯名，𢆶为动词，佑助、求佑之义，验辞"中"字训为得，知卜问内容得以实现，即求佑侯无灾戾这件事情得以实现。所谓"戈侯"（《合集》3335），"戈"可能是表征伐进击的动词，意为征伐侯，如"王戈㜅侯"（《合集》33208），即王伐㜅侯，不能确定是侯名。胡厚宣、岛邦男、张秉权列举的"𢇛侯"（《外编》83，即《合集》36970），② 确为侯名，因是龟甲残片，辞意不明，暂不讨论。经由以上核查分辨，再加上殷金文所见，目前外服"某侯"可确定的有29位（表2）。兹对其中甲骨辞例完整、表意清楚的28位史迹进行考证。

表2　殷卜辞、金文所见"某侯"

𦥑侯（《屯南》1059、《合集》32811）	攸侯（《合集》20072、《合集》32982）	𩰬侯（《合集》8125、《合集》6）	𤈦侯（《合集》3318、《屯南》586）
犬侯（《合集》6812 正、《合集》6813、《屯南》2293）	𩰬侯（《俄藏》179、《合集》32806）	亚侯（《合集》5505、《合补》499、《屯南》502）	失侯（《合集》3309、《合集》6834）
崔侯（《合集》3321、《合集》6839）	斳侯（《合集》3325、《集成》10770）	羖（养）侯（《屯南》1024、《合集》32416）	竹侯（《合集》3324、《屯南》1116、《英藏》1822）
眔侯（《合集》36416、《合集》36525）	黍侯（《合集》9934 正）	禾侯（《合集》3336 正、《合集》7076 正）	杞侯（《合集》13890）
𨑊侯（《合补》67 正）	窒侯（《合集》3333）	𡙇侯（《合集》33071、《合集》33208）	上丝侯（《合集》23560、《合集》3336 正）
鸞侯发（《合集》36344、《合集》36347、《合补》1248 甲）	兔侯（《合集》13925 正）	献侯綌（《合集》36345）	𣪏侯妊（《铭图》11462）③
𦥑侯（《合补》6734、《合集》17096 正）	休侯（《怀特》1592）	暴侯（《合集》697、《合集》3332）	围侯（《集成》3127）
𢇛侯（《合集》36970）			

---

① 罗振玉：《殷虚书契前编》，1913 年，简称《前》。
② 董作宾辑：《殷虚文字外编》，台北：艺文印书馆，1956 年，简称《外编》。
③ 吴镇烽编著：《商周青铜器铭文暨图像集成》，上海：上海古籍出版社，2012 年，简称《铭图》。

（一）𣥐侯

"𣥐"为人名、地名。

乙丑卜，犬：𣥐呼来。 （《合集》20017，师组）

庚寅，王令及𣥐。 （《拼四》938，师肥类）①

乙丑卜，𡇂其戎眔𣥐。 （《合集》6848，师宾间类）

壬辰卜，𡇂□戎眔𣥐。 （《合集》6849）

第1例为呼命𣥐侯朝觐商王，后3例𣥐均为地名。"𡇂"为外服伯𡇂（《合集》3418），"戎"作动词，或可理解为出兵。即卜问伯𡇂出兵至𣥐地。据辞例"☑戎𣥐侯，二月"（《合集》3329，典宾），𣥐地应即𣥐侯之地，伯𡇂或与𣥐侯发生冲突。据"𣴑方其𢦏𣥐☑"（《合补》10418，历二类），𣥐侯遭到𣴑方侵犯，可能损失较重。商王针对如何安置𣥐侯问题多次占卜，如关于奠置𣥐侯选址、为奠置𣥐侯告祭祖先等：

癸亥，贞：王其奠𣥐。 （《屯南》862，历二）

乙丑，贞：王其奠𣥐侯商，于父丁告。 （《屯南》1059，历二）

丙寅贞：王其奠𣥐侯，告祖乙。 （《合集》32811，历二）

己巳贞：商于𣥐奠。

己巳贞：商于𤳯奠。

辛未贞：其告商于祖乙，若。

辛未贞：夕告商于祖乙。 （《屯南》4049，历二）

乙亥贞：王其夕令𣥐侯商，于祖乙门。

于父丁门令𣥐侯商。 （《屯南》1059）

---

① 《合集》20242＋《合集》20601，李爱辉缀。参见黄天树主编：《甲骨拼合四集》，第148、293页。

以上卜辞与册命、安置侯商有关，皆为历二类，年代主要属于祖庚时期，"父丁"为商王武丁，"祖乙"为小乙。辞中"奠"字，裘锡圭释为"置"，认为奠是商人处置服属者的一种方法，商统治者往往将战败的异族或其他臣服族属的一部分或全部奠置在控制地区内。① 从前引师类卜辞看，因敌对方国侵犯侯商，商王奠置侯商而举行相关册命礼仪。"𡧫"、"𡥈"为地名，"商"为外服侯名。癸亥日卜问商王将向𡧫地安置服属者；乙丑日卜问商王将安置𡧫侯商，向武丁告庙；次日丙寅又卜问王将安置𡧫侯商，向小乙告庙；3 日后的己巳日卜问安置侯商于𡧫地还是𡥈地；辛未日卜问将册命侯商之事告知祖乙宗庙；下一旬的乙亥日卜问傍晚于祖乙庙门还是父丁庙门册命𡧫侯商。奠置册命侯是商王朝的重大事件，商王要告知并祭祀祖先，祈求祖先神灵护佑，商王不仅卜问册命侯商的地点，还卜问安置侯商于何地。据"择𡧫"（《合集》5903，宾一），商王最终选择𡧫地安置侯商。以上卜辞是册命外服侯的重要材料，𡧫侯可能是参加祭礼时受到册命，即商王在祭祀祖先时，册命其为侯。商王于祖先庙门举行𡧫侯的册命礼仪，与周代册命仪式多进行于宗庙大室情况相近。

对于安置好的𡧫侯，商王朝采取怀柔政策，"癸丑贞：王令刚宓𡧫侯"（《屯南》920）。"刚"为人名，内服臣子。"宓"，从裘锡圭释读，意为宁、安。② 卜辞意为商王命令刚出使安抚𡧫侯。𡧫侯为商王朝尽王事：

乙亥卜，𡧫以。　　　　　　　　　　　　　　（《合集》9086，宾一）
壬寅☒亡其来自𡧫。五月。贞：允［其］来自𡧫。
　　　　　　　　　　　　　　　　　　　　　　（《合集》8143，宾三）
甲午卜，宾贞：取刚于𡧫。　　　　　　　　　　　（《合集》6）
壬□［卜］，［王］令□取［𡧫］侯以。十一月。（《合集》3331，宾三）

卜辞意为卜问𡧫侯是否来致送贡物。"取"，为征取之意。"刚"，罗振玉释作

---

① 裘锡圭：《说殷墟卜辞的"奠"——试论商人处置服属者的一种方法》，《"中央研究院"历史语言研究所集刊》第 64 本第 3 分，1993 年，第 669 页。
② 裘锡圭：《释"宓"》，《裘锡圭学术文集》第 1 卷，第 61 页。

"犅"，①《说文》："犅，特牛也。"卜问商王派人征取祭祀所用特牛于◇。殷墟侯家庄 1001 号大墓出土残玉斧上有残存铭刻"◇侯"，◇侯向商王朝献纳玉斧的可能性较大。

◇侯还衔负军事职责：

□率示求，其比◇侯。七月。	（《合集》3327，宾三）
乙异史比◇眔□若。	（《苏》S007）②
庚寅卜，◇令◇。	（《合集》4480，宾三）
丁卯卜，贞：望、◇多方示畓乍（作）大□。七月。	（《拼四》956）③

◇侯会同某位臣子一起执行王事，一般是军事行动。"◇"为人名，卜辞意为◇命令◇侯做某事。◇侯的封地与多方比邻，其主要职责是接受商王命令捍卫疆土。商王命令望与之监视多方动向。

◇侯之地近舌方，战略位置非常重要，如"甲戌卜，◇贞：舌方其〔敦〕◇黄"（《合集》8529，典宾）、"□□卜，□贞：舌乞◇"（《合集》8585，宾三）。舌方处于商王都之西，为商王朝劲敌。这两条卜辞意为舌方敦伐◇侯之地，向◇侯索要物品。商王朝对殷都西部的◇侯之地加强经营，如：

令阜◇。	（《合集》20600，师肥）
□入射于◇。	（《英藏》527）
丁未卜，王，◇允出。丁未卜，王，来使人〔于〕◇。	（《合集》20345，师肥）
……勿令田于◇。	（《合集》9911，宾三）
勿令周往于◇。	（《合集》4883，宾三）

---

① 罗振玉：《增订殷虚书契考释》，罗振玉著，罗继祖主编：《罗振玉学术论著集》第 1 集，第 196 页。
② 胡厚宣编集：《苏德美日所见甲骨集》，成都：四川辞书出版社，1988 年，简称《苏》。
③ 黄天树主编：《甲骨拼合四集》，第 168、300 页。

☑勿往卤。　　　　　　　　　　　　　　　　　　　　　　（《合集》8141 正，典宾）

……见卤，王值［于之若］。　　　　　　　　　　　　　　（《合集》33389，历二）

"卓"为动词，第 1 例辞意当与修筑卤的城墙、加强工事防御有关。"入射"应为输送射手以加强卤的防御能力。"使人于卤"，即派驻兵力人众守卫卤地。命令某位臣子率领族众田猎于卤地，加强军事训练和配合作战能力。如"雀田［于］卤。十一月"（《合集》10979，宾一）意为命令雀田猎于卤地，应与此事有关。命令周族军事力量赶赴支持卤侯。商王亲临卤侯之地召见卤侯，然后在附近巡守。卤侯有践行王事职责："丁未卜，翌由卤罘古。丁未卜，卤罘。辛亥卜，卤由，在枼。"（《拼合》20）① 该辞有简省，正确语序或为"丁未卜，卤罘古由，在翌"。"由"，"由王事"的省略语，乃占卜卤侯与古一起用王事。"甲辰卜，□贞：令侯商归"（《天理》L177）② 则是卜问命令卤侯回朝复命。"丁亥贞：王令保老因（蕴）侯商。丁亥贞：王令陕彭因（蕴）侯商。"（《屯南》1066）"因"字旧释颇多，主要有释读为"囚"、"死"、"因"等意见。③ 此条卜辞中，宜如张政烺意见读为"畕"，"或许就是《说文》的'蕴'字，古书上也写作'蕴'、'韫'，是埋葬的意思"。④ 辞意为商王命令臣子保老、陕彭埋葬一代卤侯"商"之事。

商王巡行、留宿并占卜于卤地，如：

贞：亡尤，在卤卜。

辛未卜，行贞：王宾裸，亡田（忧）。　　　　　　　　　（《合集》24360，出二）

丁卯卜，行贞：今夕亡田（忧），在卤。

戊辰卜，行贞：今夕亡田（忧），在卤。

---

① 《屯南》2691 +《合集》4935。参见黄天树主编：《甲骨拼合集》第 20 则，北京：学苑出版社，2010 年，第 367 页，简称《拼合》。

② 天理大学、天理教道友社共编：『天理大學附屬天理參考館藏品·甲骨文字』、奈良：天理教道友社、1987 年，简称《天理》。

③ 参见于省吾主编：《甲骨文字诂林》，第 92—103、304—309 页。

④ 张政烺：《释甲骨文"俄"、"隶"、"蕴"三字》，《张政烺文集·甲骨金文与商周史研究》，第 16 页。

己巳卜,行贞:今夕亡囚(忧),在卣。　　　　　　(《合集》24361,出二)

己巳卜,[行]贞:王宾夕奠亡囚(忧)。

贞:亡尤,在正月,在卣卜。

庚午卜,行贞:王宾夕奠亡囚(忧),在卣卜。

贞:亡尤,在卣卜。　　　　　　　　　　　　　(《合集》24362,出二)

贞:其雨,在卣卜。　　　　　　　　　　　　　(《合集》24365,出二)

癸巳卜,在埠贞:王步于卣,[亡]灾。　　　　　(《合集》36775,黄类)

壬午卜,在卣贞:王田……往[来]亡灾。　　　　(《合集》37797,黄类)

商代祖甲以后,卣侯之地俨然成为商王朝直接控制的地区。

(二)攸侯

关于攸的卜辞见于师组、历组、宾组、出组、黄组,出现"攸侯由"、"攸亢(侯亢)"、"攸侯喜"三代攸侯之名。攸侯为商王朝的畜牧业服务,如:

南日来告。先羞来告。允先。旬有二日至,攸侯来告马。

　　　　　　　　　　　　　　　　　　　　　　(《合集》20072,师组)

戊戌贞:又(右)牧于屮,攸侯由鄙。中牧于义,攸侯由鄙。

　　　　　　　　　　　　　　　　　　　　　　(《合集》32982,历二)

卜问臣属者来商王朝报告情况,验辞记载外服攸侯来告马,即报告牧场养马情况。"由"为攸侯私名。"屮"为攸侯由都鄙内地名,其地设有牧场,如"屮牧"(《合集》36969)。"右牧"、"中牧"是商王朝管理牧场的职官。右牧、中牧分别到攸侯由鄙内的屮地、义地放牧。攸侯之地有农田,商王关心攸地雨水,如"不攸雨,攸雨"(《合集》34176,历组)。攸侯接受商王命令,践行王事,如:

甲戌卜,宾贞:攸侯令其哟,舌曰:洗若之。五月。

　　　　　　　　　　　　　　　　　　　　　　(《合集》5760正,典宾)

贞:王共人。十一月。

贞：王勿共人。

贞：不其受年。

贞：舌伇侯。

贞：呼黍于□［受］年。　　　　　（《英藏》188 +《合集》7278，典宾）①

言伇侯。　　　　　　　　　　　　（《合集》9511 典宾）

癸卯卜，亘贞：呼窔、伇令。　　　（《合集》17569 正，典宾）

己酉卜，伇亢告启商。　　　　　　（《屯南》312）

［己］酉卜，宾贞：伇牛于［上甲］。　（《英藏》609）

贞：☑取□于伇。　　　　　　　　（《合集》7899 正，宾一）

"舌伇侯"与"言伇侯"同义，告知、命令伇侯之意。"窔"又称"窔侯"（《合集》3333），商王命令内服窔侯与外服伇侯一起践行王事。"伇亢"为"伇侯亢"省称。"启"为军事行动中的先头部队。据与《屯南》312 文例相同的卜辞"辛卯卜，宾贞：沚戛启巴，王更之比。五月。辛卯卜，宾贞：沚戛启巴，王弜惟之比"（《丙编》276），②"沚戛启巴"是以沚戛为前军伐巴方的省语，"伇亢告启商"则是告伇亢启商，即命令伇亢为讨伐侯商的前军。"侯商"当是前文讨论过的卣侯商。"伇牛于上甲"是以伇侯所献牛祭祀上甲。"取□于伇"是向伇侯征取某种贡物。

伇侯之地是征伐夷方的重要据点，商王朝在其地驻有军队：

己巳卜，尹贞：今夕亡囗（忧），在十一月，在师伇。

辛未卜，尹贞：今夕亡囗（忧），在师伇。　（《合集》24260，出类）

甲午王卜，贞：乍余酦，［朕桼］［酉］，余步，比侯喜正（征）夷方，其☑。　　　　　　　　　　　　　　　　（《合集》36483，黄类）

甲午王卜，贞：乍余酦，朕桼酉，余步，比侯喜正（征）夷方，上下、㭪示受余有佑，不曹戋。肩告于大邑商，［亡蚩］在欿。王占曰：吉。在九

① 王红：《甲骨缀合第十八则》，黄天树编：《甲骨拼合三集》第 766 则，北京：学苑出版社，2013 年，第 383 页，简称《拼三》。

② 张秉权：《殷虚文字丙编》，台北：台湾"中研院"历史语言研究所，1957—1972 年，简称《丙编》。

月，遘上甲壴，惟十祀。 　　　　　　　　　　　　　　（《合集》36482）

癸卯卜，黄贞：王旬亡畎。在正月，王来征夷方，在攸侯喜鄙，永。

（《合集》36484）

癸卯王卜，贞：旬亡畎。在正月，王来征夷方，在攸侯喜师。

（《合补》11232）

攸侯之地成为商王经营东方的战略要地，商王屯驻军事力量于此，并率领攸侯讨伐夷方。

（三）🔲侯

🔲侯又称"🔲侯豹"、"侯豹"，豹为私名。"🔲"有释读为"庸"、"蒙"、"匡"、"牄"、"仓"诸说，[①] 目前尚无定论。🔲侯的封地在商王都西面，参与了商王朝对壴、周方、髳方和舌方的战争。🔲侯对保卫商王朝边境安宁作出了重要贡献。

🔲侯封地是交通要道。卜辞有"乙亥卜，贞：令多马、亚彶菁牀省陕廪，至于🔲侯，从楅川比 ［🔲侯］。九月"（《合补》1711 正）。"多马"、"亚彶"、"牀"同见于《合集》4587，是商王朝内服职名和人名。"陕"见于《合集》6047，为地名。"楅川"见于《合集》9083，水名。辞意为商王命令多马、亚彶会合牀视察陕地的仓廪，途经🔲侯之地后，又经过楅川会同外服🔲侯前往陕地视察仓廪。商王朝在讨伐西部诸方时，要倚重外服🔲侯。卜辞有🔲侯豹奉商王命讨伐壴、髳方的记载：

☑侯豹允来册，有事壴。五月。 　　　　　　（《合集》3295，典宾）

癸亥卜，宾贞：令🔲侯求（咎）征壴。贞：勿令🔲侯，七月。

（《合集》6，宾三）

"册"为册告之意，国之大事在祀与戎，此"有事壴"，当指战争之事。辞意是 5

---

① 于省吾主编：《甲骨文字诂林》，第 3114—3119 页。

月外服⬚侯豹以简册向商王朝汇报，将对壴进行战争。7 月王占卜是否命令⬚侯征伐壴。

> 己丑卜，殻贞：今春王伐𢦏方，受有佑。十三月。
> 己丑卜，殻贞：今春王叀征，受有佑。　　　　　　　　　（《缀续》465，典宾）
> 辛巳卜，殻贞：王叀⬚侯豹［比］伐𢦏方，受有又（佑）。
> 　　　　　　　　　　　　　　　　　　　　（《合集》3287＋6552，典宾）①
> 贞：今春［王］比⬚侯豹伐𢦏方，受有佑。贞：勿比⬚侯。
> 　　　　　　　　　　　　　　　　　　　　　　（《合集》6554，典宾）
> 贞：今春王比⬚侯豹伐𢦏方，受有佑。贞：勿比侯。
> 　　　　　　　　　　　　　　　（《合集》6553＋《英藏》669）②

"𢦏方"，即《尚书·牧誓》所载武王伐纣率领"庸、蜀、羌、𢦏、微、卢、彭、濮人"的𢦏，③ 𢦏方地望在"山西南部滨河"。④ 讨伐壴和𢦏方大概是因其危及西土安全，据卜辞"贞：王叀𢦏辥"（《合集》17357），𢦏方在西土边境作孽为祸，所以商王卜问率领⬚侯豹的武装共同讨伐。

舌方进犯商王朝边境，商王为此事占卜，"贞：舌方出，惟黄尹蛊（害）。贞：曰⬚侯出，步"（《合集》6083，典宾），意为舌方入侵是否为旧臣黄尹所降灾害，商王命令⬚侯豹迎敌，以步兵与舌方作战。商王对⬚侯率军征伐舌方之事反复贞问，"勿惟沚𢧬比。叀沚𢧬比。勿惟⬚侯比。叀⬚侯比"（《合集》7503 正，典宾）。"沚𢧬"为商王都西部重要外服伯，是征伐舌方的主要军事将领，商王卜问由沚𢧬还是⬚侯作为此次战争的主力。卜辞有"□□卜，殻贞：王气令𤉲⬚。⬚殻贞：叀王往伐舌方"（《缀续》488）。沈培认为，"说'气令'、'气步伐'的卜

---

① 方稚松缀合，参见黄天树主编：《甲骨拼合集》第 82 则，第 400 页。
② 王子杨：《宾组胛骨新缀一例》，黄天树编：《甲骨拼合续集》第 425 则，北京：学苑出版社，2011 年，第 382 页，简称《拼续》。
③ 于省吾：《甲骨文字释林》，北京：中华书局，1979 年，第 16—17 页。
④ 杨筠如：《尚书覈诂》，黄怀信标校，西安：陕西人民出版社，2005 年，第 199 页。

辞可能就是最后提出的行动方案"。① 商王最终确定要讨伐舌方，令㞷与外服侯豹为主将。以下一组卜辞涉及商王会同外服侯豹讨伐舌方之事：

戊戌卜，㱿贞：王曰：侯豹，逸，余不雨（尔）② 其合，以乃史（使）归。

戊戌卜，㱿贞：王曰：侯豹，毋归，御。

己亥卜，㱿贞：王曰：侯豹，余其得汝史（使），受。

贞：王曰：侯豹，得汝史（使）咎受。　　　　（《合集》3297 正，典宾）

［戊］戌卜，［㱿贞］：王曰：侯［豹］，毋归。

己亥卜，㱿贞：王曰：侯豹，余其得汝史（使），受。

（《合集》2859＋3301，典宾）③

乙丑卜，㱿贞：曰舌方其至于［豦土，其有败］。

贞：曰侯豹，得汝史，受。　　　（《合集》6130＋18377 正，典宾）④

□侯豹：逸，余不尔其合，以乃史归。

□曰：舌方其至于豦土，亡败。⑤

□曰：侯豹，得汝史（使），咎（协）受。　　　（《合集》3298，典宾）

这组卜辞涉及商王与外服侯豹的军事配合，"余不尔其合"即"余不其合尔"。戊戌日占卜，商王传令不与侯豹会合，而是与其使返回，并命令侯豹继续抵御敌方。次日己亥占卜，商王告知侯豹，交还其多位使者。又过了 20 余日的乙丑日，占卜舌方侵犯豦土，侯豹师众是否会败绩。商王告知侯豹，交还其使者。最后一

① 沈培：《申论殷墟甲骨文"气"字的虚词用法》，《北京大学中国古文献研究中心集刊》第 3 辑，北京：北京大学出版社，2002 年，第 25 页。
② 朱凤瀚据《何尊》释读为"尔"，可从。参见《殷墟卜辞中"侯"的身分补证——兼论"侯"、"伯"之异同》，李宗焜主编：《古文字与古代史》第 4 辑，第 13 页。
③ 刘影缀合，参见黄天树主编：《甲骨拼合集》第 136 则，第 425 页。
④ 此版为严一萍缀合，参见蔡哲茂：《甲骨缀合集》，"《甲骨文合集》缀合号码表"，第 55 页。同文卜辞有方稚松缀合的《合集》3300＋《合集》4620 正，参见黄天树主编：《甲骨拼合集》第 87 则，第 403 页。
⑤ "败"从于省吾释读，参见《甲骨文字释林》，第 53—54 页。

版卜辞与上一辞相关，应为同时所卜，卜问商王告令侯豹，不与其会合，而是与其使先返回。舌方侵犯𡇯土，希望勿败侯豹。商王告知侯豹，交还其多位使者。

　　𡇯侯还参与了讨伐周方的军事行动：

　　　☑贞：令斿比𡇯侯撲周，受有佑。　　　　　　　　　　　（《合集》6816，宾一）

　　　戊子卜，㱿贞：王曰：余其曰多尹，其令二侯上丝眔𡇯侯其［撲］周。

　　　　　　　　　　　　　　　　　　　　　　　　　　　（《合集》23560，出二类）

　　第 1 例是商王命令斿族与𡇯侯协同"撲周"，第 2 例是商王命令上丝侯与𡇯侯协同"撲周"。此处"周"之所指，学界尚有争议，旧说多倾向居于周原而灭商的周。董珊提出是妘姓周族的"琱"，推论武丁至祖甲时期占据周原地区的是妘姓周族。[1]

　　𡇯侯为商王朝事务奔波：

　　　丁酉［卜］，𡇯侯惟令。　　　　　　　　　　　　　　　（《合集》3292，典宾）

　　　贞勿［令］𡇯侯，在二月。　　　　　　　　　　　　　　（《遗珠》276）[2]

　　　贞：惟侯豹比。贞：勿惟侯豹比。　　　　　　　　　　（《合集》10080，典宾）

　　　丙戌卜，亘贞：𡇯侯豹其御。贞：不其御。　　　（《合补》495 正，典宾）

　　商王命令𡇯侯践行王命，或命令内服与之协同践行王命。商王对践行王命的外服𡇯侯进行管理，如派遣内服检查外服践行职事的情况，"视𡇯侯，六月。丁酉卜，古贞：令冓视𡇯侯。六月"（《合补》496）。商王希望完成王命的𡇯侯及时回朝复命，如"贞：令𡇯侯归"（《合集》3289 正，典宾）、"贞：［叀］陳［令］比𡇯侯归不。贞：叀象令比𡇯侯归不"（《合集》3291，典宾）、"贞：令𡇯侯归"（《合集》3294，典宾）。内服臣子与外服𡇯侯协同践行王事，商王命令他们回朝复命。

---

① 董珊：《试论殷墟卜辞之"周"为金文中的妘姓之琱》，《中国国家博物馆馆刊》2013 年第 7 期。

② 金祖同编：《殷契遗珠》，上海：中法文化出版委员会，1939 年影印本，简称《遗珠》。

(四) Ⓧ侯

关于Ⓧ侯的卜辞不多，但大体可反映其作为商王朝外服的部分史迹。甲骨文记录了一代Ⓧ侯之名，见于"己未卜，Ⓧ侯万其☒"（《合集》3320），"万"应为侯的私名。Ⓧ侯有向商王朝贡献祭祀物品的职责，相关卜辞如：

贞：其彳，Ⓧ侯以雪□，卯二牛。　　　　　　　　　　（《合集》3318，宾三）

甲午，贞：Ⓧ侯☒，兹用。大乙羌三，祖乙羌三，卯三牛，乙未酚。

（《屯南》586）

商王将举行彳祭，以Ⓧ侯所献并卯杀两头牛为牺牲。甲午日卜问，次日以Ⓧ侯所献羌人为牺牲，祭祀大乙、祖乙各三个羌人并卯杀三头牛为牺牲。

Ⓧ侯有向商王朝贡献巫、奴隶的职责，还有以Ⓧ侯所献俘虏为祭祀祖先牺牲的辞例：

□令周取巫于Ⓧ。　　　　　　　　　　　　　　　（《合集》8115，宾一）

贞：呼取Ⓧ臣。　　　　　　　　　　　　　　　（《合集》938 正，典宾）

酚妣己艮Ⓧ。　　　　　　　　　　　　　　　（《合集》716 正，宾一）

勿出Ⓧ于妣庚。出艮妣庚Ⓧ。勿出。　　　　　　　（《合集》721 正，宾一）

贞：侑于妣甲Ⓧ艮、卯牢。　　　　　　　　　　（《合集》787 正，典宾）

第 1 例为商王命令周征取巫于Ⓧ侯、Ⓧ地。第 2 例是商王贞问呼令征取Ⓧ侯的奴隶。后 3 例分别为以Ⓧ侯所献俘虏为牺牲册告妣己、以Ⓧ侯所献俘虏为牺牲侑祭妣庚、以Ⓧ侯所献俘虏和卯杀牛为牺牲侑祭妣甲。

外服Ⓧ侯的主要职责在于拱卫疆土和协同王师讨伐敌方，如：

壬申卜，比于Ⓧ侯。　　　　　　　　　　　　　　（《乙编》8406）

怩比□侯，遵比羽，祝比Ⓧ侯，九月。　　　　　（《合集》3317 反，宾三）

乙亥卜，贞：令多马、亚徙菁祝省陵廪，至于🔲侯，从楅川比［⚡侯］。

九月。   （《合补》1711 正）

己酉卜，殷贞：呼🔲（葬）①⚡侯。贞：勿呼🔲（葬）⚡侯。

（《合集》6943，典宾）

商王联合⚡侯进行军事活动。从外服🔲侯居地经过楅川就可抵达⚡侯之地。由周征取⚡所献巫卜辞，说明⚡侯与周同在殷西。最后 1 例反映商王呼命葬外服⚡侯。

⚡地具有重要战略地位，"丙寅卜，贞：令逆比尽于⚡。［六］月"（《合补》61），商王命令逆与尽在⚡地会合践行王事。商王还在⚡地举行祭祀，如"乙丑卜，贞：［王］☒［寻］于⚡"（《合集》8116，宾一）、"壬申卜，祈于⚡，允"（《合集》22186，午组），商王与贵族分别卜问在⚡地举行寻祭、祈祭。

（五）犬侯

甲骨文中有作为祭祀牺牲的动物犬，亦有作为王朝田猎职事的犬，还有作为外服的犬侯。犬侯有自己的军队"犬师"，如"丁酉卜，翌日王叀犬师比，弗悔，亡戈，不遘雨"（《屯南》2618），意为商王关心与犬侯的军队联合行动是否会遭遇降雨。

犬侯受商王调遣践行王事：

□辰贞：令犬侯由王事。   （《合集》32966）

己卯卜，兔贞：令多子族比犬侯撲②周，由王事，五月。

（《合集》6812 正，宾一）

贞：令多子族眾犬侯［撲］周，由王事。

---

① 此字释为"葬"，参见王贵民：《试释甲骨文的乍口、多口、殉、葬和诞字》，吉林大学古文字研究室编：《古文字研究》第 21 辑，北京：中华书局，2001 年，第 127—128 页。

② 此字唐兰释为"璞"，读为"撲伐"之"撲"，后来刘桓、林沄等对此说进行了补充论证，应比较可信，可从。另刘钊认为此字读为"翦伐"之"翦"，此条卜辞应读为"翦周"。参见何景成编撰：《甲骨文字诂林补编》，第 512—513 页。

贞：令多子族比犬眔亩蜀，由王事。　　　　　　　　（《合集》6813，宾一）①

犬侯接受商王命令讨伐西部的周方。商王武丁命令多个贵族首领率其族众协同犬侯、亩蜀的军队撲伐周，执行王事。商王还命令犬侯出兵抵御我方侵扰，“己巳卜，王呼犬戎我”（《合集》5048，典宾）。我方是活跃于商王都西北部的强方。犬侯还受命讨伐亘方，“贞：犬追亘有及。犬追亘亡其及”（《合集》6946，典宾）。亘方亦是商王朝西部强方，卜辞贞问犬侯追逐亘方是否有获。

至康丁时期，犬侯的军队仍是商王朝捍卫西土的重要力量。如“庚戌卜，王其比犬师，叀辛亡灾”（《英藏》2326，无名组）、“丁酉卜，翌日王叀犬师比，弗悔，亡戋”（《屯南》2618，无名组），商王关心王师与犬师协同行动是否有灾祸。从犬侯受命讨伐者皆在商王都西部，说明犬侯居地亦在殷西。犬侯作为商王都西部重要外服，在商王朝经营西部边疆与诸方战争中发挥了重要作用。

犬侯有向王朝贡纳祭祀牺牲的义务：

辛巳贞：犬侯以羌，其用自［大乙］。　　　　　　　　（《屯南》2293 反）

甲寅，犬见，卓示七屯。乇。　　　　　　　　　　　（《合集》6768 臼，宾三）

甲寅，犬见，卓示七屯。　　　　　　　　　　　　　（《合集》6769 臼，宾三）

己巳卜，殻贞：犬诞其工（贡）。　　　　　　　　　（《合补》1244 正甲，典宾）

□令雘曰犬诞田。　　　　　　　　　　　　　　　　（《合补》1245，宾三）

贞：犬诞其有工（贡）。

己巳卜，殻贞：犬诞亡其工（贡）。六月　　　　　（《合补》1246，典宾）

占卜以犬侯所献羌人祭祀大乙。犬侯还进贡占卜用的牛肩胛骨，“见”当读为“献”，②“示”意为交纳。第2、3例骨臼记事刻辞表明，甲寅日犬侯献牛肩胛骨，承前所述，记载龟骨来源的记事刻辞中“示”有交纳、贡献之意，此处取交纳之意，即由卓交纳七对，史官乇记录了此事。犬侯除贡献义务外，还曾入商王

---

① 另有同文卜辞，参见黄天树主编：《甲骨拼合集》第45则，第379页。
② 杨树达：《卜辞求义》，上海：上海古籍出版社，1986年，第37页。

朝服政事，"☐二十屯。🔯示。犬"（《合集》17599 反，典宾），即犬侯参与了记录贡献占卜所用牛肩胛骨有关的宗教活动。

商王关心犬侯的疾病情况，"辛亥卜，贞：犬肩兴疾，抑？"（《醉古集》266）① 卜辞"克兴有疾"与"肩兴有疾"意思相同，"克"训为能，"肩"表示助动词能，② "兴"，起也。商王为犬侯的病情担忧，卜问是否能起疾，即病情好转。犬侯的居地是商王朝的重要农业区，商王关心其农业收成，如"辛酉贞：犬受年，十一月"（《合集》9793，典宾）。

（六）🔯侯

"🔯"在具体辞例中作为地名、族名、外服侯名。🔯侯相关辞例见于宾组和历组卜辞，"🔯"与"🜨"为一字之繁简，释为"琮"，可读为"崇"，③ 以下径书作"崇"。崇族曾与商王朝为敌，如"令☐戣☐崇"（《合集》8099）。"戣"在卜辞中用于表示征伐相关的内容，如"呼戣舌方"（《合集》6300—6304）的占卜，则"令☐戣☐崇"表示命令臣子征讨崇族。崇族臣服商王朝后，商王对其进行安置，如"甲寅卜，王叀莀示崇，五月"（《合集》10474）。"莀"读为"晨"，"示"在该辞中为动词，或可读为"寘"。该条卜辞占卜商王于5月甲寅日晨奠置崇族，很可能其族首领被册封为外服侯，其族人任商王朝内服犬官，"贞：令犬崇，受☐"（《合集》5568），占卜商王命令犬崇做事是否会有好结果。商王还命令犬崇自南土出发巡察，如"贞：☐呼犬崇省，从南"（《合集》10976 正）。

外服崇侯定期朝觐商王，如：

戊寅卜，崇侯允来。不来。戊寅卜，于木月至。　　　　　　（《俄藏》179）

己卯卜，崇侯于木月至。　　　　　　　（《合集》32806，师历间类）

戊寅［卜］，允来崇侯。庚辰卜，不来崇侯。

　　　　　　　　　　　　　　　　　（《合集》32804，师历间类）

---

① 林宏明：《醉古集——甲骨的缀合与研究》，第 164 页、图版第 303 页。

② 黄天树：《殷墟甲骨文助动词补说》，《古汉语研究》2008 年第 4 期。

③ 陈剑：《释"琮"及相关诸字》，《甲骨金文考释论集》，第 303—304 页。

戊寅、己卯、庚辰3日连续占卜外服崇侯是否来朝王，还是下月来朝王，推测是崇侯当来朝而未及时朝觐的反映。商王关心外服崇侯来朝路上平安无虞：

贞：崇往来亡囚（忧）。崇［其有］囚（忧）。　　（《合集》152正，典宾）
王占曰：亡囚（忧）。　　　　　　　　　　　　　　（《合集》152反）

商王命令外服崇侯践行王事，并祈祷其顺利完成任务。如"癸酉贞：☑崇侯令。乙亥［彭］桒①（祷）"（《合集》32805）。商王朝还派内服臣子至崇侯之地：

贞：宰立史于崇侯，六月。　　　　　　　　　　　　（《合集》5505）
戊辰卜，争贞：翌己巳立崇侯史。　　　　　　　　　（《合补》499）
贞：叀壴令视于崇。　　　　　　　　　　　　　　　（《合集》8092）
己丑卜，叀□令立崇［侯史］。　　　　　　　　　　（《合集》8095）
贞：并于崇。　　　　　　　　　　　　　　　　　　（《合集》8098）
□［酉］卜，宾贞：令疌达崇侯，又。二月。　　　　（《拼五》1205）②

这几条卜辞中的宰、壴、并、疌皆为商王朝重臣，商王派遣他们出使外服崇侯之地，衔负传达命令、检视外服尽职、安抚外服等任务。

外服崇侯参与王朝祭祀之事，如"□寅贞：其延崇于丁。叀庚延崇"（《合集》32981，历草类）。"延"为祭名，祭而复祭乃谓之延。③ 商王朝派重臣犬延与外服崇侯协同讨伐敌人，"其先诞。其先崇"（《合集》7076）。据该版卜辞"其先雀，戈"，知该辞例是占卜派遣犬诞还是崇侯为先锋。

商王就协同外服崇侯举行军事行动而占卜，即是否命令其践行征伐王事，如：

---

① 该字近年有释读为"祷"、"祈"、"求"、"被"四种不同意见，参见何景成编撰：《甲骨文字诂林补编》，第387—393页。

② 桑金木缀合，参见黄天树主编：《甲骨拼合五集》，北京：学苑出版社，2019年，第265、357页，简称《拼五》。释文部分指出此缀合同文卜辞见《合集》32911，并且说"之前有学者认为'琮侯'与'亚侯'有别，今证明是同一人"。但此版缀合与《合集》32911"乙酉贞：王令疌达亚侯，又"，显然并非同文卜辞，不能就此认为两侯名为一人。

③ 于省吾主编：《甲骨文字诂林》，第2234页。

□贞：惟□比崇侯。□月。　　　　　　　　　　　　　　　（《合补》500）

贞：惟□令比崇侯。　　　　　　　　　　　　　　　　　（《合集》3310）

己未贞：王其告其比崇侯。　　　　　　　　　　　　　　（《合集》32807）

□并其比崇□。　　　　　　　　　　　　　　　　　　　（《合集》32808）

崇侯□敦□。　　　　　　　　　　　　　　　　　　　　（《合补》510）

丁亥卜，宾贞：崇侯御，不惟兹。　　　　　　　　（《合集》3311，宾三）

外服崇侯有田猎献获的职责，"呼崇，获豕。崇不其获豕"（《合集》6949正）。商王朝还向外服崇侯征取物品，"□□［卜］，□贞：呼取令于崇。翌丁亥叀上甲祝用"（《合集》8093，典宾），即占卜呼命征取物品于外服崇侯。

崇作为地名时或作"亙"形，主要见于黄组贞旬卜辞，如：

癸酉［卜，在］亙贞：［王旬］亡［畎］。

癸丑卜，在㭰贞：王旬亡畎。　　　　　　　　　　　　　（《合补》12870）

癸丑卜，在洛贞：王旬亡畎。

癸亥卜，在良次贞：王旬亡畎。

癸酉卜，在亙次贞：王旬亡畎。在十月又二。

癸未卜，在亙贞：王旬亡畎。

［癸］巳卜，在㭰［贞：王］旬亡畎，［在］十月二。（《合补》11283）

与崇地共版的几个地名都在河南且距离洛阳不远，又有殷商铜器崇父丁爵（《集成》8472），据传1927年出于河南洛阳市，[1] 因此大致可以确定崇地在河南洛阳附近。

商末崇侯叛商，上博简《容成氏》第45—47简载反叛商王朝的"九邦"中包括宗（崇），周文王接受商纣王命令伐宗（崇）侯。[2] 1993年山西曲沃北赵晋公室墓地M31出土文王玉环铭云："文王卜曰：我及唐人弘战崇人。"李学勤认为是周文王与唐人结盟，以环献神，此环留在唐地。周公灭唐后，成王以其地封

---

① 中国社会科学院考古研究所编：《殷周金文集成》（修订增补本），第5279页。

② 马承源主编：《上海博物馆藏战国楚竹书》（二），上海：上海古籍出版社，2002年，第285—287页。

晋，此玉环便为晋公室所有。① 据此可知，周文王伐崇侯时曾与侯唐结盟。

（七）亚侯

甲骨文"亚"字有多种用法，如为官名、宗庙名以及"次"意。② 卜辞有"多亚"、"多侯"，说明亚与侯各自表示一类社会身分，一般认为"亚"为商王朝内服武官，单称"亚某"，集合称谓"多亚"。殷卜辞中的"亚侯"理解为亚地的侯，较为符合文义。如"甲午卜，𡧊贞：亚受年。甲午卜，𡧊贞：不其受年"（《合集》9788 正，宾二），是卜问亚地收成。商王朝与外服亚侯建立婚姻关系，如"妇亚来"（《合集》2813 反），妇亚应是来自外服亚侯的女子，成为商王室之妇。

商王派臣子向外服亚侯传达王命，如"乙酉贞：王令𤍣达③亚侯，又"（《合集》32911，历二），"丙子贞：赤其达亚侯令，亡囚（忧）"（《拾遗》454，历二）。④ 商王关心𤍣、赤向外服亚侯传达王命，是否会遇到灾咎，反映商王担心对外服亚侯的命令是否顺利传达。外服亚侯听从商王调遣，有践行王事的职责。商王为亚侯践行王事担忧，如"乙未贞：其令亚侯归，惟小☒"（《屯南》502），希望亚侯完成王事后，回朝复命。

廪辛康丁时期，商王朝于亚地举行田猎，未再见"亚侯"称谓，亚地或已为商王直接控制区域：

惟亚田省。　　　　　　　　　　（《合集》29374 无名类、《屯南》888）

惟亚田省，延往于向，亡灾，永［王］。不遘雨。

（《合集》30122，无名类）

庚戌卜，夏贞：亚其往宫，往来亡灾。　　　　（《合集》27930，何一）

---

①　山西省考古研究所、北京大学考古学系：《天马——曲村遗址北赵晋侯墓地第三次发掘》，《文物》1994 年第 8 期，第 31 页。玉环文字释读，参见李学勤：《文王玉环考》，饶宗颐主编：《华学》第 1 辑，广州：中山大学出版社，1995 年，第 71 页。

②　参见于省吾主编：《甲骨文字诂林》，第 2898—2905 页。

③　"达"字释读，参见赵平安：《"达"字两系说——兼释甲骨文所谓"途"和齐金文中所谓"造"字》，《中国文字》新 27 期，台北：艺文印书馆，2001 年，第 51—64 页。

④　宋镇豪等编著：《殷墟甲骨拾遗》，北京：中国社会科学出版社，2015 年，简称《拾遗》。

商王巡视亚田后继续前行至向地。亚地与向地当相去不远，距离宫地亦不远，可在一日内来回。向与宫距离亦不远，卜辞"于丧，亡灾。于盂，亡灾。于向，亡灾。翌日壬，王其迍于盂，亡灾。于宫，亡灾。［王］迍于桵至于向，亡灾"（《合集》28947，无名类）。桵地距离向地不远，桵即徐，"今沁阳县东三十里沁水南岸有徐堡镇"（现隶属温县武德镇），或即桵之地望。① 向地，可能是《诗经·小雅·十月之交》"作都于向"的向，在今河南济源以南。② 亚侯之地应在商王国西南边域。

（八）失侯

此侯名用字尚有不同释读意见。赵平安释读为"失"，认为失侯即是《逸周书·世俘解》中的商代外服"佚侯"，洛阳马坡出土成批失族铜器，其故地当在此。③ 其说可从。失族似一度与商王朝为敌，见于以下数例卜辞：

壬申卜，贞：雀弗其克戕失。

壬申卜，［贞］：雀克戕失。   (《拼合》26，宾一)

甲戌卜，贞：弜弗其戕失。   (《天理》171)

乙亥卜，幸（执）失。乙亥卜，弗幸（执）失。

             (《合集》33010，师历间类)

丙子卜，𠂤戕失。   (《合集》7017，师宾间类)

贞：𠂤戕失。   (《合集》7016，师宾间类)

己卯卜，王咸戕失，余曰雀：知人伐臣。   (《合集》7020，师宾间类)

己卯卜，王贞：余呼弜敦失，余弗𠂤。   (《合集》7014，师宾间类)

□□［卜］，□贞：余勿呼□敦失，𠂤。   (《合集》7018，师宾间类)

壬申卜，王：御弜于祖乙。

戊戌卜，贞：𠂤弗其戕失。

---

① 陈梦家：《殷虚卜辞综述》，第 261 页。
② 郭沫若：《郭沫若全集考古编》第 2 卷《卜辞通纂》，第 497 页。
③ 赵平安：《从失字的释读谈到商代的佚侯》，《中国社会科学院历史研究所学刊》第 1 集，第 28—34 页。

[戊] 戌卜，[贞]：𢿑戋失。☒戋失。　　　　　(《拼合》258，师宾间类)①

戋 [𢿑]，失征。　　　　　　　　　　　　　(《合集》20558)

庚戌卜，令比𣥲伐失。　　　　　　　　　　(《合集》19773)

辛巳贞：𢎨亡囧 (忧)，在失。其壬戋失。其癸戋失。☒禽☒。

甲午卜，𢎨其甲戋失。小一月。

其乙戋失。其丙戋失。其丁戋失。其戊戋失。[其] ☒ (己) [戋] ☒

(失)。庚☒☒☒。　　　　　　　　　　　　(《符》1 正，师组)②

商王于辛未至庚戌日长达 40 天的时间里占卜讨伐失之事，命令𢎨、雀、王师协同
𣥲伐失。最后 1 例记载商王辛巳日占卜在失地的𢎨无灾咎，于壬日、癸日战胜失
并有所擒获。此后第 14 日甲午，再次卜问𢎨于甲、乙、丙、丁、戊、己、庚诸日
中的某一日战胜失。

商王朝征讨失族持续时间较长，征服后俘获其首领，并将之作为牺牲侑祭于
父乙，"辛亥卜，㱿贞：侑失伯于父乙"(《合集》1780 正，宾三)。卜辞显示，
商王朝以失族俘虏百人为牺牲祭祀汤，"丙子卜，亘贞：王有报于唐，百失。贞：
王有报于唐，百失，勿用"(《合集》1115 正，典宾)。征服失族后，商另立首领
并授予其外服侯称号，称"失侯"(《怀特》360)、"侯专"、"失侯专"，为商王
朝践行王事。其中涉及"侯专"的卜辞如：

癸亥卜，王贞：余比侯专，八月。　　　　　(《合集》3346，宾一)

☒侯专启☒，余受 [佑]。　　　　　　　　　(《英藏》373)

庚辰卜，内贞：侯专肩兴有疾。　　　　　　(《佚存》8)③

☒九示自大乙至丁祖，其比侯专。　　　　　(《合集》20065，师宾间类)

乙巳卜，叀失令。

乙巳卜，叀☒令。

---

① 何会：《龟腹甲新缀第八则》，黄天树主编：《甲骨拼合集》第 258 则，第 476 页。

② 宋镇豪编著：《符凯栋藏殷虚甲骨》，上海：上海古籍出版社，2018 年，简称《符》。

③ 商承祚：《殷契佚存》，南京：金陵大学中国文化研究所，1933 年，简称《佚存》。

> 乙巳卜，叀西惟比。
>
> 乙巳卜，叀北惟比。 （《合集》32906，历一）
>
> 乙酉，令失。 （《合集》32907，历一）

商王于某年 8 月癸亥日，卜问以侯专为先导的军事行动是否受神灵佑助。商王亦关心侯专践行王命后回王朝复命（《合集》3349，宾一），并希望侯专的疾病好转。第 3 例是商王就协同外服侯专的军事行动向祖神祈祷，"丁祖"当是祖丁，"九示"可能是大乙、大丁、大甲、大庚、大戊、中丁、祖乙、祖辛、祖丁九位直系先王神主，商王祭祀自大乙至祖丁的九位祖先，祈求协同侯专的军事行动取得胜利。

失侯听从商王调遣，对商王朝担负重要军事职责。如商王占卜是否命令失侯践行王事，并占卜失侯应与西部还是北部外服协同行动：

> 丁卯卜，宾贞：翌己未令多射眔失于□。
>
> 贞：翌己未勿令多射眔失□。 （《合补》1725，典宾）
>
> 乙酉卜，争贞：今夕失以多射先陟自□。 （《合集》5738，宾三）
>
> □令失呼多射。 （《合集》5743，典宾）
>
> 贞：呼子画以失新射。 （《合集》5785，典宾）
>
> 丙寅卜，争：呼赢失侯专求（咎）权。 （《合集》6834 正，典宾）

"多射"为多个射手队的称谓，是商王朝军队的兵种之一。前 3 例卜辞是命令失侯率领王朝弓箭手践行军事职责。"失新射"可能是失侯所贡献的射手组织，辞意是命"子画"指挥失侯所献"新射"军事组织。最后 1 例证明失侯与侯专为同一外服，"权"又称"子权"（《合集》20045），商王呼命助外服失侯专咎灾于子权。

失侯有朝觐商王并献贡的职责：

> 辛亥卜，失侯来，勿□甲寅□。 （《合集》3309，宾三）
>
> 贞：失不其获羌。 （《合集》188 正，典宾）

贞：失不其获羌。 （《合集》189 正，典宾）

贞：失获羌。 （《合集》207，典宾）

辛亥卜，贞：失侯来七羌，翌甲寅择用于夫（大甲），十三月。

（《拼续》60）

贞：侯以骨刍，允以（致）。

己未卜，争贞：失、齐亡回（忧）。 （《合集》98 正，典宾）

癸丑卜，𡊋其克甫、失。

乙卯卜，乍𡊋执𡊋。贞：𡊋不亦（夜）来。 （《合集》7024）

失以五十。 （《合集》1779 反，典宾）

失［以］☒ （《合集》3737 反，甲桥刻辞）

失示三屯，宾。 （《合集》2362，典宾）

庚午卜，出贞：王、羊曰：以。失、贾、齐以。 （《英藏》1994，出类）

辛亥日卜问失侯来朝，不希望晚至甲寅日。商王关心失侯是否捕获羌人，辛亥日失侯来献 7 个羌人，甲寅日择用其所献羌人祭祀大甲。王希望失侯能够献上刍牧人员，果然送达。商王担心𡊋打败外服甫任、失侯，希望𡊋不要夜间进犯，命𡊋执获𡊋。失侯还曾一次贡献占卜用龟 50 只。失侯贡献 3 对骨版，宾作了记录。至祖庚祖甲时，失侯仍为商王朝外服，献贡于商王朝。

商王朝派人到失侯封地开垦田地：

□□［卜］，□［贞］：今日［令叟］雍①田于失侯。十二月。

癸□［卜］，□贞：［今日］令叟雍［田］于失侯。十二月。

（《合集》3307 +《合集》9486 +《合集》227，宾三）②

壬戌卜，争贞：乞令叟田于失侯，十月。 （《合集》10923，典宾）

---

① "雍"指平整土地、修筑田垄等工作，参见裘锡圭：《甲骨文中所见的商代农业》，《古文字论集》，北京：中华书局，1992 年，第 179—182 页。

② 前两版为赵鹏缀合（黄天树主编：《甲骨拼合集》第 60 则，第 389 页），李延彦在此基础上加缀第三版（黄天树编：《甲骨拼合续集》第 542 则，第 436 页）。

受可在失侯之地壅田，说明两地距离不远，为失侯属地位置提供信息。商王派臣子在失侯封地开垦土地，行使王权，表明外服失侯为商代国家的组成部分。

综上，失侯主要活动于武丁时期，原为失方，其首领称失伯，曾与商王朝为敌，被征服后纳入商王朝外服侯系统，与商王朝关系亲密。失侯贡献弓箭手组成"新射"军事组织，率领王朝军队"多射"征伐敌人，履行捍卫商王朝疆土的职责。失侯向商王朝献羌俘、占卜用龟甲牛骨、刍牧人员等。失侯领地有供王朝耕作的土地，表明失侯属地为商王朝疆土的重要组成部分。

（九）崔侯

崔侯（《合集》3321、3323）有领地称"崔"（《合集》8720 正），其族众被称为"崔人"（《合集》10976 反），崔侯也省称为"崔"，如卜辞"崔不其☒"（《合集》4729）、"王占曰：其呼依、崔。勿呼依、崔"（《合集》4730 反）。"依"为人名（《合集》6169），与之并受王命的崔亦为人名。据崔侯与崔地合一的情况，可知表示人名的崔与崔侯应为一人。商王命令外服崔侯讨伐冥，卜辞如：

☒崔侯。壬寅卜，崔侯弗戋冥。 （《合集》6839）

癸亥卜，[崔] 侯其戋冥。 （《合集》6840）

贞：侯弗敦冥。 （《合集》6841）

癸亥卜，崔其同，惟戎，其 [亡] ☒。 （《合集》4727）

☒丑卜，☒出☒崔侯☒戋。 （《合集》3322）

丙子卜，侯其敦冥。 （《合集》39923）

卜问会合崔侯征伐敌方，是否会有灾祸。"冥"的身分为伯（《合集》3401），或因叛乱遭到商王派遣外服侯讨伐。商王朝的军事征伐活动，一般以调动与敌方较近的外服势力为原则，所以崔侯距离冥伯应不远。

外服崔侯曾受到方方国侵扰，应距方方国不远，商王担心其受方方国威胁：

☒申卜，方敦崔。 （《合集》6785）

戊寅卜，方至不。之日有曰：方在崔鄙。 （《合集》20485，师小字类）

庚午卜，崔侯其获围方。	（《拼四》962）
贞：共崔人，呼宅崔。	（《合集》8720 正，宾一）
贞：呼往奠于崔。弜呼奠于崔。	（《合集》10976 反，宾一）

戊寅日卜问方方国是否会侵犯崔侯之地，验辞载当日有报告称方方国进入崔侯领地鄙内。第 3 例显示崔侯似亦反攻，卜问崔侯围方方国，是否有所俘获。第 4 例中崔侯似遭受方方国侵害，商王朝命人前往安置其族众。最后 1 例是商王重新置奠战败的崔侯，仍就地安置。方方国的活动范围广泛，是游牧或半游牧、半农经济的北方族群。① 崔侯居地受到方方侵扰，甚至打到郊鄙，可知二者相距不远，大致在商王国北部边域。

商王非常重视崔地。商王田猎、巡行于外服崔侯之地，"呼田于崔"（《合集》10983），"☐值崔☐"（《合集》7272）。商王朝于崔地设有犬官，如"犬崔其☐"（《合集》20369），与外服崔侯衔负军事防卫敌方的职责相关。

（十）斩侯

殷卜辞有"斩侯"（《合集》3325），河南安阳出土的商代晚期青铜戈有铭文"斩侯"（《集成》10770），确证商代外服斩侯的存在。关于"斩侯"的材料有限，有关斩地的卜辞对于了解外服斩侯有所帮助：

☐新射于斩。	（《合集》5787）
乙亥贞：令内以新射于斩。	（《合集》32996，历二）
辛未贞：遘以新射于斩。	（《合集》32997，历二）
辛卯贞：从斩涉。	（《合集》32903，历二）

岛邦男认为斩侯是斩地的封侯。② 那么，也可以说外服斩侯封地在斩。商王可能亲临斩地举行祭祀礼仪，如燎祭、侑祭、袚除齿疾：

---

① 朱凤瀚：《由殷墟出土北方式青铜器看商人与北方族群的联系》，《考古学报》2013 年第 1 期。

② 岛邦男：『殷墟卜辞研究』、第 429 页。

贞：燎于斳。 （《合集》488 反）

御齿于斳，御齿勿于斳。 （《合集》946 正）

贞：勿于斳御齿。 （《乙编》8165）

乙亥卜，宾贞：燎于斳，三豕。 （《合集》7919 正）

贞：侑于斳。 （《合集》7920）

外服斳侯封地是商王朝国土，商王可以自由行使权力、举行宗教礼仪活动、集结射手军事力量等。斳侯贡纳物品以示臣服，带有"斳侯"铭文的青铜戈出土于安阳，或许是外服斳侯所献之贡物。

（十一）羧（养）侯

故宫博物院藏商代鸟形玉佩正反刻有"羧（养）侯"二字，说明玉佩为养侯所有。养为国名，在今河南沈丘一带。[①] 殷卜辞中没有出现"养侯"，但养作为人名、地名是存在的，应与养侯有关。

辛未，贞：于大甲告养。 （《屯南》1024）

辛未，贞：于大乙告羧。辛未，贞：于大甲告羧。

（《合补》13330，历二）

养为人名，商王占卜向大乙、大甲为养祈祷，养与商王室可能有亲缘关系。据卜辞"癸酉卜，古贞：呼祀取虎于养鄙"（《合集》11003），养有其城邑，商王命令内服臣子亚祀于外服养侯城邑的边鄙捕虎。

（十二）竹侯

竹侯学者已多有论及。彭邦炯将殷卜辞中的竹侯与金文"孤竹"联系考察，认为外服竹侯地望"在今日河北东北部到长城外的辽宁西部、内蒙东南一隅的范

---

① 李学勤：《商至周初的玉石器铭文》，《李学勤文集》，上海：上海辞书出版社，2005 年，第 174 页。

围内;而卢龙则是该国族的中心区或首邑所在,喀左等地则可能是当时竹国范围内的重要城邑了"。① 竹侯或省称"竹",听命于商王而践行王事:

壬辰卜,犬,令竹☒。 　　　　　　　　　　　（《合集》20230）

庚午卜,宾贞:令☒竹归于☒。 　　　　　　　　（《合集》4744）

辛☐［卜］,争贞:☒竹归。 　　　　　　　　　（《合集》4747）

竹侯的主要职责是捍卫疆土,协同王师讨伐敌方。卜辞记载竹侯参与了抵御鬼方的战争:

辛卯卜,㱿贞:惟熊呼竹蚁［鬼］。 　　　　　　（《合集》1108 正）

辛卯卜,㱿贞:惟熊呼竹蚁鬼。 　　　　　　　　（《合集》1109 正）

贞:不惟熊呼竹蚁鬼。 　　　　　　　　　　　　（《合集》1110 正）

☒熊呼竹蚁鬼。 　　　　　　　　　　　　　　　（《合集》1111 正）

贞:不☐熊呼竹☒。 　　　　　　　　　　　　　（《合集》1112）

贞:不惟竹蚁。 　　　　　　　　　　　　　　　（《合集》1113）

竹侯可能与召方发生过战争,如"己亥卜,贞:竹来以召方于大乙束"（《屯南》1116）、"☐☐卜,贞:竹来以召方☒巍于大乙"（《屯南》4317）。竹侯战胜召方而有所俘获,并向商王朝行献俘礼,商王占卜以竹侯所献召方俘虏为牺牲,祭祀先王大乙。竹侯有贡纳义务:

取竹刍于丘。 　　　　　　　　　　　　　　　　（《合集》108）

贞:其用竹齛（献）② 羌,叀酓多用。 　　　　　（《合集》451）

竹入十。 　　　　　　　　　　　　　　　　　　（《合集》902 反）

---

① 彭邦炯:《从商的竹国论及商代北疆诸氏》,王宇信主编:《甲骨文与殷商史》第 3 辑,上海:上海古籍出版社,1991 年,第 380—384 页。

② "齛"字考释及读为"献"的意见,参见朱凤瀚:《释"㲋羌"》,宋镇豪主编:《甲骨文与殷商史》新 5 辑,上海:上海古籍出版社,2015 年,第 1—7 页。

之日用，戊寅，竹侑。

贞：侑于阳甲、父庚、父辛一牛。

贞：勿侑于阳甲、父庚、父辛一牛。　　　　　　　　（《合集》6647 正）

王用竹，若。　　　　　　　　　　　　　　　　　（《合集》15411）

商王征取竹侯应献刍牧者于丘地。以竹侯所献羌人为牲，酚祭、乡祭时使用。竹侯一次贡纳 10 只大龟。"戊寅竹侑"，戊寅日以竹侯所献举行侑祭，侑祭阳甲、父庚、父辛三位神主各一牛，说明竹侯所献为牛。"王用竹"有省略，不应理解为王用竹为牺牲，应指王以竹侯所献为牲。

外服竹侯族人在商王朝作贞人，如"丁丑卜，竹、争贞：大以子商臣于盖"（《合集》637，宾三）、"丙寅卜，夬贞：卜竹曰其屮于丁牢。王曰弜壽，翌丁卯率若。八月"（《合集》23805，出一类）。竹与争共贞臣子"大"率领子商的族众赶往盖地。丙寅日疑对卜竹和王的占卜进行再贞，卜竹谓将侑祭丁以牢，王谓勿久，翌日丁卯侑祭于丁皆善。两条卜辞反映外服竹侯族人在商王朝占卜机构中担任占卜职官，也可以视为外服竹侯的一项重要职事。彭邦炯谓"到祖庚祖甲时，竹氏还有人曾担任王朝卜人，与贞人夬供事于朝，同时为商王占卜问卦"。[1]

商王关心竹侯及竹地安危，如"丁丑卜，王贞：令竹、𣥠、兀于外囧（忧），由朕事"（《合集》20333，师小类）。竹侯有驻守边地、拱卫殷邦的军事职责，当敌方侵犯时要向商王朝汇报敌情。卜辞如"王占曰：有求（咎），其有来艰。迄至九日辛卯，允有来艰自北，𢦏妻娄告土方侵我田十人"（《合集》6057 反），"妻娄"为驻守𢦏地的竹氏女将，当北方的土方入侵，守将向武丁汇报了土方入侵之事及其掠夺人口等损失情况。

关于竹与孤竹的关系，曹定云认为殷墟甲骨文的竹与殷代金文的"亚竹"前后承袭，祖甲以前称"竹"，廪辛（可能包括祖甲后期）以后称"亚竹"。"亚竹"就是后世典籍所载"孤竹"。殷墟妇好墓出土的长条形石磬刻有"妊竹入

---

[1]　彭邦炯：《从商的竹国论及商代北疆诸氏》，王宇信主编：《甲骨文与殷商史》第 3 辑，第 381 页。

（纳）石"，曹定云认为"妊竹"应读为"任竹"，任是竹之职称（或身分）。[1]
孤竹、任竹可能是外服竹侯族氏的分化、繁衍。

（十三）眞侯

朱凤瀚认为"眞氏"属于"矣"宗族的一个分支，商代晚期眞氏族长被商王册命为侯，称"眞侯"。目前发现的"亚（中）眞侯"铭文青铜器年代多为商周之际，与"矣"组成复合氏名，此"眞侯"作为氏名使用，周初周王重新册封眞氏族长为侯，称"眞侯"。据春秋时期青铜器眞侯簋铭文"眞侯作眞井姜妢母媵尊簋，其万年，子子孙孙永宝用"，推测眞氏为姜姓。[2]

作为侯名的眞侯见于黄类卜辞，如"癸未卜，在次贞：含巫九备，王☑于眞侯舌师，王其在眞🐛，正（征）☑"（《合集》36525）。商王驻扎于眞侯属地，于眞侯舌师内占卜，王将在眞地举行祭祀。据此，黄类卜辞中的眞地应指眞侯舌的居地。眞作为地名、族名已见于宾三类卜辞，如"甲子卜，允贞：于翌乙丑屄眞。乙丑允屄眞，不［遘］☑"（《合集》9570）。该辞中"屄"为动词，各家释读"屄某田"辞例未有定论。胡厚宣认为"屄"与《说文》"徙"字古文为一字，李家浩、裘锡圭认为此说有理。近年单晓伟对该字进行了再梳理，认为该字读音为沙，人坐于沙上，沙有流动性，人亦随之而动，会意为"徙"字。[3] 此辞"徙眞"应是迁徙眞族之意。尚无证据表明宾类卜辞中的眞地指眞侯之地，不能由此断定此时商王朝已经册封眞侯。

矣作为族氏名见于历组、出组卜辞。如"□［亥］贞：矣以☑"（《合集》32908），与矣族致送贡物有关。然此时该族是否被册命为外服侯，分化出眞侯之氏，无由证明。可以确定的是商代晚期眞侯作为外服存在，商王于其领地驻军，亲临其居地，并在其邑内举行祭祀。商王此行当与晚商时期讨伐敌方的军事行动有关，所以外服眞侯的主要职责仍是拱卫疆土、协同王师讨伐敌方。

---

[1] 曹定云：《殷墟妇好墓铭文研究》，昆明：云南人民出版社，2007年，第55—56、50页。

[2] 朱凤瀚：《殷墟卜辞中"侯"的身分补证——兼论"侯"、"伯"之异同》，李宗焜主编：《古文字与古代史》第4辑，第17—18页。

[3] 单晓伟：《甲骨文中"徙"字及徙田问题研究》，《中国历史文物》2007年第1期。胡厚宣、李家浩、裘锡圭观点，参见何景成编撰：《甲骨文字诂林补编》，第2—4页。

（十四）黍侯

"黍侯"是否为外服侯名曾有争议。关于黍侯较完整的卜辞如：

　　癸卯卜，古贞：王于黍侯受黍年，十三月。

　　癸卯卜，古贞：王勿于黍侯受［黍］年。☒我［受］黍年。

　　王占曰：吉。我受黍年。　　　　　　　　　　　（《醉古集》344）①

于省吾认为"王于黍侯受黍年"中的"侯"为时候的"候"，贞问"王在黍子熟的时候能获得黍子的丰收"。②朱凤瀚也认为"黍侯"不能确定是侯名。该卜辞中的"黍侯"应是以外服黍侯名代指黍侯之地，此类辞例颇多，如"乙亥卜，贞：令多马、亚徆菁省陕廪，至于🐦侯"（《合补》1711），其中的"🐦侯"就是以侯名代指地名；"壬戌卜，争贞：乞令爰田于失侯，十月"（《合集》10923）的"田于失侯"也是指田于失侯之地，是以外服失侯之名指代地名。据此种情况，亦当存在外服黍侯。

　　卜辞中黍侯之领地也简称"黍"，如"辛未卜，殻贞：我共人乞在黍，不溃，受有年。贞：我弗其受黍年"（《合集》795）。在黍即在黍地，商王占卜征召人众于黍地耕种是否获得丰收，与卜辞所载商王于黍侯之地耕种获得好收成（《合集》9934 正）当属同一占卜事类。此黍地即黍侯之地省称，也就是说黍侯是以地名命名的外服。商王特别关心黍侯封地的农业收成，说明黍侯的农田收成是商王朝财政收入的重要组成部分，或者说黍侯封地是商代国家领土的组成部分，商王关心其治下农田收成与占卜商王朝四土获得丰收有着相同意义。

（十五）禾侯

　　关于禾侯的材料有限，目前所见主要是商王命禾侯践行征伐王事：

———————

① 林宏明：《醉古集——甲骨的缀合与研究》，第 187 页、图版第 407 页。
② 于省吾：《甲骨文字释林》，第 244 页。

□□［卜］，争贞：令上丝眔禾侯，［若］。贞：令必人，七月。

（《合集》3336 正）

□□卜，争［贞：令］上丝眔□侯，若。贞：［令］必［人］。

（《合集》3337）

7 月的某日，贞问命令上丝侯与禾侯践行王事是否会顺利。参照"戊子卜，彧贞：王曰：余其曰多尹，其令二侯上丝眔𡧫侯其［撲］周"（《合集》23560，出二类），商王命令上丝侯与𡧫侯协同伐周。董珊认为此"周"为居于周原的妘姓琱氏，[1] 说明上丝位于殷都西部，而上丝与禾侯共同践行王事，说明二者相去不远，大体也在殷都西部距周不远之地。禾侯族女子可能被进献于商王室，如卜辞"贞：允其肇妟。贞：不其肇妟"（《合集》7076 正）。[2] 与此相近的辞例如：

肇马，左、右、中，人三百，六月。　　　　　　（《合集》5825）

其肇马，有征。弜肇。　　　　　　　　　　　　（《合集》29693）

其肇马。弜肇。　　　　　　　　　　　　　　　（《合集》31181）

贞：肇丁用百羊、百犬、百豕，十月。　　　　　（《合集》15521）

孟世凯认为"肇"当是一种献牲的祭祀，[3] 是以有进献之意。"肇马"即进献马队军事组织，将有战事。

（十六）杞侯

杞侯之杞，即《史记·夏本纪》所载夏后裔建立的杞，夏亡后杞臣属于商，受商王朝册封而进入外服系统，成为商王朝国家组成部分。相关卜辞如：

---

① 董珊：《试论殷墟卜辞之"周"为金文中的妘姓之琱》，《中国国家博物馆馆刊》2013 年第 7 期。

② 罗立方推考甲骨文例，认为肇有"奉献"之意，参见《殷墟花园庄东地甲骨卜辞考释三则》，中国古文字研究会、华南师范大学文学院编：《古文字研究》第 26 辑，北京：中华书局，2006 年，第 46—48 页。

③ 孟世凯：《甲骨学辞典》，上海：上海人民出版社，2009 年，第 619 页。

丁酉卜，殼贞：杞侯蓺弗其肩兴有疾。 　　　　　　（《合集》13890）

癸巳卜，今夕共责（积）杞。 　　　　　　　　　　（《合集》22214）

己卯卜，行贞：王其田亡灾，在杞。

庚辰卜，行贞：王其步自杞于□，亡灾。 　　　　　（《合集》24473）

第 1 例是商王武丁祈求杞侯疾病好转。第 2 例中"共"表示向臣属者征取贡物的用语，"责"与"积"通用，如兮甲盘、小臣缶方鼎等铭文，为责田税之意，该辞为商王向外服杞侯征取贡物。[①] 第 3 例辞意为占卜商王在杞地的田猎、巡视不会遇到灾祸，表明商王田猎、巡狩往来于杞。外服杞侯与商王室有婚姻关系：

妇杞示屮七屯。宾。 　　　　　　　　　　　　　　（《合集》8995 臼）

妇杞示七屯又一版。宾。 　　　　　　　　　　　　（《合集》13443 臼）

"妇杞"之称表明来自外服杞侯的女子成为商王室贵族之妇。"杞妇"之称还见于商末杞妇卣铭文"亚醜，杞妇"（《集成》5097），"亚醜"与卜辞中"小臣醜"及"醜"同为醜族，杞妇卣铭文反映亚醜族与外服杞侯族人有婚姻关系。山东青州市苏埠屯商代墓地出土多件"亚醜"铭文青铜器，从 M1、M7 和 M8 的器物看，其时代分别相当于殷墟三期和四期文化。[②] 可能醜族原为内服贵族，于商王廪辛时期始转封于东方，其封地成为商王朝经营东方的军事重镇。

　　夏后裔杞于夏王朝灭亡后被商王朝封为外服杞侯，直至商代后期依然存在。甲骨文反映杞侯不但与商王室贵族有通婚关系，且与晚商时期东方雄族亚醜族联姻，说明杞侯至商代晚期与商王朝关系依然密切，并成为晚商时期商王朝征伐夷方的重要前哨。

　　（十七）凹侯

　　该侯名目前仅一见，但足以证明其为商王朝外服侯：

---

① 饶宗颐：《殷代贞卜人物通考》，第 765 页。

② 杨锡璋、高炜主编，中国社会科学院考古研究所编著：《中国考古学·夏商卷》，北京：中国社会科学出版社，2003 年，第 314 页。

□贞：翌甲寅□⊔侯［于］柚京以羌，自上甲至于丁。①

（《合补》67 正 = 《怀特》24）

"⊔"为地名，该辞贞问是否用⊔侯所献羌人祭祀上甲至于丁的诸位神主。⊔侯献纳俘获的羌人，以示臣服于商王朝。

（十八）窜侯

窜侯或作"姤侯"，见于宾一类卜辞。宾二类卜辞有"子姤"，据卜辞分类断代研究成果，宾一类大多处于武丁中期，宾二类处于武丁晚期至祖庚时期（主要是武丁晚期），所以子姤由商王室成员而被封为侯的观点是不妥的。岛邦男认为作为地名的"姤"与"子姤"、"姤侯"的邑在同一地，从姤地出发经由某地可达殷北的盂方，即姤地在殷西北，姤侯为该地的封侯。②"子"为商人族长通称，子姤应是其族族长，也就是说姤本为族名。

窜侯听从商王调遣，践行王事，如"丙申卜，永贞：呼窜侯。贞，勿呼姤侯"（《合集》3333，宾一）。该侯的主要职责亦为捍卫疆土、抵御敌方，如：

辛卯卜，贞：在窜，其先遘戎。五月。

贞：在襄，王其先遘戎。五月。　　　　　　　　　（《英藏》593）

乙卯卜，㞢贞：戋及㞢方于窜。　　　　　　　　　（《怀特》382）

商王贞问王师先锋部队在窜地是否遭遇敌人，时在五月，又贞问王的先锋部队在襄地是否遭遇敌军。乙卯日占卜，商王朝臣子戋率师追赶㞢方到了外服窜侯领地。

子姤或为姤族分支：

己未卜，亘贞：子姤亡蚩（害）。

---

① 按该版甲骨文漫漶不清，《怀特》《合补》皆以"侯"后一字为侯私名，但核查拓片知此字为"柚京"二字合文，在甲骨文中皆用为地名，故未取作为侯私名的释读意见。

② 岛邦男：『殷墟卜辞研究』、第381、429頁。

　　贞：子㚸有蚩（害）。

　　贞：勿于妣己御子㚸。

　　贞：于妣己御子㚸。　　　　　　　　　　　　（《合集》905 正，典宾）

　　贞：子㚸不延有疾。　　　　　　　　　　　　（《合集》13890，典宾）

关于子㚸的辞例，主要是商王关心其身体安危，并向王室女性祖先妣己举行御祭，被除子㚸灾祸。子㚸的辞例晚于窫侯，是否可以作这样的推论，封侯者为长子，次子或子辈留在畿内辅佐商王，与西周时期长子就封、次子留相王室的传统类似。①

　　（十九）𦳊侯

　　现有卜辞反映，外服𦳊侯曾叛离商王朝而遭到讨伐，似乎商王先亲征讨伐叛乱，有如下卜辞：

　　　甲子卜，王从东戈（伐）𦳊侯，𠂤。

　　　乙丑卜，王从南戈（伐）𦳊侯，𠂤。

　　　丙寅卜，王从西戈（伐）𦳊侯，𠂤。

　　　丁卯卜，王从北戈（伐）𦳊侯，𠂤。　　　　　（《合集》33208）

"𦳊" 可能是 "𦳊" 字的异体，"戈" 有攻伐、进击之意。② "𠂤" 字学界释读分歧较大，吴振武认为字形是彤沙之 "沙" 的象形，卜辞用为表示克或战胜意义的 "𢦔（杀）"。③ 这版卜辞连续 4 天占卜商王从东南西北哪个方向进击𦳊侯可以获胜，似尚在战略谋划阶段。师历间类卜辞载商王命令雀伐𦳊侯，应与此为同一战事所卜，如："戊 [子] 卜，令雀伐𦳊侯。"（《合集》33072，师历间）"辛卯卜，

---

① 关于西周时期长子就封、次子留相王室的金文证据，参见高婧聪：《师𬭚钟、姬寏母豆铭文所见人物关系与族属——兼论西周国家建构模式》，《管子学刊》2019 年第 1 期。

② 参见黄天树：《殷墟王卜辞的分类与断代》，北京：科学出版社，2007 年，第 40 页；张玉金：《甲骨文虚词词典》，北京：中华书局，1994 年，第 71 页。

③ 吴振武：《〈合〉33208 号卜辞的文字学解释》，《史学集刊》2000 年第 1 期。

令雀伐［㫃］侯。"（《京人》3226）《合集》33071 有卜辞如下：

> 甲辰卜，侯宾雀。
>
> 甲辰卜，雀㫃㫃侯。
>
> ［甲辰］卜，㫃侯［㫃］雀。
>
> 甲辰卜，雀受侯又（佑）。
>
> 㫃侯☒丙又☒戎☒。

辛卯之后第 13 日甲辰占卜雀前往处理㫃侯之事。第一条卜辞"乃卜问㫃侯亲迎雀（和平）的可能性，第二、三条卜问倘若发生战争，孰胜孰败的可能性，第四条则是贞问雀是否能在处理㫃侯事件上受到上帝庇佑"。[1] 上述卜辞载商王极为重视处理㫃侯反叛一事，占卜亲征㫃侯，并命令雀讨伐㫃侯，结果可能是雀战胜了㫃侯。

（二十）上丝侯

外服上丝侯已见前述禾侯、㫃侯所引卜辞。武丁时期，上丝侯与禾侯一起践行王事，至祖甲时，上丝侯与㫃侯一起践行"撲周"王事：

> ☒☒［卜］，争贞：令上丝眔禾侯，［若］。 （《合集》3336 正）
>
> ☒☒［卜］，争［贞：令］上丝［眔禾］侯，若。 （《合集》3337）
>
> 戊子卜，矣贞：王曰：余其曰多尹其令二侯：上丝眔㫃侯其［撲］周。
>
> （《合集》23560，出二）

郭沫若认为，"㫃侯当即它辞习见之㫃侯，中所从者乃午字，午声与卂声阴阳对转也"。[2] 最后 1 例占卜的如果是王，则王将告多尹向二侯——上丝侯与㫃侯传达王

---

① 张惟捷：《殷商武丁时期人物"雀"史迹研究》，《"中央研究院"历史语言研究所集刊》第 85 本第 4 分，2014 年，第 712—713 页。

② 郭沫若：《别录之二》，《郭沫若全集考古编》第 2 卷《卜辞通纂》，第 602 页。

的命令"撲周"。上丝侯与▢侯并称二侯，可确认上丝侯为外服侯。商王命令上丝侯与▢侯共同践行"撲周"王事，说明上丝侯与▢侯居地皆距周不远。

（二十一）鑾侯发

关于此侯名，曾有不同认识。经比较诸说，核实拓片，可以确认"鑾"为地名，"发"为侯之私名。黄类卜辞记载晚商时期商王朝册命鑾侯发之事：

> 乙巳王卜，贞：▢鑾侯［发，曶］▢伯拇①爯二妵，余其比发▢戋，亡左。自上下于▢，余受有佑。不曹戋。王占曰：吉。在二月，在寻彝。
>
> （《合集》36347＋36355＋36747）②
>
> 丁丑王卜，贞：舍巫九备，▢鑾侯发，曶［▢伯］拇爯二妵，余其比［发▢］戋，亡左。自上下［于▢，余］受有佑，不曹戋。肩［告于大］邑商，亡蛊（害），在▢。 （《合集》36344）
>
> ▢鑾侯发▢发▢戋，亡［左］。肩告于［大邑商］▢。 （《合集》36348）

"舍巫九备"作为命辞内容之一，据朱凤瀚研究，大意是考核用"巫九"筮术所得占辞，进一步验证筮占结果的可信性。③ 筮占的内容和结论，据卜辞应是"▢鑾侯发，曶［▢伯］拇爯二妵，余其比［发▢］戋，亡左。自上下［于▢，余］受有佑，不曹戋"。商王既用筮占，又亲自与占卜机构同时龟占此事，可见册封鑾侯发的重要性。理解卜辞内涵的关键还在于两个"册"字，经多位学者研究已大体清楚。谢明文指出"▢"本义是"称册"，主要在黄类周祭卜辞或战争卜辞中用于同盟方国之前，"曶"则用于敌对方国之前。④ 前者为册命之意，后者应为

---

① "拇"字释读参见陈剑：《甲骨金文旧释"尤"之字及相关诸字新释》，《甲骨金文考释论集》，第59—80页。

② 殷德昭：《黄组甲骨缀合一则》，https：//www.xianqin.org/blog/archives/5779.html，访问日期：2021年12月13日。

③ 朱凤瀚：《黄组卜辞中的"舍巫九备"试论》，宋镇豪主编：《甲骨文与殷商史》新3辑，上海：上海古籍出版社，2013年，第164页。

④ 谢明文：《▢、▢等字补释》，《中国文字》新36期，台北：艺文印书馆，2011年，第100页。

告意。商王册命鑾侯发，并占卜命其协同商王征讨敌方之事是否受到佑助。商王册命调遣鑾侯发征讨的敌方是🔥地称伯私名为"拇"者与"二㚸"。董珊隶定"🔥"字为"齸"，从"曾"得声，是表示国名"缯"的专字。缯为姒姓，西缯活动于陕西和甘肃的交通要道。① 董珊并未明确此缯为其所论"三曾"中的哪个，王子杨继此合理推论，将齸伯与商周时期活跃于甘陕一带的齸族相联系。"二㚸"是两个族势力，② 距齸伯之地当不远，俱在西土。商代晚期帝乙、帝辛时期，西土的外服齸伯拇与㚸族联合叛乱，军情传报到大邑商，帝乙（或帝辛）就册命鑾侯发并与之联合讨伐叛乱之事进行筮占，丁丑日商王亲自龟卜，结果是吉兆，商王命将卜兆和占辞告大邑商"无害"，时商王处于㫑地。过了 27 日的乙巳日，商王又占卜此事，结果也是吉兆，时在 2 月，商王处于寻地。寻地应是商王西征路线的重要地点，即商王是在西征平叛过程中进行占卜的。由商王朝征讨敌方的卜辞显示，一般商王调集敌方附近的内外服军事力量，所以商王册命调遣的鑾侯发也必是商王朝西土的重要外服势力。由商王册命鑾侯发协同讨伐敌方的卜辞可知，鑾侯发的主要职责在军事方面，即协助商王讨伐叛乱方国，巩固商王朝疆土。

（二十二）兔侯

兔侯见于"贞：兔侯呼宅"（《合集》13925），辞例意为商王呼命外服兔侯居于某地，或许与册封外服兔侯居地有关。兔侯可省称"兔"。兔侯听从商王调遣：

己卯卜，争贞：今🔥令兔田，从𢦏至于瀧，获羌。王占曰：艰。

（《合集》199）

贞：令兔归□我。勿令兔［归］。　　　　　　（《合集》419 正）

□辰卜，亘贞：兔其呼☑。［王］占曰：兔其呼来。　　（《合集》4619）

第 1 例为王占卜今日命令外服兔侯田猎是否会俘获羌人。第 2 例为占卜践行王事

---

① 董珊：《从出土文献谈曾分为三》，复旦大学出土文献与古文字研究中心编：《出土文献与古文字研究》第 5 辑，上海：上海古籍出版社，2013 年，第 154—161 页。

② 㚸族见于商代晚期铜觚（《集成》7270），铭文一般释作"子㚸"，作器者应是殷卜辞金文习见的族长称谓"子某"。

的兔侯归朝复命。第 3 例意为商王呼命外服兔侯朝觐商王。

商王关心兔侯是否执获羌人，以及是否来献羌俘。如：

> 庚子卜，宾贞：兔获羌。 （《合集》200）
>
> 丙申卜，宾贞：兔获四羌，其至于禽。贞：兔获［羌至］于禽。
>
> （《合集》201）
>
> 贞：兔不其多获羌。 （《合集》202）
>
> 壬午卜，宾贞：令兔执羌。 （《合集》223）
>
> 壬辰［卜，□贞：兔］其［来五十］羌。☑兔不其来五十羌。
>
> （《合集》226 正）

以上卜辞说明外服兔侯邻近羌人活动区域，且有献俘义务。商王亦关心兔侯安危，如"甲申卜，争贞：兔亡囚（忧）。十二月"（《合集》4616）。关于外服兔侯的卜辞皆为典宾类，说明兔侯主要活跃于武丁时期，一直臣服于商王朝。

（二十三）献侯绤

目前所见关于外服献侯绤的卜辞较少，如：

> 叀小臣墙令呼比，王受佑。弜令。叀绤令。弜令。 （《合集》27888）
>
> 冉比绤眔羽。 （《合集》32919）
>
> ［侯］绤肩兴有疾。 （《合集》13902）
>
> 乙丑王卜，贞：禽巫九备，柞余障（尊），启告献侯绤，册二十。
>
> （《合集》36345，黄类）
>
> □□卜，贞：禽巫［九备］屯（蠢）夷方□□率刿□□献侯绤□□孚，余□比侯……
>
> （《合集》36508，黄类）

前两例是商王命令内服协同外服侯绤进行军事行动。第 3 例表明商王关心侯绤的疾病安危。后两例是龟占验证筮占的结果，前辞商王问册告献侯绤于神灵用牲 20 可行否，据后辞向神册告献侯绤或与商王朝征伐夷方有关，可能是征伐夷方需要调集献侯綌协同王师行动，而向神灵问是否可行。商代外服献侯一直延续至周初，臣服于周而被封为侯，见于献侯鼎铭文（《集成》2626）。

（二十四）畎侯妊

保利艺术博物馆藏商代晚期青铜尊，器内壁铸铭文"畎侯妊"（《铭图》11462）。"畎"字还见于商代后期文父丁卣铭文"夏入（纳）文父丁畎"（《集成》5155），"夏"为人名，应为器主，器主出自畎族，献纳祭祀父丁，应与畎侯有关，或为一代畎侯。据此可以确定畎为族氏名，"侯"为外服职名，"妊"为侯之私名，属于外服"某侯某"的称谓形式。可以确定，这件商代晚期的青铜尊的作器者是商代外服侯。

（二十五）𦥑侯

𦥑侯见于"庚子□𦥑侯□"（《东京》B.0559b），[1] 核诸拓片和照片，𦥑与侯连读的可能性较大。卜辞中𦥑如：

辛酉卜，𤔲弗敦𦥑，又（侑）南庚。　　　　　　　　　　（《英藏》1813）

贞：𤔲其戋弜。　　　　　　　　　　　　　　　　　　　（《合集》7025）

癸丑卜，𤔲其克戋失。

乙卯卜，𠦪，𦥑执𤔲。贞：𤔲不亦（夜）来。　　　　　（《合集》7024）

戊午卜，𦥑克贝、𤔲南邦方。

己未卜，惟𤔲方其克贝、𦥑，在南土。　　　　　　　　（《合集》20576）

𦥑在拱卫商王朝疆土方面发挥重要作用，由𦥑克"南邦方"的卜辞推测其是扼守商王朝南土的外服侯之一。

（二十六）休侯

目前能够确证外服休侯的卜辞仅一条，即"□休侯羌□丁用"（《怀特》

---

① 松丸道雄：『東京大学東洋文化研究所藏甲骨』、東京：東京大学東洋文化研究所、1983年，简称《东京》。

1592），意为用休侯所献羌人为牺牲祭祀神主丁。献羌俘于商王朝，表达对商王权威及商王朝的臣服，是外服侯较为普遍的职责。

（二十七）暴侯

卜辞中有表示外服侯称谓的"暴侯"，如"贞：呼比暴侯"（《合集》697正，宾一），商王武丁命令暴侯践行征伐类王事。又如"庚戌卜，争贞：令暴归"（《合集》4759），命令暴侯归朝向商王复命。卜辞有"瀑地"，可能是暴侯居地：

> 壬寅卜，在曹贞：王步于瀑，亡灾。
>
> 甲辰卜，在□贞：王步于曹，亡灾。　　　　　　　（《合集》36828）
>
> ☑在瀑［贞］：［王］步于□，亡灾。　　　　　　（《合集》36955）

裘锡圭认为"瀑地"即《春秋》文公八年"公子遂会雒戎于暴"的"暴"，在今河南原阳县一带。[1] 商代晚期商王占卜从曹地到瀑地巡视有无灾祸，而不提暴侯，或许表明暴侯封地为商王直接控制区域。

（二十八）围侯

殷墟小屯村北 M18 出土殷墟二期铜簋有"围侯"（《集成》3127）合文，[2]证明外服围侯的存在。殷卜辞中关于"围"的记载或与围侯有关：

> 戊寅，围示二屯。　　　　　　　　　　　　　　　（《英藏》428）
>
> 壬寅卜，王令围伐□□于卫。壬寅，呼围伐□卫戎☑。
>
> 　　　　　　　　　　　　　　　　　　　　　　　（《合集》19957 正）
>
> 丁未卜，令围，围莞，亳。　　　　　（《合集》20398，师历间类）
>
> 贞：围亡尤，十一月。　　　　　　　（《合集》16934，典宾）

---

[1] 裘锡圭：《说"玄衣朱襮袿"》，《文物》1976 年第 12 期。

[2] 中国社会科学院考古研究所安阳工作队：《安阳小屯村北的两座殷代墓》，《考古学报》1981 年第 4 期。

第1例是说"围"贡纳占卜用骨两对。后3例中"围"皆为人名，商王令其进行军事征伐，并期望他践行王事不会遇到灾祸。

综上考证，外服某侯的主要职责是守卫疆土，以其族众协同王师或内服所率军队征伐敌方。商王占卜册命外服侯为将征讨敌方，以及册命安置外服侯的情况，反映外服侯要由商王册命才具有相应的权力和职责。外服侯还要践行其他王事，如听从商王调遣、献祭祀贡物和劳动者、朝觐商王等，以示臣服。而商王田猎巡查外服侯的属地，商王派臣子在侯的土地上耕田，商王关心外服侯疾病、安危、祸福，以及外服侯领地的农业收成，并在外服侯遭到敌方侵扰时，派兵保护和讨伐敌方，反映外服侯的领地是商代国家的重要组成部分。

三、外服侯在商王朝国家中的作用

由诸上详考殷卜辞中侯的史迹，可确认外服侯族属领地是商王朝领土，外服侯是商王朝国家的重要组成部分。

学者已从外服侯与商王的关系、侯的起源视角出发，讨论商代国家形态、外服在商王朝国家中的作用等问题。杨升南以外服为诸侯身分，提出商是统一的王权国家，认为"诸侯是商王的臣，其地位和王室的官吏相当"，商王可以呼令外服践行王事并在外服治域内行使开拓耕地、狩猎、巡行、以其地为征伐敌方的基地等权力，反映商王对外服的统治权。外服对商王朝负担军事和经济两个方面的义务，军事方面主要表现在戍守边土、报告敌情、追从王师讨伐敌方等；经济方面主要表现在贡纳各类物品、奴隶等，并为王室耕种耤田。外服为商王室担负这些义务，正是他们臣属于商王朝的反映，"诸侯政权对商王室的臣属关系，在实质上，就是后世中央政权与地方政权的一种初期形态"。① 劳榦认为，"诸侯之事，最先本为斥候，封建诸侯由斥候者变为封国，和汉代的从候官改为县是循着相类似的轨道"。② 裴锡圭在此基础上提出，甲骨文中侯的前身是在边境等地为

---

① 杨升南：《卜辞所见诸侯对商王室的臣属关系》，胡厚宣主编：《甲骨文与殷商史》，上海：上海古籍出版社，1983 年，第 128—172 页。

② 劳榦：《"侯"与"射侯"后记》，《"中央研究院"历史语言研究所集刊》第 22 本，1950 年，第 127—128 页。

王斥侯的武官，侯的主要职责在于保卫。[1] 朱凤瀚认为："商后期王国于边域所设置的'侯'之职能应该大致合乎早期'侯'作为'斥侯'的身分，即以驻守边域为基本职能。而当王命商人高级贵族率王朝军队出征地方时，会依其所征地方地理方位就近调集一些侯，此种情况下侯是作为王师之辅助兵力配合王师出征的。"[2] 以上诸家所论，主要本《逸周书·职方》"方五百里为侯服"，孔晁注："侯，为王者斥侯也；服，言服王事也。"但据甲骨文材料，外服侯的起源不应是侦查防卫的斥侯，而应是持弓矢武装捍卫疆土的族氏首领称号，被商王册命为王朝职事"侯"，主要职责为以军事力量拱卫王朝边疆。除以上讨论，在全面占有材料的基础上，我们可以从更广阔视角考察外服侯在商王朝国家中的作用，以期更加充分理解商代国家结构属性及商文明发展程度。

从外服侯的构成看，外服侯多与商王不同族，如侯洗为姒姓夏族有姺氏、杞侯为夏后裔、侯汾为周族等。部分外服侯原为方国，被商王朝征服后以侯的称号安置册命，如𡉚侯、失侯、侯汾等。朱凤瀚认为，"在卜辞中基本上见不到称'侯'者参与商王室祭祀，或商王为之祭祀王室先人以求佑的卜辞"，[3] 但并不排除个别外服侯可能为王室亲戚，如侯唐、侯奠。商王朝建立外服侯的途径是，通过册命等礼仪授予某族首领"侯"的称号，将其族纳入商王朝国家体系，最为典型的例子是商王对𠬝侯商的册命。

从国家结构形态角度看，外服侯及其族众、土地为商代国家组成部分。外服侯"称册"接受王命而践行王事，其土地、族众、城邑为践行王事的基础。商王在外服侯的封地上驻军、耕种土地并举行各种礼仪活动，外服侯本人或其族内贵族子弟入朝担任一定职事，表达其对商王朝的臣服。极个别外服侯反叛或不听命而遭到商王朝讨伐，如侯任、𡙸侯。

从国家安全防卫机制角度看，外服侯以其族众武装守卫王朝边域、抵御敌对

[1] 裘锡圭：《甲骨卜辞中所见的"田""牧""卫"等职官的研究——兼论"侯""甸""男""卫"等几种诸侯的起源》，《裘锡圭学术文集》第 5 卷，第 164—165 页。

[2] 朱凤瀚：《殷墟卜辞中"侯"的身分补证——兼论"侯"、"伯"之异同》，李宗焜主编：《古文字与古代史》第 4 辑，第 13 页。

[3] 朱凤瀚：《殷墟卜辞中"侯"的身分补证——兼论"侯"、"伯"之异同》，李宗焜主编：《古文字与古代史》第 4 辑，第 8 页。

方国侵扰，并及时向商王朝汇报边境危机。商王朝获知外服侯受到侵扰，作出调动内服族氏武装、王朝军队协同外服侯及其附近其他外服讨伐敌方的决策，说明商王有保护外服侯的义务。从商王朝征伐敌方的军事行动看，商王朝军队与内外服军事力量共同捍卫商王朝国家安全。外服侯居于边域四国，是保卫商王朝国家安全的重要屏障，同时商王亦为处于四国的外服侯的安危提供保障。众多外服侯皆臣服于商王朝，目前甲骨文中仅见武丁时期外服𢀑侯与侯任叛乱而遭到商王朝征伐。武丁以后部分外服侯的封地似已成为商王直接控驭的地区，主要体现在征伐东夷和控制西部方国的边域方面。

从国家经济收入方面看，外服侯封地的部分收获物进入王朝仓廪，外服侯封地的劳动者有可能贡献于商王朝牧场，外服侯向商王朝贡献特产用于王室祭祀。如"□申卜，殻贞：侯弗其以骨乞"（《乙编》4583）及前文所举侯告等贡献牺牲、商王向唐地征集饲养放牧者"唐乞"等。根据商王占卜大邑商与四土受年卜辞，外服所处四土、四国区域的农业收成，是商王朝的重要财政收入来源。

从商代青铜文明的影响看，部分外服侯有制作青铜器的迹象。如前文所举洛阳马坡出土的"失"字族氏铭文铜器、有"斩侯"铭的商代晚期铜戈（《集成》10770）、铸有铭文"畞侯妊"的商代后期青铜尊（《铭图》11462），铭文中"畞"为族氏的商代后期青铜卣，有"围侯"铭铜簋（《集成》3127）等。这些事例或可作为外服侯认同商代青铜文化的明证。在商代，青铜器制作原料属于稀有物品，且制作工艺主要控制在商王朝的百工之手，未获商王授权，外服侯恐难以自行制作。目前所见外服侯制作青铜器数量虽少，但未必是外服侯不认同商王朝主流文化的表现，而更可能是王权控制的结果。

从商代宗教意识形态方面看，外服侯通过不同方式参与商王朝的宗教祭祀礼仪。一是贡献祭祀所用牺牲，如"甲申卜，王贞：令侯伐北示十又六示"（《合集》39707）及前举侯唐、攸侯、众侯等贡献牺牲、巫以及奴隶之事。二是贡纳占卜所用龟甲、牛肩胛骨，如前举侯唐、侯奠、侯佰等。三是外服侯族人通过担任王朝贞人，参与商代占卜决疑之事。商王允许外服侯参与到商王朝政治宗教文化之中，显示外服侯与商王朝的密切联系。

综上，商代的侯为外服职官，与传世文献及甲骨文反映的外服侯情况较为相符。据目前所见外服侯史迹，商代后期尤其是武丁时期，外服侯由少数子姓族氏和夏后裔、周族以及其他异姓族氏构成，商王通过占卜、祭祀、册命等一系列仪礼形式，根据商王朝开疆拓土的需要，于政治地理之中建构起外服侯系统。外服侯在商王朝政治、经济、军事、宗教、意识形态等方面发挥重要作用，其中守卫疆土职能在与周边方国等发生冲突的时期最为明显。外服侯系统是商代国家政治实体的重要组成部分，外服侯具有不可替代的作用，是商代国家运行的基石。

〔作者张利军，东北师范大学历史文化学院副教授。长春　130024〕

（责任编辑：周　政）

刘秀集团豪族属性新探[*]

吴孟灏

摘　要： 虽然刘秀集团的很多核心成员出身豪族，但从数据统计看，刘秀集团的豪族构成并没有以往研究认为的那样明显；刘秀集团中的豪族，其宗族一般难以附随；豪族武装也非刘秀集团的主要武力。在东汉初年，豪族只是王朝众多支持势力中的一支。东汉初年皇权强势，刘秀通过实行诸侯就国和度田等政策，实现对集团内部的整合。但是刘秀集团多数成员出身豪族的现实，也成为东汉政权豪族化的基础。

关键词： 东汉　刘秀　豪族　政治集团　皇权

刘秀集团是在新汉之际统一战争中逐步凝聚成型的。豪族群体作为刘秀集团的主要成员，在东汉初期政治结构中居于核心位置。学界对刘秀凭依豪族势力创立东汉政权，已形成较系统、成熟的解释框架。这一解释框架通过对刘秀集团成员社会属性的分析，推导出该集团乃至东汉政权的豪族性质。如杨联陞论及光武建国是"地主政权即豪族政权的确立"，指出刘秀的左辅右弼大都是豪族出身，"豪族用经济势力取得政治地位的大成功"，是目前所见首次明确东汉政权和刘秀集团豪族性质的研究；[①] 翦伯赞揭示以地方保卫团为基础成长起来的东汉政权，"当然是商人地主的政权"；[②] 西嶋定生在"西嶋旧说"体系内述及东汉乃豪族联合政权；[③] 余

---

[*] 本文系国家社科基金冷门绝学研究专项学术团队项目"秦至晋简牍所见地方行政史料汇编与研究"（20VJXT020）阶段性成果。

[①] 杨联陞：《东汉的豪族》，北京：商务印书馆，2011年，第10—11页。
[②] 翦伯赞：《秦汉史》，北京：北京大学出版社，1999年，第452页。
[③] 西嶋定生：「古代国家の権力構造」、『中国古代国家と東アジア世界』、東京：東京大学出版会、1983年、第333—334頁。

英时指出东汉政权建立的社会基础是士族大姓，刘秀集团获得最后胜利的主要原因在于与士族大姓的合作协调。①

然而，刘秀集团及东汉政权初期的豪族面目，并不如上述研究所认为的那样明晰。不难注意到，刘秀集团的豪族构成是佐证该集团乃至东汉政权豪族性质的主要论据。或许受东汉豪族社会这一历史事实的影响，学者对刘秀集团豪族构成复杂性的实证研究较为薄弱。对此，笔者认为在研究中需注意以下问题：首先，在先行研究中，学者常在列举刘秀集团典型豪族成员后，即笼统断言该集团的豪族性质，如此界定则失之粗疏；其次，学者大多关注对刘秀集团成员豪族出身的考辨，而对豪族与刘秀集团结合的实际状况和动态过程措意较少；最后，刘秀政治身分经历了从豪族领袖到皇帝的转变，研究中需重视皇权建立对豪族属性的影响。

要明晰东汉历史发展脉络，洞察东汉豪族权力变迁，必须重新审视刘秀集团豪族构成。本文在前人成果基础上，先对刘秀集团核心成员身分背景作更细致的考析；再以两汉之际豪族与刘秀集团的结合、豪族武力实态为切入点，探讨豪族在刘秀集团中的地位和作用；复关注刘秀建立东汉政权的依靠力量；最后考察东汉初期刘秀所采取的统治策略，透视当时政治的基本特质及历史变局背后的复杂面相。

一、刘秀集团核心成员豪族身分再考察

刘秀集团的豪族构成是佐证该集团乃至东汉政权豪族性质的主要依据。以往探讨既没有全面呈现刘秀集团的豪族面貌，对集团成员豪族身分的认定亦缺乏深入考析。再审刘秀集团豪族构成，现存史料难以支撑全面性研究既是首先要面临的困局，亦是先行研究不全面的根本原因。李开元对汉初刘邦集团展开过全景式"社会集团"研究，② 根据其方法对刘秀集团进行全面分析，是考察东汉初期权力结构和政治基础直接有效的途径。然而目前可搜集到的东汉开国侯人数与史籍所载东汉初两次封侯数之间存在较大差距，几种后人补编的东汉功臣表在资料性

---

① 余英时：《东汉政权之建立与士族大姓之关系》，《士与中国文化》，上海：上海人民出版社，2003 年，第 242 页。

② 李开元：《汉帝国的建立与刘邦集团：军功受益阶层研究》，北京：三联书店，2000 年，第 147—179 页。

上也无法与《汉书·高惠高后文功臣表》相提并论。① 不过,汉明帝时期南宫云台功臣名单提供了突破口。

永平年间,汉明帝图画其父功臣于南宫云台,名列其中者可视为刘秀集团核心成员。南宫云台名单作为东汉初期的官方认识,以之为基础对刘秀集团展开考察,能在一定程度上弥补前述缺陷:

太傅高密侯邓禹、大司马广平侯吴汉、左将军胶东侯贾复、建威大将军好畤侯耿弇、执金吾雍奴侯寇恂、征南大将军舞阳侯岑彭、征西大将军阳夏侯冯异、建义大将军鬲侯朱祐、征虏将军颍阳侯祭遵、骠骑大将军栎阳侯景丹、虎牙大将军安平侯盖延、卫尉安成侯铫期、东郡太守东光侯耿纯、城门校尉朗陵侯臧宫、捕虏将军杨虚侯马武、骠骑将军慎侯刘隆、中山太守全椒侯马成、河南尹阜成侯王梁、琅邪太守祝阿侯陈俊、骠骑大将军参蘧侯杜茂、积弩将军昆阳侯傅俊、左曹合肥侯坚镡、上谷太守淮阳(陵)侯王霸、信都太守阿陵侯任光、豫章太守中水侯李忠、右将军槐里侯万修、太常灵寿侯邳彤、骁骑将军昌成侯刘植、横野大将军山桑侯王常、大司空固始侯李通、大司空安丰侯窦融、太傅宣德侯卓茂。②

名单中的东汉功臣共32人,《后汉书·马援传》载:"显宗图画建武中名臣、列将于云台,以椒房故,独不及援。"③ 表明马援亦属时人看重的建武功臣,但明帝鉴于其外戚身分,未图画于南宫云台。马端临《文献通考》称,"史言伏波辅佐中兴之功,不减云台诸将,独以椒房之戚,不得预焉。然邓晨光武姊婿也,来歙光武祖姑之子也,晨之舍宗从义,歙之捐躯徇国,其功烈虽劣于寇、邓、冯、

---

① 参见熊方:《补后汉书年表》、钱大昭:《后汉书补表》、万斯同:《东汉云台功臣侯表》、黄大华:《东汉中兴功臣侯世系表》,《二十五史补编》,上海:开明书店,1936年,第1775—1811、1847—1904、1923—1926、1927—1931页。对上述补表的述评,参见曹金华:《〈后汉书〉补表十五种考论》,《南都学坛》2016年第6期。

② 《后汉书》卷22《朱景王杜马刘傅坚马列传》,北京:中华书局,1965年,第790—791页。"朱祐"此处写为"朱祐",据《后汉书》本卷"校勘记"改(第791页)。陈苏镇对云台图画及其名单形成作过考证,参见《〈春秋〉与"汉道":两汉政治与政治文化研究》,北京:中华书局,2020年,第475—478页。

③ 《后汉书》卷24《马援传》,第851页。

耿，而贤于臧宫、马武、邳彤、铫期之流远矣。盖三公者俱非泛泛之外戚，而徒以依乘取恩泽侯之比也"。① 陈苏镇进而指出，邓晨、来歙也是刘秀集团核心成员，他们不预云台，可能也是因为外戚身分。② 刘秀作为集团领袖，自然要纳入考察范围。因此，刘秀集团核心群体还应包括刘秀、邓晨、来歙、马援，合计36人，可作为考察该集团和东汉政权初期性质的分析样本。③

此外，有必要对豪族身分的判断标准作一些说明。首先，史籍对于当时豪族有一些特定标识，如"世吏二千石"、"为郡著姓"、"世以货殖著姓"等，无疑是符合当时社会意识、判断豪族身分的可靠依据。其次，有无宗族是判断豪族身分的重要依据。余英时提出，"在西汉末叶，士人已不再是无根的'游士'，而是具有深厚的社会基础的'士大夫'了。这种社会基础，具体地说，便是宗族。换言之，士人的背后已附随了整个的宗族。士与宗族的结合，便产生了中国历史上著名的'士族'"，④ 揭明宗族是两汉之际豪族势力的社会基础。本文认为，个人拥有宗族便代表其出身豪族。⑤

---

① 《文献通考》卷269《封建考十·东汉列侯》，上海师范大学古籍研究所、华东师范大学古籍研究所点校，北京：中华书局，2011年，第7351—7352页。

② 陈苏镇：《〈春秋〉与"汉道"：两汉政治与政治文化研究》，第477页。

③ 既有研究也多围绕这一名单展开，认为刘秀集团不但拥有出身豪族的领袖，而且主要成员也多属豪族，进而推导出其豪族性质。除前举杨联陞等研究外，相关成果还有范文澜：《中国通史简编》第2编，北京：人民出版社，1964年，第139—140页；Hans Bielenstein, "The Restoration of the Han Dynasty Volume Ⅳ: The Government," *Bulletin of the Museum of Far Eastern Antiquities*, No. 51, 1979, pp. 79 – 88；林剑鸣：《秦汉史》，上海：上海人民出版社，2003年，第735—738页；王彦辉：《汉代豪民研究》，长春：东北师范大学出版社，2001年，第230—241页；赵沛：《两汉宗族研究》，济南：山东大学出版社，2002年，第222—227页；崔向东：《汉代豪族地域性研究》，北京：中华书局，2012年，第257—274页。不过，相关研究大多未从统计学角度展开。

④ 余英时：《东汉政权之建立与士族大姓之关系》，《士与中国文化》，第195页。需要说明的是，余文论述的是所谓"士族"的特征。在他看来，士族与普遍所论豪族之间存在区别，即士族是文化化的豪族。但他亦指明士族与大姓在广泛的社会经济立场上是相当一致的，故有时遂不能不合并讨论（第242页）。所以余英时所论士族特征亦可运用于豪族。

⑤ 豪族与宗族之间的关系极为复杂，宗族是豪族的重要组成部分，豪族用以指代秦汉时代的社会阶层、社会势力，宗族描述的是人们基于血缘关系的一种伦理认知。就豪族整体发展历程来说，宗族的存在并不代表豪族的存在，一个庞大宗族如果不能形成具有一定组织性的宗族活动，或保有活动的潜力，那么实际上并不构成豪族。两汉之际社会动荡，宗族承受的社会压力激增，当然会淘汰一大批宗族，不过也会使部分宗族凸显出来，更易形成宗族组织和宗族组织活动，促进宗族组织也就是豪族的凝聚，造成在两汉之际宗族可以等同豪族的条件。

再次，"世宦"是追踪豪族出身的重要线索。阎步克指出："通过占有'官场'权力进而占有财富、声望，是传统中国社会的固有规律，所以不仅存在着不依赖宗党乡里势力就可形成官僚世家的可能性，而且这还经常是形成最大权贵的途径。就是说，'乡里'这个场所固然可以孕育'著姓'，但'官场'本身也可构成'世家'的起点。"① 因而，两汉史籍中即使没有豪族语言标识，也未提及宗族，但如有关于某一家族累代仕宦乃至父祖均为官的记载，仍暗示其为豪族。最后，个人出任地方右职对豪族身分具有标志作用。唐长孺指出，东汉地方州、郡、县长官的僚属多由地方豪族出任。②

总之，史籍中特定的豪族语言标识、有无宗族、家族"世宦"记载及个人出任右职的经历，都是判断豪族身分的重要依据；但后两者不是决定性证据。③ 如果刘秀集团某个成员仅有家族"世宦"记载，或仅有个人出任右职经历，而无其他佐证，则不能判定为出身豪族。另外，某一成员拥有宗族即代表其出身豪族，但对于宗族有无的判断必须谨慎。为行文方便，笔者按照地域将上述36人划分为4组：刘秀、邓晨、来歙、邓禹、吴汉、贾复、岑彭、朱祐、刘隆、马武、马成、陈俊、杜茂、任光、李通、卓茂属南阳；冯异、祭遵、铫期、臧宫、傅俊、坚镡、王霸、王常属颍川；寇恂、盖延、耿纯、王梁、李忠、邳彤、刘植属河

① 阎步克：《孝廉"同岁"与汉末选官》，《乐师与史官：传统政治文化与政治制度论集》，北京：三联书店，2001年，第218页。另外，东晋次提出豪族内部存在士大夫豪族和非士大夫豪族的等级划分，两个等级之间存在能够出任郡吏及以上官职和只能供职县、乡的差别。参见《后汉的选举与地方社会》，刘俊文主编：《日本中青年学者论中国史·上古秦汉卷》，上海：上海古籍出版社，1995年，第593—597页。东晋次的研究提示，必须注意史籍世代仕宦记载中的官职差异及世宦代数的多寡。世宦官职越高，说明家族发展程度越高，反之家族竞争力低下；世宦代数越多，越可能是豪族，反之则不然。
② 唐长孺：《东汉末期的大姓名士》，《魏晋南北朝史论拾遗》，北京：中华书局，2011年，第25页。
③ 就长时段而言，豪族在两汉之际处于发展初期，很难表现出多代世宦特征。这带来两种后果，一是增加了依据两汉之际家族多代仕宦经历判断其为豪族的可靠性，二是绝大多数家族在当时只能表现出三代以内的累代仕宦，降低了世宦作为依据的作用。至于出任州、郡、县右职代表豪族出身，在很大程度上是学者的研究成果，并且也有大量非豪族出身者出任右职的实例。所以世宦记载和个人出任右职只是判断豪族身分的辅助性证据。

北；耿弇、景丹、万修、窦融、马援属关陇。①

在刘秀集团核心成员中，出身南阳者最多，他们大多从属于南阳豪族社会，彼此间由复杂的社会关系联结。关于刘秀出身的舂陵刘氏，宇都宫清吉从领地、收入、社会关系等方面，充分肯定其南阳豪族的社会地位。② 邓晨、来歙的家族与舂陵刘氏结有婚姻，邓晨娶刘秀姊新野公主刘元；来歙是刘秀姑母之子，其妹又为刘秀族兄刘嘉之妻。作为婚姻对象，邓、来家族应与舂陵刘氏一样，属于南阳豪族阶层。《后汉书·邓晨传》称邓氏"世吏二千石"，史籍中也屡见邓氏宗族身影。《后汉书·来歙传》载其"六世祖汉，有才力，武帝世，以光禄大夫副楼船将军杨仆，击破南越、朝鲜。父仲，哀帝时为谏大夫"，③ 可知来氏是西汉中叶即发迹的仕宦之族。

李通与舂陵刘氏也结有婚姻，他娶刘秀之妹宁平公主刘伯姬。这桩婚姻缔结于更始政权成立后，相较邓氏、来氏，政治色彩更浓厚。《后汉书·李通传》称其家"世以货殖著姓"，拥有为数不少的族人。新莽政权曾侦知李通兄弟协助刘氏昆仲起兵，因而对其族人进行迫害，李氏"在长安者尽杀之"，南阳"亦诛通兄弟、门宗六十四人，皆焚尸宛市"。虽遭此难，但到永平年间，明帝至宛，"诏诸李随安众宗室会见，并受赏赐，恩宠笃焉"，④ 可见其宗族在东汉初已恢复元气。

除舂陵刘氏外，南阳还有安众刘氏和复阳刘氏。⑤ 复阳刘氏是"云台二十八将"中朱祜的外家，朱祜少孤，自小长于刘氏。《后汉书·光武帝纪上》注

① 相较于南阳、颍川，河北、关陇是更为宽泛的地域概念，但由于来自这两个地域的刘秀集团核心成员籍贯较为分散，只能如此划分。另外，李忠虽是东莱黄人，为免枝蔓，依据政治关系将其划入河北。关于刘秀集团地域分野的研究，参见朱绍侯：《刘秀与他的功臣》，《中国史研究》1995 年第 4 期；陈苏镇：《〈春秋〉与"汉道"：两汉政治与政治文化研究》，第 477—485 页；崔向东：《汉代豪族地域性研究》，第 259—274 页。陈勇不仅从地域南北，还从新旧、文武角度作了划分，参见《论光武帝"退功臣而进文吏"》，《历史研究》1995 年第 4 期。
② 宇都宫清吉：《刘秀与南阳》，刘俊文主编：《日本学者研究中国史论著选译》第 3 卷《上古秦汉》，北京：中华书局，1993 年，第 629—632 页。
③ 《后汉书》卷 15《邓晨传》《来歙传》，第 582、585 页。《后汉书·来歙传》载来歙为刘秀祖姑之子，实为姑子（第 596 页）。
④ 《后汉书》卷 15《李通传》，第 573—577 页。
⑤ 宇都宫清吉：《刘秀与南阳》，刘俊文主编：《日本学者研究中国史论著选译》第 3 卷《上古秦汉》，第 631 页。

引《东观记》载，刘秀"为季父故舂陵侯诣大司马府，讼地皇元年十二月壬寅前租二万六千斛，刍稿钱若干万。时宛人朱福亦为舅讼租于尤，尤止车独与上语，不视福。上归，戏福曰：'严公宁视卿邪？'"史书记载此事，或为突出严尤对刘秀的看重，不过也透露些许复阳刘氏的情况。复阳刘氏既与舂陵刘氏一样，需讼租于严尤，两家社会地位应相近，可推知复阳刘氏亦为豪族之家。朱祜家族能与复阳刘氏结姻，社会地位理当相仿。不过，朱祜自幼长于外家，不排除朱氏家族衰败的可能；但将朱祜视为复阳刘氏中地位较高的血缘依附人口，则他的出身当属豪族。"云台二十八将"中的刘隆是安众刘氏成员。两汉之际安众刘氏颇具势力，据谢承《后汉书》："安众侯刘崇（宠），长沙定王五代孙，南阳宗室也。与宗人讨莽有功，随光武河北破王郎。"[1] 前述永平年间明帝至宛，安众刘氏亦受到召见，显然进入东汉以后，这一家族仍在南阳继续发展。

岑彭在南阳豪族社会占有一席之地，不过他立足当地社会，凭借的可能并非家族出身，而是自己"南阳大吏"的身分。岑彭早年与南阳汉军发生激烈冲突，"王莽时，守本县长。汉兵起，攻拔棘阳，彭将家属奔前队大夫甄阜。阜怒彭不能固守，拘彭母妻，令效功自补。彭将宾客战斗甚力。及甄阜死，彭被创，亡归宛，与前队贰严说共城守。汉兵攻之数月，城中粮尽，人相食，彭乃与说举城降"。后汉军将领多欲诛杀岑彭，刘縯认为岑彭乃"郡之大吏，执心坚守，是其节也。今举大事，当表义士，不如封之，以劝其后"，由此说服更始不杀岑彭，反封为归德侯。显然刘縯颇为看重岑彭"南阳大吏"的身分及"以劝其后"的效用。可资对比的是，岑彭在劝说刘秀不杀韩歆时，强调的也是韩歆"南阳大人"的身分。[2] 虽然不少学者根据《后汉书》中有关岑彭家属和宾客的记载，视岑氏为豪族，[3] 但毕竟没有明确提及宗族，只能谨慎认为岑氏是南阳有影响力的官宦

---

① 《后汉书》卷22《朱祜传》，第769页；卷1上《光武帝纪上》注引《东观记》，第5页；卷22《刘隆传》，第780页；卷15《李通传》注引谢承《后汉书》，第577页。

② 《后汉书》卷17《岑彭传》，第653、654页。

③ 杨联陞：《东汉的豪族》，第10页；杨生民：《论战国两汉时期的"客民"和"客"——从客民和客看战国两汉的社会性质》，《北京师院学报》1981年第3期，第46页；《汉代地主门下封建依附关系的发展》，《北京师范学院学报》1990年第6期，第3、4页；刘华祝：《试论两汉豪强地主坞壁》，《历史研究》1985年第5期，第41页。

家族，而不能肯定其豪族身分。①

　　邓禹、吴汉、贾复、马武、马成、陈俊、杜茂、任光、卓茂等均为南阳人，但史籍记载未见他们在加入刘秀集团前，与以刘氏三侯家为核心的南阳豪族社会存在密切联系。邓禹虽与刘秀相识较早，但没有厕身南阳豪族社会的记录，《后汉书·邓禹传》也未明确说明邓氏家族地位。② 邓禹与邓晨同为南阳新野人，有学者推测二人为同族。③ 不过，《后汉书》未明言二人同族，《水经注》虽提及邓禹与邓晨故宅间隔有邓氏陂，④ 但证据并不充足。反倒是《后汉书·邓彪传》直言邓彪与邓禹同族，邓彪之父邓邯更是在建武中以军功封郾侯，有力证实邓禹宗族的存在。《后汉书·马武传》载刘秀与功臣宴语，刘秀"从容言曰：'诸卿不遭际会，自度爵禄何所至乎？'高密侯邓禹先对曰：'臣少尝学问，可郡文学博士。'帝曰：'何言之谦乎？卿邓氏子，志行修整，何为不掾功曹？'"功曹是两汉郡县属吏中的右职，通常为地方豪族把持。刘秀认为邓禹身为"邓氏子"当做功曹，暗示邓禹之族在南阳乡里的豪族地位。与邓禹一样，《后汉书·任光传》也没有表明任氏家族门第的记载，不过任光之子任隗"清静寡欲，所得奉秩，常以赈恤宗族，收养孤寡"。⑤ 任氏父子生活年代相近，任隗赈恤之"宗族"不大可能是在任光发迹后短时间内发展起来的。据此可以确认任氏的豪族身分。

　　关于吴汉身分背景的争议较多。吴汉为南阳宛人，早年"家贫，给事县为亭长。王莽末，以宾客犯法，乃亡命至渔阳"。吴汉通过"给事官府"维持生计，并获得成为亭长的机会，由此逐步取得供养宾客的经济能力，最后因宾客犯法而

---

① 《后汉书·岑彭传》载建武六年（公元 30 年）冬，"征彭诣京师，数召宴见，厚加赏赐。复南还津乡，有诏过家上冢，大长秋以朔望问太夫人起居"（第 659 页）。岑彭过家上冢未及宗族，依据前述阎步克相关认识，岑氏最多是因岑彭仕宦而处于发展初期的豪族。

② 《后汉书》卷 16《邓禹传》，第 599—605 页。

③ 宇都宫清吉：《刘秀与南阳》，刘俊文主编：《日本学者研究中国史论著选译》第 3 卷《上古秦汉》，第 631 页。

④ 郦道元著，陈桥驿校证：《水经注校证》卷 29《湍水》，北京：中华书局，2007 年，第 690 页。

⑤ 《后汉书》卷 44《邓彪传》，第 1495 页；卷 22《马武传》，第 785 页；卷 21《任隗传》，第 753 页。

亡命渔阳。① 就此而言，吴汉当非豪族，而属于豪杰式人物。不过，随着吴汉发迹，他的宗族意识有所滋长。《后汉书·吴汉传》称："汉尝出征，妻子在后买田业。汉还，让之曰：'军师在外，吏士不足，何多买田宅乎！'遂尽以分与昆弟外家。"② 置业买田和分施兄弟外家都是较为典型的宗族意识表现。吴汉只将田业分施"昆弟外家"，而不及其他，则又侧证吴氏未成强大宗族。

贾复为南阳冠军人，"少好学，习尚书……王莽末，为县掾……时下江、新市兵起，复亦聚众数百人于羽山，自号将军"。少好学、习《尚书》，曾出任县掾，并有能力在新莽末年聚众起兵，显示他可能出身豪族。贾复虽曾仕宦，但出任的是地位较低的县掾，也没有其父祖任官的记录。所以只能谨慎推测贾复出身社会地位较低的地方豪族。马成、陈俊情况与贾复类似，他们虽出任县吏或郡吏，但史籍中都只有自身任官经历，③ 只能推测可能出身豪族。

马武为南阳湖阳人，"少时避仇，客居江夏。王莽末，竟陵、西阳三老起兵于郡界，武往从之，后入绿林中，遂与汉军合"。马武既因避仇客居江夏，自属单家，本传也显示马武单身从军。在刘秀与功臣宴语时，马武自言"可守尉督盗贼"，刘秀则笑称，"且勿为盗贼，自致亭长，斯可矣"。④ 同样暗示他出身不高。不过无法排除马氏在家乡南阳湖阳拥有豪族地位的可能性。

作为刘秀集团核心群体中唯一没有军功之人，卓茂能名列功臣，是因刘秀以他为道德楷模。⑤ 卓茂父祖皆仕至郡守，他本人早年求学长安，"后以儒术举为侍郎，给事黄门，迁密令"。⑥ 卓氏连续三代仕宦，至少是南阳地区的官僚家族，极有可能为豪族。因史料匮乏，杜茂身分背景无从考订。

---

① 《后汉书》卷18《吴汉传》，第675、683页。给事官府，似乎属于出身低微、家庭条件不好者的谋生选择，参见侯旭东：《长沙走马楼三国吴简所见给吏与吏子弟——从汉代的"给事"说起》，《中国史研究》2011年第3期，第27页。
② 《后汉书》卷18《吴汉传》，第683页。
③ 《后汉书》卷17《贾复传》，第664页；卷22《马成传》，第778页；卷18《陈俊传》，第689页。
④ 《后汉书》卷22《马武传》，第784、785页。
⑤ 廖伯源：《试论光武帝用人政策之若干问题》，《秦汉史论丛续编》，北京：中华书局，2018年，第154—155页。
⑥ 《后汉书》卷25《卓茂传》，第869页。

刘秀集团颍川功臣中，冯异无疑是代表性人物。[①] 不过史籍没有明确揭举他豪族身分的记载。建武二年，在击破阳翟严终、赵根后，刘秀下诏让冯异归家上冢，"令二百里内太守、都尉已下及宗族会焉"，可证实冯异宗族的存在。冯异还曾以郡掾身分监理颍川五县事务，在为刘秀所执时，言"异一夫之用，不足为强弱。有老母在城中，愿归据五城，以效功报德"，[②] 充分显示冯异及其家族在颍川郡内的权势，颍川冯氏当为本郡颇具实力的豪族。

祭遵"少好经书。家富给，而遵恭俭，恶衣服。丧母，负土起坟。尝为部吏所侵，结客杀之。初，县中以其柔也，既而皆惮焉"。他不仅身具儒术，而且家庭具备一定经济实力。祭遵"结客"杀人而无须逃亡，反因此为县中所惮，说明祭氏在乡里的支配地位。此外，祭遵在追随刘秀前曾为县吏，其兄祭午、从弟祭彤都效力于刘秀，并颇有功绩。[③] 可见，祭氏极有可能为颍川豪族。

铫期是冯异归附刘秀后推荐的同乡之一。据《后汉书·铫期传》，其父铫猛仕至桂阳太守。不过铫期在追随刘秀前，并无仕宦记录，但因为父服丧三年备受乡里称赞。总之，铫期出身官宦家族，在乡里亦具备一定影响力，但不能据此确认他出身豪族。与铫期情况相仿，史籍中有臧宫为县亭长、游徼，坚镡为郡县吏的任官记录。虽然豪族出于支配乡里的目的，会尽可能垄断基层职务，但不能据此断定出任属吏者均为豪族。因此，臧宫和坚镡的豪族出身，只能是一种推测。[④]

傅俊"世祖徇襄城，俊以县亭长迎军，拜为校尉，襄城收其母弟宗族，皆灭之"，直接点明傅俊宗族的存在。王霸祖父为诏狱丞，父为郡决曹掾。他少为狱吏，后游学长安，并率宾客数十人追随刘秀。[⑤] 王氏世传法律，累代仕宦，又有

---

① 藤川和俊认为颍川存在一个以冯异为中心的豪族集团，参见「後漢王朝成立前夜——初期劉秀軍團の性格について」、『日本秦漢史學會會報』第10号、2010年、第194—195頁。

② 《后汉书》卷17《冯异传》，第645、639页。

③ 《后汉书》卷20《祭遵传》《祭彤传》，第738、744—747页。

④ 《后汉书》卷17《冯异传》，第639—640页；卷20《铫期传》，第731页；卷18《臧宫传》，第692页；卷22《坚镡传》，第783页。《后汉书·臧宫传》称臧宫仅率领宾客加入下江兵，或许是因为原本缺乏宗族（第692页）。

⑤ 《后汉书》卷22《傅俊传》，第782页；卷20《王霸传》，第734—735页。

不少宾客，具备一定经济实力。因此，王氏可能为颍川豪族。[1]

王常初为下江兵将领，在汉军中一度与刘縯、刘秀兄弟过从甚密，不过刘縯死后，他与刘秀关系日渐疏远，直到更始政权覆灭后，才于建武二年重投刘秀麾下。史籍中没有直接表明王常身分背景的记载，据《后汉书·王常传》李贤注引《东观记》，王常之父王博先转客颍川舞阳，后才定居，[2] 显然是单身迁居，而非宗族迁徙，在当时严格的宗族观念下，两代人的时间很难在迁居地形成宗族，所以王常当非豪族。

寇恂是刘秀集团中河北功臣的代表人物，曾任郡功曹，寇氏"世为著姓"，以功封侯者多达8人，显然是上谷豪族。耿纯"与从昆弟䜣、宿、植共率宗族宾客二千余人，老病者皆载木自随，奉迎于育。拜纯为前将军，封耿乡侯，䜣、宿、植皆偏将军"。刘植"与弟喜、从兄歆率宗族宾客，聚兵数千人据昌城。闻世祖从蓟还，乃开门迎世祖，以植为骁骑将军，喜、歆偏将军，皆为列侯"。显然，两人皆为河北豪族。信都人邳彤初为王莽和成卒正，其父邳吉曾为辽西太守，"世祖徇河北，至下曲阳，彤举城降，复以为太守"。[3] 邳氏父子能够在西汉、新莽接连仕至二千石，至少为官僚家族，显示其可能为信都豪族。[4]

盖延为渔阳要阳人，早年"以气闻"，历官郡列掾、州从事等，彭宠召其为署营尉，后任幽州从事。从历官情况及尚武性格看，他至少是本地豪杰人物。王梁亦是渔阳要阳人，曾为郡吏，后由彭宠署为守狐奴令，曾与盖延等一道，为彭宠指派率渔阳突骑与刘秀会合。[5] 据此推测，他是具有尚武性格的豪杰人物。两

---

[1] 如按前述判断豪族的标准，综合对王氏的考证，应当可视为豪族，但王氏"世宦"官位较低，且无明确宗族记载，所以只能谨慎对待。

[2] 《后汉书》卷15《王常传》，第578—580页。

[3] 《后汉书》卷16《寇恂传》，第620、626页；卷21《耿纯传》，第762页；卷21《刘植传》，第760页；卷21《邳彤传》，第757—758页。

[4] 在刘秀与王郎的战争中，信都一度为王郎所据。王郎将领因而捕系邳彤家人，并称"降者封爵，不降族灭"（《后汉书》卷21《邳彤传》，第758页）。根据文意，这里的"族"似乎特指被捕的邳彤之父、弟、妻、子，而非泛指宗族。不过史书中父、母、妻、子、弟等称谓究竟为实指，抑或虚指，较难判断，相关讨论参见赵翼著，陈垣批注：《廿二史札记批注》卷1，陈智超主编：《陈垣全集》，合肥：安徽大学出版社，2009年，第13册，第31—33页。

[5] 《后汉书》卷18《盖延传》，第686页；卷22《王梁传》，第774页。

人都是渔阳的豪杰人物，皆历仕郡县，不排除有出身豪族的可能。

李忠初以父任为郎，王莽时为新博属长，更始时仍为信都都尉。① 余英时认为李忠是举宗从刘秀征伐的豪族，其"家属陷信都，大姓马宠令亲属招呼忠，'时宠弟从忠为校尉，忠即时召见，责数以背恩反城，因格杀之'。并谓光武曰：'诚不敢内顾宗亲。'可见李忠最初不仅有宗亲相随，且亦曾得大姓马氏之支持也"。② 不过检视《后汉书·李忠传》，其文称马宠"收太守宗广及忠母妻，而令亲属招呼忠"，③ 可见马宠当主要以李忠母亲、妻子等近亲作为人质。虽然马宠还派遣李忠亲属"招呼"他，但这种"招呼"报信一二人已足够，加上李忠异地为官，常理度之，即便他确有宗族，也不会有太多族人附随。此处为余英时看重的所谓"宗亲"，当是对李忠家人的泛称。总之，不能据此明确李忠的豪族身分。

关陇功臣中的耿弇，扶风茂陵人，"其先武帝时，以吏二千石自钜鹿徙焉"；窦融，扶风平陵人，其高祖父"宣帝时以吏二千石自常山徙焉"；马援，扶风茂陵人，其先"武帝时，以吏二千石自邯郸徙焉"。显然三人祖上都是西汉时三选七迁的对象，不过三家被徙的原因均是"吏二千石"，而非宗强势大。据此只能确认三家是官宦家族。据《后汉书·窦融传》，窦融高祖父为张掖太守，从祖父为护羌校尉，从弟为武威太守，其妹为大司空王邑小妻，累代仕为二千石，又与势家婚姻，因此可以确认窦氏的豪族身分。④ 马援曾祖父马通曾为侍郎，以功封重合侯，从曾祖父马何罗任侍中仆射，祖父马宾以郎持节，父马仲为玄武司马，兄马况仕至河南太守，马余任中垒校尉，马员任增山连率。虽然因马何罗、马通兄弟谋反，马氏家族发展一度受到影响，但仕宦并未中断，到马援一代已全面恢复，多仕为二千石。从仕宦角度看，马氏无疑为豪族。⑤ 当然最能反映马氏豪族地位的是其与王莽家族的婚姻关系，王莽从兄王仁之子王磐为马援兄子婿。虽然在新莽官僚体系中，耿弇之父耿况出任朔调连率，但无耿弇兄弟早年出仕记录，

---

① 《后汉书》卷21《李忠传》，第754—755页。
② 余英时：《东汉政权之建立与士族大姓之关系》，《士与中国文化》，第227页。
③ 《后汉书》卷21《李忠传》，第755页。
④ 《后汉书》卷19《耿弇传》，第703页；卷23《窦融传》，第795—796页；卷24《马援传》，第827页。
⑤ 《汉书》卷17《景武昭宣元成功臣表》，北京：中华书局，1962年，第663页；卷68《霍光传》，第2933页；《后汉书》卷24《马援传》，第827页。

加上耿氏宗族情况不明晰，所以不能确认耿氏为豪族。①

景丹，冯翊栎阳人，"少学长安。王莽时举四科，丹以言语为固德侯相，有干事称，迁朔调连率副贰"，后与耿况一起降于更始，复为上谷长史。史籍中没有明确表明景丹身分背景的记载，不过有旁证可以说明其乡里关系状况。建武二年，刘秀封景丹于栎阳。栎阳在东汉初属大县，户口万数，可以与关东大县相比。② 刘秀并不很信任非南阳籍的功臣，③ 也极其注意加强中央集权，将景丹封在户口众多的家乡，一定程度说明他在乡里缺乏根基，景丹本人对于受封栎阳也不满意，甚至有辞封之举，④ 颇能说明他与乡里缺乏感情和联系。是故，景丹应非豪族出身。此外，因史料匮乏，万修身分背景难考。

综上所论，可绘制刘秀集团核心成员身分背景表如下。

刘秀集团核心成员身分背景表

姓名	籍贯	身分
刘秀	南阳蔡阳	豪族
邓晨	南阳新野	豪族
来歙	南阳新野	豪族
邓禹	南阳新野	豪族
吴汉	南阳宛	非豪族
贾复	南阳冠军	或为豪族
岑彭	南阳棘阳	非豪族
朱祐	南阳宛	豪族
马武	南阳湖阳	或非豪族
刘隆	南阳安众	豪族
马成	南阳棘阳	或为豪族
陈俊	南阳西鄂	或为豪族
杜茂	南阳冠军	无考
任光	南阳宛	豪族
李通	南阳宛	豪族
卓茂	南阳宛	或为豪族
冯异	颍川父城	豪族

---

① 《后汉书》卷24《马援传》，第850—851页；卷19《耿弇传》，第703页。

② 《后汉书》卷22《景丹传》，第772—773页。

③ 陈苏镇：《〈春秋〉与"汉道"：两汉政治与政治文化研究》，第478—479、485页。

④ 袁宏撰，周天游校注：《后汉纪校注》卷4《光武帝纪四》，天津：天津古籍出版社，1987年，第82页。

续表

姓名	籍贯	身分
祭遵	颍川颍阳	或为豪族
铫期	颍川郏	或为豪族
臧宫	颍川郏	或为豪族
傅俊	颍川襄城	豪族
坚镡	颍川襄城	或为豪族
王霸	颍川颍阳	或为豪族
王常	颍川舞阳	非豪族
寇恂	上谷昌平	豪族
盖延	渔阳要阳	或为豪族
耿纯	钜鹿宋子	豪族
王梁	渔阳要阳	或为豪族
李忠	东莱黄	或为豪族
邳彤	信都①	或为豪族
刘植	钜鹿昌城	豪族
耿弇	扶风茂陵	或为豪族
景丹	冯翊栎阳	非豪族
万修	扶风茂陵	无考
窦融	扶风平陵	豪族
马援	扶风茂陵	豪族

　　刘秀集团 36 名核心成员中，可明确豪族身分的有刘秀、邓晨、来歙、邓禹、朱祐、刘隆、任光、李通、冯异、傅俊、寇恂、耿纯、刘植、窦融、马援 15 人；可明确非豪族出身的仅吴汉、岑彭、王常、景丹 4 人；除不便考订的 2 人，身分难以判定的有 15 人。经过梳理，刘秀集团核心成员中非豪族出身者仅占比 11.1%，豪族出身者占比达 41.7%；身分难以确认的成员中，可能出身豪族者居多，因此可以断定豪族出身者占据优势。与先行研究相比，虽然本文统计并非全面考察，但通过统计样本的选择，在一定程度上规避了这一缺陷；而且通过对统计样本深入、细致的考析，结论更为准确。崔向东对 32 位东汉功臣的阶层构成作过统计，认为可确认为豪族者 23 人，占比高达近 72%。② 而据本文统计 32 位东汉功臣中，可明确

① 《后汉书·邳彤传》只记其为信都人，信都郡下又有信都县，因此此处所指为郡或县并不明。不过此后王郎所置信都王逮捕邳彤父弟及妻子，则邳氏当居于信都城，或可推知邳彤籍贯为信都县。
② 崔向东：《汉代豪族地域性研究》，第 258—259 页。本文没有直接以崔向东的成果为基础展开统计研究，是因为他虽然统计了刘秀集团的阶层占比，但并未说明详细的判断标准。

豪族出身者 11 人，约占 34.4%。表明刘秀集团的豪族构成并非如既有研究显示的那样绝对，本文的统计结果在一定程度上对刘秀集团的豪族属性有所削弱。

二、豪族与刘秀集团的结合

或许受东汉豪族社会这一历史现实影响，学者普遍默认豪族成员的加入，就代表其宗族对刘秀集团的支持，未能更具体地思考两者结合的实际情况。因此本文拟进一步考察，个体豪族成员与刘秀集团结合的政治选择能否代表其所属豪族的动向，即在新汉之际，个体与宗族的政治行为是否完全一致。

为应对社会动荡局面，豪族内部凝聚力虽得以强化，然而仍无法保证每个豪族成员都具备追随本族活动的外部条件或拥有这样的个人意愿。质言之，少数豪族成员的动向不足以代表整个宗族的行动趋势。两汉之际豪族成员与所属宗族之间，并不总是保持紧密联系，也并不总是一起行动。事实上，刘秀集团的豪族成员中，有多人一度离开宗族行动。[1]

不少研究者注意到，最初在南阳起兵的刘縯、刘秀集团，和后来在颍川、河北逐步成型的刘秀集团之间并无直接承继关系。如廖伯源指出，刘縯生前并未建立深厚势力，对刘秀集团的形成影响甚小。[2] 春陵刘氏是刘縯集团的主要构成力

---

[1] 藤川和俊注意到刘秀初到河北时，南阳成员与刘秀集团多是个人结合。参见「後漢王朝成立前夜——初期劉秀軍団の性格について」、『日本秦漢史学会会報』第 10 号、2010年、第 187—189 頁。当然刘秀集团中也有坚定追随宗族的例子。安众刘氏举族参与南阳反莽活动，"安众侯刘崇（宠），长沙定王五代孙，南阳宗室也。与宗人讨莽有功，随光武河北破王郎"。刘隆"闻世祖在河内，即追及于射犬"，又与冯异"共拒朱鲔、李轶等"。核之《后汉书·光武帝纪》，更始二年（公元 24 年）刘秀于射犬大破赤眉别帅大肜、青犊，后又遣冯异在孟津拒朱鲔、李轶，刘隆约在此时投身光武阵营，大致是在刘秀击破王郎之后。所以我们有理由认为，刘隆投身刘秀集团，很大程度上是追随已在刘秀集团中的刘宠等宗人。参见《后汉书》卷 15《李通传》，第 577 页；卷 22《刘隆传》，第 780 页；卷 1 上《光武帝纪上》，第 17—18 页。

[2] 廖伯源：《试论光武帝之统御术》，《秦汉史论丛续编》，第 133—135 页。毕汉斯、小嶋茂稔、藤川和俊、陈苏镇等也有类似认识，参见 Hans Bielenstein, "The Restoration of the Han Dynasty Volume Ⅳ: The Government," p. 96；小嶋茂稔：『漢代国家統治の構造と展開』、東京：汲古書院、2009 年、第 79—82 頁；藤川和俊：「後漢王朝成立前夜——初期劉秀軍団の性格について」、『日本秦漢史学会会報』第 10 号、2010 年、第 186—187頁；陈苏镇：《〈春秋〉与"汉道"：两汉政治与政治文化研究》，第 469—471 页。

量，对于其与刘秀之间的关系，学界基本认为，大多数春陵刘氏成员是在更始政权崩坏以后，才重新投入刘秀集团。[①] 对春陵刘氏及汉军中其他南阳人士而言，刘縯从来不是他们绝对的政治领袖，被拥立为帝的刘玄更值得追随。事实上，春陵刘氏的内部凝聚力素来不强，刘縯、刘玄的冲突是刘氏宗族内部矛盾的显例。新莽末年，刘秀族人刘茂、刘梁未在南阳参与宗族起事，而是在其他地方自行聚众起兵。以此而言，至少在刘秀自立河北时，他所属的春陵刘氏并未给予太多帮助。与刘秀一样，邓禹最初离开宗族自行活动，听闻"光武安集河北，即杖策北渡，追及于邺"。傅俊的情况更特殊，他拥有宗族并仕宦地方，属襄城豪族，但因协助刘秀，新莽于"襄城收其母弟宗族，皆灭之"。[②] 失去宗族的傅俊只能单身活动，后虽率宾客投入刘秀集团，但影响力无法与拥有宗族附从相提并论。

　　现实条件的制约也会在很大程度上导致豪族成员离开宗族活动。相较于东汉时期，虽然新汉之际豪族宗族规模较小，但举族迁移仍然不易。窦融在新莽灭亡后投降更始政权，但仍以"天下安危未可知"，而欲求"遗种处"。为此，他作了周密安排：

　　　　融见更始新立，东方尚扰，不欲出关……独谓兄弟曰："天下安危未可知，河西殷富，带河为固，张掖属国精兵万骑，一旦缓急，杜绝河津，足以自守，此遗种处也。"兄弟皆然之。融于是日往守萌，辞让钜鹿，图出河西。萌为言更始，乃得为张掖属国都尉。融大喜，即将家属而西。既到，抚结雄杰，怀辑羌虏，甚得其欢心，河西翕然归之。[③]

窦氏是宣帝以来的扶风豪族，窦融密求"遗种处"，很难说没有宗族意识的影响。不过即便窦融周密安排，仍只能"将家属而西"，未及宗族，足见当时举族迁移之不易。由窦融的情况，可推知新末官员赴任，携带家属应已是极限。所以对于

---

① 陈苏镇：《〈春秋〉与"汉道"：两汉政治与政治文化研究》，第481页；小嶋茂稔：『漢代国家統治の構造と展開』、第113頁。
② 《后汉书》卷14《刘茂传》《刘梁传》，第563、567页；卷16《邓禹传》，第599页；卷22《傅俊传》，第782页。
③ 《后汉书》卷23《窦融传》，第796页。

在异地任官的耿弇、任光、李忠、万修等来说，即使出身豪族，在远离家乡的任职地也难有宗族随附，最初加入刘秀集团多是个人行为，至多影响到随其赴任的家属。

豪族一般不愿轻易离开世居之地，支配乡里是豪族发展的重要基础，一旦离开故土，宗族发展会面临难以预料的风险；反之，盘踞乡里，豪族便能得到保护。两汉之际，樊宏一度加入南阳反莽汉军，"更始立，欲以宏为将，宏叩头辞曰：'书生不习兵事。'竟得免归，与宗家亲属作营堑自守"，① 显然不愿离开乡里。

刘秀集团中的颍川成员也表现出较强的乡梓情结。王霸从刘秀在昆阳击破王寻、王邑，随后"还休乡里"，已显出乡里情结，后决心追随刘秀，遂"请其父，愿从。父曰：'吾老矣，不任军旅，汝往，勉之！'霸从至洛阳。及光武为大司马，以霸为功曹令史，从度河北。宾客从霸者数十人，稍稍引去"。② 王霸本欲携家属一道追随刘秀，其父以"不任军旅"为由婉拒，只得独率宾客数十人相随。参考樊宏的情况，或许可以了解王霸之父的心态，在"老矣，不任军旅"背后，更多的是安土重迁的乡情。③ 这种倾向在冯异宗族中表现得更为明显。刘秀徇地颍川时，冯异从兄冯孝便效力军中。刘秀离开颍川后，冯孝也在刘秀军中销声匿迹。冯异向刘秀推荐的颍川人才中，没有一名冯氏族人，④ 或许与冯氏族人不愿离开颍川有关。建武二年，冯异归家上冢，刘秀令两百里以内的冯氏宗族与会，显然冯氏族人多未远离故土。

事实上，不但豪族成员与其宗族的行动并不总是保持一致，而且豪族与刘秀集团之间的关系亦是动态变化的。豪族对刘秀集团的支持可能只是暂时的，同样，豪族成员个人加入集团，也可能是其族支持刘秀的开始。南阳起事之初，邓

---

① 《后汉书》卷32《樊宏传》，第1120页。
② 《后汉书》卷20《王霸传》，第734—735页。
③ 王霸欲与其父一同追随刘秀，表明王霸之父尚有能力迁移。不过王霸可能只是意图与关系亲近的家属一起追随刘秀，而非广大的宗族。
④ 以《后汉书》书写体例而言，"云台二十八将"的重要宗族成员均有小传，如寇恂、耿纯的宗人。冯孝在冯异与刘秀的结合中扮演了重要角色，又较早参与更始集团，理当有小传。无传说明他之后很可能脱离了更始或刘秀集团。笔者认为冯孝脱离更始或刘秀集团的原因在于他不乐离乡。

晨与其宗族对是否参与汉军存在分歧：

> 及汉兵起，晨将宾客会棘阳……汉兵退保棘阳，而新野宰乃污晨宅，焚其冢墓。宗族皆恚怒，曰："家自富足，何故随妇家人入汤镬中？"①

据此可知邓氏宗族起兵意愿并不坚决，而邓晨主要是率领宾客参加汉军，与南阳另一豪族阴识"率子弟、宗族、宾客千余人往诣伯升"不同。邓晨在更始政权中历任偏将军、常山太守；刘秀即位，仍为常山太守。邓晨长期在外征战、任官，他的宗族显然不可能完全随附。不过随着时间推移，邓氏宗族表现出加入刘秀集团的意愿，并付诸行动。《后汉书·光烈阴皇后传》提及阴后在刘秀称帝前的行踪，"及光武为司隶校尉，方西之洛阳，令后归新野。及邓奉起兵，后兄识为之将，后随家属徙淯阳，止于奉舍。光武即位，令侍中傅俊迎后，与胡阳、宁平主诸宫人俱到洛阳，以后为贵人"。② 据此可知，阴后与刘秀成婚后即返回南阳，后又因邓奉起兵前往淯阳。邓奉为邓晨兄子，淯阳地属南阳，位于新野附近。考虑到阴后、湖阳公主、宁平公主俱在淯阳，即刘秀家属悉会于此，邓氏宗族自然也不会缺席，邓氏当主导了此次起兵。③ 不过到建武二年，邓奉因"怒吴汉掠其乡里"，起兵"屯据淯阳"。部分邓氏族人参与了这场叛乱，如《后汉书·祭遵传》载，"遵引兵南击邓奉弟终于杜衍，破之"，④表明邓终参与叛乱。邓晨先后效力于更始政权和刘秀集团，但他个人不能代表邓氏宗族的政治选择。邓奉于淯阳起兵，才标志邓氏宗族对刘秀集团的支持。然而随着邓奉反叛，邓氏宗族与刘秀集团的关系受到影响，邓晨、邓终等邓氏族人各有去就。

刘秀自立河北后，其集团核心群体中宗族追随并切实提供支持的成员并不多。南阳功臣大多是单身追随刘秀，颍川豪族成员的宗族也大多不愿背井离乡，

---

① 《后汉书》卷15《邓晨传》，第583页。
② 《后汉书》卷32《阴识传》，第1129页；卷15《邓晨传》，第583页；卷10上《皇后纪上·光烈阴皇后传》，第405页。
③ 如下所述，建武二年邓奉反叛，亦以淯阳为重要基地，足见邓氏在此经营至深，或可为邓奉起兵以邓氏宗族为重要基础的侧证。
④ 《后汉书》卷17《岑彭传》，第656页；卷20《祭遵传》，第739页。

至于在河北任官的异地功臣本身就难以携将宗族赴任。只有河北本地豪族，才较易举族与刘秀集团结合。刘秀集团长期占据河北，以其为政权基地。即便最初河北籍功臣加入刘秀集团属于个人行为，长此以往，由他们作为媒介，其宗族与刘秀集团结合亦是自然。总之，刘秀河北自立，豪族宗族势力较少相从。

三、刘秀集团豪族的武力及区域控制力

学者多将两汉之际刘秀集团的凝聚、东汉政权的建立，与豪族密切关联。如余英时指出，东汉政权的建立实以士族大姓为其社会基础，刘秀集团之所以能在群雄并起的形势下获得胜利，除刘秀个人身世及其所处客观环境较为有利外，和士族大姓之间取得更大程度的协调，显然是重要原因之一。[1] 所谓刘秀集团以豪族为基础，最重要的是豪族能够给予刘秀集团以切实支持，其中武力是最直接、最强力的支持，豪族武装尤其南阳豪族武装被认为是刘秀集团的武力支柱。

不过日本学者的相关研究动摇了这一认识。木村正雄认为，刘秀集团赖以为基础的主要是河北豪族势力。[2] 五井直弘认为与豪族相对的民众，是刘秀集团获得成功的关键因素，刘秀一度拥有的"铜马帝"称号是最好注脚。[3] 小嶋茂稔强调在东汉建立过程中，郡县制统治机构的重要性。[4] 上古浩一对小嶋之说作了修正，认为掌握地方行政组织的豪族阶层，是东汉建立的主要依靠力量。[5] 中国学者也注意到河北突骑在刘秀统一战争中的作用。[6] 越来越多的证据表明，豪族武装并非刘秀集团武力的骨干。在研究日趋深入的同时，原本作为问题核心的豪族

---

① 余英时：《东汉政权之建立与士族大姓之关系》，《士与中国文化》，第 242 页。

② 木村正雄：「前後漢交替期の農民反亂——その展開過程」、『中國古代農民叛亂の研究』、東京：東京大学出版会、1979 年、第 302 頁。

③ 五井直弘：「両漢交替期の叛乱」、『漢代の豪族社会と国家』、東京：名著刊行会、2001年、第 153—158 頁。

④ 小嶋茂稔：『漢代国家統治の構造と展開』、第 82—90、112—115 頁。

⑤ 上谷浩一：『後漢王朝崩壊過程の研究』、博士学位論文、大阪大学文学研究科、2004年、第 23 頁。

⑥ 如臧嵘：《上谷渔阳骑兵在刘秀争战中的作用》，《河北学刊》1984 年第 3 期；刘勇：《东汉幽州突骑述略》，《首都师范大学学报》1998 年第 5 期；陈苏镇：《〈春秋〉与"汉道"：两汉政治与政治文化研究》，第 474 页。

武力反而出现缺位。本文将关注点重新聚焦于豪族武力，考察豪族在刘秀集团内的实际地位和作用。

首先以史料记载相对丰富的耿纯为例，分析刘秀集团豪族武力存在实态。《后汉书·耿纯传》载：

> 耿纯字伯山，钜鹿宋子人也。父艾，为王莽济平尹。纯学于长安，因除为纳言士。王莽败，更始立，使舞阴王李轶降诸郡国，纯父艾降，还为济南太守。时李轶兄弟用事，专制方面，宾客游说者甚众。纯连求谒不得通，久之乃得见，因说轶曰："大王以龙虎之姿，遭风云之时，奋迅拔起，期月之间兄弟称王，而德信不闻于士民，功劳未施于百姓，宠禄暴兴，此智者之所忌也。兢兢自危，犹惧不终，而况沛然自足，可以成功者乎？"轶奇之，且以其钜鹿大姓，乃承制拜为骑都尉，授以节，令安集赵、魏。①

耿纯之父耿艾在王莽时仕至济平尹，更始立，又被委任为济南太守，耿纯曾游学长安，仕为纳言士，表明耿氏为仕宦之家。耿纯为李轶看重，又以其钜鹿大姓的身分，承制拜官授节，"令安集赵、魏"，体现了耿氏在钜鹿乃至赵、魏的影响力。真定王室是河北地区重要的政治势力，刘扬称耿纯为"真定宗室之出"，②耿纯之母当出自真定王室。能与汉代地方诸侯王家族婚姻，耿氏势力不能小觑。总之，耿氏为钜鹿地区极有影响力的大族。

《后汉纪》载："耿纯率宗族二百余人，老者载棺而随之，及宾客二千人，并衣襦迎公（刘秀——引者注）于贯。"③ 耿氏宗族、宾客的人数，与《后汉书》《东观汉记》记载相合。④ 据此，可估算两汉之际耿氏宗族武装具体规模。以五口之家来计算，耿氏一族有 40 余个家庭。以一户一丁计算，其中的青壮年，也就是可以充当士兵的人数不超过 50 人。两汉时期客的地位呈明显下降趋势，约

---

① 《后汉书》卷 21《耿纯传》，第 761 页。
② 《后汉书》卷 21《耿纯传》，第 764 页。
③ 袁宏撰，周天游校注：《后汉纪校注》卷 2《光武帝纪二》，第 37 页。
④ 《后汉书》卷 21《耿纯传》，第 762 页；刘珍等撰，吴树平校注：《东观汉记校注》卷 11《耿纯传》，北京：中华书局，2008 年，第 400 页。

2000人的耿氏宾客可以理解为耿氏的依附人口，[①] 应包括部分依附宾客的家属。不过在现有史料条件下，难以区分宾客和家属，若以极端的计算方式将这2000人全部视为胜兵者，加上耿氏宗族，耿氏豪族武装规模应超过2000人。以耿氏宗族武装规模，与刘秀集团在河北立足时期的兵力进行比较，可观察豪族武力在刘秀集团的地位和作用。

刘秀初徇河北，并无太多部属相随。[②] 王郎起兵后，河北"郡国皆降之"，刘秀处境更加艰难。直至到达信都，刘秀才稍获喘息之机。之后他接受信都太守任光建议，募发河北各地奔命充实实力，军势复振。当时刘秀军队主体由河北州郡常备兵和募发奔命兵两部分构成，不过难以确知具体兵力。耿纯投靠后，刘秀"拜纯为前将军，封耿乡侯，䜣、宿、植皆偏将军，使与纯居前，降宋子"。《后汉书·邓禹传》载，"光武自蓟至信都，使禹发奔命，得数千人，令自将之"。《铫期传》载，"期为裨将，与傅宽、吕晏俱属邓禹……禹以期为能，独拜偏将军，授兵二千人……使期别徇真定宋子"。可知当时拥有2000人的铫期所部，是刘秀麾下邓禹部的一支偏师。虽然进占宋子是铫期所部与耿氏宗族武装共同参与的军事行动，不过考虑到耿纯率族人投降是单独事件，则2000人的军队规模是当时刘秀集团可以实施独立作战的单位。换言之，耿氏宗族武力是刘秀旗下较重要的一支武装力量，耿纯甫一投降就被任命为前将军可为注脚。不久，刘秀"众稍合，乐附者至有数万人"，在河北站稳脚跟。[③] 在刘秀队伍壮大到数万人后，耿氏武装的重要性下降。随着刘秀集团进一步发展，耿氏武力的作用继续减弱。也就是说，除最初加入刘秀集团的阶段，耿氏武装在其中并不突出。鉴于耿氏在豪族武装中的代表性，刘秀集团其他豪族武装的情况，应与耿氏类似。

其次，我们对两汉之际豪族武装作一总体考察，关注豪族武装的控制范围。两汉之际的豪族武装常以占据城市为目标，如：

---

① 沈刚对秦汉时代客阶层有深入研究，对秦汉客阶层地位之下降尤有详论，参见《秦汉时期的客阶层研究》，长春：吉林文史出版社，2003年，第103—148、157—219页。

② 廖伯源：《试论光武帝之统御术》《试论光武帝用人政策之若干问题》，《秦汉史论丛续编》，第133—134、150—151页。

③ 《后汉书》卷21《任光传》《耿纯传》，第751、752、762页；卷16《邓禹传》，第600页；卷20《铫期传》，第731页；卷1上《光武帝纪上》，第12—13页。

时鄡县五姓共逐守长，据城而反。

王郎遣将攻信都，信都大姓马宠等开城内之，收太守宗广及忠母妻，而令亲属招呼忠。

更始即位，舞阴大姓李氏拥城不下……

王莽末，四方溃畔……是时湖阳大姓虞都尉反城称兵……

既之武威，时将兵长史田绀，郡之大姓，其子弟宾客为人暴害。延收绀系之，父子宾客伏法者五六人。绀少子尚乃聚会轻薄数百人，自号将军，夜来攻郡。延即发兵破之。

时北海安丘大姓夏长思等反……章闻，即发兵千人，驰往击之……遂引兵安丘城下，募勇敢烧城门，与长思战，斩之，获三百余级，得牛马五百余头而还。[1]

刘秀集团的钜鹿人耿纯、昌城人刘植，"各率宗亲子弟，据其县邑，以奉光武"。[2] 但需注意，耿氏、刘氏能够占据城市，都有其他力量配合。耿氏进占宋子时，刘秀另"使期别徇真定宋子"，刘植兄弟除宗族宾客外，尚"聚兵数千人"。[3] 当然更多的豪族只能盘踞在自建营堡、屯聚、坞壁中，如：

异击破之，斩首千余级，诸营保守附岑者皆来降归异。

更始新立，三辅连被兵寇，百姓震骇，强宗右姓各拥众保营，莫肯先附。

王莽末，四方溃畔，鲂乃聚宾客，招豪杰，作营堑，以待所归……鲂自是为县邑所敬信，故能据营自固。

（光武）时赵、魏豪右往往屯聚，清河大姓赵纲遂于县界起坞壁，缮甲兵，为在所害。章到……与对宴饮，有顷，手剑斩纲，伏兵亦悉杀其从者，

① 《后汉书》卷18《吴汉传》，第680页；卷21《李忠传》，第755页；卷26《赵惠传》，第912页；卷33《冯鲂传》，第1147页；卷76《循吏·任延传》，第2463页；卷77《酷吏·李章传》，第2493页。
② 《后汉书》卷1上《光武帝纪上》，第12页。
③ 《后汉书》卷20《铫期传》，第731页；卷21《刘植传》，第760页。

因驰诣坞壁，掩击破之，吏人遂安……①

综观上述记载，两汉之际豪族武装多只能控制一城，或更小的营堡、屯聚。这些豪族往往只具备自保能力，一旦有更强大的政治势力介入，基本无力抵抗，多数选择迎合新的政治势力，小部分则被消灭。前述钜鹿耿氏、昌城刘氏、鬲县五姓、舞阴大姓李氏、关中诸营堡、冯鲂等均降于刘秀、刘玄，马宠、田绀父子、夏长思、赵纲等即被消灭。总之，如果不与其他政治势力联合，或得到大的政治势力庇护，豪族多只能控制县一级的势力范围，并且这种控制在外部强势压力下显得比较脆弱，多数豪族无力与刘秀集团这样的大型政治势力相抗衡。

豪族武装实力相对有限，在东汉统一战争中作用亦有限，且很难在刘秀集团内部系统维持。② 豪族宗族并不适合随军行动，是以举族投入刘秀集团后，不堪征伐的普通族人被安置在固定区域生活。如耿纯家族被安顿在蒲吾；刘缤之子未随刘秀军活动，而是生活在南阳；刘秀娶阴氏后，也让她返回南阳。③ 随着刘秀集团壮大，豪族武装被不断稀释，最后以个人形式分散在集团中。

刘秀仰赖豪族，根本目的是借助豪族实现和巩固自身在基层的统治。因此，可将关注点转向豪族的地方社会支配能力，观察其对刘秀集团掌控地方社会的辅助作用。南阳和颍川是刘秀集团核心成员最主要的两个来源地，上列统计样本中来自两地的共有 24 人，他们多数或可确认出身豪族，或有证据可推测出身豪族。深得本地豪族支持的刘秀，理当在南阳和颍川较顺利地建立稳固的统治，但两郡归于刘秀集团控制都经历了反复。④

---

① 《后汉书》卷 17《冯异传》，第 647 页；卷 31《郭伋传》，第 1091 页；卷 33《冯鲂传》，第 1147—1148 页；卷 77《酷吏·李章传》，第 2492 页。

② 刘秀集团中的豪族宗族有时会成为累赘，参见陈苏镇：《〈春秋〉与"汉道"：两汉政治与政治文化研究》，第 605 页。豪族与刘秀集团关系多变，豪族的武力支持随两者关系变化而消长。如邓晨家族加入刘秀集团就几经反复，举族加入以后，又有部分族人反对刘秀。

③ 《后汉书》卷 21《耿纯传》，第 763 页；卷 1 上《光武帝纪上》，第 19 页；卷 10 上《皇后纪上·光烈阴后传》，第 405 页。

④ 参见小嶋茂稔：『漢代国家統治の構造と展開』、第 81—82 頁；陈苏镇：《〈春秋〉与"汉道"：两汉政治与政治文化研究》，第 489—490、589—591 页。

更始时期主政南阳的是王常，"更始西都长安，以常行南阳太守事，令专命诛赏，封为邓王，食八县，赐姓刘氏。常性恭俭，遵法度，南方称之"。王常应在南阳实现了较有效的统治。刘秀于更始三年六月称帝，九月更始政权崩溃，而王常直到建武二年夏才归降刘秀。如果像先行研究所揭示的，南阳是刘秀集团的核心区域，那么至少在更始政权崩溃后，南阳应当很快归顺刘秀。更始政权崩溃后，"更始诸将各拥兵据南阳诸城"，延岑"始起据汉中，又拥兵关西，所在破散，走至南阳，略有数县"，① 显然建武二年南阳未归于刘秀，而是被更始部将和延岑所占据，并且王常已丧失对南阳的控制。如果此时南阳没有立刻归顺刘秀，还有更始部将、延岑阻挠的原因，那么建武二年邓奉叛乱，刘秀集团"暴师经年"，则显示豪族在协助刘秀全面控制南阳方面作用有限。②

《后汉书·刘茂传》载："歙从父弟茂，年十八，汉兵之起，茂自号刘失职，亦聚众京、密间，称厌新将军。攻下颍川、汝南，众十余万人。光武既至河内，茂率众降，封为中山王。"③ 即建武元年，刘秀因刘茂归降而占据颍川。建武八年，刘秀西征隗嚣，颍川借机叛乱，不过很快被平息，这次叛乱是由豪族主导的。④ 南阳、颍川叛乱的出现及结局，既表明两地支持刘秀的豪族无法协助刘秀集团稳定地方统治，两地反对刘秀的豪族同样无力抵抗刘秀集团的兵锋，又表明刘秀集团并不特别依靠豪族巩固地方统治。综上所论，随着刘秀集团的壮大，豪族武装之于刘秀集团的重要性日益下降，豪族只是刘秀集团的重要根基之一。

综上所论，可归纳豪族与刘秀集团的关系。其一，刘秀集团豪族成员一般难以随附宗族，不仅有个人意愿的原因，更受现实条件的制约。一方面，举族而动在两汉之际不易实现，特别是异地任官的豪族成员难以携宗族赴任；另一方面，豪族普遍安土重迁，不愿轻离故土。如果豪族成员的乡里不与刘秀集团的活动、统治区域相重合，那么豪族与刘秀集团的结合很难发生。刘秀集团核心成员中，

① 《后汉书》卷 15《王常传》，第 579—580 页；卷 17《岑彭传》，第 656 页；卷 13《公孙述传》，第 537 页。
② 邓奉叛乱前，刘秀集团曾在建武二年的一段时间内占领南阳广大地区。陈苏镇据刘秀集团在南阳遇到抵抗，指出刘秀的号召力连家乡都不能覆盖，参见《〈春秋〉与"汉道"：两汉政治与政治文化研究》，第 489—490 页。
③ 《后汉书》卷 14《刘茂传》，第 563 页。
④ 陈苏镇：《〈春秋〉与"汉道"：两汉政治与政治文化研究》，第 589—590 页。

确定宗族最初即与刘秀集团紧密结合的有邓晨、刘隆、寇恂、耿纯、刘植 5 人，可能的有邳彤、盖延、王梁 3 人。豪族与刘秀集团结合是一个动态、复杂的过程，豪族既可能与本族成员一起加入刘秀集团，也可能先不加入，之后再以本族成员为媒介加入；当然也不排除豪族先加入再脱离的情况。

其二，两汉之际豪族实力有限，给予刘秀集团的支持同样有限。宗族组织经历秦的打压，至西汉得到恢复，在两汉之际尚处发育阶段；东汉宗族观也不如后世宽泛，仍较严格地遵守五服规定，使得豪族宗族和依附人口规模都不大。正因受限于人数规模，当时豪族多只能维持对单一城市或者堡壁的统治。刘秀是南阳豪族，但更始政权覆灭后，南阳并未降于刘秀，原因即在于此，南阳豪族实际无力支配一郡之地，导致除在河北发展初期，刘秀集团壮大后并不特别依赖豪族实行统治。至于豪族宗族与刘秀集团结合后，宗族武装与非战斗人员首先分开，因为宗族武装人数有限，所以逐渐补充其他兵源，所谓宗族武装也就名不副实了。但宗族武装的指挥权一般会在该族内传递。①

总之，豪族很难举族追随刘秀，豪族武装并非刘秀集团、东汉政权的主要武力，刘秀也不特别依赖豪族支配地方；伴随刘秀集团的发展和东汉政权的建立，豪族势力的重要性逐渐下降。刘秀集团的豪族性质并不鲜明，东汉初期政权的豪族性质也不明显。

四、刘秀建立东汉政权的依靠力量

刘秀集团是一个纠合各种力量、各方势力而形成的强大政治势力，所依靠的力量牵涉广泛，本文择要述之。

豪族对于刘秀建立东汉发挥的作用，虽没有先行研究所强调的那么重要，但不能否认豪族在这一过程中所起的作用。其一，豪族精英多在刘秀集团中充任军事将领、行政主官，构成东汉官员的主体，豪族群体可谓刘秀集团最重要的人才基础；刘秀在大量收编铜马等民众武装后，更需要能领兵作战的将帅。其二，豪族能为刘秀集团提供物资支持，如京兆大族王丹献麦千斛给邓禹所部。其三，即

---

① 如刘植死后，其部众由其弟刘喜统帅；刘喜死后，又由刘植从兄刘歆统帅。参见《后汉书》卷 21《刘植传》，第 760 页。

便两汉之际豪族因自身发展限制，地方影响力有限，但仍具备一定实力，能协助刘秀管控地方。如冯异凭借家族影响力，不仅以郡掾身分监理颍川五县事务，后更说降五县共同投降刘秀。① 其四，在与王郎战争期间，河北豪族武装是刘秀集团较重要的军事力量。

刘秀接纳豪族力量一个比较明显的措施是，对于率领宗族武装的豪族领袖，均给予较高等级的将军号。耿纯、刘植先后率领宗族宾客投入刘秀集团，刘秀即拜耿纯为前将军、刘植为骁骑将军，又拜多名耿、刘族人为偏将军。② 大约同一时期，以信都郡投降的太守任光、都尉李忠、信都令万修，分别被委任为左大将军、右大将军、偏将军；以和成郡投降的太守邳彤，被任命为后大将军。③ 在河北自立时期，刘秀给予豪族领袖与郡县官员相同的将军号，可见对他们的重视。

在建立东汉的过程中，各地豪族是主要征讨对象，但刘秀对待豪族的方式仍以抚循为主。④ 如冯异在三辅，先是"布威信。弘农群盗称将军者十余辈，皆率众降异"；又击破延岑，"诸营保守附岑者皆来降归异"。再者冯异以"兵食渐盛，乃稍诛击豪杰不从令者，褒赏降附有功劳者，悉遣其渠帅诣京师，散其众归本业"，后又击破吕鲔，"营保降者甚众"，较好贯彻了刘秀的方略。又如鬲县五姓反，逐其守长，吴汉并不急于兴兵讨伐，而是"移檄告郡，使收守长，而使人谢城中"，⑤ 采用抚循方式平息这次豪族叛乱。但刘秀对待豪族也不是一味抚循，随着形势变化，他的手段也日趋强硬。《华阳国志》载：

> 建武十八年，刺史郡守，抚恤失和，蜀郡史歆，怨吴汉之残掠蜀也，拥郡自保。世祖以天下始平，民未忘兵，而歆唱之，事宜必克，复遣汉平蜀。

---

① 《后汉书》卷 27《王丹传》，第 931 页；卷 17《冯异传》，第 639 页。

② 《后汉书》卷 21《刘植传》《耿纯传》，第 760、762 页；袁宏撰，周天游校注：《后汉纪校注》卷 2《光武帝纪二》，第 37 页；刘珍等撰，吴树平校注：《东观汉记校注》卷 11《刘植传》，第 397 页。

③ 《后汉书》卷 21《任光传》《李忠传》《万修传》《邳彤传》，第 752、755、757、758 页。

④ 陈苏镇：《〈春秋〉与"汉道"：两汉政治与政治文化研究》，第 583、589 页。

⑤ 《后汉书》卷 17《冯异传》，第 645、647—648 页；卷 18《吴汉传》，第 680 页。

多行诛戮。①

余英时认为："按吴汉这次之所以不能仿其降五姓之例，而光武也认为'事宜必克'者，实因天下初定，大姓拥兵自保之风不容再长，故不能不以武力镇压之。"② 此后，终光武一朝，组织化豪族叛乱不再见于史籍。③

其实，刘秀的军事力量也是纠合各方而形成的。以河北时期为例，信都、和成、渔阳、上谷等郡的州郡兵，刘植、耿纯的豪族武装，刘扬的真定王部曲，铜马等平民武装降众，谢躬率领的更始部众，都是这一时期刘秀武装力量的组成部分。刘秀初到河北，并无随附军队。④ 信都、和成两郡在王郎兴起后，仍忠于更始政权，因此成为刘秀在河北最早掌握的武装力量。刘植、耿纯率宗族武装分别占据昌城、宋子奉迎刘秀，也是刘秀集团早期重要的武装力量。渔阳、上谷骑兵因彭宠、耿况决意支持刘秀，以六千人马取得"击斩王郎大将、九卿、校尉以下四百余级，得印绶百二十五，节二，斩首三万级，定涿郡、中山、钜鹿、清河、河间凡二十二县"的战绩，⑤ 是刘秀扭转河北局势的关键战争之一。⑥ 真定王刘扬有部众十余万，刘秀为争取这支力量，不仅以刘植劝降，还娶刘扬外甥女郭氏，双方"置酒郭氏漆里舍"，"击筑为欢"。蒲阳之战后，为降服铜马等民众，刘秀先"封其渠帅为列侯"，后"自乘轻骑按行部陈"。⑦

刘秀于河北纠集的军事力量中，较易被忽视的是由原更始尚书令谢躬所率领

① 常璩撰，任乃强校注：《华阳国志校补图注》卷5《公孙述刘二牧志》，上海：上海古籍出版社，1987年，第337页。
② 余英时：《东汉政权之建立鱼士族大姓之关系》，《士与中国文化》，第234页。
③ 史籍中没有史歆出身豪族的直接记载，可确认其为豪族叛乱的原因是，此次叛乱的主要参与者有朐忍徐容。据《华阳国志》，徐氏为朐忍大姓。参见《后汉书》卷18《吴汉传》，第683页；常璩撰，任乃强校注：《华阳国志校补图注》卷1《巴志》，第36页。
④ 廖伯源：《试论光武帝之统御术》《试论光武帝用人政策之若干问题》，《秦汉史论丛续编》，第133—134、150—151页。
⑤ 《后汉书》卷1上《光武帝纪上》，第12页；卷21《刘植传》《耿纯传》，第760、762页；卷19《耿弇传》，第704页。
⑥ 陈苏镇：《〈春秋〉与"汉道"：两汉政治与政治文化研究》，第473页。
⑦ 《后汉书》卷21《刘植传》，第760页；卷1上《光武帝纪上》，第17页。

的部众。《后汉书·吴汉传》载："更始遣尚书令谢躬率六将军攻王郎，不能下。"① 可见谢躬所部是由更始政权所遣攻击王郎的军队。关于谢躬所部规模，《后汉纪》称"更始武阴王李秩据洛阳，尚书谢躬据邺，各十余万"，② 不过据《后汉书·吴汉传》，消灭王郎后，"躬既而率其兵数万，还屯于邺"，与《后汉纪》所载有差别。这十余万兵士应是更始政权在河北军事力量的总和。在刘秀袭杀谢躬前后，投降刘秀的河北更始将领有大将军吕植、冀州牧庞萌、振威将军马武等，都与谢躬有统属关系。《后汉书·庞萌传》载："更始立，以为冀州牧，将兵属尚书令谢躬。"《后汉书·岑彭传》载："更始大将军吕植将兵屯淇园，彭说降之，于是拜彭为刺奸大将军。"对此，李贤注引司马彪《续汉书》补充："时更始尚书令谢躬将六将军屯邺，兵横暴，为百姓所苦。上先遣吴汉往收之，故拜彭为刺奸将军。"可见吕植当为谢躬所统六将军之一。《后汉书·马武传》称其"拜为振威将军，与尚书令谢躬共攻王郎"。③ 由此可推知谢躬当为更始政权在河北军事的统帅。

收服谢躬所部，极大缓解了刘秀在河北面临的王郎军事压力。刘秀在河北最初的基地信都郡，一度为王郎势力所占领，后"更始遣将攻破信都"，④ 谢躬所部发挥了主要作用。⑤ 平定王郎政权后，除谢躬先后屯据的邯郸、邺城外，更始政权在河北委任冀州牧庞萌、幽州牧苗曾、上谷太守韦顺、渔阳太守蔡充等，即此时河北地方行政由更始政权主导，也侧证在消灭王郎过程中，更始所部发挥了重要作用，谢躬部自然成为刘秀的心腹之患。⑥ 刘秀至少两次图谋消灭谢躬所部，甫一消灭王郎，"及世祖拔邯郸，请躬及武等置酒高会，因欲以图躬，不克"；后以吴汉、岑彭设谋袭杀谢躬，夺取邺城，以兼并其所统的更始部众。刘秀即位，以吴

① 《后汉书》卷18《吴汉传》，第677页。刘敏等考证谢躬所率六将军分别是马武、刘庆、吕植、苗曾、韦顺、蔡充。参见刘敏：《对王郎及邯郸败亡相关问题的质疑》，《邯郸学院学报》2015年第4期，第31页；刘敏、陶继双：《王郎垮台与更始灭亡要因发覆》，《河北学刊》2015年第5期，第46页。

② 袁宏撰，周天游校注：《后汉纪校注》卷2《光武帝纪二》，第49页。

③ 《后汉书》卷18《吴汉传》，第677页；卷12《庞萌传》，第496页；卷17《岑彭传》，第654、655页；卷22《马武传》，第784页。

④ 《后汉书》卷21《李忠传》，第756页。

⑤ 刘敏：《对王郎及邯郸败亡相关问题的质疑》，《邯郸学院学报》2015年第4期；刘敏、陶继双：《王郎垮台与更始灭亡要因发覆》，《河北学刊》2015年第5期。

⑥ 袁宏撰，周天游校注：《后汉纪校注》卷2《光武帝纪二》，第49页。

汉为大司马，所举吴汉功劳即有诛谢躬，称"然吴将军有建大策之勋，又诛苗幽州、谢尚书，其功大"。① 由此可见袭杀谢躬、兼并所部之于刘秀集团的重要性。

刘秀亦将民众整合为可依靠的力量。赵翼《廿二史札记》载：

> 汉自高、惠以后，贤圣之君六七作，深仁厚泽，被于人者深。即元、成、哀三帝稍劣，亦绝无虐民之政，只以运祚中衰，国统频绝，故王莽得乘便窃位。班彪所谓危自上起，伤不及下，故虽时代改易，而民心未去，加以莽政愈虐，则思汉之心益坚……历观诸起事者，非自称刘氏子孙，即以辅汉为名，可见是时人心思汉，举天下不谋而同。是以光武得天下之易，起兵不三年，遂登帝位。古未有如此之速者，因民心之所愿，故易为力也。②

刘秀凭借宗室身分，在两汉之际"人心思汉"的社会背景下，获取民意支持，并以之为基础将民众整合为集团力量，统一天下。不过实际情况要复杂许多。陈苏镇指出："新朝末年出现'汉家当复兴'的谶语，但赤眉、绿林等农民暴动最初并未受其影响。舂陵宗室和绿林豪杰共同建立更始政权后，一度出现'海内豪杰翕然响应'的形势。但刘玄君臣暴虐无能，很快又失去民心，使天下分崩离析。刘秀在这样的形势下崛起于河北，并未得到民意的广泛支持……'刘氏旧泽'没能为刘秀提供太多帮助。"③ 刘秀想要发挥"刘氏旧泽"的政治文化优势，面临诸多不利。他仍以谶纬为工具，以证明天命在己，尽可能将宗室成员身分的政治文化优势发挥出来，扩大自身影响力，特别是争取民心，从而有效整合民众力量。

更始时期，已有利用谶纬显示宗室身分的政治宣传操作。《后汉书·冯衍传》载更始帝刘玄：

> 以圣德灵威，龙兴凤举，率宛、叶之众，将散乱之兵，喋血昆阳，长驱

---

① 《后汉书》卷22《马武传》，第784页；卷18《吴汉传》，第677—678页；卷22《景丹传》，第773页。

② 赵翼著，王树民校证：《廿二史札记校证》卷3，"王莽时起兵者皆称汉后"条，北京：中华书局，1984年，第72—73页。

③ 陈苏镇：《〈春秋〉与"汉道"：两汉政治与政治文化研究》，第455、491页。

武关，破百万之陈，摧九虎之军，雷震四海，席卷天下，攘除祸乱，诛灭无道，一期之间，海内大定。继高祖之休烈，修文武之绝业，社稷复存，炎精更辉，德冠往初，功无与二。天下自以去亡新，就圣汉，当蒙其福而赖其愿。树恩布德，易以周洽，其犹顺惊风而飞鸿毛也。①

这与关于刘秀夺取天下的格式化书写如出一辙，刘秀即位祝文云：

> 皇天上帝，后土神祇，眷顾降命，属秀黎元，为人父母，秀不敢当。群下百辟，不谋同辞，咸曰："王莽篡位，秀发奋兴兵，破王寻、王邑于昆阳，诛王郎、铜马于河北，平定天下，海内蒙恩。上当天地之心，下为元元所归。"②

由此可得出两点认识，一是刘玄宣传天命在己的开展时间较早，传播范围较广，更始二年已传播于并州地区；二是刘秀有关天命的政治宣传用语、口号与刘玄一脉相承。这是因为刘秀与刘玄都是宗室成员，且早期政治、军事经历高度重合，刘秀通过继承和利用刘玄政治宣传的"遗产"，有效克服诸多不利因素影响，快速建构政治宣传体系，有利于自身承继更始政权法统、收服更始残部。总之，正如陈苏镇所言，为了巩固自身统治，"刘秀一面采取措施加强皇权，一面又高擎汉室大旗，大力宣扬汉家当复兴、天命在刘秀等神秘观念，坚持将东汉的建立说成西汉的复兴，将东汉开国之君说成汉室中兴之主，以强化和凸显自己的特殊身份和经历所包含的政治文化优势"。③

若从社会和政治关系网络分析刘秀身世，除宗室身分外，刘秀还兼具更始集团成员、南阳地方社会成员、豪族成员等多重身分，这些身分都在不同程度、不同领域帮助他纠合力量。关于刘秀利用自身更始集团成员身分纠合力量，陈苏镇已有论述："新末之更始，颇似秦末之张楚，虽昙花一现，却有首事之功，是新莽既亡而东汉未立的两三年间法统正朔之所在。春陵宗室则是连接刘秀与汉家血脉的纽带。因而刘秀接收更始政权和春陵宗室的残余势力，具有重要象征意义。

---

① 《后汉书》卷28上《冯衍传上》，第966页。
② 《后汉书》卷1上《光武帝纪上》，第22页。
③ 陈苏镇：《〈春秋〉与"汉道"：两汉政治与政治文化研究》，第493—494页。

它意味着刘秀已接替刘玄成为舂陵宗室的领袖，从而继承了更始政权的法统，接过了兴复汉室的大旗。"① 刘秀能顺利继承更始政权法统，除了历史渊源及与更始较近的血缘关系外，他积极行动、主动争取也是要因。更始政权覆亡后，刘秀立即下诏"封更始为淮扬王，吏人敢有贼害者，罪同大逆"。刘玄被赤眉杀后，刘秀将之葬于霸陵。② 反观俘获刘玄的赤眉，许诺"更始降者，以为长沙王。过二十日者，不受"。刘玄如期投降后，竟欲杀之，后经刘恭固争，才勉强封刘玄为王。③ 两相比较，刘秀自然更易继承更始政权法统。

在两汉社会结构发展中，邻里乡党关系是重要一环。刘增贵指出："在古代聚落的基层结构中，邑里成员关系密切……形成休戚相关的共同生活圈……事实上，乡党之重要性不下于亲族。"④ 刘秀特别重用南阳人，当时已有"选补众职，当简天下贤俊，不宜专用南阳人"的言论。⑤ 且刘秀似乎对南阳籍将领比较信任，很少生疑。陈苏镇已论述其中原因："刘秀作为舂陵宗室的成员和刘縯的胞弟，在追随他的南阳人中有较高的号召力，其自信当由此而来。"⑥ 南阳地方社会成员的身分，为刘秀带来南阳乡人的效忠和力量。

刘秀的豪族身分对纠合豪族力量有所助益。刘秀出身豪族，熟悉豪族社会文化，能够比较恰当地协调处理与两汉之际豪族的关系，不仅容易获取豪族普遍信任，还能更准确把握分化、瓦解、安抚、团结、管理豪族的关键所在。如建武十五年的度田严重损害豪族利益，激起大规模叛乱，"郡国大姓及兵长、群盗处处并起，攻劫在所，害杀长吏。郡县追讨，到则解散，去复屯结。青、徐、幽、冀四州尤甚"。为平息叛乱，除武装镇压外，刘秀还采取分化瓦解的方式，"遣使者下郡国，听群盗自相纠擿，五人共斩一人者，除其罪"。叛乱平息后，刘秀"徙

① 陈苏镇：《〈春秋〉与"汉道"：两汉政治与政治文化研究》，第 481 页。
② 《后汉书》卷 1 上《光武帝纪上》，第 24 页；卷 11《刘玄传》，第 476 页。
③ 袁宏撰，周天游校注：《后汉纪校注》卷 3《光武帝纪三》，第 68—69 页。
④ 刘增贵：《汉魏士人同乡关系考论》，邢义田、林丽月主编：《台湾学者中国史研究论丛·社会变迁》，北京：中国大百科全书出版社，2005 年，第 123—124 页。
⑤ 《后汉书》卷 31《郭伋传》，第 1092 页。
⑥ 陈苏镇：《〈春秋〉与"汉道"：两汉政治与政治文化研究》，第 485 页。

其魁帅于它郡，赋田受禀，使安生业"，① 以分散他们的力量，阻断发展势头。②

当然两汉之际割据格局中，刘秀所处客观环境较为有利。③ 建武七年，隗嚣迫于刘秀的军事压力，称臣于公孙述。荆邯鉴于时局发展形势游说公孙述，从其言论中可窥视刘秀所处的有利环境：

> 隗嚣遭遇运会，割有雍州，兵强士附，威加山东。遇更始政乱，复失天下，众庶引领，四方瓦解。嚣不及此时推危乘胜，以争天命，而退欲为西伯之事，尊师章句，宾友处士，偃武息戈，卑辞事汉，喟然自以文王复出也。令汉帝释关陇之忧，专精东伐，四分天下而有其三；使西州豪杰咸居心于山东，发间使，招携贰，则五分而有其四；若举兵天水，必至沮溃，天水既定，则九分而有其八。陛下以梁州之地，内奉万乘，外给三军，百姓愁困，不堪上命，将有王氏自溃之变。臣之愚计，以为宜及天下之望未绝，豪杰尚可招诱，急以此时发国内精兵，令田戎据江陵，临江南之会，倚巫山之固，筑垒坚守，传檄吴、楚，长沙以南必随风而靡。令延岑出汉中，定三辅，天水、陇西拱手自服。如此，海内震摇，冀有大利。④

荆邯所言主要包括两层含义，一是此前公孙述、隗嚣均抱有偏安一隅的想法，使刘秀得以"专精东伐"，无腹背受敌之虞，从而比较从容地占据了山东之地；二是他预测平定山东后，刘秀必然"兵且西向"，建议公孙述乘刘秀在山东统治尚不稳固且用兵隗嚣之际，早做东向准备，与刘秀决战。荆邯的谋划，因蜀人及公孙光"不宜空国千里之外，决成败于一举"的"固争之"，⑤ 而不得施行。假使公孙述、隗嚣没有在刘秀"专精东伐"时隔岸观火，或者公孙述力排众议，坚决执行荆邯的计划，那么

---

① 《后汉书》卷1下《光武帝纪下》，第67页。
② 关于刘秀分化处理度田事件中叛乱的豪族，参见余英时：《东汉政权之建立与士族大姓之关系》，《士与中国文化》，第234页；曹金华：《刘秀"度田"史实考论》，《史学月刊》2001年第3期，第45页。
③ 如前所示，余英时也提及刘秀成功的原因之一是身处有利客观环境，不过他没有解说有利客观环境的具体所指。
④ 《后汉书》卷13《公孙述传》，第539页。
⑤ 《后汉书》卷13《公孙述传》，第540页。

刘秀统一战争的进程必然更加艰难。公孙述、隗嚣当然不可能主动为刘秀创造战略优势，但他们的保守策略客观上使刘秀处于相对有利的环境。其他如更始遣谢躬率军讨伐王郎，拥有精锐骑兵的上谷、渔阳最终倒向刘秀等，都构成有利客观环境。

刘秀集团之形成，纠合了豪族、民众、更始残部、南阳乡人等各种力量。质言之，刘秀建立东汉所依靠的是包括一切有利因素在内的综合力量，同时有利的客观环境也加快了统一进程。

五、刘秀的政治身分再论

在古代王朝政治关系中，皇帝居于最核心的位置，外戚、宦官、官僚等均围绕着皇帝。一般来说，这些成员距离皇帝越近，二者利害关系就越一致。刘秀瓦解刘扬、郭氏等宗室外戚势力，是东汉初政治史研究的重要内容。关于此，可从两个方面再作讨论，一是刘秀成功瓦解刘扬、郭氏势力的方式；二是东汉初期度田事件牵涉对刘扬、郭氏势力的瓦解。

如果以刘秀集团内部矛盾的演变脉络为线索，建武六年是一个具有转折意义的年份。伴随吴汉拔朐，"山东悉平"，东汉政权不再腹背受敌，对手只剩下西南、西北的公孙述、隗嚣和卢芳，外部环境获得极大改善。以此为契机，刘秀开始着重处理内部问题，加强中央集权、抑制豪强的措施频繁出台，如建武六年"初罢郡国都尉官。始遣列侯就国"；建武七年"宜且罢轻车、骑士、材官、楼船士及军假吏，令还复民伍"。① 接连罢郡国都尉官、轻车、骑士、材官等，是为了削弱地方军事力量，防止地方割据势力死灰复燃。至于令诸侯就国，则是为了加强对他们的监管。② 笔者认为这也是刘秀着手解决集团内部郭氏势力威胁的重要举措，但此前尚未引起学者重视。

河北虽是刘秀建立东汉的根据地，但在平定河北过程中，刘秀与当地势力发生过极为激烈的冲突。刘秀以更始大将身分徇地河北，最初比较顺利，"所到部县，辄见二千石、长吏、三老、官属，下至佐史，考察黜陟，如州牧行部事。辄平遣囚徒，除王莽苛政，复汉官名。吏人喜悦，争持牛酒迎劳"。王郎起兵后，形势陡变，

---

① 《后汉书》卷1下《光武帝纪下》，第51页。
② 陈苏镇：《〈春秋〉与"汉道"：两汉政治与政治文化研究》，第613—616页。

"赵国以北，辽东以西，皆从风而靡"。以致平定王郎后，刘秀虽收得吏民与王郎文书数千章，却不得不烧毁了事，以"令反侧子自安"。① 当然在此期间，刘秀在河北也不乏支持者，刘植、耿纯举族从征，信都、和成、上谷、渔阳等郡也先后归顺刘秀，其中刘扬武装是刘秀讨平王郎、与谢躬相持的重要力量之一。② 《后汉书·刘植传》载："时真定王刘扬起兵以附王郎，众十余万，世祖遣植说扬，扬乃降。世祖因留真定，纳郭后，后即扬之甥也，故以此结之。乃与扬及诸将置酒郭氏漆里舍，扬击筑为欢，因得进兵拔邯郸，从平河北。"③ 刘扬的归附为刘秀反击王郎提供了条件。而为争取刘扬，刘秀与其甥女结下政治婚姻，亦可见其重要性。

不过，次年刘扬即意图作乱，"复造作谶记云：'赤九之后，瘿扬为主。'扬病瘿，欲以惑众，与绵曼贼交通"。此时，刘扬虽已无十余万之众，但"扬弟临邑侯让及从兄细各拥兵万余人"。一旦刘扬反叛，刚刚立足的刘秀集团势必遭受沉重打击。危急关头，刘秀赖以平叛的是耿纯。耿氏为钜鹿大族，与真定刘氏保有婚姻，耿纯也正利用这层关系成功平乱，"纯从吏士百余骑与副、隆会元氏，俱至真定，止传舍。扬称病不谒，以纯真定宗室之出，遣使与纯书，欲相见……扬自恃众强而纯意安静，即从官属诣之，兄弟并将轻兵在门外。扬入见纯，纯接以礼敬，因延请其兄弟，皆入，乃闭阁悉诛之，因勒兵而出。真定震怖，无敢动者"。但刘扬潜势极大，刘秀为安抚他们，不仅未宣露刘扬之罪，还以怜其"谋未发"为由，封其子刘得为真定王。不久，更立郭氏为皇后。④ 经此，刘扬势力转变为郭氏势力，继续存在于刘秀集团中。从刘秀不断强化的安抚来看，这一势力实力强大，而刘秀与郭氏势力之间的关系不够紧密。⑤

---

① 《后汉书》卷 1 上《光武帝纪上》，第 10、14—15 页；卷 12《王昌传》，第 492—493 页。
② 陈苏镇：《〈春秋〉与"汉道"：两汉政治与政治文化研究》，第 486—487、631 页。
③ 《后汉书》卷 21《刘植传》，第 760 页。
④ 《后汉书》卷 21《耿纯传》，第 763—764 页；卷 1 上《光武帝纪上》，第 30 页。
⑤ 参见藤川和俊：「後漢初期の皇太子廃位をめぐる若干の問題」、『東アジア世界史の展開：青山学院大学東洋史論集』、東京：汲古書院、1994 年、第 169—186 頁；西川春華：「後漢光武帝期における皇后交替の背景について」、『大正大学大学院研究論集』第 20号、1996 年、第 231—243 頁；陈苏镇：《〈春秋〉与"汉道"：两汉政治与政治文化研究》，第 629—634 页；Hans Bielenstein, "The Restoration of the Han Dynasty Volume Ⅳ: The Government," pp. 114 – 121；廖伯源：《楚王英案考论》，《秦汉史论丛续编》，第 76—82 页。

"云台二十八将"中，除景丹、万修、刘植已死外，只有耿纯和邳彤在建武六年就国。耿纯因平刘扬叛乱之功，成为连接刘秀与郭氏势力的关键人物；邳彤可能出身河北信都大族。建武六年就国的两位刘秀集团核心成员，都出自河北地区，与郭氏势力相关。《后汉书·耿纯传》载其就国前，刘秀言："文帝谓周勃'丞相吾所重，君为我率诸侯就国'，今亦然也。"① 刘秀引文帝谓周勃之语，典出《史记·绛侯周勃世家》，② 意思是让耿纯如周勃一样作为诸侯就国的表率。事实上，耿纯对于刘秀令其就国并非没有不安。建武六年，"上令诸侯就国，纯上书自陈，前在东郡案诛涿郡太守朱英亲属，今国属涿，诚不自安。制书报曰：'侯前奉公行法，朱英久吏，晓知义理，何时当以公事相是非！然受尧舜之罚者不能爱己也，已更择国土，令侯无介然之忧。'乃更封纯为东光侯也"。③ 耿纯换封之举，一定程度上表明君臣之间缺乏信任。建武八年刘秀再度起用耿纯，或许是因为其对郭氏势力的处理比较理想，是对耿纯政治配合的褒赏。耿纯是刘秀少数再用的功臣之一。

建武九年，阴后之母及弟阴欣被盗匪劫杀，刘秀"甚伤之"，遂追封阴后之父阴陆及阴欣为列侯，并在诏书中称："吾微贱之时，娶于阴氏……以贵人有母仪之美，宜立为后，而固辞弗敢当，列于媵妾，朕嘉其义让，许封诸弟。"④ 宠爱阴氏之情，溢于言表，全然不顾当时郭皇后的感受。⑤ 但如将此事置于彼时郭氏势力已较妥当处置的背景下，刘秀的行为当可得到解释。上述事件不仅揭示了刘秀瓦解郭氏势力的意图，更展示了他致力于集团内部整合的一面。

东汉初年度田事件牵涉刘秀处置郭氏势力。学者一方面强调刘秀不断加强中央集权，另一方面又强调刘秀实属豪族阶层，其统治措施多为维护豪族利益，其间不无矛盾之处。守屋美都雄特别注意光武帝度田引发了严重的豪族叛乱，提出度田失败迫使刘秀松动了限制豪族的统治方针，以此为契机，东汉政权逐步豪族化。嗣后，度田事件作为东汉初期统治政策转变标志的历史意义，大体

① 《后汉书》卷21《耿纯传》，第765页。
② 《史记》卷57《绛侯周勃世家》，北京：中华书局，2014年，第2517页。
③ 《后汉书》卷21《耿纯传》注引《续汉书》，第765页。
④ 《后汉书》卷10上《皇后纪上·光烈阴皇后传》，第405—406页。
⑤ 参见陈苏镇：《〈春秋〉与"汉道"：两汉政治与政治文化研究》，第632页。

固定下来。① 随着研究深入，越来越多的学者认为度田没有失败，② 在很大程度上动摇了原先度田失败导致东汉初统治政策转向的结论。从史书记载考察，既往研究未揭示的是，度田事件卷入了建武太子废立事件，涉及刘秀最终瓦解郭氏势力。刘秀在建武八年、九年的行为均表明其处理郭氏势力较为顺利，不过对于刘秀而言，废郭后及其所生的太子刘强，才代表郭氏势力的最终瓦解。陈留上计吏事件是引发度田事件的关键史事：

> 是时，天下垦田多不以实，又户口年纪互有增减。十五年，诏下州郡检核其事，而刺史太守多不平均，或优饶豪右，侵刻羸弱，百姓嗟怨，遮道号呼。时诸郡各遣使奏事，帝见陈留吏牍上有书，视之，云"颍川、弘农可问，河南、南阳不可问"。帝诘吏由趣，吏不肯服，抵言于长寿街上得之。帝怒。时显宗为东海公，年十二，在幄后言曰："吏受郡敕，当欲以垦田相方耳。"帝曰："即如此，何故言河南、南阳不可问？"对曰："河南帝城，多近臣，南阳帝乡，多近亲，田宅逾制，不可为准。"帝令虎贲将诘问吏，吏乃实首服，如显宗对。于是遣谒者考实，具知奸状。明年，隆坐征下狱，

① 吉川（守屋）美都雄：「後漢初期に於ける豪族對策に就いて」、『歴史学研究』第68号、1939年、第2—26頁。相同观点还可参见范文澜：《中国通史简编》第2编，第138—139页；韩连琪：《汉代的户籍和上计制度》，《文史哲》1978年第3期，第23页；郭沫若主编：《中国史稿》第2册，北京：人民出版社，1979年，第286—287页；王毓铨：《"民数"与汉代封建政权》，《中国史研究》1979年第3期，第73—74页；林剑鸣：《秦汉史》，第764—765页；田昌五、安作璋主编：《秦汉史》，北京：人民出版社，2008年，第327—331页。

② 曹金华：《试论刘秀"度田"》，《扬州师院学报》1986年第4期；《有关刘秀"度田"中民变事件的镇压方式问题》，《扬州师院学报》1989年第2期；《刘秀"度田"史实考论》，《史学月刊》2001年第3期；孟素卿：《谈谈东汉初年的度田骚动》，中国秦汉史研究会编：《秦汉史论丛》第3辑，西安：陕西人民出版社，1986年，第246—253页；高敏：《"度田"斗争与光武中兴》，《南都学坛》1996年第1期；臧知非：《刘秀"度田"新探》，《苏州大学学报》1997年第2期；袁延胜：《东汉光武帝"度田"再论——兼论东汉户口统计的真实性问题》，《史学月刊》2010年第8期；小嶋茂稔：「建武度田政策始末攷（上）——後漢の建国期における国家と社会」、『山形大学紀要』第33卷第1号、2002年、第1—21頁；小嶋茂稔：「建武度田政策始末攷（下）——後漢の建国期における国家と社会」、『山形大学紀要』第33卷第2号、2003年、第1—37頁。需要注意的是，小嶋茂稔论文主要是基于国家与社会关系视角考察建武度田的。

其畴辈十余人皆死。帝以隆功臣，特免为庶人。①

此事亦见于《后汉纪》：

> 是时天下垦田多不实，百姓嗟怨。诸郡各使吏奏事，帝见陈留吏其牍下疏云："颍川、弘农可问，河南、南阳不可问。"诘吏，吏诳言于长寿街上得之。东海公阳在幄后，因言曰："吏受郡敕，欲以垦田相比方耳。"诏难曰："即如此，何故言河南、南阳不可问？"对曰："河南帝城多近臣，南阳帝乡多近亲，故田宅不可问。"乃诘吏，吏具服，如阳言。由是帝弥重阳也。②

两书对事件具体经过的记载大体相同，但叙述意图有所区别。细绎文字，《后汉书》只表达了揭示度田奸状被发现的经过，《后汉纪》在文末处多了"由是帝弥重阳也"一句。胡三省主张这是"为立阳为太子张本"，③ 即通过渲染明帝的才干，为立其为太子造势。其实对明帝的颂扬出现很早，《东观汉记·明帝纪》已有体现："（明帝）幼而聪明睿智，容貌壮丽，世祖异焉，数问以政议，应对敏达，谋谟甚深。"明帝因"聪明睿智"为刘秀所"异"。在前述陈留上计吏事件中的表现，明帝的确可称"应对敏达，谋谟甚深"。是以武英殿聚珍本《东观汉记》将搜集到的陈留上计吏事件佚文置于"世祖异焉"之前，连缀成篇。④《后汉书·明帝纪》中并无相应内容，但书中可以找到明帝其他"应对敏达，谋谟甚深"的表现：

> （建武）十九年，妖巫维汜弟子单臣、傅镇等，复妖言相聚，入原武城，劫吏人，自称将军。于是遣宫将北军及黎阳营数千人围之。贼谷食多，数攻不下，士卒死伤。帝召公卿诸侯王问方略，皆曰"宜重其购赏"。时显宗为

① 《后汉书》卷22《刘隆传》，第780—781页。
② 袁宏撰，周天游校注：《后汉纪校注》卷7《光武帝纪七》，第186页。
③ 《资治通鉴》卷43《汉纪三十五》，北京：中华书局，1956年，第1386页。《资治通鉴》所载与《后汉纪》一致，末有"上由是益奇爱阳"一句。前引胡三省所言实是对此而发，亦可视为胡三省对《后汉纪》近似内容的看法。
④ 刘珍等撰，吴树平校注：《东观汉记校注》卷2《明帝纪》，第54、60—61页。

东海王，独对曰："妖巫相劫，势无久立，其中必有悔欲亡者。但外围急，不得走耳。宜小挺缓，令得逃亡，逃亡则一亭长足以禽矣。"帝然之，即敕宫彻围缓贼，贼众分散，遂斩臣、镇等。①

公卿诸侯王"皆曰"与明帝"独对"形成鲜明对比，表现出明帝的"聪明睿智，谋谟甚深"。综上所论，不论度田的目的与成败，着眼于史书文本角度的观察，都提示我们度田事件与刘秀改立明帝为太子之间存在关联。

　　建武六年诸侯就国和度田事件中刘秀为明帝张本，其背后都指向一个关键史实，即刘秀的政治身分是皇帝。② 河地重造、小嶋茂稔指出，在东汉史研究中，刘秀作为皇帝的一面被湮没在其豪族身分之下。③ 这便是史家之前描述东汉初历史图景中出现矛盾的根本原因。事实上，既往研究大多忽略了在东汉政权建立过程中，刘秀的政治身分已经从豪族一员转变为皇帝，皇帝才是他最主要的政治身分。作为皇帝的刘秀从维护皇权的根本目的出发，不会轻易偏向任何政治势力，并不是豪族阶层的代言人。陈苏镇细致勾勒了刘秀对郭氏势力的整合，但他认为刘秀处理郭氏势力，是为将天下托付给以阴氏为代表的南阳势力，也在一定程度上忽视了刘秀作为皇帝的角色。④ 刘秀瓦解郭氏势力，虽然无法完全排除南阳势力卷入的可能性，但其中确实没有出现太多南阳豪族的身影，基本是由刘秀自己主导的。学者在东汉初历史研究中存在一定顾此失彼、自相矛盾之处，其重要原因是多使用政治集团学说，导致研究视野受限。正如有学者指出的那样，政治集团学说的最大缺陷在于，个体政治人物"其在历史分析的过程中，往往首先被贴上了某党的标签，不由自主地呈现出一种单向度、平面化的政治形象，其一切的政治活动都被后世家置于放大镜下细心揣摩，发掘其背后的微言大义，被认为

---

① 《后汉书》卷 18《臧宫传》，第 694—695 页。
② 关于中古皇帝的权威和权力构成，参见甘怀真：《中国中古士族与国家的关系》，《新史学》第 2 卷第 3 期，1991 年；《自序：兼论中国政治史研究的展开》，《皇权、礼仪与经典诠释：中国古代政治史研究》，上海：华东师范大学出版社，2008 年，第 3—4 页。
③ 河地重造：「赤眉の乱と後漢帝国の成立について」、『歴史學研究』第 161 号、1953 年、第 21—23 頁；小嶋茂稔：『漢代国家統治の構造と展開：後漢国家論研究序説』、第 13 頁。
④ 陈苏镇：《〈春秋〉与"汉道"：两汉政治与政治文化研究》，第 633 页。

或隐或显地服务于某一终极性的政治目标"。① 以往对刘秀政治身分的观察就陷入这样的误区。起兵之初，刘秀无疑具有显著的豪族或南阳豪族政治身分；随着东汉建政，他的政治身分也随之发生转变。但研究者在政治集团学说影响下，仍将其豪族或者南阳豪族政治身分代入观察，自然出现疏失。

刘秀在整个东汉王朝建立过程中，主要处于或构建了三个政治关系网络。刘秀出身南阳豪族社会，自然处于南阳豪族的政治关系网络中。新末起事以前，这一网络几乎笼罩了刘秀的全部政治生活。起事后至刘縯遇害期间，此网络对刘秀仍极为重要。之后，他在河北自立，建立起以自己为中心的刘秀集团政治关系网络。无论是南阳豪族网络，还是刘秀集团网络，都带有浓厚的私人关系色彩。称帝以后，刘秀逐步建立了以自己为核心、具有公权色彩的官僚化网络——东汉政权政治关系网络。这一网络与刘秀集团网络联系紧密，并有相当部分的关系就是刘秀集团网络的直接转变。这一时期，刘秀集团网络虽没有立刻离散，但逐渐式微，成员大多转入全新的东汉政权网络。东汉政权网络最终取代刘秀集团网络，成为刘秀政治活动最主要的网络。总之，刘秀在东汉初年所实施的统治政策都以维护皇权为根本目的，他的皇帝政治身分及东汉初期社会的皇权性质，在豪族研究中必须受到重视。

东汉社会无疑经历了豪族化过程，但东汉初的社会依然笼罩在皇帝威权之下，以往认为东汉政权在初期就已经豪族化的观点需要再审。刘秀主要政治身分是皇帝，由此对东汉初豪族的思考也必须重新置于皇权背景之下。更重要的是，东汉社会豪族化的时间节点被推迟，需要重新考虑此后东汉社会豪族化的基本脉络，重新确认东汉社会豪族化的关键时间点，东汉皇权和豪族权力的政治地位升降和实力对比，也需要重新审视。

结　语

通过对刘秀集团核心群体的细致分析，主要得到两点认识。其一，虽然刘秀集团核心群体中豪族出身者占据优势，但是豪族成员并不一定与其宗族保持一致，受交通条件制约、乡梓情结影响，刘秀集团成立之初，集团核心群体中的豪

---

① 仇鹿鸣：《魏晋易代之际的石苞——兼论政治集团分析范式的有效性》，《史林》2012 年第 3 期，第 51 页。

族成员大都是单身加入。其二，两汉之际，豪族尚处发展阶段，实力相对弱小，不仅其武力在刘秀集团内重要性不高，而且亦无力单独支撑刘秀集团掌控地方。

东汉初期刘秀的统治措施，尤其是度田事件中刘秀整合集团的努力，反映了皇帝是刘秀的首要政治身分。刘秀集团及东汉政权初期虽带有一定豪族色彩，但其底色仍是以刘秀为核心的皇权体系。东汉初期毫无疑问是皇权社会，对于这一时期豪族的认识应以此为前提。

在皇权强势的东汉初期，豪族只是东汉王朝众多支持势力中较为突出的一支。相较于政治层面，两汉之际豪族给予刘秀的实际支持可能更加侧重经济方面，刘秀坚持抑压豪族也主要出于经济方面的考虑。豪族与刘秀的经济矛盾，在东汉统一战争以及东汉初年社会经济亟须恢复的历史背景下，无疑被进一步放大。统一战争的胜利需要源源不断的战争物资，社会经济生产秩序的快速恢复则以人口和土地为重要基础。豪族本身就是两汉之际大土地所有者的主体，这一时期动荡的社会环境更使豪族的营堡、屯聚、坞壁等据点成为人口、物资的集聚地。限制豪族是王朝在争夺社会经济资源时所必然采取的手段。

从长时段来看，东汉一代，豪族的政治权力无疑经历了一个发展上升的过程，豪族在东汉政治中愈发强势。作为当时社会上最具活力和潜力的阶层，处于上升期的豪族，其政治、经济、文化实力不断积累，很大程度上，东汉豪族在政治上的兴起是一种历史必然。从西汉中后期开始，豪族普遍恢复和成长为大土地所有者，不断巩固在经济上的优势。这就使东汉时代豪族的发展途径更加政治化，豪族如要谋求家族的进一步发展，更需要在政治上有所作为。客观具备的文化优势，使豪族精英成为官员的主体，一定程度上主导了东汉官僚系统的运行。虽然前辈学者对刘秀集团、东汉初期政权豪族性的认识存在一定疏失，但他们仍准确把握了东汉初期统治集团主要成员出身豪族的特质。东汉豪族政治开启的契机即在于此，伴随着东汉建政，部分豪族成员在东汉政权中占据重要位置并跻身东汉政治中枢，东汉豪族政治由此产生。

〔作者吴孟灏，南京审计大学审计文化与教育研究院讲师。南京　211815〕

（责任编辑：高智敏　张　璇）

宋代"狱空"的时空分布、惯例因革与司法实践[*]

陈 玺

摘 要：宋代开封府、大理寺、临安府、诸路提刑司和府、州、军、县等，均出现过狱空事迹。宋代重视对同类政务进行理论总结，在事例、先例、惯例与制度之间形成顺畅的进阶切换机制，逐步形成一系列适用于狱空领域的通例性规则，可称为"狱空故事"。狱空故事主要包括宣付史馆、降诏奖谕、加秩赐服、臣僚表贺、撰述跋文、起建道场等。狱空故事的形成、厘革与运行，成为证明宋代惯例性规则嬗变与运行的重要例证。

关键词：宋代 司法 狱空 司法惯例

狱空，是指在中国古代社会特定时间、特定行政辖区内所有监所均无系囚的特殊司法现象。关于宋代狱空问题，学界已取得较丰硕研究成果，如郑寿彭对宋代监狱的管理原则、给养、通讯、失囚、狱空等问题进行了开拓性研究；季怀银将宋代"留狱"清理分为无狱机关"断绝之制"和有狱机关"狱空之制"；张凤仙对于宋代狱空内涵、成因、后果进行了分析；石川重雄对宋代狱空政策变迁、国家祭祀等问题进行了系统研究；陈亚敏对宋代狱空管理及狱空频发原因进行了讨论，特别注意到录囚、恩宥与狱空之间关系；王忠灿对宋代制造狱空的目的、

---

* 本文系国家社科基金西部项目"宋代诉讼惯例研究"（16XFX002）和陕西省"三秦学者"创新团队支持计划"西北政法大学基层社会法律治理研究团队"阶段性成果。

手段、特征等进行了探究。①

然而现有研究成果仍存在一些不足。首先，对于宋代狱空缺少整体观察，特别是对反映狱空真实图景的州县两级狱空现象探讨不充分；其次，两宋存在大量宣付史馆、降诏奖谕、加秩赐服、臣僚表贺、撰述跋文、起建道场等所谓"狱空故事"，上述惯例规则承载了两宋社会诸多一以贯之的政务体例、司法理念和社会风尚，是考察宋代"祖宗家法"的重要参照，先行研究对此多有忽略；再次，宋代长期存在"不奏狱空"与"妄奏狱空"两种互相矛盾现象，如何理解狱空政务属性和评价机制，更是剖析司法行政事务中绩效规则和奖惩标准焦点所在，现有研究对此触及不多。

基于上述原因，本文以宋代官署为基本分类依据，从人物和事迹两方面，系统考察宋代狱空基本情况，重点讨论断绝公事、奏报表贺、降诏奖谕、起建道场等本朝"狱空故事"，特别关注不奏狱空和妄奏狱空两类对立现象，以期客观认识宋代狱空事迹，为考察狱空程序诸环节的具体实施构筑时间轴线与空间图景。

一、宋代诸司狱空的分布格局

在宋代不同阶段，开封府、大理寺、临安府、诸路提刑司和府、州、军、县等都曾出现大量狱空事迹。

（一）开封府

作为北宋都城所在，开封府四方辐辏、狱事繁剧，历来号称难治，"诚以京

---

① 代表性研究成果有：郑寿彭：《宋代开封府研究》，台北："国立"编译馆中华丛书编审委员会，1980年，第732—759页；季怀银：《宋代清理"留狱"活动述论》，《中州学刊》1990年第3期；张凤仙：《试析宋代的"狱空"》，《河北大学学报》1993年第3期；石川重雄：《宋代的狱空政策》，田由甲译，戴建国主编：《唐宋法律史论集》，上海：上海辞书出版社，2007年，第196—209页；陈亚敏：《宋朝狱空现象研究》，硕士学位论文，郑州大学法学院，2012年；成鸿静：《宋代狱空制度研究》，硕士学位论文，上海师范大学人文与传播学院，2013年；王忠灿：《"狱"、"狱空"和中国古代司法传统》，北京：中国政法大学出版社，2013年；王忠灿：《从制造"狱空"看宋代官僚司法的特征》，《许昌学院学报》2018年第11期；严兴：《宋代狱空奖谕制度变化探析》，《西夏研究》2022年第2期。

府浩攘，能无一夫之系，难矣！"① 与此同时，由于开封府狱政状况是观测宋廷各项司法指标的典型样本，且其狱空事迹贯穿北宋不同时期，故而受到《宋史》《宋会要辑稿》《续资治通鉴长编》及宋人文集等文献高度关注。早在太祖开宝年间，已出现开封府3年连奏4次狱空的记录。开宝七年（974）冬十月，"开封府言京城诸官司狱皆空，无系囚"；开宝八年五月己亥，"开封府言京城诸官司狱空，无系囚"；同年七月丙子，"开封府又言京城诸官司狱皆空，无系囚"；开宝九年九月乙丑，"开封府言京城诸官司狱皆空，无系囚"。此后，真宗、神宗、哲宗、徽宗四朝，成为开封府狱空频报的重要历史阶段。天禧四年（1020）十月戊戌，"开封府狱空，诏奖吕夷简等"。天禧五年九月丙申，"权知开封府吕夷简言狱空，诏奖之"。②

值得注意的是，宋代非常重视对同类政务进行理论总结，在事例、先例、惯例与制度之间形成顺畅的进阶机制。如元丰六年（1083）六月二十五日，龙图阁直学士、朝奉郎、权知开封府王存言三院狱空，"诏开封府官吏并依元丰五年推恩"。重和元年（1118）十二月五日诏："开封府狱空，已降指挥等第推恩，并依政和六年九月例施行。"③ 以元丰五年为代表的狱空奖励标准，对后来同类事件的处置产生先例参照效力，成为狱空奖谕酬赏惯例形成与运作的事实依据。

耐人寻味的是，长达40余年的仁宗一朝，奏报狱空事迹却甚为稀见，不过并非无迹可寻。晏几道《鹧鸪天》有云："碧藕花开水殿凉，万年枝外转红阳。升平歌管随天仗，祥瑞封章满御床。金掌露，玉炉香。岁华方共圣恩长。皇州又奏圜扉静，十样宫眉捧寿觞。"④ 宋人黄昇曾言该词创作原委："庆历中，开封府

---

① 郑寿彭：《宋代开封府研究》，第759页。
② 《续资治通鉴长编》卷15，太祖开宝七年十月，上海师范大学古籍整理研究所、华东师范大学古籍研究所点校，北京：中华书局，1995年，第324页；卷16，太祖开宝八年五月己亥，第340、342页；卷17，太祖开宝九年九月乙丑，第375页；卷96，真宗天禧四年十月戊戌，第2220页；卷97，真宗天禧五年九月丙申，第2255页。
③ 《宋会要辑稿·刑法四》，刘琳等校点，上海：上海古籍出版社，2014年，第8493、8496页。
④ 张草纫笺注：《二晏词笺注》，上海：上海古籍出版社，2008年，第335页。

与棘寺，同日奏狱空，仁宗于宫中宴集，宣晏叔原作此，大称上意。"① 不过宋代大理寺狱置于元丰元年十二月，"上以国初废大理狱非是，又开封囚猥多，乃命复置"。② 黄昇所言庆历年间棘寺狱空纪事，或应为大理寺结绝狱事，但其所记开封府奏报狱空事迹当可信从。

季怀银指出："中国封建统治者把能否做到'案无留事'，看作是政治清浊的重要标志。"③ 宋代诗词中保存大量宋代诸司狱空事迹，譬如杨亿《京府狱空降诏因寄大尹学士》："终日讼庭无一事，早调伊鼎佐汤盘。"④ 祖无择《至齐五月两院狱空喜而成咏》："厌预铃斋议，欣闻狱犴空。"⑤ 王十朋《刑清》："昔日循良吏，狱空无怨声。"⑥ 诗词等文学作品，在相当程度映射了宋代士大夫阶层的诉讼观念和精神世界。宋代围绕此类主题创作的诗词作品，反映了狱空在宋代各级政务活动，尤其是司法事务中的标志性意义。⑦

开封府反复出现狱空事迹，与历任主管官员之勤勉履职直接关联，多位府尹亦因任内狱空得以青史留名。至道元年（995）八月，真宗以皇太子判开封府事，"京狱屡空，太宗屡诏嘉美"。⑧ 天圣末年，程琳知开封府，"久而治益精明，盗讼稀少，狱屡空，诏书数下褒美"。⑨ 崇宁中，显谟阁待制王襄权知开封府，"府事浩穰，讼者株蔓千余人，缧系满狱。襄昼夜决遣，四旬俱尽；又阅月，狱再

① 黄昇辑：《花庵词选》卷 3《宋词》"晏叔原"，王雪玲、周晓薇校点，沈阳：辽宁教育出版社，1997 年，第 56 页。
② 陈均：《皇朝编年纲目备要》卷 20，神宗皇帝元丰元年，徐沛藻等点校，北京：中华书局，2006 年，第 490 页。
③ 季怀银：《宋代清理"留狱"活动述论》，《中州学刊》1990 年第 3 期，第 111 页。
④ 杨亿：《武夷新集》卷 4《诗》，四川大学古籍研究所编：《宋集珍本丛刊》，北京：线装书局，2004 年，第 2 册，第 227 页上。
⑤ 祖无择：《洛阳九老祖龙学文集》卷 3，四川大学古籍研究所编：《宋集珍本丛刊》第 7 册，第 679 页上。
⑥ 王十朋撰：《宋王忠文公文集》卷 41，四川大学古籍研究所编：《宋集珍本丛刊》第 44 册，第 309 页上。
⑦ 何永军：《〈全宋词〉所见宋代诉讼及司法》，《宁夏社会科学》2006 年第 2 期，第 145—149 页。
⑧ 《宋史》卷 6《真宗纪一》，北京：中华书局，1977 年，第 104 页。
⑨ 欧阳修：《镇安军节度使同中书门下平章事赠太师中书令程公神道碑铭并序》，《欧阳修全集》卷 23《居士外集》，李逸安点校，北京：中华书局，2001 年，第 362 页。

空"。同时，开封府狱空更与直接承办案件推官、判官的勤勉尽职密不可分。咸平二年（999），卢琰选为开封府判官，"会狱空，有诏奖之"。① 元丰中，祖无颇权开封府推官，"三院狱空，开封尹王存上表称贺，赐公奖谕银、绢"。② 哲宗时，邵虦入为开封府推官，管当使院公事，"以三院狱空，赐五品服，迁都官郎中"。③ 府尹、推官、判官等人在所辖任内的不懈努力，使京畿重地得以屡现狱空治迹。

（二）大理寺

伴随元丰官制改革，大理寺逐步成为宋代狱空奏报的重要机关之一，寺官因狱空获得著史、奖谕、赏赐、迁转等具体奖励，与开封府并无二致。元丰五年九月辛卯，"大理卿杨汲等言狱空，诏付史馆"。④ 元丰八年四月四日，"大理卿王孝先等言狱空，诏付秘书省，仍令学士院降诏奖谕"。⑤

朝廷一般会援引先例作为官吏迁转标准。大观二年（1108）狱空迁转中，曾两次提及崇宁五年（1106）六月三日推恩先例。大观二年正月二十四日，大理寺言："'见禁公事，并已勘断了当，即日狱空。'诏依崇宁五年六月三日例推恩，马防、崔直躬特与转行。"大观二年五月二十四日，"中书省勘会大理寺今年四月二十七日狱空，诏（依）崇宁五年六月三日例推恩，朝请大夫大理卿曹调、朝议大夫大理少卿任良弼，各与转行一官"。

政和六年（1116）二月二十七日大理寺官吏迁转，则援引崇宁四年十月八日指挥施行。据大理卿李百宗奏："'伏睹本寺本月二十一日两推狱空，已具表称贺奏闻。'诏：'大理卿李百宗、少卿李传正及正、丞各特转行一官，捉事使臣各支赐绢五匹，杖直节级、长行、通引官、捉事人、专知官各支赐绢三匹，表奏司各

① 《宋史》卷352《王襄传》，第11126页；卷307《卢琰传》，第10126页。
② 祖无择：《朝奉大夫提点福建路刑狱公事兼本路观农使提举河渠公事柱国赐紫金鱼袋祖无颇赠宣奉大夫》，《洛阳九老祖龙学文集》卷16，四川大学古籍研究所编：《宋集珍本丛刊》第7册，第734页上。
③ 《京口耆旧传》卷3"邵饰"，《丛书集成新编》，台北：新文丰出版公司，1985年，第101册，第379页。
④ 《续资治通鉴长编》卷329，神宗元丰五年九月辛卯，第7929页。
⑤ 《宋会要辑稿·刑法四》，第8493页。

支赐绢二匹。余并依崇宁四年十月八日指挥推恩。'"①

南渡以后，大理寺最初置于钱塘门内。绍兴二十年（1150）诏徙仁和县西。相对而言，南宋大理寺奏报狱空事例虽明显减少，却长期延续奏报狱空的政务运作惯例。《建炎以来系年要录》记载：

> 绍兴六年六月庚子，大理少卿张汇等言狱空，诏嘉奖，仍免表贺。（十三年六月戊申、二十二年五月乙未、二十六年四月戊午、二十九年正月丙辰、三十年四月丙寅、三十一年五月庚辰，并同此。）②

上文全面记载了绍兴年间大理狱空的基本情况，且上述七次大理寺狱空事迹，均可在相关史料中寻得踪迹，据《宋会要辑稿·刑法四》：

> 高宗绍兴六年六月四日，大理寺奏："左右推见禁公事勘断尽绝，即目狱空，省纪（当作记——引者注）得在京日本寺官上表称贺。"诏免上表，令学士院降诏奖谕。（十三年六月二十三日大理少卿朱斐等、二十二年五月一日大理卿许大英等、二十六年四月十九日大理少卿章焘等、二十九年正月一日大理少卿金安节等，及三十年四月十八日、三十一年五月八日大理寺并奏狱空，各诏免上表称贺，令学士院降诏奖谕。）③

绍兴六年六月丁酉朔、绍兴十三年六月丙戌朔、绍兴二十二年五月乙未朔、绍兴二十九年正月丙辰朔、绍兴三十年四月己酉朔、绍兴三十一年五月丁酉朔，狱空具体日期皆与《建炎以来系年要录》相合。

不过绍兴二十六年四月壬申朔，庚寅为十九日，并无戊午日。又据《建炎以来系年要录》，绍兴二十六年四月庚寅，"大理寺言狱空。诏免上表贺，仍赐少卿

---

① 《宋会要辑稿·职官二四》，第 3662 页；《宋会要辑稿·刑法四》，第 8494—8495 页。
② 《建炎以来系年要录》卷 102，绍兴六年六月庚子，上海：上海古籍出版社，2018 年，第 1719 页。
③ 《宋会要辑稿·刑法四》，第 8497 页。

章焘等诏书奖谕"。① 经前后对校可知,《建炎以来系年要录》所言绍兴二十六年四月戊午狱空记时有误,当以庚寅为是。南宋大理寺奏报狱空事迹,在孝、光、宁等朝得以长期延续。孝宗淳熙十三年(1186)十二月戊戌、淳熙十四年十二月庚午,光宗绍熙五年(1194)正月丙子,② 大理寺均曾奏报狱空。

需要注意的是,上述事迹并非南宋大理寺狱空全部数据。例如《咸淳临安志》所保留南宋大理寺狱空奖谕诏书19道(高宗6道、③ 孝宗10道、④ 光宗1道、⑤ 宁宗2道⑥),其中颇有溢出《宋史》《建炎以来系年要录》《宋会要辑稿》等文献著录者。兹以绍兴三十年四月丙寅大理寺狱空为例,参考《咸淳临安志》所录奖谕诏敕,可明南宋奖谕大理狱空之梗概:

> 古者画衣冠、异章服而民不犯,中世以还,周云成康,汉言文景,刑措不用,朕甚慕之。夫胜残去杀者,善人之为邦;明慎用刑,不留狱者,旅之正吉也。卿等司吾详刑,各修乃职,靡淹恤稽留之咎,守要囚服念之程,谨三尺之章,致无一人之狱,顾视古昔,亦庶几矣。刻章来上,良用叹嘉。⑦

又如孝宗淳熙改元奖谕大理寺狱空事迹,还可在《龙图阁待制知建宁府周公墓志铭》中获得印证。据墓志记载,周自强于乾道九年召为大理卿,"淳熙改元,狱

---

① 《建炎以来系年要录》卷172,绍兴二十六年四月庚寅,第3004页。

② 《宋史》卷35《孝宗纪三》,第686、688页;卷36《光宗纪》,第708页。

③ 分别为绍兴六年六月己亥、绍兴十三年六月丙午、绍兴二十二年四月辛卯、绍兴二十六年四月己丑、绍兴二十八年十二月癸丑、绍兴三十年四月丙寅。

④ 分别为隆兴元年(1163)十二月、乾道四年(1168)七月、乾道五年六月乙丑、乾道八年九月丁丑、淳熙元年四月癸亥、淳熙二年六月辛未、淳熙二年十二月、淳熙四年正月、淳熙五年闰六月、淳熙十三年十二月。

⑤ 《咸淳临安志》记作"淳熙十六年闰五月时未改元"。据《宋史·光宗纪》,咸淳十六年闰五月"壬午,大理狱空……十一月庚午,诏改明年为绍熙元年"(《宋史》卷36《光宗纪》,第696、697页)。可知《咸淳临安志》所记当为淳熙十六年闰五月壬午大理寺狱空事。

⑥ 分别为开禧元年(1205)二月、嘉定八年(1215)四月。

⑦ 潜说友:《咸淳临安志》卷6《行在所录·诸寺·大理寺》,王志邦等标点,王国平总主编:《杭州文献集成》,杭州:浙江古籍出版社,2017年,第41册,第81页。

空，被诏奖"。① 对于此次狱空事迹，《咸淳临安志》奖谕诏敕亦有详细著录，此处不赘。而宁宗嘉定八年四月大理寺狱空奖谕诏敕，则是《咸淳临安志》中关于南宋大理寺狱空事迹的最后记录：

> 朕观至治之世，时和岁丰，而礼逊之俗兴，家给人足，而争夺之风息。是以刑措不式，囹圄屡空，朕甚慕之。比岁旱蝗，近延郊甸，每虑饥寒之民，冒法抵罪，丽于廷尉者众也。而期月以来，狱无烦系，实惟汝等明刑弼教，风动四方，以称朕期于无刑之意。省览来奏，嘉叹不忘。②

（三）临安府

建炎南渡，宋廷驻跸临安，临安府遂取代开封，成为京城狱空事务的奏报机关。如临安府曾在绍兴十三年两次奏报狱空：正月十五日，"临安府奏左右司理、府院禁勘公事并已结断了当，即目狱空。诏令学士院降诏奖谕"。五月二十八日，"临安府奏左右司理、府院并管下钱塘等九县，内外一十二处，并皆狱空"，③ 朝廷降诏奖谕"守臣敷文阁待制王晚。晚，珪孙也"。④ 此后，孝宗、光宗、宁宗、理宗等朝，屡见临安府狱空奏报。如理宗嘉熙三年（1239），赵与懽"授端明殿学士、知临安府、浙西安抚使。江堤竣事，狱空，力丐罢"。⑤ 嘉熙四年二月癸丑，"临安府守臣言狱空。诏奖之"。⑥ 景定四年（1263）十二月丙子，"临安府帅臣吴革奏狱空。诏奖之"。⑦

---

① 韩元吉：《龙图阁待制知建宁府周公墓志铭》，《南涧甲乙稿》卷 22，刘云军点校，北京：中国社会科学出版社，2022 年，第 411 页。
② 潜说友：《咸淳临安志》卷 6《行在所录·诸寺·大理寺》，王国平总主编：《杭州文献集成》第 41 册，第 83 页。
③ 《宋会要辑稿·刑法四》，第 8497 页。
④ 熊克：《中兴小纪》卷 31，绍兴十三年五月甲申，顾吉辰、郭群一点校，福州：福建人民出版社，1984 年，第 371 页。
⑤ 《宋史》卷 413《赵与懽传》，第 12405 页。
⑥ 《宋史全文》卷 33《宋理宗三》，嘉熙四年二月癸丑，汪圣铎点校，北京：中华书局，2016 年，第 2738 页。
⑦ 《宋史全文》卷 36《宋理宗六》，景定四年十二月丙子，第 2921—2922 页。

南宋方志中保留了多宗临安府狱空奖谕敕文和守臣跋语，为准确认识狱空事迹提供了重要依据。孝宗乾道四年八月十九日（戊申），"权发遣临安府周淙言本府狱空，降诏奖谕，推级等本府量行犒设"。①《咸淳临安志》详细记载了此次狱空奏报、降诏奖谕及守臣题跋的运行轨迹：

> 《奖谕狱空》（乾道四年九月）：畿方千里，是为众大之居；俗具五民，盖有奇邪之习。趋利者率多于巧伪，忘身者公肆于夺攘，自昔有闻，于今未泯。卿中和乐职，不事刑威，方略禁奸，尤知政要。桁杨罕用，狴犴一空。载览敷陈，不忘嘉叹。（守臣周淙谨记，记曰：皇帝宅位之六载，秋八月戊申，临安府守臣淙，以狱空闻。辛亥，赐玺书奖谕。）②

依据以上信息可知，临安府周淙于乾道四年八月十九日（戊申）奏报狱空，二十二日（辛亥）朝廷降诏褒奖，周淙跋语及刊石等则在当年九月。与此类似，乾道七年十二月二十五日，"皇太子、领临安尹惇言本府直司三院狱空，上表称贺，令学士院降诏奖谕，推级等本府量行犒设"。③

又据《宋会要辑稿》，宁宗嘉泰二年（1202）正月十五日，"司农少卿、兼知临安府丁常任言本府狱空，诏令学士院降诏奖谕"。嘉泰四年七月七日，"试太府卿、兼知临安府王辅之言本府狱空"。开禧二年二月十二日，"直宝谟阁、权发遣临安军府事赵善防言本府狱空，诏令学士院降诏奖谕"。嘉定十一年正月十六日，"直徽猷阁、兼知临安府程覃言本府狱空，诏令学士院降诏奖谕"。嘉定十六年六月六日，"太府卿、兼权户部侍郎、兼知临安府袁韶言本府狱空，诏令学士院降诏奖谕"。④

《宋会要辑稿》所录敕文均与《咸淳临安志》相合，然而，《咸淳临安志》保留之胡与可、张构恭、韩彦质、袁说友、朱晞颜、丁常任、王补之、赵善防、

---

① 《宋会要辑稿·刑法四》，第 8497 页。
② 潜说友：《咸淳临安志》卷 40《诏令一·国朝·孝宗皇帝》，王国平总主编：《杭州文献集成》第 41 册，第 400 页。
③ 《宋会要辑稿·刑法四》，第 8498 页。
④ 《宋会要辑稿·刑法四》，第 8498—8500 页。

程覃、袁韶、赵与篡、颜颐中、赵与懂、赵与訔等守臣跋文，皆为《宋会要辑稿》所不及。同时，亦有部分守臣跋语所言狱空事迹，不见于其他史籍。

如淳熙元年十二月，"守臣胡与可谨记曰：淳熙元年十二月戊午，临安府三院狱空，敬援旧章以闻。越翼日，蒙赐玺书奖谕"。庆元五年（1199）十一月，"守臣朱晞颜恭跋曰：皇帝即祚之五年秋八月，臣以驽材叨贰冬卿。明年夏六月，蒙上推择，使待罪辇毂之下。十有一月，囹圄适空，参考故实，以甲辰闻奏。丙午，有诏赐臣晞颜"。①

此外，又有理宗绍定元年（1228）四月守臣袁韶跋，淳祐元年（1241）十月、淳祐十一年正月守臣赵与篡跋，咸淳五年（1269）正月、咸淳六年正月、咸淳七年正月守臣潜说友跋等所记狱空事迹不见于他书，从而凭借临安一隅之丰富史实，为还原南宋狱空原貌提供了参照。

（四）提刑司

提点刑狱司本为转运属官，景德四年（1007）始自转运司析出，别为一司。② 宋代诸路提点刑狱司负有向中央奏报所属府、州、军、县狱空事迹之职责。如大中祥符七年（1014）十月己卯，河北提点刑狱司言"博州狱空百三十九日。宰相言天下奏狱空者无虚月，唯此奏日数稍多，上特令降诏奖之"。天禧五年六月辛亥，京西提点刑狱司言"河南府狱空，诏奖判府事王钦若"。③

大观三年二月十四日，前淮南东路提点刑狱公事吴慈奏，"前任本路管下州县申到自大观元年至二年六月终狱空月日、次数。又陕州奏大观元年二月州院、司理院、平陆等县狱空月日"，诏淮东提刑、陕州、平陆县及海州官吏赏赐有差。政和元年十二月十一日，朝散大夫、知解州上官行奏请著录京东西路提刑任内所辖狱空事迹，"'京东旧系重法地分，素号狱讼烦冗。昨来全路狱空，与一州一县

---

① 潜说友：《咸淳临安志》卷 40《诏令一·国朝·孝宗皇帝》、卷 41《诏令二·国朝·宁宗皇帝》，王国平总主编：《杭州文献集成》第 41 册，第 401、403 页。

② 林瑞翰：《宋代政治史》，台北：正中书局，1989 年，第 442 页。

③ 《续资治通鉴长编》卷 83，真宗大中祥符七年十月己卯，第 1900 页；卷 97，真宗天禧五年六月辛亥，第 2248 页。

狱空事体不同……伏望特降睿旨，付之信史。'从之"。①

政和年间，为全面及时知悉地方狱空事迹，刑部曾多次奏请由提刑司逐月统计、奏报所辖州县狱空情形，以便朝廷逐月掌控州县狱空状况：

（政和）二年五月十八日，刑部奏："知密州曹量奏：'窃见诸路州县凡有狱空，自来未尝奏闻，欲乞今后令逐路提刑司据州县申到狱空去处，每月类聚奏闻，庶使无留刑禁，罪辜获免淹系。'"刑部欲依本官奏乞事理行下。从之。

（政和）四年十一月二日，刑部奏："淮南东路提点刑狱司申，据高邮知县状，具到狱空次数。本部看详，州县狱空，理当立法，令中提刑司类聚，月终奏闻。"诏依。今据修下条：诸州县狱空并申提点刑狱司类聚，月终以闻。②

诸路提刑司还肩负管理地方治安、司法、狱政之责，是制造诸路狱空的主导力量。

部分良吏理政有方，辖区内狱空频现。徽宗时，任谅提点京东刑狱，"梁山泊众流所汇，渔其中者，旧无名籍，肆为奸偷，不可搜剔。谅伍其家，刻其舟。非有籍不得辄入，属县地犬牙其间者，镵石为表，盗发不得抵谰，违地界，故徼捕尤力，盗不得起，郡邑屡以狱空告"。③ 据《夔州路提点刑狱张君墓志铭》，张栻高宗时任夔州提点刑狱公事，"于狱事尤切切，首下教禁戢四事：拷掠无得过数，系治无事踰律，讯问必躬临，疾病必以实合。一路之狱，凡六十有五，禁囚百三十事，令下才阅月，以狱空闻者三十八所"。④

由于京城诸狱时常奏报狱空，促使朝廷开始更多关注地方狱政，提刑司则成

① 《宋会要辑稿·刑法四》，第8494—8495页。
② 《宋会要辑稿·刑法四》，第8495页。
③ 张镃：《皇朝仕学规范》卷17《莅官》，《北京图书馆古籍珍本丛刊》，北京：书目文献出版社，1988年，第68册，第608页下。
④ 张栻：《夔州路提点刑狱张君墓志铭》，《新刊南轩先生文集》卷39，四川大学古籍研究所编：《宋集珍本丛刊》第60册，第225页上。

为贯彻中央政令的关键所在。据大观元年八月七日《监司分诣所部决狱御笔》："可令监司分诣所部，虑囚决狱。其或淹延不治，留禁无辜，即劾按以闻。庶几图圄之空，偏及天下。"①

南渡以后，朝廷格外重视提刑司监察、统计、奏报狱空的职能。绍兴三十一年五月甲申，大理寺狱空。高宗与宰执问对之际，透露出对地方所司人选的高度关切，"惟是诸路宪臣或不得人，则吏强官弱，民无所措，卿等宜思革此弊"。②实践中，提刑司汇集申报所辖州县狱空事迹不在少数，隆兴二年五月，"荆湖北路提点刑狱公事富元衡言本路狱空"。同年十月，"福建路提点刑狱公事任尽言本路狱空"。③ 宁宗嘉泰初，"诏诸宪台，岁终检举州军有狱空并禁人少者，申省取旨"。④

（五）府、州、军

与宋代地方行政层级相对应，府、州、军等亦是奏报狱空的重要机构。淳化二年（991），吴元载知成都府事，"从晨至暮，案牍盈箱，公躬览悉周，全亡倦色，讵容势援，是枉皆原，因得图圄时空，居人安堵"。⑤ 冯拯知河南府时，曾出现连年狱空、鸠巢其户的景象。据《续资治通鉴长编》，大中祥符六年二月甲戌，"诏奖知河南府冯拯等，狱空故也"。⑥ 大中祥符七年四月癸亥，"河南府狱空，有鸠巢其户，生二雏"。⑦

与此时"鸠巢其户"类似的瑞兆事例，曾发生于唐开元年间。玄宗开元二十五年（737）七月己卯，大理少卿徐峤奏："'大理狱院，由来相传杀气太盛，鸟雀不栖。今有鹊巢其树。'于是百官以几致刑措，上表称贺。"⑧ 显然，此次狱空

---

① 《宋大诏令集》卷 202《政事五十五·刑法下·监司分诣所部决狱御笔》，北京：中华书局，1962 年，第 751 页。
② 《建炎以来系年要录》卷 190，绍兴三十一年五月甲申，第 3387 页。
③ 《宋会要辑稿·刑法四》，第 8497 页。
④ 《宋史》卷 200《刑法志二》，第 4995 页。
⑤ 郭茂育、刘继保编著：《宋代墓志辑释》，郑州：中州古籍出版社，2016 年，第 101 页。
⑥ 《续资治通鉴长编》卷 80，真宗大中祥符六年二月甲戌，第 1818 页。
⑦ 《宋史》卷 8《真宗纪三》，第 156 页。
⑧ 《资治通鉴》卷 214，玄宗二十五年七月己卯，北京：中华书局，1956 年，第 6830 页。

强烈表达了宋人对于"几致刑措"盛世景象的希冀与想象。据《宋史·杨绘传》，杨绘知兴元府，"在郡狱无系囚"。① 《天章阁待制杨公墓志铭》则说杨绘"奏课第一，徙知兴元府。未期年，狱空者二百八十余日"。② 其事迹可以视作宋代知府留心狱事之典型。

与京城相类，诸州、军奏报狱空事例亦不胜枚举。景德二年正月戊午，右正言、直史馆张知白言"江南诸州，惟袁州有盗二人未获，余郡皆狱空"，③ 几近天下无狱。大中祥符元年七月，"兖州狱空，司理参军郭保让扫除其间，得芝四本"。④ 此事记入《宋史·五行志》，与大量芝草瑞异并列。由于狱中生芝者仅此一例，郭保让亦赖此留名。

大中祥符五年十二月己卯，"知天雄军寇准言狱空，诏奖之"。天禧四年七月戊辰，"判杭州王钦若酒榷增羡，狱空，诏奖之"。⑤ 石辂知虔州，"治不烦而威甚行，三狱为空"。⑥ 宣和五年（1123）十一月二十六日，河阳元绍直言："'本州两狱并无见禁公事，各是狱空。'奉诏特许支破系省钱，赐宴犒设官吏。"⑦

南宋州、军奏报狱空事迹大量涌现，尤以孝宗朝为甚。如隆兴元年五月，"知盱眙军周琮言本军狱空"。隆兴二年五月，"知荆门军胡俦言本军狱空"。乾道五年二月二十二日，"知扬州莫濛言本州狱空"。同年六月四日，"知庐州郭振言本州狱空"。乾道八年正月，"知荆门军胡俦言本军狱空"，次年二月六日，胡俦再奏本军狱空。而知赣州洪迈则在乾道八年二月、十一月及乾道九年二月七日，先后三次奏报本州狱空。⑧

---

① 《宋史》卷322《杨绘传》，第10448页。

② 范祖禹：《天章阁待制杨公墓志铭》，《太史范公文集》卷39，北京大学《儒藏》编纂与研究中心编：《儒藏》（精华编），贾二强等校点，北京：北京大学出版社，2014年，第219册，第530页。

③ 《续资治通鉴长编》卷59，真宗景德二年正月戊午，第1311页。

④ 《宋史》卷63《五行志二上》，第1389页。

⑤ 《续资治通鉴长编》卷79，真宗大中祥符五年十二月己卯，第1809页；卷96，真宗天禧四年七月戊辰，第2207页。

⑥ 国家图书馆善本金石组编：《宋代石刻文献全编》，北京：北京图书馆出版社，2003年，第2册，第635页上。

⑦ 《宋会要辑稿·刑法四》，第8497页。

⑧ 《宋会要辑稿·刑法四》，第8497—8498页。

事实上，大量存在或反复申奏的狱空事迹，难免造成狱空现象十分常见的错觉。具体至地方州府，真实存在的狱空实属罕见。据文天祥《吉州右院狱空记》记载，吉州右司理院曾于理宗开庆元年（1259）五月、九月及次年五月三次奏报狱空，而这三次狱空，均被认为与吉州司理严陵洪松龙存在联系，"君书三考，候代者未至，岁月有奇，狱空之事，其二在考内，其一在候代时"。同时，据当地长老传说，"自南渡百余年，惟乾道庚寅，嘉定甲申狱尝空"。①

由此，可以对南宋吉州狱空的时间轴线作如下梳理：乾道六年（庚寅）、嘉定十七年（甲申）、开庆元年和开庆二年。在 133 年间，仅有 6 次狱空而已。一方面，宋代"实际狱空"似乎难于形成；另一方面，又见诸司频繁"妄奏狱空"，对此两种始终并存司法现象之评判，应保持必要的审慎与警觉。

众多宋代官员履职州军，在传记、行状、墓志、神道碑等资料中，保留了大量与狱空有关的记载，为探明宋代州军司法实况提供了重要佐证。真宗时，张禹珪知澶州，"颇勤政治，以瑞麦生、狱空，连诏嘉奖"。② 李仲芳知汉阳军三年，"汉阳之狱空者二岁"。③ 大中祥符七年，薛颜知杭州，"民讼益稀少，数以狱空闻上"。④

宋代州官理政一方，宽严急缓各不相同。如晁宗恪、赵抃任职虔州之际，分别采取"勤政"与"自治"两种截然不同的治理路径，各自辖内却均出现狱空景象。据《光禄少卿晁（宗恪）公墓志铭》，晁宗恪"为虔州，州近盐，多盗与讼，公至，修弛废，督奸强，威信盛行，盗不敢发，而狱无系囚"。⑤ 赵抃知虔州，"虔素难治，抃御之严而不苛，召戒诸县令，使人自为治。令皆喜，争尽力，狱以屡空"。⑥

① 文天祥：《吉州右院狱空记》，《文山先生全集》卷 12，四川大学古籍研究所编：《宋集珍本丛刊》第 88 册，第 665 页。
② 《宋史》卷 261《张铎传》，第 9048 页。
③ 欧阳修：《尚书屯田员外郎李君墓表》，《欧阳修全集》卷 24《居士外集》，第 372 页。
④ 刘攽：《宋故中大夫守光禄卿分司西京上柱国河东郡开国侯食邑一千三百户赐紫金鱼袋薛公神道碑》，《彭城集》卷 36，逯铭昕点校，济南：齐鲁书社，2018 年，第 945 页。
⑤ 曾巩：《光禄少卿晁公墓志铭》，《曾巩集》卷 46，陈杏珍、晁继周点校，北京：中华书局，1984 年，第 630 页。
⑥ 《宋史》卷 316《赵抃传》，第 10322—10323 页。

与晁宗恪治虔相似，赣州纠曹赵必健也通过加速处置积案，"平反剖决狱，数月狱空，州人谓旷百年未见"。王必成为南剑理掾，"俗狠刑繁，君至剖谳无滞，再考狱空，州人以为异事"。① 与上述能吏有所不同，神宗朝杨景略治苏和许将治郓则以教化风俗、规劝导引为主。据《龙图阁待制知扬州杨公墓志铭》，杨景略"至苏未数月，狱无系者。议者以为自孙冕在镇日尝狱空，逮今八十年复见杨公矣"。②《宋史·许将传》则载元丰中，许将"又改郓州，上元张灯，吏籍为盗者系狱，将曰：'是绝其自新之路也。'悉纵遣之，自是民无一人犯法，三圄皆空。父老叹曰：'自王沂公后五十六年，始再见狱空耳。'"③

巧合的是，上述两则史料采取了类似的书写方式，遂使苏、郓二州前任长官狱空政绩得以昭示。据《吴郡志》，"孙冕，太中大夫、行书礼部郎中、直史馆"。④《舆地纪胜》则记载，"孙冕，新淦人，擢雍熙第，后守苏州"。⑤ 由此，《杨景略墓志》所言孙冕狱空事，当在仁宗天圣年间。

又据《宋史·王曾传》，景祐二年（1035），王曾"拜右仆射兼门下侍郎、平章事、集贤殿大学士，封沂国公"。⑥《续资治通鉴长编》则载景祐四年四月甲子，"王曾罢为左仆射、资政殿大学士，判郓州"。宝元元年（1038）十一月戊午，"郓州言资政殿大学士、左仆射王曾卒"。⑦ 由此，王曾狱空事迹当在此间。

部分州县长吏若体恤民瘼、嘉惠地方，深受百姓爱戴，乃有乡祠之荣。杨景略"去之日，吴人遮道泣涕。及卒，扬人思之不已，举州为之设浮屠斋，又建祠

① 刘克庄著，辛更儒笺校：《刘克庄集笺校》卷160《英德赵使君》，北京：中华书局，2011年，第6267页；卷148《王翁源》，第5858页。
② 苏颂：《龙图阁待制知扬州杨公墓志铭》，《苏魏公文集》卷56，北京：中华书局，1988年，第851页。
③ 《宋史》卷343《许将传》，第10908—10909页。
④ 范成大纂修，汪泰亨等增订：《吴郡志》卷11《题名·本朝牧守题名》，《宋元方志丛刊》，北京：中华书局，1990年，第770页上。
⑤ 王象之编著：《舆地纪胜》卷34《江南西路·新淦县·人物》，赵一生点校，杭州：浙江古籍出版社，2012年，第1097页。
⑥ 《宋史》卷310《王曾传》，第10185页。
⑦ 《续资治通鉴长编》卷120，仁宗景祐四年四月甲子，第2826页；卷122，仁宗宝元元年十一月戊午，第2886页。

堂于龙兴佛舍，拜泣其下。虽古所谓遗爱，不过是也"。① 程师孟临治五镇，"断正滞讼，辨活疑罪，盖不可胜计。所至之地，囹圄空虚，道不拾遗。既去，民为立祠，刊石颂德"。② 许汾知邓州，"在镇四年，一路狱空者八十县，邻路饥流，诏公赈济，活二万六千九百有奇。去之日，百姓遮道拜泣，比之召父杜母，而立祠于堂"。③ 刘唐工知嘉州，"郡狱屡空，阅三岁，才决一死刑。邦人德之，为立生祠"。④ 何逢原知嘉州，"犴狱屡空，罢行估，不一毫市于民。去之日，阖境交送，携扶填拥，至不得行。有然香于臂以祝者，且曰：'自有汉，嘉无此贤使君。'祠于佛舍，至今奉之"。⑤

南宋名臣王十朋历知饶、湖、夔、泉四州，"事至立断，其甚不得已乃推鞫，亦不淹系，故狱屡空……泉人闻公丧，会哭于开元僧舍，又立祠堂以事之。近世为政得人心，未有如公比者"。⑥ 可见，任内狱空是地方官赢得尊重与追念关键因素之一，也是宋代官吏实施基层社会治理政绩的重要表现。

（六）诸县

县官职级卑微，往往难于跻身史册。在《宋史》《续资治通鉴长编》《宋会要辑稿》《文献通考》等文献中，关于诸县狱空的单独记录难觅其踪，幸赖部分方志存留若干信息，为了解宋代县司狱空提供了线索。县官有狱空等卓行义举者，亦可成为宰治地方之典范。如宝祐《仙溪志》记载，陈次升神宗时知密州安丘县，"时州从事摄政，告以系囚颇众，当斥大狱屋。公曰：'子不教我期于无刑，乃教我广狱耶?'未几，从事到县而狱空，于是叹服"。宝祐重修《琴川志》载冷

---

① 苏颂：《龙图阁待制知扬州杨公墓志铭》，《苏魏公文集》卷 56，第 851 页。
② 龚明之撰，张剑光整理：《中吴纪闻》卷 3 "程光禄"，朱易安、傅璇琮等主编：《全宋笔记》第 3 编，郑州：大象出版社，2008 年，第 7 册，第 213 页。
③ 《新编翰苑新书·前集》卷 45《安抚使》"活饥民二万六千"，《北京图书馆古籍珍本丛刊》第 74 册，第 369 页。
④ 周峰编：《贞珉千秋——散佚辽宋金元墓志辑录》，兰州：甘肃教育出版社，2020 年，第 84 页。
⑤ 王十朋：《何提刑墓志铭》，《宋王忠文公文集》卷 16，四川大学古籍研究所编：《宋集珍本丛刊》第 44 册，第 82 页下。
⑥ 汪应辰：《龙图阁学士王公墓志铭》，《汪文定公集》卷 12，四川大学古籍研究所编：《宋集珍本丛刊》第 46 册，第 117 页下—118 页上。

世修,"调秀州崇德县簿,太守张瑜异之,移摄理掾,狱屡空,知泰州兴化县"。①

更为重要的是,因部分墓志著录个别县官治狱的若干片段,基层狱空实况乃不至湮灭,并勾勒出宋代基层官僚理政一方、勤于狱事的社会图景。如知南京宋城县签书蔡修,"其治宋城,诱复逃民以万数,而狱犴屡空"。②《吴国夫人陈氏墓志铭》载陈氏之父陈向为开封令,"有能名,未满岁,奏圄空者三。神宗以为材,将用之,擢尚书度支员外郎"。③

萧景修墓志载萧景修历任临贺尉、平南令、知符离县等,"为吏不苟简,必令中法律,得民情。以算捕盗,或踰年,盗不发,狱屡空"。④《吴子正墓志铭》载,徽宗时,吴思知池州建德县,"君始至,大兴学校,劝农桑,教民力,本岁余邑大治,迄去,狱无系囚,民到于今颂之"。⑤ 李晟知阴平县,"公到,无敢以非理犯者,囹圄屡空,宪司上其事,郡守蒙奖诏,而公被赏"。⑥

南渡以后,有关县内狱空的记录仍时常见诸宋人墓志,且在著录标准和行文习惯方面,与北宋志传保持高度一致。据《林伯和墓志铭》,乾道六年,林鼐知福州侯官县,"刑狱使武吏,素不相得,擒县胥移问,怒拍案,声出厅屋。伯和徐答,报不能屈,滋怒。一日突入县虑囚,值其狱空而去"。⑦《朝奉郎权发遣大宁监李君(炎震)墓志铭》载李炎震"移宰资阳,裁听健决,狱无系囚,邑人称之"。⑧《通判恭州江君墓志铭》载江介任进贤县令、知永兴县时,"于听讼折

---

① 赵与泌修,黄岩孙纂:《仙溪志》卷4《宋人物》,《宋元方志丛刊》,第8317页上;宋应时纂修,鲍廉增补,卢镇续修:《琴川志》卷8《叙人·人物》,《宋元方志丛刊》,第1230页下。

② 郭茂育、刘继保编著:《宋代墓志辑释》,第297页。

③ 汪藻撰,孙星华辑:《浮溪集》卷28《吴国夫人陈氏墓志铭》,《丛书集成新编》第63册,第88页。

④ 黄庭坚:《宋故通直郎河东转运司勾当公事萧君子长墓志铭》,《黄庭坚全集·别集》卷10,刘琳等校点,成都:四川大学出版社,2001年,第1661—1662页。

⑤ 杨时:《吴子正墓志铭》,《龟山先生全集》卷30,四川大学古籍研究所编:《宋集珍本丛刊》第29册,第520页上。

⑥ 郭茂育、刘继保编著:《宋代墓志辑释》,第485页。

⑦ 叶适:《林伯和墓志铭》,《水心先生文集》卷15,四川大学古籍研究所编:《宋集珍本丛刊》第66册,第524页下。

⑧ 魏了翁:《朝奉郎权发遣大宁监李君(炎震)墓志铭》,《重校鹤山先生大全文集》卷71,四川大学古籍研究所编:《宋集珍本丛刊》第77册,第386页下。

狱，察见底蕴，而风喻开诱，卒多归于仁恕。所治两邑，狱空皆岁余"。① 《提刑徽猷检正王公墓志铭》说王回任永康县尉，"行以勤恕，圄空四五"。②

诸县狱空又是观测宋代地方社会民风里俗的重要标识，以陆九渊《宜章县学记》为例，经朝廷和地方资助，宜章县学延揽生员，开坛设教，"异时斗争夺攘，惰力侈费之习，廊然为变。忠敬辑睦，尊君亲上之风，蔼然为兴。牒诉希阔，岸狱屡空……兹土之乐，中州殆不如也"。③ 南宋名臣刘克庄知建阳县任满时，曾撰祝文曰："某来无异绩，去无遗爱。然三年之内，圄空讼少，吾民不识水旱，神之赐也。秩满当去，稽首祠下。"④ 此为本人亲述，当非溢美之词。

总之，狱空绝非独立存在，经济、文化、治安、司法、风教、信仰等社会因素，均对狱空的形成产生了较大影响，而狱空又往往折射出地方社会众生百态。

宋代诸司狱空事迹对辽、金政权产生直接影响，任内所辖狱空，同样被作为良吏治迹载入史册。据《辽史·耶律玦传》，耶律玦咸雍初兼北院副部署。"及秦国王为西京留守，请玦为佐，从之。岁中狱空者三。"重熙十六年（1047），耶律仆里笃"知兴中府，以狱空闻"。姚景行为上京留守，"不数月，以狱空闻"。⑤另据《朝散大夫同知东平府事胡公神道碑》，金章宗时，胡景崧为大兴推官，"莅职不三月，以狱空闻，诏锡宴以宠之"。⑥《大金故岢岚刺史侯公墓志铭》记，泰和年间，岢岚州刺史侯大中所辖"狴犴为空，省降钱一十万以旌其治"。⑦ 凡此种种，可证宋与辽、金在狱讼典制层面之融通与互鉴。

---

① 《晦庵先生朱文公文集》卷92《通判恭州江君墓志铭》，刘永翔、朱幼文校点，朱杰人等主编：《朱子全书》，上海：上海古籍出版社、合肥：安徽教育出版社，2002年，第6册，第4263页。

② 杨万里撰，辛更儒笺校：《杨万里集笺校》卷125《提刑徽猷检正王公墓志铭》，北京：中华书局，2007年，第4857页。

③ 陆九渊：《象山先生文集》卷19《宜章县学记》，四川大学古籍研究所编：《宋集珍本丛刊》第64册，第54页下。

④ 刘克庄著，辛更儒笺校：《刘克庄集笺校》卷135《祝文九十四首·辞诸庙》，第5406页。

⑤ 《辽史》卷91《耶律玦传》，北京：中华书局，2016年，第1502页；卷91《耶律仆里笃传》，第1503页；卷96《姚景行传》，第1544页。

⑥ 元好问：《朝散大夫同知东平府事胡公神道碑》，《元遗山先生集》卷17，《丛书集成三编》，台北：新文丰出版公司，1997年，第38册，第359页。

⑦ 何新所编著：《新出宋代墓志碑刻辑录·南宋卷》（七），北京：文物出版社，2019年，第82页。

二、宋代狱空故事的形成、厘革与运行

宋代司法实践中，逐步形成一系列适用于狱空领域的通例性规则，谓之"狱空故事"。据《文献通考》记载："故事：法司断绝，必宣付史馆。狱空降诏奖谕，或加秩赐章服。"① 可见，宋代结绝、狱空"故事"主要包括宣付史馆、降诏奖谕、加秩赐服三项。此外，实践中存在与结绝、狱空有关的其他惯例性规则，如臣僚表贺、撰述跋文、起建道场等。结绝、狱空领域"故事"的形成、厘革与运行，成为证成宋代惯例性规则嬗变与运行的重要例证。

（一）结绝公事

关于宋代狱空的讨论，必然涉及"结绝"之制，二者前后相继，相伴而生。需要指出的是，结绝和狱空的对象主要是暂时羁押于监所的刑案疑犯，而非执行徒刑的罪犯。② 因此，如欲查明狱空法律程序，有必要先对结绝进行剖析。

"断绝"又称"决断"、"结绝"等，意指宋代法司在特定时间清理存量案件的专项司法活动。陈次升《上哲宗乞立限疏决疏》曾对宋代断绝之法的设立初衷有如下表述：

> 臣恭惟祖宗以来，至仁之政，敷锡庶民，好生之德，哀矜庶狱。方夏之暑雨，冬之祁寒，禁刑虑有淹延，累囚困苦，故立断绝之法。熙宁间，又令刑法官吏并赴中书省，勒宿立限断案，中书得案，即降指挥，顷刻无留，人实被赐。③

显然，限期结绝积案是处置刑狱淹滞的重要举措，而案件处置完毕，即可在特定时段出现狱空。元丰年间是宋代断绝之法变革的重要历史阶段，元丰五年七月壬午，废除大理寺官赴中书省谳案旧例，诏"自今每岁一次，本寺以见在案尽数断

---

① 《文献通考》卷167《刑考六·刑制》，上海师范大学古籍整理研究所、华东师范大学古籍研究所点校，北京：中华书局，2011年，第5010页。
② 郑寿彭：《宋代开封府研究》，第734页。
③ 陈次升：《谠论集》卷1，景印文渊阁《四库全书》，台北：台湾商务印书馆，1986年，第427册，第335页下。

绝，上中书取旨"。① 大理寺每年一次定期处置现存积案，遂成定制。

南宋曾多次对结绝时间和断绝次数进行调整，绍兴元年六月二十四日，据都省言，"未经宰相呈押者（如谓刑部、大理寺申断绝之类。）并类聚，每月单具事目，呈宰相请笔"。南宋一度每年分上、下半年两次断绝狱案，庆元四年十月三日，大理司直富珝言："'大理寺狱案，乞今后从本寺于逐季仲月定日断绝。'从之。"由此，每年仍旧四次断决。特殊情况下，如在限期内无法断绝狱案，可奏请暂定断绝，延期处置。孝宗隆兴二年十二月十二日，大理寺申奏，因受假日影响，断绝期限减半，"'见在刑寺公案已入住断条限，即难以再行排日断绝。今欲将应见在寺并已断上朝省未得指挥狱案住断。候赦，依条限定断施行。'从之"。②

此外，宋代已经形成规范的断绝奏报仪式，《宋会要辑稿·礼八》曾记朝贺礼仪中刑部尚书奏报刑狱断绝仪轨：

> 一、朝贺：……次引刑部尚书俛伏，跪，奏称："刑部尚书臣某言：天下断绝，请付史馆。"俛伏，兴，躬。侍中前承旨，退，西向曰"制可"，侍中复位。舍人曰"拜"，刑部尚书再拜，赞祗候，还本班。（无即不奏。太史令同。）③

宋代断绝和狱空之间关系异常密切，开封府、大理寺（元丰置狱后）等机关依照时限断绝，是奏报狱空之前提要件。④ 元丰五年三月庚子，知开封府王安礼言：

---

① 《续资治通鉴长编》卷328，神宗元丰五年七月壬午，第7891页。

② 《宋会要辑稿·职官三》，第3053页；《宋会要辑稿·职官二四》，第3678、3670页。

③ 《宋会要辑稿·礼八》，第649页。

④ 季怀银认为："无狱机关的清理——'断绝之制'，与对有狱机关的清理——'狱空之制'，二者之间存在显著差异：无狱机关包括刑部、审刑院和大理寺左断刑，这些机构内部不设监狱，而只负责审判地方或京师地区上报的案件。为防止这些上奏案件淹延不决，宋政府对这些机构规定了定期或不定期的断绝制度。而设有监狱的机关，包括中央大理寺右治狱、京师开封府（南宋临安府）和地方州县。这些有监狱的机关将案件全部清理完毕，以至狱内空无一人，就叫作'狱空'。"（《宋代清理"留狱"活动述论》，《中州学刊》1990年第3期，第112—113页）一般断绝诏敕确实向审刑院、刑部和大理寺下达，但是作为有狱机关，开封府和大理寺在元丰置狱以后，均可同时适用结绝、狱空两项规则。

"'司录司狱空外,有左右军巡院狱案皆已断绝,止有见禁罪人丁怀等公案已奏及在纠察司。望责近限审录及约法断遣,所贵三院皆狱空。'从之。"元丰六年十月乙酉,朝奉郎、试大理卿杨汲试刑部侍郎。"初,汲言大理寺断绝狱空,诏付史馆,因有是命。"① 政和五年三月狱空奖谕诏敕,则充分说明结绝与狱空之间的关系,"已降处分,开封府限三日结绝公事。今两狱奏空,其官吏究心公事,依应批旨,即日奏上,颇见宣力,可依昨狱空例推恩"。②

需要注意的是,政和年间出现了为求得狱空而催促有司结绝狱案的不良动向。政和六年十二月六日,太师、鲁国公蔡京言:"伏睹开封尹王革奏,奉诏,开封府见禁公事稀少,仰催促结绝,冬祀前奏狱空。十月二十九日,据左右狱等处公事并已断绝,即日狱空。诏许称贺。"政和七年四月三日,开封府尹王革又奏:"奉诏,开封府见禁公事稀少,可催促奏狱空。"③ 此类本末倒置的人为干预行径,势必对宋代司法产生严重负面影响。为在限内完成结绝、狱空任务,法司采取草率断绝、转移系囚等舞弊行为自当难以避免。

(二) 奏报表贺

结绝、狱空以后,开封府或临安府、大理寺及路、州、府、军等应向朝廷奏报相关信息,经刑部、御史台验实无误,朝廷颁降奖谕诏敕。宋代臣僚表贺断绝、狱空传统由来已久,据《宋会要辑稿》,天禧五年二月甲寅,知审刑院宋绶言:"'得详议官尚霖等状,诸州刑奏并断毕,无留牍。诏奖绶等。仍赐缗钱,宣付史馆,群臣上表称贺。'其后。奏断绝赐缗钱,付史馆如例,而不常表贺。"④ 可见,晚至天禧年间,群臣表贺断绝、狱空事例即已存在,其后表贺惯例或曾出现暂时搁置。

至徽宗政和年间,又有大量表贺事例复行于世。如政和六年三月十日,"以

① 《续资治通鉴长编》卷324,神宗元丰五年三月庚子,第7805页;卷340,神宗元丰六年十月乙酉,第8185页。

② 《宋会要辑稿·刑法四》,第8495页。

③ 《宋会要辑稿·刑法四》,第8496页。

④ 《续资治通鉴长编》卷97,真宗天禧五年二月甲寅,第2241页。

开封尹奏上元之夕狱空，及路不拾遗，太师蔡京等拜表称贺"。① 按照流程，应由开封府尹奏报狱空事项，据赵鼎臣《代开封尹奏获到阑遗物札子》：

> 臣契勘乃者上元之夕，天府狱空，及兵民以阑遗之物献于楼下。陛下幸听群臣班贺，且命有司书之于史矣。距今才一月日，而本府左右狱相继再空，并自闰正月十八日后来，军民李青等凡若干人，节次以所获阑遗金银、驴马、缗钱等物输之于官，不敢有隐，推原踪迹，事状甚明。②

札子详细记述开封府先后两次狱空、军民傅质等拾金不昧，以及妇人郑氏照管迷童郭宜哥等事。同时，反复颂扬徽宗至仁盛德，社会风俗淳厚。朝廷颁诏奖谕后，群僚可上表称贺。太师蔡京等贺表今虽已不存，但王安中《贺上元开封狱空及路不拾遗表》则可印证此次臣僚表贺的基本情况。③

"狱空有奉表称贺之礼，有降诏奖谕之文。"④ 君主有权诏免狱空表贺，人臣受奖则须致以谢忱。宋代有司长官狱空谢表，可通过傅察《代少尹谢狱空奖谕表》知其一二：

> 佐天府之浩穰，初乏微劳。奉圣书之温纯，遽叨睿渥。（中谢）伏念臣性资巽软，学术迂疏，误辱简知，荐更器使。区区自效，惭窃位以素餐。断断无能，但因人而成事。方唐虞推好生之治，而赵张著良吏之称。务教化而省禁防，人自重于犯法，行宽大而禁苛，暴物不陷于无辜。岂特图圄之空虚，固已奸邪之销释在于眇尔，蔑有称焉。敢谓至仁，亦蒙善奖。恩重丘山之赐，褒逾黼黻之荣。蔀屋生辉，汗颜有腼。此盖伏遇皇帝陛下匿瑕忘过，录善使能，视民如伤，欲遂措于刑罚。班赏无吝，俾咸劝于事功。苟少效于

---

① 《宋会要辑稿·仪制七》，第2421页。
② 赵鼎臣：《代开封尹奏获到阑遗物札子》，《竹隐畸士集》卷9，景印文渊阁《四库全书》第1124册，第118页下。
③ 王安中：《贺上元开封狱空及路不拾遗表》，《初寮集》卷4，四川大学古籍研究所编：《宋集珍本丛刊》第39册，第223页下—224页上。
④ 《宋会要辑稿·刑法四》，第8498页。

涓埃，必曲形于纶綍。臣敢不仰遵圣训，俯激愚衷，勉以一心，庶尽公家之利。藏之什袭，永为私室之珍。①

上表称贺的核心在于，通过答谢狱空奖谕颂扬君主圣德。然而，群臣狱空表贺内容多为浮词诡语，专事献媚贡谀，荧惑主听。徽宗朝，慕容彦逢曾不厌其烦，作《刑部断绝狱案札子》数首，②四库馆臣称其"以刑部狱空及天下奏案断绝具札称贺，至三四上，殊可嗤鄙"。③狱空贺表以阿谀奉承为能事，于理政治事毫无裨益。南渡以后，狱空表贺旧例逐渐废弃，则奏表、贺表、谢表应均在此类。

长期以来，各地竞相奏报断绝狱空、路不拾遗或各色祥瑞，空文取悦，于事无益。原本作为宋代常规司法政务的狱空表贺，在北宋后期逐步沦为官场痼疾，并在一定程度催生炮制、妄奏"狱空"现象。

与北宋相比，表贺陋习在南渡以后有所收敛，绍兴年间确立诏免上狱空表贺惯例，禁止临安府、大理寺等长官进表称贺。如绍兴六年六月四日，大理寺狱空，本寺官欲上表称贺。"诏免上表，令学士院降诏奖谕。"④绍兴二十六年四月甲午，高宗重申，"前大理寺狱空，不许上表称贺，甚为得体"。⑤

此后，宋廷基本遵循"绍兴故事"，诏免表贺断绝、狱空。如乾道九年闰正月二十二日，皇太子、领临安尹惇言本府狱空，"诏免上表称贺，推级等本府量行犒设"。⑥淳熙五年闰六月丁酉，大理卿吴交如等札子，"本寺公事勘会尽绝，并无收禁罪人，见今狱空，欲依故事上表称贺"。⑦孝宗诏免上表，令降诏奖谕。吴交如所言"故事"，当指绍兴六年以前旧例，此时显然已遭废除，断绝、狱空

① 傅察：《代少尹谢狱空奖谕表》，《傅忠肃公文集》卷上，四川大学古籍研究所编：《宋集珍本丛刊》第33册，第382页下—383页上。
② 慕容彦逢：《摛文堂集》卷10《刑部断绝狱案札子》，景印文渊阁《四库全书》第1123册，第419页下—第421页上；卷11《代宰臣以下贺狱空及大理寺断绝表》，第434页下—435页上。
③ 永瑢等撰：《四库全书总目》卷155《集部八·别集类八·摛文堂集》，北京：中华书局，1965年，第1340页中。
④ 《宋会要辑稿·刑法四》，第8497页。
⑤ 《建炎以来系年要录》卷172，绍兴二十六年四月甲午，第3004页。
⑥ 《宋会要辑稿·刑法四》，第8498页。
⑦ 《宋史全文》卷26下《宋孝宗六》，淳熙五年闰六月丁酉，第2217—2218页。

等事，已经无须上表称贺。吴交如此番奏请，亦未获得孝宗应允。

南宋表贺狱空特例甚为罕见，乾道七年十二月二十五日，"皇太子、领临安尹惇言本府直司三院狱空，上表称贺。令学士院降诏奖谕，推级等本府量行犒设"，而此次表贺特例当与太子亲领府尹相关。因法司长官不再进奉狱空贺表，群僚自然亦无须竞以表奏为能事。对违规表贺狱空者，应予严厉处罚。光宗时，大理少卿张缙违反不许表贺惯例，"为《狱空颂》以献谀佞"。① 绍熙二年六月二十二日，张缙被贬主管建宁府武夷山冲祐观。

（三）降诏奖谕

降诏奖谕是褒扬狱空臣僚的核心措施，其内容涉及身份、荣誉和物质三个方面。与身份有关的奖励措施主要包括官职转迁、磨勘减年、颁赐章服等；与荣誉有关的奖谕措施主要包括宣付史馆、颁诏褒美等；与物质有关的奖谕措施主要包括赏赐钱、银、绢等。上述三类奖励措施或合并使用，或有所侧重，共同构成宋代狱空激奖规则的基本内容。

1. 身份奖谕

身份奖谕主要指对断绝、狱空官员给予官职迁转、磨勘减年、赏赐章服等奖励措施，是与官吏切身利益直接相关的系统性、实质性激励措施。宋初诸司奏报狱空事例即大量涌现，当时已经设定擢拔官员的相应措施。元丰七年正月戊午，"知开封府王存言，司录司、左右军巡院狱空，乞付史馆。诏王存迁一官，余官令第劳上司勋"。②

相对而言，《宋会要辑稿》所保留狱空奖谕史料，以徽宗朝最为详尽，为认识狱空官员职务、履历变化详情提供了莫大便利。崇宁四年闰二月六日，开封府狱空，朝廷依据职务和业绩，对府尹、推官、诸曹官、判官、司录、检法等逐一设定奖励标准，其中转迁官职、磨勘减年、赏赐章服等措施可谓一应俱全：

> 开封府狱空，王宁特转两官。两经狱空，推官晏几道、何述、李注，推

---

① 《宋会要辑稿·刑法四》，第8498页；《宋会要辑稿·职官七三》，第5004页。
② 《续资治通鉴长编》卷342，神宗元丰七年正月戊午，第8227页。

官转管勾使院贾炎并转一官,仍赐章服;法曹曾谔转一官,减二年磨勘;仓曹杨允、户曹刘湜、兵曹陆偕、士曹张元膺,各减三年磨勘;军巡判官贺项、张华、孙况、张必,检法使臣李宗谨、程谅,各转一官,减二年磨勘。一经狱空,推官曹调赐金紫,工曹王良弼转一官;司录李士高减二年磨勘,候叙用了日收使;检法司(当作使——引者注)臣刘禹臣特与转一官,减二年磨勘。①

大观元年九月二十九日,据大理寺状,"具到断绝官职位、姓名,数内王衣、周泽、商守拙、林渊并且七月二十六日中书差,依崇宁四年例减半推恩。内周泽、商守拙各与减二年磨勘,王衣、林渊比类施行。大理寺卿马防、少卿任良弼各转一官"。大理寺所言"依崇宁四年例减半推恩",当即参照上条执行。

政和五年三月,开封府于三日限内结绝公事,两狱奏空,"开封府尹盛章、少尹陈彦修、李孝端、左司录事李传正、右司录事王行可并转一官。余有官人减三年磨勘,无官人等第支赐"。② 以上诸事,均可作为查明宋代狱空身份奖谕举措的例证。

然而,由于朝廷滥行恩赏,伪造狱空现象愈演愈烈。南渡之初,高宗应宰相范宗尹所请,命有司讨论崇宁、大观以来狱空等滥赏名目 18 项。建炎四年(1130)六月十一日诏:"崇宁以后冒滥功赏转官减年,今后更不许收使,其已收使人并行改止(当作正——引者注),其已给付身并令拘收毁抹。"③《容斋随笔》又补充:"行下吏部,若该载未尽名色,并合取朝廷指挥,临时参酌。追夺事件,遂为画一规式,有至夺十五官者。"④

然而,由于改革严重触动当时官僚阶层整体利益,遂遭遇官场强烈反弹。当时伪齐刘豫方盗据河南,朝论恐动摇人心,遂令停罢讨论,绍兴元年七月癸亥,

---

① 《宋会要辑稿·刑法四》,第 8494 页。
② 《宋会要辑稿·刑法四》,第 8494、8495 页。
③ 《宋会要辑稿·职官一〇》,第 3282 页。
④ 洪迈撰:《容斋随笔·容斋四笔》卷 15 "讨论滥赏词",孔凡礼点校,北京:中华书局,2005 年,第 810 页。

"范宗尹罢"，① 此次检括滥赏运动终告夭折。相对而言，南宋关于狱空官员迁转擢拔、磨勘减年的记载大幅减少，然狱空官司官吏依照惯例获得犒赏当仍属常态。但嘉定十一年正月，"会弥年天狱空，降诏奖谕，（大理寺）卿少以下各转一官"。②

章服赏赐是狱空身份奖谕的重要组成部分。赐章服是指因特定事迹功劳，对官品不及者升格服色，赐佩金、银鱼袋的奖励措施。据《石林燕语》："服色，凡言赐者，谓于官品未合服而特赐也。"③ 研究者已经指出，"服饰赏赐属于物质激励的一种方式，统治者企图通过服饰赏赐，利用物质刺激手段，激励臣民勤于职守、积极进取、振奋军威、保家卫国、促进生产、恪守封建伦理纲常等，从而达到稳定社会秩序、维护专制统治的最终目的"。④

《宋史·舆服志》对赐服对象有如下记载："又有出于特赐者，旌直臣则赐之，劝循吏则赐之，广孝治则赐之，优老臣则赐之，此皆非常制焉。"⑤ 显然，狱空获赐者，应归入循吏善政者之列。现存资料关于狱空赐服者，主要集中于对开封府推、判官的奖励。元丰初年，刘挚权发遣开封府推官，"以开封狱空，赐金紫服"。⑥ 元丰五年夏四月壬子朔，开封府三院狱空，"推、判官许懋、胡宗愈、刘仲熊并赐章服"。⑦ 开封府推官、判官俱为从六品，受奖者超资赐予三、五品章服，特示优崇。

2. 荣誉奖谕

降诏褒奖和宣付史馆是对断绝、狱空事迹的荣誉表彰。宋代君主颁降的奖谕诏敕，是证明官僚断绝、狱空治迹最为显赫的官方文件。早在北宋初期，即有奖谕狱空事例存世，咸平三年十二月丙寅，"开封府奏狱空，诏嘉之"。⑧ 部分宋代

① 《宋史》卷26《高宗纪三》，第489页。
② 陈宓：《兵部开国高公墓志铭》，《复斋先生龙图陈公文集》卷22，四川大学古籍研究所编：《宋集珍本丛刊》第73册，第671页下。
③ 叶梦得撰，宇文绍奕考异：《石林燕语》卷3，侯忠义点校，北京：中华书局，1984年，第34页。
④ 王艳：《宋代的章服赏赐》，《史学月刊》2012年第5期，第59页。
⑤ 《宋史》卷153《舆服志五》，第3564页。
⑥ 杜大珪编，顾宏义、苏贤校证：《名臣碑传琬琰集校证·下集》卷13《刘右丞挚传》，上海：上海古籍出版社，2021年，第2009页。
⑦ 《续资治通鉴长编》卷325，神宗元丰五年四月壬子，第7813页。
⑧ 《宋史》卷6《真宗纪一》，第113页。

奖谕断绝、狱空的诏敕完整保留至今，为考察宋代司法运行状况提供了便利。如王安石撰《赐天章阁待制知审刑院齐恢奖谕诏》：

> 敕齐恢：省所奏，据大理寺日奏司状：四月一日已前下寺公案，并已断绝，无见在事。具悉卿以才被选，典领祥刑。蔽罪谳疑，遂无留狱。囹空之隆，朕庶几焉。阅奏叹嘉，不忘乃绩。①

嘉定十六年六月六日，太府卿、兼权户部侍郎、兼知临安府袁韶言本府狱空。诏令学士院降诏奖谕，本则狱空诏敕反映了南宋后期奖谕文书的基本面貌：

> 朕为（当作惟——引者注）京师首善之地，布德流化，当自近始。德化不洽，刑狱滋烦，何以示四方万里哉！尔以通儒尹畿甸，明恕勤敏，百废具兴，严威不施，隐然弹压之望。刑清狱简，用奏囹空，斯可为承流者劝矣。批览来章，不忘嘉叹。②

除奖谕诏敕以外，宣付史馆则是狱空荣誉性奖谕的又一方式。诸司狱空奏报经验实无误后交付史馆著录，传诸后世，大量宋代断绝、狱空事例，正是依赖宣付史馆惯例的推行得以存续至今。熙宁初年，"以断绝乃常事，不足书，罢宣付史馆，仍不降诏奖谕"。由此，宣付史馆和降诏奖谕或曾一度罢废。

然而，上述禁令应未长期实施，元丰年间即已恢复断绝、狱空事迹宣付史馆旧例。仅元丰五年即至少发生两次奖谕狱空、宣付史馆事例：元丰五年四月戊午，"大理卿崔台符言本寺狱空。诏送史馆，台符减磨勘二年，少卿韩晋卿、杨汲一年"。③ 元丰五年九月十三日，"大理卿杨汲等言狱空，诏付史馆"。绍圣二年（1095）正月二十六日，龙图阁直学士、权知开封府王震言："司录司、左右军巡院状，并无见勘公事及门留知在人，请官诏送史馆，赐银绢章服，减磨勘年

---

① 王安石：《赐天章阁待制知审刑院齐恢奖谕诏》，《临川先生文集》卷48，四川大学古籍研究所编：《宋集珍本丛刊》第13册，第455页上。
② 《宋会要辑稿·刑法四》，第8500页。
③ 《续资治通鉴长编》卷325，神宗元丰五年四月戊午，第7818页。

有（差——引者补）。"①

值得注意的是，徽宗时，狱空事迹宣付史馆已被奉为"祖宗故事"。《历代名臣奏议》记陈瓘进故事曰：

> 昔审刑院断绝公案，仁宗喜曰："天下至广，而断刑若此，有以知刑讼之至简，有司无稽迟也。"乃下诏奖法官，而付其事于史官。臣窃见元丰中，开封府狱空，神考大喜，擢知开封府王安礼为尚书右丞，下至胥吏，悉获赉赏。自是而后，内外有司，皆以狱空为悦，盖仁祖以讼简赏法官，而神考以狱空擢府尹，所以示仁民之意一也。②

与宣付史馆"故事"相适应，徽宗朝将狱空事迹宣付史馆事例不在少数。崇宁五年十月三日，开封尹时彦奏："'开封府一岁内四次狱空，乞宣付史馆。'从之。"大观四年五月四日，文武百僚、尚书左仆射何执中等言："'复（伏）见开封府左治狱空，并断绝，上表。乞宣付史馆。'从之。"③

南宋将常规狱空事迹宣付史馆的事例相对稀见，或因其已成为司法常态，故无须视为特例专门著录。嘉定九年五月十二日，"大理卿钱仲彪言：'本寺狱空实及一年，即与时暂狱空不同，欲遵典故，乞令上表称贺，宣付史馆。所有犒设吏人，即照旧例于本寺赃罚钱内减半支给。'诏依，令学士院降诏奖谕"。④ 此次狱空因时间较长，方以特例形式宣付史馆，宁宗在降诏奖谕的同时，仍免上表称贺。

3. 物质奖谕

物质奖谕是与身份奖谕、荣誉奖谕并行的狱空激励措施，主要方式为官府向

---

① 《宋会要辑稿·刑法四》，第8494页。

② 黄淮、杨士奇编：《历代名臣奏议》卷217《慎刑》，上海：上海古籍出版社，1989年，第2848页下—2849页上。据《郡斋读书志》："陈莹中《了斋集》三十卷。右皇朝陈瓘字莹中，延平人。建中靖国初，为右司谏。尝移书责曾布。及言蔡京与弟卞之奸恶。章数十上，除名、编隶合浦以死。靖康初，赠谏议大夫。自号了翁。"（晁公武撰，孙猛校证：《郡斋读书志校证》卷19《别集类下》，上海：上海古籍出版社，1990年，第1022页）

③ 《宋会要辑稿·刑法四》，第8494、8495页。

④ 《宋会要辑稿·刑法四》，第8499页。

断绝、狱空官吏颁赐银、钱、绢等。元丰五年王安礼"三院狱空"案，为研究狱空奖金的标准与分配提供了重要证据：

> 元丰五年四月一日，知开封府王安礼言三院狱空，诏送史馆，安礼迁一官，推判官许懋、胡宗愈、刘挚、刘仲熊并赐章服。军巡判官毕之才以下十四人为三等，第一等迁官，第二等减磨勘二年，第三等一年，吏史转资。仍赐绢千匹，银一百五十两、钱五百千。①

该条史料全面反映了宋廷对开封府三院狱空采取的身份奖谕、荣誉奖谕和物质奖谕三类奖励方式。其中，物质奖谕方式包括绢、银、钱三项。② 此次狱空在当时颇具新闻效应，以致"辽使过见，叹息称为异事"。③

然而，臣僚对王安礼三院狱空事迹存在强烈争议，直接引发朝廷修改狱空赏格。李心传《旧闻证误》曾言，"国初以来，开封府未尝三狱同空。元丰五年，王安礼知府，乃谋作'天府狱空'，以图进用。时有御史劾其诈妄，朝廷按视，狱皆空。御史以罪斥，安礼拜右丞。绍圣、崇宁以后，躁进之徒用此术，奏狱空者多矣，朝廷遂立迁一官为赏格"。④ 如因狱空迁转过频，则可暂时搁置迁转惯例，单独用物质奖励。元丰七年，权知开封府王存等再奏狱空，初命依据故事迁官，"而门下省以谓前此存等以狱空迁官，或赐章服，才半岁，今推赏不可"。二月十一日，止赐"王存奖谕敕书、银绢百匹两，推判官胡宗愈等银绢三十匹两"。⑤

---

① 《宋会要辑稿·刑法四》，第 8493 页。

② 至于诸司长官、僚属等狱空奖励分配标准，可参考次年开封府狱空事例。元丰六年六月己巳，龙图阁直学士、权知开封府王存言三院狱空，"诏开封府官吏并依元丰五年推恩"（《续资治通鉴长编》卷 335，神宗元丰六年六月己巳，第 8086 页）。当时，祖无颇权开封府推官，因此次狱空，"赐公奖谕银、绢"。据《洛阳九老祖龙学文集》所存 13 件敕书（之三）记载：祖无颇获得"银三十两、绢三十匹"的物质奖励（卷 16，四川大学古籍研究所编：《宋集珍本丛刊》第 7 册，第 736 页上）。

③ 《续资治通鉴长编》卷 325，神宗元丰五年四月壬子，第 7813 页。

④ 李心传撰：《旧闻证误》卷 2，崔文印点校，北京：中华书局，1981 年，第 35 页。

⑤ 《宋会要辑稿·刑法四》，第 8493 页。

大观二年五月十七日、九月十四日，开封府连奏两次狱空，府尹宋乔年奏请不再奖励，"诏府尹令学士院降诏，余官降敕书奖谕，人吏依例支赐"。显然，过于频繁的狱空奏报，使各类奖励措施的激励价值大为折损。或因京城诸司连奏狱空，朝廷恩赏宽滥之故，政和三年九月十二日，"诏大理寺、开封府自今不得奏狱空，其推恩支赐并罢"。①

长期奉行的狱空物质奖励逐渐演变为宋廷沉重的经济负担，其经费来源和支付方式在南宋发生两方面变化。

其一，赃罚钱成为狱空奖金的主要来源。此类事例相对集中于孝宗一朝，隆兴元年十二月二十六日，大理卿李洪言大理狱空，"令学士院降诏奖谕，推级等于赃罚钱内等第支给食钱"。乾道四年八月十六日，大理卿韩元吉言大理狱空，"令学士院降诏奖谕，推级等于赃罚钱内等第支给食钱"。乾道五年六月四日，大理卿沈度言大理狱空，"降诏奖谕，推级等于赃罚钱内等第支给食钱"。乾道八年九月十一日，大理少卿马希言大理狱空，"令学士院降诏奖谕，推级等于赃罚钱内等第支给食钱"。宁宗开禧元年二月二十五日，大理卿、无（当作兼——引者注）删修敕令官曾崇等言本寺数月之间二度狱空，奏请"所有依例合支犒赏，本寺自于见追赃、罚籍没钱内那融支遣，取自朝庭（当作廷——引者注）指挥施行"。②

其二，狱空奖金支付日益拮据。由于经费匮乏，南宋中期出现为避免支付狱空奖金隐匿申报的反常现象。光宗朝被视为南宋由治世转为衰世的转捩点，③ 其困乏气象于狱空酬赏一隅亦可证明。绍熙元年十二月二十二日，大理寺丞周晔言："旧例奏狱空，犒赏胥吏，凡所经由，等第支给，至数千缗。寺库既不能辨（当作办——引者注），狱虽无系囚，但申省部，不敢陈奏，遂至赊作狱空，常欠利债。"据此，周晔建议"凡遇狱空，悉以闻奏，无用犒吏，降诏奖谕亦乞特免"，从之。④

彻底取消狱空奖金的建议固然可以纾缓财政压力，却势必打击法司断绝滞狱的履职热情，因而难于推行。无奈之下，宁宗嘉定年间采取减半支付的权宜之策支付狱空奖金。嘉定二年七月八日，大理寺狱空，"'犒吏一节，欲于本寺赃罚钱

---

① 《宋会要辑稿·刑法四》，第8494、8495页。
② 《宋会要辑稿·刑法四》，第8497—8499页。
③ 虞云国：《南宋行暮：宋光宗宋宁宗时代》，上海：上海人民出版社，2018年，第7页。
④ 《宋会要辑稿·刑法四》，第8498页。

内减半支给。'从之"。嘉定九年五月十二日,大理卿钱仲彪言狱空一年,奏请
"'所有犒设吏人,即照旧例于本寺赃罚钱内减半支给。'诏依"。①

辽、金亦有狱空物质奖励措施,其基本类型当与宋相近。重熙六年秋七月辛
丑朔,"以北、南枢密院狱空,赏赉有差"。清宁二年(1056)三月乙巳,"南京
狱空,进留守以下官"。② 宋、金在奖金分配机制上存在一定差异,宋朝多将奖
金作为个人收入,金国多将奖金充作宴乐费用。大定七年(1167)五月丙午,大
兴府狱空,"诏赐钱三百贯为宴乐之用,以劳之"。《金史·蒲察郑留传》载"朔
州多盗,郑留禁绝游食,多蓄兵器,因行春抚谕之,盗乃衰息,狱空。赐锡宴钱
以褒之"。③

4. 起建道场

据《宋会要辑稿·刑法四》,"凡诸州狱空,旧制皆除诏敕奖谕。若州司、司
理院狱空及三日以上者,随处起建道场,所用斋供之物并给官钱,节镇五贯,诸
州三贯,不得辄扰民吏"。④ 本则史料主要反映三项信息:其一,以诏敕方式奖
谕狱空,是长期存续之旧例、故事;其二,诸州狱空达三日以上者,应起建道场
举行祭祀仪式;其三,斋供费用由官府拨付,节镇、诸州分别为五贯、三贯。

至《庆元条法事类》,狱空道场拨付费用已大幅增加,《给赐格》规定:"诸
州狱空,给道场钱:节镇,一十贯;余州,五贯。"⑤ 部分为诸司狱空道场撰写
的功德疏、青词保留至今,其内容主要为颂扬所司圄圄荡涤,政通人和;并试图
凭借狱空道场彰善惩恶,宣明教化。道场疏即佛教徒做道场、拜忏时所焚化的祝
告文。⑥ 如洪适《广州狱空道场疏》:

---

① 《宋会要辑稿·刑法四》,第 8499 页。
② 《辽史》卷 18《兴宗纪一》,第 247 页;卷 21《道宗纪一》,第 288 页。
③ 《金史》卷 6《世宗纪上》,北京:中华书局,2020 年,第 155 页;卷 128《循吏·蒲察
郑留传》,第 2920 页。
④ 《宋会要辑稿·刑法四》,第 8492 页。
⑤ 谢深甫等:《庆元条法事类》卷 75《刑狱门五·刑狱杂事》,杨一凡、田涛主编:《中国
珍稀法律典籍续编》,戴建国点校,哈尔滨:黑龙江人民出版社,2002 年,第 806 页。
⑥ 朱燕青:《史浩〈昌国保塯青词〉和〈昌国保塯道场疏〉撷谈》,《浙江海洋学院学报》
2014 年第 2 期,第 54 页。

遏萌丕变，浸消嚣讼之风。幽囹屡空，悉自法云之护。适当开岁，爰启梵筵。伏念某典郡于斯，隃冬已再。访游禽于绝涧，每戒深文。鞠茂草于园扉，洅臻善劝。尚虞桁折之下，或有槛牢之冤。仰赖慈悲，为之洗涤。伏愿刑章益措，无重罪之系囚，慧力无边，跻斯民于寿域。①

类似表述又见于多篇文献，如陈师道《代司理院狱空道场疏》："幽囹空虚，实作太平之象。法筵崇饰，聿修典礼之常……更凭梵力，普及苍生。"② 洪适另一首《广州狱空道场疏》曰："仰真乘之芘护，肃宝相以熏崇……爰启梵筵，广搜贝藏。拔沉冤于既往，严净福以无边。伏愿慧剑解割于恶缠，法炬开明于善地。慈悲所化，永无犊佩之群。远迩可封，不必鼠墉之听。"③ 沈遘《三司狱空道场功德疏》强调："申命有司，率循故事。命竺干之众，启梵呗之场。秘密并宣，允臻于胜，果福祥所报，愿谢于洪慈。稽首真如，同归正觉。"④ 不仅言明狱空道场运用佛法教化民众之初衷，也说明起建道场已经成为长期遵行的"狱空故事"之一。

除借助释教力量以外，道教对于宋代司法的影响亦不容小觑。"宋代道教斋醮，在道教斋醮史上具有显著特点，道教斋醮法会已成为国家祀典的重要组成部分。"⑤ 斋醮仪式须撰写青词，用以荐告神明。青词又名青辞、清词、绿章，是道教在举行斋醮活动时敬献给神灵的奏章祝告之类，是进行人神沟通的文字化书面表达形式。⑥ 据唐李肇《翰林志》："凡太清宫、道观荐告词文用青藤纸朱字，谓之青词。"⑦

洪适所撰两则《广州狱空青词》反映了道教对宋代社会的长期影响。洪适首

---

① 洪适：《广州狱空道场疏（之二）》，《盘洲文集》卷 70，四川大学古籍研究所编：《宋集珍本丛刊》第 45 册，第 460 页上。

② 陈师道：《代司理院狱空道场疏》，《后山先生集》卷 17，四川大学古籍研究所编：《宋集珍本丛刊》第 29 册，第 7 页下。

③ 洪适：《广州狱空道场疏（之一）》，《盘洲文集》卷 70，四川大学古籍研究所编：《宋集珍本丛刊》第 45 册，第 460 页上。

④ 沈遘：《三司狱空道场功德疏》，《西溪集》卷 9，景印文渊阁《四库全书》第 1097 册，第 94 页上。

⑤ 张泽洪：《宋代道教斋醮》，《宗教学研究》1996 年第 1 期，第 39 页。

⑥ 查庆、雷晓鹏：《宋代道教青词略论》，《四川大学学报》2009 年第 4 期，第 47 页。

⑦ 李肇：《翰林志》，景印文渊阁《四库全书》第 595 册，第 298 页上。

先描述了广州难于治理的现状,"羊城之剧镇,处鲸海之上游。蛮蜑杂居,常起斗争之事。鱼盐逐利,易兴掠夺之谋。多有重辜,号为难治"。其后,重点描述设醮祈祝主要目的:"爰择良辰,肃陈净醮。按多仪于琳札,诵密语于琅函。度既往之沉冤,迎将来之景贶。"某次海飓之后撰写的狱空青词,则有"恐其画地为牢,犹有哭林之鬼,辄伸禳谢,敢贡恳祈"的记录。[1] 石川重雄认为,"当时的官僚通过这样的国家祭祀,来力图推进仁政"。[2] 作为宋代长期运行的狱空故事之一,官方资助起建道场,赞呗醮禳,成为表彰各地狱空先进事迹,构建"无狱"社会风气的路径之一。

然而,宋代地方狱空的实际情况未必尽与长吏奏报相合,其中,狱空所获赏赐亦未必可以抵鬻狱勒索所得。[3] 对此,吴势卿在《治推吏不照例禳被》中以辖内饶、信二州为例,有所揭示:

> 本路狱事之多,莫如饶、信,居常系狱者,动辄百十人,未见有狱空之时。此不可专归罪于民俗之顽犷,皆缘官司不以狱事为意,每遇重辟名件,一切受成吏手,一味根连株逮,以致岁月奄延,狱户充斥。气候不齐之时,春秋之交,多是疾疫相染,无辜瘐死。[4]

吴氏到任后,榜禁恶俗,简径断决,饶州两狱岁首狱空,遂欲照例建立道场禳被,感召和气,却遭到胥吏抵制,"推吏等人,非其所乐闻,只愿狱户充斥,可以骗乞,反怒当职不合疏决,使狴犴一清,更不照例禳被"。最后,两狱头汪仁、刘友刺配

① 洪适:《广州狱空青词》,《盘洲文集》卷 69,四川大学古籍研究所编:《宋集珍本丛刊》第 45 册,第 453 页上、454 页上。
② 石川重雄:《宋代的狱空政策》,戴建国主编:《唐宋法律史论集》,第 207 页。
③ 苗书梅指出:"公吏在州级地方行政中承担了繁重的职能,发挥了很大的作用。但是,权重处易生弊,宋代州府公吏利用手中的权力,主要是借助官府的威势,也干了许许多多危害官府和百姓的事情,甚至成为地方行政中备受文臣士大夫批评的巨大祸害之一……公吏受当时人批评最多的是司法政务中的劣迹。"(《宋代州级公吏制度研究》,《河南大学学报》2004 年第 6 期,第 106 页)
④ 《名公书判清明集》卷 11《人品门·公吏》,"治推吏不照例禳被",中国社会科学院历史研究所、宋辽金元史研究室点校,北京:中华书局,1987 年,第 426 页。

本州牢城，长枷榜众。可见，不同群体之间基于自身利益考量，在狱空问题上并未达成一致意见。由此，围绕狱空后续环节的起建道场产生异议，则在情理之中。

三、不奏狱空与妄奏狱空

不奏狱空与妄奏狱空是宋代司法中始终并存的两类现象。前者指部分良吏勤勉履职、安守职分，对于辖内真实存在的狱空事迹不作刻意申报；后者指官吏希求奖谕、赏赐和升迁，采取瞒报数据、转移狱囚等舞弊手段，制造狱空假象。二者反映的实质是宋代官员从政道德的巨大差异，以及狱空奖励规则在设计与运行中存在的内在缺陷。

（一）不奏狱空

不奏狱空是指有司长官放弃通过申奏获得恩赏的行为，反映了部分良吏缄默理政、深藏功名的官德与节行。与妄奏狱空相比，宋代士大夫不奏狱空因事例稀见，故而愈显珍贵。黄裳《中散大夫林公墓志铭》曾记知福州兼本路兵马钤辖林积核实辖区狱空事：

> 下车及期，政行讼简，狱吏禀白："今听奏者一二人耳，前日多于此，且寄县舍，以狱空闻于朝。"公曰："既有听奏者，岂得以为空耶？诬上邀誉，非予之志也。"自是，僚属事无小大，责实而后告。①

狱吏转移、寄存狱囚后炮制"狱空"，并公然直禀长吏，申请奏报朝廷。显然，基层狱吏并不认为上述做法存在瑕疵，亦无须进行任何遮掩。或许，宋代盛世图景下不断涌现的狱空事例中，通过"技术"手段人为塑造者应非个别。长官与属吏之间基于共同利益所形成的默契与配合，也应当是狱空事务中的官场行规。

林积所言"诬上邀誉"四字，生动描摹了部分官吏奏报狱空的卑劣手段和龌龊目的。墓志言"公之遇事，勤恒而精审，事无小大，预为条目，故其处繁若

---

① 黄裳：《中散大夫林公墓志铭》，《演山先生文集》卷33，四川大学古籍研究所编：《宋集珍本丛刊》第25册，第49页下—50页上。

简，吏无所容其奸"。归根结底，福州属县"不奏狱空"仍得益于长官林积本人之个人自律和勤勉。然而，若以德性修养作为维系政务运行基础，其适用范围和实施效力自然受到怀疑。

与历史上开封府频繁奏报狱空形成鲜明对比的是，范百禄主政开封期间，竟以"圄空不自言"著称。① 元祐六年（1091）二月癸巳，"翰林学士范百禄为龙图阁学士、权知开封府"。② 关于他不奏狱空的事迹，《资政殿学士范公墓志铭》《宋史》《东都事略》所记略异：

> 《资政殿学士范公墓志铭》：始视事，留狱无虑千人。公审核精敏，未及月，廷无留事。凡为开封者多略细务，公独省民事如他州，日阅牒诉五百号。未尽五月，盗贼畏，争讼息，狱无系者。僚属请以圄空言，公曰："千里之县，而无一人之狱，此上德所格，岂守臣之功邪？"固请不听。③

> 《东都事略》：僚属以圄空，欲百禄言于朝。百禄曰："千里之圻而无一人之狱，此上德所格，岂尹功邪？"④

> 《宋史·范百禄传》：勤于民事，狱无系囚。僚吏欲以圄空闻，百禄曰："千里之畿，无一人之狱，此至尊之仁，非尹功也。"不许。⑤

可以认为，开封府出现狱空，应归功于范百禄勤于吏事，悉心剖决。而对于治下圄空局面的形成，范氏却将其视为本职庶务拒绝申报。需要指出的是，从墓志到本传，叙述文字虽大幅删削，叙事核心却始终聚焦于称颂君主盛德。

近百年后，《东都事略》有关范百禄不奏狱空事迹，为临安守臣张构援引。淳熙十二年二月临安狱空，孝宗降诏奖谕，诏书后附跋文曰："昔范百禄守开封，

---

① 《新编翰苑新书·前集》卷42《京尹》"圄空不自言"，《北京图书馆古籍珍本丛刊》第74册，第359页。

② 《续资治通鉴长编》卷455，哲宗元祐六年二月癸巳，第10903页。

③ 范祖禹：《资政殿学士范公墓志铭》，《太史范公文集》卷44，北京大学《儒藏》编纂与研究中心编：《儒藏》（精华编）第291册，第598页。

④ 王称：《东都事略》卷77《范百禄传》，孙言诚、崔国光点校，济南：齐鲁书社，2000年，第647页。

⑤ 《宋史》卷337《范镇从子百禄传》，第10793页。

尝谓其属曰：'以千里之圻而无一人之狱，此上德所格，岂尹力耶？'可谓知本之言矣。"① 范百禄不奏狱空之论，其影响可谓深远。然而，辇毂之下的开封府奏报狱空事例何其繁矣？范百禄不奏狱空，或可展示其私德高尚，却在客观上导致开封府僚属合法利益普遍受损。

由此，官员一旦作出不奏狱空的抉择，即必须承受相当程度的舆论压力与利益损失。不可否认，不奏狱空美名的获得，必须以牺牲自身和他人切身利益为代价，而这种牺牲很难获得僚属的认同，甚至难于避免沽名钓誉之嫌或被视为不谙人情世故。

不奏狱空的事例在南宋仍可见及，孝宗时司农少卿李浩因揭"贱籴湿恶，隐克官钱"之奸，② 以刚正得名，除大理卿。"故事：寺狱空上表贺，公独不奏。"③ 李浩不按惯例、不奏狱空之事迹，与其性格和私德直接相关，《宋史》本传称李浩"天资质直，涵养浑厚，不以利害动其心。少力学为文辞，及壮益沉潜理义。立朝慨然，以时事为己任，忠愤激烈，言切时弊"。李浩对于通过狱空希求恩赏的官场旧例颇不认同，"不贺狱空"是其得到元代史臣推崇的重要原因。

（二）妄奏狱空

自开宝末年始，奏报狱空已渐趋常态，其中因诸司官僚有效治理而实属结绝、狱空者，自当激奖擢拔，彪炳史册。然而，因博取声名、逃避考核、希求奖赏等因素炮制狱空行为，则对宋代司法秩序的正常运行构成严重侵害。由于"宋代朝廷上下大兴'狱空'之风，以至在各地官员中造成一股谎报狱空以求赏赐的不正之风"。④

实践中，拒收案件、草率裁断、转移系囚等，成为制造狱空的主要方式。权东京留守陈尧叟"虽大辟罪亦止面问状，亟决遣之，未尝留狱"，得以奏报狱空。上述草率断绝行为引发真宗担忧，景德四年二月戊辰朔，"上曰：'尧叟素有裁

① 潜说友：《咸淳临安志》卷 40《诏令一·国朝·孝宗皇帝》，王国平总主编：《杭州文献集成》第 41 册，第 401 页。
② 《宋史》卷 388《李浩传》，第 11905 页。
③ 张栻：《吏部侍郎李公墓铭》，《新刊南轩先生文集》卷 37，四川大学古籍研究所编：《宋集珍本丛刊》第 60 册，第 217 页下。
④ 张凤仙：《试析宋代的"狱空"》，《河北大学学报》1993 年第 3 期，第 23 页。

断，然重事宜付有司案鞫详察。'因密加诏谕焉"。① 大中祥符二年十一月一日，权判刑部慎从吉言："近邠、沧二州勘鞫大辟囚干诖数人，裁一夕即行斩决……如此则不体朝旨，邀为己功，但务狱空，必无所益。欲望依准前诏，不得奖谕。"② 他还奏请严格核查州、县禁囚状况，及有无责保、寄店等隐瞒情形。

然而，直至徽宗朝，各类炮制狱空现象仍屡见不鲜。据宣和二年臣僚言："比年官吏希求恩赏，治狱者务作狱空，辄不受辞。又寄留囚徒于他所，致有逃逸。断刑者务作断绝，灭裂卤莽，用刑失当，有以妇人配隶千里者。"③ 可见，追求赏赐擢拔和逃避职责考核，是造成官吏弄虚作假、妄奏狱空的两类主要原因。更有甚者，为迎合朝廷粉饰太平和官僚希求恩赏的现实需要，官吏以欺隐枉法为捷径，以阿谀奉承为能事，诸司狱空竟与路不拾遗、狱生芝草、甘露下降等各类所谓"祥瑞"相互关联。

正如有学者所言，"狱空是高级官僚和喜好狱空的皇帝之间沟通的一种方式，其中的政治意涵不言而喻"。④ 政和五年十一月十一日，文武百僚、太师鲁国公蔡京等言："伏睹开封尹盛章奏，本府狱空，道场有甘露降于右狱桎柳桑上，夺目耀日，灿如珠玑。京等奉表称贺，乞宣付史馆。"⑤ 政和六年三月，赵鼎臣《代开封尹奏获到阑遗物札子》甚至说开封府辖内"狴犴廓然，无有留狱。吏卒束笞，棰聚桎梏而昼睡。行路之人，舒愉胖肆，意若委货财而寓诸国家也"，⑥ 其真实性令人生疑。

此外，从部分行状、墓志中，也可知悉宋代存在大量炮制狱空现象。据《宋史·向子谞传》，元符三年（1100），向子谞知开封府咸平县，"豪民席势犯法，狱具上，尹盛章方以狱空觊赏，却不受，子谞以闻，诏许自论决。章大怒，劾以他事勒停"。⑦ 《徽猷阁直学右大中大夫向公墓志铭》则透露出本案更多信息，

---

① 《续资治通鉴长编》卷65，真宗景德四年二月戊辰，第1444页。
② 《宋会要辑稿·刑法四》，第8492页。
③ 《文献通考》卷167《刑考六·刑制》，第5010页。
④ 王忠灿：《从制造"狱空"看宋代官僚司法的特征》，《许昌学院学报》2018年第11期，第83页。
⑤ 《宋会要辑稿·瑞异一》，第2605页。
⑥ 赵鼎臣：《代开封尹奏获到阑遗物札子》，《竹隐畸士集》卷9，景印文渊阁《四库全书》第1124册，第118页下。
⑦ 《宋史》卷377《向子谞传》，第11639页。

"豪民马氏倚荫犯法，狱具上，府尹盛章方以圄空觊赏，却不受。公直以闻，诏许自论决，章大怒，劾公以修学市木不如其直，请御宝特勒停"。①

当然，府尹盛章所庇豪民，或不止马氏一人。淳熙十二年十一月，许及之为其岳父洪适撰写的《宋尚书右仆射观文殿学士正议大夫赠特进洪公行状》，记载了绍兴十七年台州通判洪适揭发属县妄奏狱空的事例。"尝行县，至黄岩，令以系囚十数辈匿堂庑间，诡以狱空告，公坐令听事，闻大呼声，即诘视。诸囚皆叫号称冤。"② 洪适后竟因台守迎合秦桧，遭遇弹劾免官。向子諲、洪适因揭举妄奏狱空遭遇长官陷害，暴露出宋代妄奏狱空现象普遍存在，也反映出核验、纠举此

---

① 汪应辰：《徽猷阁直学右大中大夫向公墓志铭》，《汪文定公集》卷11，四川大学古籍研究所编：《宋集珍本丛刊》第46册，第105页下。

② 洪适：《盘洲文集》附《宋尚书右仆射观文殿学士正议大夫赠特进洪公行状》，四川大学古籍研究所编：《宋集珍本丛刊》第45册，第532页下—533页上。《建炎以来系年要录》将此事归于曾恬，"许及之撰恬行状云：通判台州将终更，忠宣有英州之谪，台守与公不相能，公尝行县至黄岩，令以系囚十数辈匿堂庑间，诡以狱空告。公坐厅事，闻大呼声，即诘视诸囚，囚皆叫号称冤，因备其事申诸司，归白守，守以为不关白长官，撰弹文迎秦意秦，讽言官上之，坐免官"（卷156，绍兴十七年十一月丁丑注，第2695页），显误。据《高邮军曾使君墓志铭》，曾恬育有二子、五女，"适朝奉大夫、军器监丞魏叔介，承事郎、激赏酒库所干办公事王镎，进士毛适、元粹，一在室"（韩元吉：《南涧甲乙稿》卷21，第405页）。又据嘉泰元年周必大《丞相洪文惠公（适）神道碑》，洪适"女三人。长早卒；次适通奉大夫、同知枢密院事许及之女，前卒；次适朝散大夫、两浙西路提点刑狱公事薛绍"（周必大撰，王瑞来校证：《周必大集校证》卷67，上海：上海古籍出版社，2020年，第998页）。洪适女婿正为许及之，与前引《行状》相合，则揭发黄岩县妄奏狱空者，当属洪适无疑。柏文莉指出："至少在宋代，为男女撰写的墓志一般提供诸子的姓名，如有可能，也会提供诸子的官品，以及女婿们的名衔，由于这些书写习惯——特别是亲戚关系网中不止一人有墓志——则往往可能重构多代家族和姻亲关系……7至13世纪墓志中对于祖先的关注转移了，反映了这一时期祖先在决定社会身份地位上重要性的下降……宋初墓志，通常提供诸子与女婿们的名字，也经常提供他们的官衔。11世纪中叶，实际上所有墓志均提供儿孙、女婿，甚至间或孙女婿的名字，在可能的情况下也会提供他们的官衔，这是整个宋代墓志书写的规则。值得注意的是，宋代墓志撰者讨论墓主后代时，尤其关注科名与仕宦成就。"（《权力关系：宋代中国的家族、地位与国家》，刘云军译，南京：江苏人民出版社，2015年，第12、17、19页）吴铮强则对宋代墓志的社会史价值有所抉示："碑刻史料保存着某些家族墓地的墓志文献，是研究地方家族史的珍贵史料；某些碑刻墓志反映了传主家庭婚姻的世俗面向，与文集墓志形成鲜明反差。"（《文本与书写：宋代的社会史——以温州、杭州等地方为例》，北京：社会科学文献出版社，2019年，第80页）

类司法舞弊行为的巨大难度。

与上述二例相比,哲宗朝钱勰"狱空不实"案则显得更为复杂。元祐三年三月二十八日,"开封府狱空,诏付史馆,权知府钱勰转一官,推官赐章服"。至同年九月七日,狱空所涉知府、推官、判官却因奏报失实遭遇责罚,"龙图阁待制、权知开封府钱勰知越州,朝散大夫、仓部郎中范子谅知蕲州,朝奉大夫、新差提点河北西路刑狱林邵知光州,仍各罚铜二十斤,内勰展三年磨勘,邵展二年磨勘"。①

依照惯例进行的狱空酬赏为何会发生颠覆性反转?《宋会要辑稿》对钱勰妄奏狱空案的来龙去脉言之甚详,对此,《东都事略》的记录也可资佐证,"元祐初,知开封府,迁给事中。复以龙图阁待制知开封府,以系囚别所迁就圄空,出知越州,易瀛州"。② 本传所言"迁就狱空"即是对"狱空不实"之曲笔。然而,李纲撰《钱勰墓志》则基于为逝者讳的书写传统,对该宗狱空案件作出过度回护,"三年春,以狱空迁秩,公辞,不得已乃受。而言者复论狱空非实,公不自明,力丐补外,乃以本职知越州,兼两浙东路兵马钤辖"。③

显然,墓志承认墓主狱空不实一事,却刻意改写钱勰遭遇弹劾及获罪外贬等情节,《宋史·钱勰传》进而将狱空不实外贬一节写作"积为众所憾,出知越州,徙瀛州"。④ 右正言刘安世曾对钱勰等炮制狱空情节进行揭露,"今开封官吏,以大辟之囚权令寄厢,敢肆诞谩,谓无一人之狱。朝廷信用其奏,亟推厚赏,进官锡服,几二十人"。⑤ 钱勰等通过转移系囚实现"狱空",并按照惯例得以宣付史馆、转迁赐服。元祐三年八月,钱勰狱空事遭到质疑,"中书劾其诈,诏勰分析,并下法寺约法"。据刘安世奏状言:"台臣抗章弹其缪妄,陛下付之执政,按见实迹。"可见,朝廷曾差遣御史验实此事。

然而,哲宗却认为若过度处置此事,可能导致朝廷颜面无存,"昨钱勰等奏狱空,盖因三院实无禁系,假此可以风化天下;况又宣付史馆,今若便作妄冒断

① 《宋会要辑稿·刑法四》,第8493页;《宋会要辑稿·职官六六》,第4846页。
② 王称:《东都事略》卷48《钱勰传》,第384页。
③ 李纲:《宋故追复龙图阁直学士赠少师钱公墓志铭》,《李纲全集》卷167,王瑞明点校,长沙:岳麓书社,2004年,第1546页。
④ 《宋史》卷317《钱惟演附钱勰传》,第10350页。
⑤ 刘安世:《论开封官吏妄奏狱空冒赏事》,《尽言集》卷2,上海:商务印书馆,1936年,第25页。

遣，恐有伤事体。卿等更宜详酌施行，所有已进入约法等文字，更不降出"。①
直至九月七日，方对开封府一众涉案官员进行处分。此后，刘安世又因"皵等所
犯情实欺君，考之公论，皆谓责之太薄，而名且不正。事关国体，须至论列"，
却未能改变朝廷对钱皵、范子谅、林邵所作处分。

针对妄奏狱空之一司法痼疾，宋廷主要采取以下应对措施。其一，细化标
准。淳化三年四月十二日诏："诸州须司理院、州司、倚郭县俱无禁系，方得奏
为狱空。"即地方州府奏报狱空，须以辖内诸狱及属县皆无系囚为条件。同时规
定，地方守臣"自勤发遣致狱空者，仰长吏勘会诣实，批书印历，更不降诏奖
谕，并依《编敕》施行"。②淳化三年狱空标准细则，为大中祥符二年五月壬午
诏所重申，"诸州奏狱空，须州司司理院、倚郭县俱无囚系，方为狱空"，并要求
刑部按旬核实，"每奏到，刑部将旬奏禁状一处点对，如应得元敕，特降诏
奖谕"。③

其二，同僚纠举。太平兴国七年（982）八月十五日，两浙路转运使高冕言：
"'部内诸州系囚甚多，盖知州、通判慢公，不即决遣，致成淹延。或虚奏狱空，
隐落罪人数目，以避朝廷按问。望自今虚奏狱空及见禁人状内落下人数、隐缩入
禁月日者，许本州官吏互相申纠，重行朝典。'从之。"④与此同时，朝廷设立赏
格奖励纠举隐瞒罪囚者，据《宋史·刑法志》，"妄奏狱空及隐落囚数，必加深
谴，募告者赏之"。⑤

其三，有司核查。宋代刑部、御史台负责核实狱空事迹。《宋会要辑稿》引
《神宗正史·职官志》："若狱空或断绝，则刑部验实以闻。"⑥《宋史·职官志》
又曰："若狱空或断绝，则御史按实以闻。"⑦大中祥符二年五月八日，针对银台
司奏饶、歙二州狱空奖谕事，诏"今后乞先委刑部将旬奏禁状点勘不谬，即具奏

① 《续资治通鉴长编》卷413，哲宗元祐三年八月庚子，第10043页。
② 《宋会要辑稿·刑法四》，第8492页。
③ 《续资治通鉴长编》卷71，真宗大中祥符二年五月壬午，第1609页。
④ 《宋会要辑稿·刑法四》，第8492页。
⑤ 《宋史》卷199《刑法志一》，第4969页。
⑥ 《宋会要辑稿·职官二四》，第3657页。
⑦ 《宋史》卷165《职官志五》，第3900页。

降诏。刑部点勘如依得《编敕》，即具以闻"。①

元丰七年四月十九日，大理卿王孝先言本寺狱空，诏降敕奖谕。神宗以开封府、大理寺比岁务为狱空，恐希赏不实，诏"自今有司上狱空，令御史台、刑部按实"。② 绍兴十九年，湖广、江西、建康府皆言甘露降，诸郡奏狱空。三月丙申，高宗在与秦桧议论时指出，"闻诸郡奏狱空，例皆以禁因于县狱或厢界寄藏，此风不可滋长。自今有奏狱空者，当令监司验实，如有妄诞，即行按治，仍命御史台察之"。③

宋代惩治妄奏狱空行为的不懈努力，在部分案例中得到充分体现。

大中祥符三年正月己未，"两浙提点刑狱、太常博士皇甫选罚金三十斤，徙江南路。选以部内系囚悉寓禁他所，妄奏狱空，为知杭州王济所发，故有是责"。④ 除《续资治通鉴长编》所言转移系囚以外，皇甫选炮制狱空的手段还包括滥行保释。据《三朝训鉴》，"选务欲所部狱空，常戒诸州，无得禁人。若词讼未辨，止令知在，曲直邪正，无以辨明"。⑤

不奏狱空与妄奏狱空两类司法现象，客观上触及了宋代司法体制核心问题。对于客观存在的狱空事实，仅凭长官一人好恶，即可作出奏报与否的决断，而此类决断是否存在刚愎自用抑或渎职妄为之嫌疑？官僚与胥吏阶层对妄奏狱空所采取的各类舞弊手段熟视无睹或心照不宣，是否说明朝廷推崇的所谓"狱空"体制本身不尽合理？客观、审慎、公正的司法裁断，不应被狱空虚名所裹挟，狱空本身更不应成为君臣共同制造所谓"盛世"想象的陈设饰物。

作为宋代司法体制重要组成部分，狱政庶务和狱空事例，从不同维度展示宋人"政简刑清"的施政观念。见于正史、方志、碑铭、文集、杂著的中央和地方狱空事迹，生动反映了宋代中央和地方体恤民瘼、勤于庶务、留心狱事的历史事实。由各类"故事"组成的狱空惯例体系，则成为印证宋代奖谕良吏、清理滞狱、弘扬风教等治理理念的时代见证。

---

① 《宋会要辑稿·刑法四》，第 8492 页。
② 《宋会要辑稿·刑法四》，第 8493 页。
③ 《建炎以来系年要录》卷 159，绍兴十九年三月丙申，第 2732 页。
④ 《续资治通鉴长编》卷 73，真宗大中祥符三年正月己未，第 1650 页。
⑤ 江少虞：《宋朝事实类苑》卷 3《祖宗圣训·真宗皇帝》，上海：上海古籍出版社，1981年，第 27 页。

结　论

　　"狱空"是与儒家"无讼"、"无刑"、"无狱"理想相辅相成的司法理念，更是中国传统天人合一、衡平阴阳、征召和气等精神禀赋在宋代司法中的具体反映。

　　宋代狱空具有以下特点。第一，开创性。与前代相较，宋代狱空具有历史首创价值。作为一类专门司法现象，"狱空"基本不见于新旧《唐书》《册府元龟》《资治通鉴》《唐会要》和新旧《五代史》《五代会要》等唐五代文献，直至宋代，狱空才逐渐成为司法体制的重要组成部分。宋代是"现象性狱空"转向"规则性狱空"的关键节点。第二，规范性。宋代开始，伴随狱空事例大量涌现，关于狱空的奏报、核验、处置及大量附属于狱空的惯例规则渐趋完善，其中所涉行事规程、公文体例和评价机制等初步形成。第三，延续性。宋代狱空在元明清三朝地方社会治理产生深刻影响，狱空文化成为品评政务运作、官员政绩、区域风化的重要指标，这一点在不同历史时期的方志中得到突出反映。

　　"狱空故事"也深刻反映宋代司法行政管理中的两难境遇。结绝、狱空之制以疏决牢狱、消弭冤狱为目标，若将狱空纯粹视为日常公务，则宋代司法中长期存在的滞狱痼疾必将进一步恶化。因此，以各类奖励为中心的"狱空故事"体系形成，其目的显然在于刺激官吏勤于狱事。然而，在名誉、物质、职务等现实利益强烈刺激下，众多法司官员、属吏往往难以免俗。狱案断绝导致催促狱空，奏报表贺衍生虚浮表札，降诏奖谕催生狱空乱象，甚至起建道场都可能因侵害狱卒利益而遭遇激烈抵制。由此，追求狱空乃至炮制狱空等行为成为必然。更有甚者，个别狱吏通过勒索、胁迫等手段获得高于官方奖励标准的经济回报，人为淹延狱事也非个别现象。如何在赏、刑两种驭下手段间求得平衡，借此有效保障狱政清明，成为宋代管理者和司法者必须直面并思考的问题。

　　宋代狱空是虚实相间、善恶互见、利弊并存的司法现象，是宋人精神理想与严酷现实相互绞绕所形塑的生动图景。作为一种司法制度革新的探索，"狱空"反映了宋代司法文明的努力方向，是宋代作为中国古代司法高峰的真实写照。

〔作者陈玺，西北政法大学法治学院教授。西安　710122〕

（责任编辑：管俊玮）

明代隆庆和议与九边阅视制的设立及运行

刘 勇

摘 要： 隆庆和议标志着明朝与蒙古关系的重要转变。和议推动者为实现由战到和的国策转变，主动提出在原有监督体系之外增设九边阅视制，以加强监管九边防务，借此消除反对者对和议可能削弱明朝边防的担忧。当和议实现后，九边阅视制很快失去助推国策转变的价值，仅存制度层面的补充监督功能。在明蒙维持和议前提下，九边阅视既是明廷应对与蒙古发生摩擦乃至政治危机的制度工具，也是通过利益兑换强化控制边镇的手段，还为边镇官员提供定期套利机会，因此时断时续地维持到明朝灭亡。

关键词： 隆庆和议 九边阅视 监察制度 明代

隆庆五年（1571），明朝政府实现了对蒙古政策的和议转变，九边阅视制作为和议政策的配套制度应运而生。在该制运行十余年后成书的万历《大明会典》（以下简称《会典》）中，部分规则被放在原有边镇"巡阅"制度之后，置于《兵部》的"镇戍·各镇通例"下：

> 凡巡阅……隆庆五年题准：虏众内附，边患稍宁，严饬各边督抚将领整顿边事，将积钱粮、修险隘、练兵马、整器械、开屯田、理盐法、收胡马、散逆党等八事，从实举行。以后三年一次，分遣才望大臣，或风力科道官三员：一往延宁甘固，一往宣大山西，一往蓟辽保定，阅视回奏。果著有劳绩，与擒斩同功；若仍袭故常，与失机同罪。

> 万历十二年题准：阅边官员，查照原限，各宽一月，延宁甘固十一个

月，宣大、蓟辽六个月，行令遍历各镇。

十三年，令阅边差官暂罢，敕各该巡按御史遍阅所属地方边备，及查盘钱粮、稽核工程，一并奏报，该部覆请，分别赏罚。又令巡抚、总兵官，俱依期巡阅沿边地方，不许专驻一城。①

值得注意的是，《会典》主要由内阁首辅张居正主导编纂完成，②而他正是当初积极推动实现隆庆和议的次辅。换言之，为助推和议而设的九边阅视制，在和议实现仅十余年后，就被推动者塞进《会典》原有的边镇监察体系。显然，这是试图以原有地方监察体系的"旧瓶"，装九边阅视制的"新酒"。或因此，明代典制文献对九边阅视制缺乏系统记载，以致后来的研究者无法清晰描绘其基本轮廓，也未能准确将其与明代原有地方监察制度区分开来。

由于九边阅视制与攸关明朝安危的九边防务密切相关，它从未彻底失去制度功能，而是随着明蒙关系的变化，时强时弱地发挥作用，直至明亡。因此，本文首先试图勾勒九边阅视制的提出背景、设立过程，进而考察其在万历前期的运行情况与趋势，并对万历十九年（1591）张栋阅视固原镇展开个案分析，细致、深入考察阅视实践、册籍虚文与边镇现实之间的落差，最后兼及九边阅视制在明末时断时续的运行概况。笔者希望通过九边阅视制的个案研究，观察反思中国历史上为推动重大政策转变而临时设立的制度及其运作机制和成效，特别是在短期政治目标实现后，新设制度的运行实况及其与原有制度体系的互动，借此探究传统王朝国家的制度更生与内在整合。

一、因政设制：隆庆和议与九边阅视制的设立

隆庆五年夏秋之交，明廷围绕是否借蒙古首领俺答之孙把汉那吉来投事件实现明蒙关系由战到和转变，产生的争议已持续近一年。七月十八日，和议推动者

---

① 万历《大明会典》卷132，《续修四库全书》，上海：上海古籍出版社，1995年，第791册，第338—339页。

② 《会典》从万历四年六月开始编纂，十五年正月正式进呈，历6任总裁，故难以精确描述纂修过程中的体例和内容变动情形，但主要编纂工作是在张居正主政时完成的。参见原瑞琴：《〈大明会典〉研究》，北京：中国社会科学出版社，2009年，第97—107、401—408页。

内阁首辅高拱领衔上疏，提出增设九边阅视制，加强对边镇防务的监督，试图以此消除反对者对和议实现后可能削弱边防的担忧，从而为尽快实现和议增添助力。

高拱首先强调，在朝廷围绕和议争论期间，明蒙短暂和平已带来各种利好，"数月之间，三陲晏然，曾无一尘之扰，边氓释弋而荷锄，关城熄烽而安枕，此自古希觏之事，而今有之"。接着陈述坚持"仰奉宸断，赞成大计"的三个理由：第一是顺应俺答汗请求，"可以息境土之蹂践，可以免生灵之荼毒，可以省内帑之供亿，可以停士马之调遣，而中外皆得以安"。第二是能在政治上发挥更广泛的连带效应，"彼输诚叩首，称臣请贡，较之往岁呼关要索者，万倍不同……故直受而封锡之，则可以示舆图之无外，可以见桀犷之咸宾，可以全天朝之尊，可以伸中华之气。即使九夷八蛮闻之，亦可以坚其畏威归化之心"。这两点是据以往经验即可看出的"目前之计"，真正重要的是第三点，即面向未来的"久远之计"，通过和议暂时羁縻蒙古，为明朝修举战备和整顿边政赢得时间，以便彻底掌握主动权。值得注意的是，高拱还以"黠虏叛服无常，必无终不渝盟之理"为由，暗示和议只是应对现状的短期策略。[1] 这也是身处对蒙前线的大同巡抚方逢时和宣大山西总督王崇古等和议推动者的一致意见。

早在隆庆四年底，方逢时在向高拱、张居正汇报"虏情"书信中，就指出若实现和议，"边境可保数年无事"。[2] 王崇古也强调："俺答果向顺……中外两安。即此天未阴雨之时，正我绸缪牖户之日……万一俺酋弗率，违背前好，侵我边疆，即将闭关绝使，整戈秣马，与之驰驱疆场。"[3]

万历元年底，王崇古以原职协理京营戎政并入京履任，方逢时继任宣大山西

---

① 高拱：《虏众内附边患稍宁乞及时大修边政以永图治安疏》，《高文襄公集》卷3《纶扉外稿》，《四库全书存目丛书》，济南：齐鲁书社，1997年，集部，第108册，第39—40页。

② 方逢时：《大隐楼集》卷12《与内阁高、张论虏情书（五）》，李勤璞校注，沈阳：辽宁人民出版社，2009年，第205页。

③ 王崇古：《少保鉴川王公督府奏议》卷4《为再奉明旨条议北虏乞封通贡事宜以尊国体以昭威信事》，张志江点校，上海：上海古籍出版社，2021年，第134页；又以《再奉明旨条议北虏封贡疏》为题，收入徐孚远、陈子龙等辑：《明经世文编》卷316，北京：中华书局，1997年，第3358页。

总督，显然是为了更好延续明蒙和议及落实相关政策。方逢时向内阁和兵部陈情，贡市只是"吾武德之不竞，无以制虏酋之死命"的不得已之举，希望"边阃之臣"不要以贡市为功，并表示和议并不"可久而可恃也"，只是"自修自强"的临时策略。方氏在致宣大巡按御史陈文燧信中表达了同样观点，直到万历三年十一月初三日，方氏仍坚持"盖将假以羁縻狂狝，以为自治自强之计也"。①

作为和议的有力推动者，高拱在抛出前述"久远之计"后，强调当前正是明蒙交涉转向的良机：

> 若不思社稷之深计，不识朝廷制驭之微权，苟见一时宁息，遂尔怠玩偷安，无复备戒之虑，沿习故套，搏弄虚文，止图苟免一身，罔顾贻患来者，则不惟良时一过，不可再得，而从此边备浸弛，久愈难振，卒然有变，将何以应？则是利未得而已博其害，虏未制而反制于虏，所谓病加于小愈，乃大乱之道也。而臣等一念谋国之忠，他日番成误国之罪矣。

与此同时，针对反对者认为和议将导致边防削弱，高拱请求在严饬相关督抚将领边臣外，增设新的阅视制度：

> 再乞每年特差才望大臣，或风力科道官二三员，分投阅视，要见：钱粮比上年积下若干，险隘比上年增修若干，兵马比上年添补若干，器械比上年整造若干，其他屯田、盐法以及诸事俱比上年拓广若干，明白开报。若果著有成绩，当与擒斩同功；若果仍袭故常，当与失机同罪，而必不可赦……如是，则边方之实政日兴，中国之元气日壮，庙堂得坐胜之策，而宗社有永安之庥。②

---

① 方逢时：《大隐楼集》卷 12《与内阁兵部论虏情书》《与陈巡按论虏情书》、补遗《审时宜酌群议陈要实疏》，第 206、208、311 页；《明神宗实录》卷 44，万历三年十一月丁酉，台北：台湾"中研院"历史语言研究所校印本，1962 年，第 988—989 页。

② 高拱：《虏众内附边患稍宁乞及时大修边政以永图治安疏》，《高文襄公集》卷 3《纶扉外稿》，《四库全书存目丛书》，集部，第 108 册，第 40—41 页。

初步明确阅视制的主要内容：由"才望大臣"或"风力科道官"任阅视官，每年以特差形式，阅视钱粮、险隘、兵马、器械、屯田、盐法等情况，朝廷根据阅视报告对受阅官员进行奖惩。

按当时行政运行规则，这一由内阁首辅高拱领衔的奏疏，最终还得由高拱票拟圣旨。高拱文集所收此疏末录："奉圣旨：'边境既宁，边政正宜及时修举，览卿等奏，具见为国深远忠猷。着兵部看议来行。'"①《明穆宗实录》抄录此疏后指出："疏入，上嘉纳之，亟下所司议行。于是，兵部复条上八事。"②

隆庆五年七月二十四日，经兵部"看议"后，由以吏部尚书管理兵部事的杨博上疏，在重申高拱的三个理由基础上，提出具体落实办法：

> 至其详论内治要领，则欲乘此闲暇积钱粮，修险隘，练兵马，整器械，开屯田，理盐法，广收胡马，解散逆党。更有沉机密画不可明言者，皆将次第举行。且责成本兵，与边臣内外协心，着实整顿。仍乞敕谕边臣及遣官阅视，比照获功、失机，分别功罪以示劝惩各一节……仍望皇上俯赐采览，将宣、大、山西、延绥、宁夏、固原、甘肃七镇总督、镇巡官各赐敕一道，令其破格整饬，应便宜者便宜施行；果有改弦易辙，应奏请者明白具奏。候隆庆六年十月以后，分遣才望大臣前去阅视，从实回奏。③

同高拱的提议相比，杨博倾向于派遣"才望大臣"任阅视官，排斥"风力科道官"；他全盘接受高拱六项内容，增加"收胡马"和"散逆党"；建议将阅视情况比照军事行动中的获功与失机进行奖惩；随后还将阅视内容具体化，"通候

---

① 高拱：《虏众内附边患稍宁乞及时大修边政以永图治安疏》，《高文襄公集》卷3《纶扉外稿》，《四库全书存目丛书》，集部，第108册，第41页；《高文襄公集》卷25《伏戎纪事》收此疏末云："奏上，上嘉纳。得旨：'边境既宁，边政正宜及时修举。览卿等奏，具见为国深远忠猷。着兵部看议来行。'于是，兵部覆皆如议。"（《四库全书存目丛书》，集部，第108册，第339页）
② 《明穆宗实录》卷59，隆庆五年七月戊寅，第1444—1449页。
③ 杨博：《杨襄毅公本兵疏议》卷21《覆大学士高拱等建议责成宣大等七镇边臣及时整饬边政疏》，《杨博奏疏集》，张志江点校，上海：上海古籍出版社，2018年，第1143—1146页。

大臣至日阅视施行"，得到皇帝同意。① 七月二十七日，杨博在申饬蓟州、昌平二镇秋防事宜七条中，借末条"修内治"再次呼应高拱倡导设立的阅视制，发动九边官员"随宜修举"，亦得圣旨同意。② 王崇古于十月初六日领到敕谕，在随后题本中抄录了敕文；辽东巡抚张学颜领到的敕文，被收入《四镇三关志》。③ 敕文主要综合高拱和杨博的奏疏而成，所述"以后每年听行边大臣查核纪验，果能事事整饬，著有实绩"中的"行边大臣"，即指阅视大臣。

在监察御史方面，直隶巡按刘良弼上奏响应阅视提议，指出"北虏互市已毕，羁縻之术似亦可观，而隐忧潜伏，渐不可长"，详细开列边镇出现的新问题"六渐"，建议"早图预待"。对此，杨博于八月初五日复疏重申阅视建议，隆庆皇帝予以认同。④

在督抚方面，大力推动并促成隆庆和议的王崇古，⑤ 始终密切关注并积极响应高拱和杨博的倡议，并在隆庆五年十二月初七日"条陈边计八事"，就修险隘、练兵马、收胡马、散逆党、积钱粮、理盐法、开屯田、整器械提出详细建议，入奏后"下所司议，俱从之"。⑥ 杨博复疏大加赞赏，随即以兵部名义对修险隘、练兵马、收胡马、散逆党详加说明，并建议"候大臣至日阅视施行"，皇帝予以赞同。⑦

① 杨博：《杨襄毅公本兵疏议》卷21《覆大学士高拱等建议责成宣大等七镇边臣及时整饬边政疏》，《杨博奏疏集》，第1146页。《明穆宗实录》卷59撮述杨博落实"八事"（隆庆五年七月戊寅，第1450页）。

② 杨博：《杨襄毅公本兵疏议》卷21《责成蓟昌辽保诸镇边臣及时整饬边备疏》，《杨博奏疏集》，第1148—1152页。《明穆宗实录》有摘录，但系于廿九日（卷59，隆庆五年七月己丑，第1452—1455页）。

③ 王崇古：《少保鉴川王公督府奏议》卷6《为虏众内附边患稍宁乞及时大修边政以永图治安事》，第208—209页；刘效祖撰，彭勇、崔继来校注：《四镇三关志校注》卷7《奏疏考·敕巡抚佥都御史张学颜严饬边防》，郑州：中州古籍出版社，2018年，第286页。

④ 杨博：《杨襄毅公本兵疏议》卷21《覆宣大巡按御史刘良弼责成边臣安攘疏》，《杨博奏疏集》，第1153—1154页。

⑤ 王崇古推动和议的情形，参见城地孝：『長城と北京の朝政：明代内閣政治の展開と変容』，京都：京都大学学術出版会、2012年、第183—272頁。

⑥ 《明穆宗实录》卷64，隆庆五年十二月乙未，第1532—1533页。

⑦ 杨博：《杨襄毅公本兵疏议》卷23《覆宣大总督尚书王崇古议修边政疏》，《杨博奏疏集》，第1218—1221页；《明穆宗实录》卷65，隆庆六年正月庚辰，第1570页。

对于阅视官人选问题，隆庆六年闰二月十一日，吏科给事中栗在庭上疏称："今边事稍宁，兵部增设侍郎无所事事，宜改补改部，或总督员缺，及当阅视塞上，即简他部能者，加兵部职衔以往。"① 对吏科而言，兵部由于此前明蒙关系紧张而临时增设的专职侍郎，在和议后已无所事事，正好充任阅视官。

阅视制在即将落地前得到和议推动者的反复预告。隆庆六年三月二十五日，杨博在责成边臣的复疏中，再次强调九边阅视的制度功用，"既而辅臣入告，复蒙特降玺书，于九边文武大吏且悬示赏罚之格，比照获功、失机事例，委任责成，既严且重，力刷旧套，茂建新庸，实惟阃外之事"，建议对边臣的处罚"通候大臣至日查阅施行"。类似预告还见于四月初八日杨博对责成边臣的复疏中。②

同样，和议反对者也开始呼吁尽快落实阅视制。隆庆六年五月二十日前后，王崇古"为虏酋顺义王俺答请乞四事"：请给王印、贡使入京、铁锅互市、给虏酋亲属穷夷抚赏。兵、礼、吏三科都给事中均上疏反对，表示慎酌"封贡"未妥事宜，以杜后患。杨博同户部尚书张守直、礼部尚书兼翰林院学士吕调阳等商议，仍大体同意俺答请乞。③ 尽管此事"已该'会议'区处，特蒙俞允，且令崇古严谕俺答，以后不许年复一年，辄肆请求，以负效忠之名，成启衅之渐"，但至七月二十九日，南京湖广道御史陈堂仍上疏指责："往岁互市之初，巡抚孟重之说曰：'准贡虽后事可虞，不准其贡，灾必当立至，审时度势，不得不从。'边臣之情，大略可见。"由此推测"崇古于虏，亦无可奈何，不过为乞朝廷姑息之恩，以求免罪遣而已"，并强调"自封贡、互市以至于今，已及年余"，应着实举行"内修"举措，及早落实阅视：

惟是防微杜渐，为善后之策，则莫如隆庆五年七月内辅臣所题……八

① 《明穆宗实录》卷67，隆庆六年闰二月丁卯，第1612页。
② 杨博：《杨襄毅公本兵疏议》卷24《覆都给事中梁问孟请责成边臣力修内治疏》《覆宣大巡按御史刘良弼责成边臣预防后患疏》，《杨博奏疏集》，第1262—1263、1265—1266页。
③ 王崇古：《少保鉴川王公督府奏议》卷7《为虏王修贡乞恩酌议贡市未妥事宜慰华夷以永安攘事》，第252—266页；杨博：《杨襄毅公本兵疏议》卷23《会议宣大总督尚书王崇古等条陈封贡事宜疏》，《杨博奏疏集》，第1269—1272页。

事，通行宣大七镇，随宜修举，十月以后，分遣大臣，阅实具奏……臣有以仰见庙谟胜算，不过以封贡、互市为一时权宜，而以为久安长治之计，则不在彼而在此也……臣愚以为，分遣阅视，固不必待十月……今七月以后，正各边防秋之日，且虏情变诈无常，已露于四事之请求，况皇上嗣登大宝，正人心观听之时，尤可乘时一振其耳目，惟早一日申饬，则各边早一日警惕，庶事势不至陵夷，将来有所豫待，或可杜边患于未萌也。①

总之，由熟悉蒙古事务且与之有密切商业联系的督抚王崇古、方逢时推动，经其任部院大臣的亲友张四维、杨博居间联络，最后由首辅高拱、次辅张居正等促成隆庆和议，既是明蒙关系的重要转变，也是明朝基本国策的重大调整。②

尽管有隆庆四年俺答祖孙的突发矛盾为契机，但明蒙关系要想从数十年的对立突然转向和议，仍面临重重阻力。为减少阻力，从内阁首辅、兵部尚书，到相关科道官、总督、巡抚中的和议支持者，③ 刻意淡化和议的政策及政治冲击力度，宣称其只是一项不得已的临时政策，旨在为边镇修举内政从而实现长治久安争取平稳过渡期；同时为防止和议削弱边镇防务，提出设立九边阅视制。

然而，九边阅视在被嵌入制度体系并实际运作后，许多难以预料的问题陆续浮现。如当原本被认为临时性政策的和议被实际上当作长期国策后，作为配套制

---

① 《明神宗实录》卷3，隆庆六年七月壬子，第126—129页。
② 小野和子：《明季党社考》，李庆、张荣湄译，上海：上海古籍出版社，2006年，第36—67页；亨利·赛瑞斯：《明蒙关系Ⅲ——贸易关系：马市（1400—1600）》，王苗苗译，北京：中央民族大学出版社，2011年，第122—132页；Henry Serruys, *The Mongols and Ming China: Customs and History*, ed. Françoise Aubin, London: Variorum Reprints, 1987, pp. 191–245；赵文：《明朝后期对蒙古策略研究》，北京：中央民族大学出版社，2013年，第37—56页；城地孝：『長城と北京の朝政：明代内閣政治の展開と変容』、第197—256頁。
③ 封贡争议期间，内阁曾下令兵部编辑《兵部奏疏》，希望借此收集有利于内阁和督抚主张封贡的意见，城地孝的研究将和议的推进派、消极派双方观点和政治过程展现出来。城地孝：《俺答封贡与隆庆五年（1571）三月的廷议——兼谈〈兵部奏疏〉的史料价值》，张显清主编，中国明史学会编：《第十三届明史国际学术研讨会论文集》，长沙：湖南人民出版社，2011年，第544—562页。

度的九边阅视该如何定位？边镇该如何筹措和议带来的包括抚赏费在内的新支出？① 阅视制又该如何施行新的应对措施？同时，对和议前的捣巢、赶马、烧荒等政策，在新形势下如何调整才不致过多冲击既得利益与损害基本生计？与朝廷围绕国策转变的争议不同，对边镇督抚、将领、士卒、部落等而言，上述变动影响其利益和生计；② 阅视官则将直面这种巨大落差。

二、降格运行：万历前期六次阅视实践

从万历元年九边阅视制首次付诸实践起，到十八年发生严重冲击明蒙和议关系基调的洮河之变以前，明廷先后 6 次实行九边阅视制。在实际运行中越来越降格执行，呈现每况愈下的趋势。根据这一趋势，可将六次阅视活动分为三个阶段：

第一阶段是万历元年和四年的最初两次阅视，严格按照设定的高标准执行，集中体现在阅视官由专遣大臣担任。

第二阶段是万历七年和十年的两次阅视，明显被降格执行，集中体现在阅视官不再由大臣担任，改由科臣担任。

第三阶段是万历十三年和十六年的两次阅视，几乎处于名存实亡的地步，集中体现在罢遣阅视专官，阅视差使改由当地巡按御史兼任。

下文主要根据《明实录》、内阁阁臣和部分阅视官文集等存世文献，分阶段述析六次阅视的运行情况。

（一）郑重其事的前两次阅视

隆庆六年六月二十一日，以吏部尚书身分管理兵部事务的杨博奉旨回吏部管

① 吴兆庆：《明后期宣大山西三镇马市市本来源考述——兼述抚赏银在市本中的作用》，《中国经济史研究》2021 年第 5 期；刘利平：《从马政到财政：明代中后期太仆寺的财政功能和影响》附录"明成化至万历间太仆寺常盈库支出一览表"，北京：中华书局，2021 年，第 327—353 页。

② 特木勒：《夹缝中的抉择：朵颜别部在明蒙之间的变迁》，刘迎胜主编：《元史及民族与边疆研究集刊》第 26 辑，上海：上海古籍出版社，2013 年，第 157—175 页；邱仲麟：《边缘的底层：明代北边守墩军士的生涯与待遇》，《中国边疆史地研究》2018 年第 3 期。

事，旋即主持首次会推阅视边务大臣事宜。[①] 九月二十七日，杨博领衔上奏称：

> 臣等照例会同各部、都察院、通政使司、大理寺三品以上堂上官，推举得协理京营戎政兵部左侍郎兼都察院右佥都御史王遴堪以阅视延、宁、甘、固，兵部右侍郎吴百朋堪以阅视宣、大、山西，兵部右侍郎汪道昆堪以阅视蓟、辽、保定。伏乞钦命，王遴仍以原职，吴百朋、汪道昆量兼宪职，移咨该部定拟责任，请给敕书、关防。其选带司属并符验、书吏等项，各该衙门径自奏请。各令作速前去，钦遵行事，完日具奏回京。

皇帝同意此疏，并称"王遴着以原职，吴百朋、汪道昆俱兼都察院右佥都御史，各阅视边务，写敕与他"。[②]

《明神宗实录》在当年九月二十九日下撮述上述派遣情形，朝廷于十月六日"命礼部各照地方，铸给阅视边务关防"，[③] 所派人员全是和议确立之前增设的兵部侍郎。此外，由于阅视工作具监察性质，故所有阅视大臣都临时兼任都察院的相应宪职，说明九边阅视制在落实之初就面临如何嵌入原有监察制度的问题。

阅视大臣职权也经过调整。十月初九日，户部复辽东督抚疏中，以阅视八事中"查理钱粮为首，相应会同督抚，悉心查议"为由，将清查军饷冒支的职责转给阅视大臣。十月十八日，兵部在答复吏科给事中李日强提出的慎供应、核功实、酌时宜、恤军伍四项建议时，指出"惟'酌时宜'一节，以阅视大臣职专稽查，难责以此"。上述建议均获朝廷肯定。[④]

---

① 杨博：《杨襄毅公本兵疏议》卷 24《辞免掌铨新命疏》，《杨博奏疏集》，第 1274—1275 页。关于明代的会推制度，参见张治安：《廷推》，《明代政治制度》，台北：五南图书出版有限公司，1999 年，第 41—76 页；李小波：《晚明文官会推制度的变迁及其影响》，《学术研究》2020 年第 5 期。

② 杨博：《蒲坂杨太宰献纳稿》卷 10《会推阅视边务大臣疏》，《杨博奏疏集》，第 434—435 页。

③ 《明神宗实录》卷 5，隆庆六年九月壬子，第 203 页；卷 6，隆庆六年十月己未，第 212 页。

④ 《明神宗实录》卷 6，隆庆六年十月壬戌，第 219—220 页；卷 6，隆庆六年十月辛未，第 229 页。

值得注意的是，在首批阅视大臣还未出发前，刚升任内阁首辅的张居正已准备利用阅视"大行赏罚"。约在隆庆六年底，张氏回信右佥都御史凌云翼时指出：

> 国家欲兴起事功，非有重赏必罚，终不可振。来岁拟遣大臣阅视，大行赏罚。如犹玩愒难振，则仆自请如先朝故事，杖钺巡边。人臣受国厚恩，坐享利禄，不思一报，非义也。①

阅视大臣出发前，张居正曾当面嘱托。约在万历元年初，张氏回信王崇古时提到：

> 尧山（吴百朋——引者注）少司马行时，已屡嘱之，云："宣大事体，与他镇不同，北门有寇公，诸无足虑者，归来但可告成事耳。无烦刻核，徒乱人意。"然此公爽朗阔大，必能成也。②

张居正还写信关照亲信边方武将，特别叮嘱总兵官戚继光，如何得体应对阅视大臣汪道昆，并告知阅视重点：

> 汪司马知足下素深，相待之礼，必从优厚。顷已面嘱之。然渠亦自不俟嘱也。但足下自处，又且务崇谦抑，毋自启侮。昔李愬属囊鞬谒裴度于道，《唐史》美之。盖重命使，所以尊朝廷也。司马此行，于蓟事甚有关系，幸留意焉。③

---

① 《张居正集》卷16《答总宪凌洋山言边地种树设险》，张舜徽等点校，武汉：湖北人民出版社，1997年，第2册，第243页。按：原注认为写于隆庆五年，但根据信中较为肯定地谈到"来岁拟遣大臣阅视"，应该是隆庆六年阅视制被兵部等敲定后之事，而且，应该是在六月高拱被罢、八月初张氏升任首辅后的语气。

② 《张居正集》卷17《答王鉴川》，第2册，第343页。同卷《答参议吴道南》亦云："吴尧山奉命阅视宣、大。仆数年以来，经营此地，颇费心力。今以托之，属望匪浅，不知肯为国家措一臂否也？"（第328页）

③ 《张居正集》卷17《与戚总兵》，第2册，第335页。

　　万历元年阅视大臣的回奏呈现了首次阅视的具体情形。负责阅视宣府、大同、山西的吴百朋，在结束阅视后结集相关奏议为《阅视三镇奏议》并刊刻。该书总卷数不明，现仅存第2卷，收录奏议3篇，分别是万历元年四月的《乞天恩查照原议设官募兵以重河防以为全省屏蔽疏》《乞及时大修边政以永图治安疏》和五月的《进宣大山西边图疏》。万历元年五月，吴氏结束阅视回京，将"所有阅视过三镇边墙、城堡、墩台等项，谨即画图贴说"成《宣大山西边图》，"上呈圣览"。①

　　吴百朋阅视期间的建树主要包括：万历元年二月十六日奏请修复大同边墙；二十七日弹劾大同总兵官马芳因"惧阅视"而行贿，使其遭勒令闲住；三月初二日陈宣大屯田五事，即严侵占之禁、核荒田之粮、除处增之数、专监司之权、慎分理之任。②

　　吴氏的阅视言行受到首辅张居正的关注与支持。张氏反复回信回应吴氏的阅视边务奏疏，调停他与宣大山西总督王崇古、宣府巡抚吴兑围绕边政的意见分歧，支持他对马芳的弹劾。③

　　负责阅视蓟州、辽东、保定的汪道昆，有8卷17篇阅视奏议收入其《太函集》，且部分阅视期间所立碑刻仍存世。④ 举要而言，三月中旬由汪道昆建议并获准增筑蓟州、昌平二镇敌台200座；⑤ 五月至八月，朝廷据其荐劾对三镇文武

---

① 吴百朋：《阅视三镇奏议》卷2《乞天恩查照原议设官募兵以重河防以为全省屏蔽疏》《乞及时大修边政以永图治安疏》《进宣大山西边图疏》，《吴百朋集》，柯亚莉校点，张涌泉审订，北京：中华书局，2015年，第379—401页。在第二次阅视结束后，阅视蓟辽保定左副都御史郜光先也"绘各边形胜图进览，留之"。参见《明神宗实录》卷52，万历四年七月庚申，第1234页。

② 《明神宗实录》卷10，万历元年二月丁卯，第349—351页；卷10，万历元年二月戊寅，第361页；卷11，万历元年三月壬午，第363页。

③ 《张居正集》卷18《答司马吴尧山》《答阅视司马吴尧山》《答吴环洲》，第2册，第357、369、390页。

④ 《大毛山断房台鼎建碑》，河北省文物局长城资源调查队编：《河北省明代长城碑刻辑录》，北京：科学出版社，2009年，第164页；陈厉辞、董劭伟：《秦皇岛板厂峪明长城〈万历元年鼎建碑〉残碑复原》，柴冰、董劭伟主编：《中华历史与传统文化论丛》第4辑，北京：中国社会科学出版社，2018年。河北省文物研究所编著的《明蓟镇长城石刻》（北京：文物出版社，2017年）、刘泽民总主编的《三晋石刻大全》（太原：三晋出版社，2009—2012年）等书中有不少这类阅视碑，此不详论。

⑤ 《明神宗实录》卷11，万历元年三月甲午，第371—372页；卷12，万历元年四月乙卯，第389—390页；汪道昆：《太函集》卷92《边务疏》，胡益民、余国庆点校，合肥：黄山书社，2004年，第1881—1883页；卷90《经略京西诸关疏》，第1853页。

官员作出奖惩，如七月二十二日"阅视侍郎汪道昆举劾三镇文武大臣，独推练兵总兵戚继光为首，升一级"，其余官员"各升赏有差"或"法司提问"。①

由于与张居正联系密切，汪道昆的上疏往往得到朝廷的重视和跟进。如八月初八日户部复汪氏条陈辽东增折粮、便给发、济清勾三事，兵部复其条陈边务十五事；八月初十日兵部复其经略京西诸关以固畿辅事、保定善后三事、辽东善后六事等。② 对于重要问题，汪氏常主动请示张居正。现存阅视期间张氏答复汪氏的书信有3通，首通有云："辱示饷议，精核委悉，敷奏明切，文辞粹美。读之再过，叹挹弥襟。独计部谓支剩之数，与征发相牴，幸再加查核，乃可以闻也。"③ 可见，汪道昆在奏报边饷问题前，先将奏疏草稿寄给张居正"征求意见"，然后再正式上奏。第二通回信云：

> 额饷议，本久与督抚会计。乃疏闻后，又有一二异同，不得不再行审核。亦以违众不可，盖事贵慎始故也。议定即断而行之，无所复疑。辽警方殷，借公威重震慑，计已喙兑矣。增筑墩台，及别楮所云，俱如议次第行之。④

除了回应汪氏修改后上奏的边饷问题外，张居正还明确告诉对方建议增筑蓟、昌二镇墩台200座的跟进结果。张居正第三通回信表明，即使非常忙碌，他仍愿为汪道昆提供修改建议，逐款批示其手札："迫冗，不能一一详答。谨以原札逐款窃附数字于后。疏中亦僭省数句，统俟尊裁。此行惟公举动合宜，鉴裁精允，敬服敬服。"⑤ 所谓"举动合宜"，当指汪氏在作出决定前不忘请示意见；"鉴裁精允"则是事先请示、事后遵照指示办理的自然结果。张居正对汪道昆的赞赏并非

---

① 《明神宗实录》卷15，万历元年七月庚子，第466页；汪道昆：《太函集》卷92《题请督抚主将疏》，第1889—1896页。

② 《明神宗实录》卷16，万历元年八月乙卯，第475—479页；卷16，万历元年八月丁巳，第480—482页；汪道昆：《太函集》卷89《辽东善后事宜疏》，第1827—1842页；卷90《保定善后事宜疏》《经略京西诸关疏》，第1843—1858页。

③ 《张居正集》卷18《答汪司马南溟》，第2册，第355页。

④ 《张居正集》卷18《答阅视汪司马南溟》，第2册，第372页。

⑤ 《张居正集》卷18《答汪南溟》，第2册，第404页。

虚套，万历三年，张氏回王世贞信时称：

> 辱示数议，俟大疏至，当属所司覆行。前岁遣三司马阅边，惟汪伯玉（汪道昆——引者注）所注措，强人意耳。乃忌者反用此诬诋之，殊为可讶。今已息喙矣。①

汪道昆还述及九边阅视制在实践过程中的完善情形。如为阅视大臣配备的临时协助官"承委官员"，包括部属官、监司官、群有司官。阅视结束后，汪氏遵照敕谕荐举这些委官，"在部属则有（兵部职方清吏司）郎中左熙，在监司则有（天津兵备）副使杨枢、（密云兵备）王一鹗，缘臣力绵任巨，固难以办于一人"。这三人直接跟汪氏接触并承担重要辅助，此外还需地方有司官员分担，其中受汪氏荐举的有河间府巡捕同知李学礼、河间府清军同知洪济远、魏县知县李国观、长垣县知县胡宥、固安县知县李宜春、大城县知县忽鸣。② 从相关奏疏看，首次阅视大概至万历元年八九月停止。

第二次九边阅视本应在万历三年举行，三月十九日，"上命司礼太监冯保会同戎政诸臣及科道官往报命，赏保羊二只、酒三十瓶"，③ 但实际派遣迟至万历四年正月二十五日。这次阅视有几方面值得注意。首先，阅视官构成有所变化：

> 兵部左侍郎吴道直兼右佥都御史，阅视延、宁、甘、固，武库司主事张鸣鹤佐之；
>
> 刑部左侍郎王宗沐兼右佥都御史，阅视宣、大、山西，职方司主事宋伯革佐之；
>
> 左副都御史郜光先阅视蓟、辽、保定，武库司员外张世烈佐之。

三人分别来自兵部、刑部和都察院，且都有兵部司官佐助。这是争议和协调的结

---

① 《张居正集》卷28《答廉宪王凤洲（其七　郧院时）》，第2册，第1234页。
② 汪道昆：《太函集》卷94《举荐承委官员疏》，第1927—1929页。
③ 《明神宗实录》卷17，万历元年九月庚寅，第498页；卷36，万历三年三月戊午，第847页。

果，"先是，兵科都给事中裴应章虑生纷扰，议省司官"，但遭兵部反对，张居正等赞同兵部意见，"乃命大臣及司官务安静，毋扰其边务，果否修举，从公阅视，据实以闻，不必另出意见，有所条画，反滋多事"，遂委派熟悉业务的当地官员协助阅视大臣：

> 陕西粮储道右参政张大忠，河南清军兼兵备副使田汝颖，随侍郎吴道直之延、宁、甘、固；
>
> 山西右参政刘汉儒，原任河南副使李汶，随侍郎王宗沐之宣、大、山西；
>
> 天津兵备副使安嘉善，井陉兵备副使游季勋，随左副都御史郜光先之蓟、辽。①

其次，此次阅视触及阅视大臣与巡按御史对九边重复监察及两者职权划分问题。万历四年八月二十四日，兵部复兵科左给事中林景旸条奏八款，其"核边工"一款有"但各镇既有御史巡勘，又特遣大臣阅视，不必更差司属"。十月二十四日，巡按直隶御史沈涵称，"虏部拆墙挟赏，边将惧罪媚虏，宜将各官罚治"。对此，兵部强调有赖边臣申饬边将加强防范之余，质问"宣府边垣称固，阅视者墨迹未干，乃至动称拆墙，修守之谓何？"②

对九边官员至关重要的举劾问题，阅视大臣与巡按御史的职权更易形成交叉，由此触及相关边方督抚和朝廷机构的职权与利益。万历四年十二月七日，巡按御史邢玠就固原镇的边工建议："兵备马文健在临巩多捏报，在靖虏颇有功，似宜相准；参将徐勋、陈堂等业已提问，佥事郎人伦、知县包能让俱经论罢，惟知州欧梅、吴应叩等应置之理。"对此兵部认为，"饬法徒详于州县而不及监司，何以惩后？马文健终不得以微功蔽欺罔"，并复议上请。上曰："以各边工程率多虚捏，及经查勘，即以一二武官抵塞，司道官皆得迁秩冒赏，殊为欺蔽。马文健

---

① 《明神宗实录》卷46，万历四年正月己未，第1048—1049页。

② 《明神宗实录》卷53，万历四年八月甲申，第1250—1253页；卷55，万历四年十月癸酉，第1279页。林疏原名《崇修实政以裨安攘大计疏》，参见林景旸：《玉恩堂集》，《四库全书存目丛书》，集部，第148册，第466—467页。

降俸，未足尽辜，并欧梅等姑免提问，并褫其职，朱冕等各降俸三级，仍与吴应叩下巡按御史详鞫。昨阅视大臣曾否以前项功罪稽核参奏？其具闻。"兵部回奏："阅视侍郎吴道直有《怠事欺蔽》一疏，大约与御史邢玠同，微有详略，则以曾经参论，不必重出。马文健虽未追论，而《虏众内附》一疏首劾兰州捏报之工称：'当时摄道事者，举目可见，乃朦情欺蔽。'盖直指文健矣。"对于兵部的回护意见，内阁认定："阅视大臣通论三年功罪，该镇工程既全系虚捏，则处分未尽者，仍当参论。若谓已经督、抚、按官参究，不必再议，则朝廷特遣大臣何为？且不究。"①

再次，阅视的举劾权尤其是荐举权，涉及与贡市论叙制、官员考满制的协调问题。张居正在万历四年底或五年初复方逢时信称：

> 贡市三年论叙，与昨阅视举劾，并于一时，虽若有防，然阅视以八事为殿最，贡市以款虏为勤劳，阅视优于要职，贡市逮于卑官，固自并行而不悖。本兵前已题定，自宜循例举行。但已加恩者，或不能过优耳。②

万历五年九月初三日，内阁明确界定了边臣三年考满与阅视举劾、贡市叙劳之间的关系：

> 得旨："人臣尽忠，乃其职分，岂可计功望赏？且边臣既有三年考满、阅视之例，乃贡市每年常事，又议加恩，亦属冒滥。今后除考满、阅视照例行，余悉停罢。每年贡市完，及修完工程，止议量赏。俟阅视核实，方议加

---

① 《明神宗实录》卷 57，万历四年十二月乙丑，第 1304—1305 页。
② 《张居正集》卷 21《答总督方金湖》，第 2 册，第 632 页。点校本称此信写于万历四年，但方逢时的宣大总督任期直到五年四月结束。白允中于三年七月升任山西总兵，五年四月与甘肃总兵麻锦互调，参见《明神宗实录》卷 40，万历三年七月辛亥，第 921 页；卷61，万历五年四月壬午，第 1389 页。万历三年十二月廿一日，"论三镇贡市功：升宣大总督方逢时兵部尚书兼都察院右副都御史，照旧总督，与宣府巡抚吴兑、大同巡抚郑洛、山西巡抚沈应时各赏银三十两，纻丝二表里；大同总兵郭琥升署都督同知，照旧镇守宣府，总兵雷龙、山西总兵白允中各赏银二十两，余文武将吏各升赏有差"（《明神宗实录》卷 45，万历三年十二月乙酉，第 1016 页）。

升。若三年内已经考满，或特恩升职未久者，亦不得再叙。二例并在一时者，不得重叙。将官原无考满事例，不许滥及。"①

张居正此次同样为戚继光操心，不仅事先嘱托阅臣郜光先，还为戚继光打听跟阅臣相见的得体礼仪：

> 适会本兵谭公（纶），问足下与阅视大臣相见之礼，云宜如总理之见督府可也。窃意今日当以钦命为重，不在兵衔之有无，谦以自处，见者自然悦而敬之。其差去部公，当预为足下先容，必加优礼，决不以庸众相待也。②

最后，张居正利用九边阅视制扩张权力之举格外引人注意。万历四年六月二十一日：

> 蓟镇属夷炒蛮挟赏不遂，潜犯古北口，参将苑宗儒及原任总兵汤克宽、中军傅楫、千把总高大朝、苏学追至十八盘山，死之。巡按御史刘良弼疏劾失事将领及提调入卫官高廷相等，因及密云兵备钱藻、总兵戚继光、抚臣王一鹗。而兵科都给事中裴应章则以训练南兵全无实用，废时玩寇，重继光罪。兵部分别覆奏。上曰："古北素称岩隘，属夷得窃入为寇，损军折将，边备废弛可知。（蓟辽总督杨）兆姑免议，其夺继光、一鹗俸，降藻臣级，置廷相、茂于理，仍治弃将先逃者之罪首。抄蛮先革抚赏，另议处置。秋防伊迩，毋再疏虞。"裴应章复疏，驳兵部为诸臣解脱，且主将兼统全镇，有失均宜坐罪，岂得以大小远近坐令推避，致失事机。上报闻。③

其中作为公开文件的"上曰"部分，在张居正致阅视蓟辽大臣郜光先信中则说：

> 承别楮所评骘，一一精当。比者，古北口之事，特欲借此以儆惕人心。

---

① 《明神宗实录》卷67，万历五年九月丙辰，第1458—1459页。
② 《张居正集》卷21《答总兵戚南塘》，第2册，第577页。
③ 《明神宗实录》卷51，万历四年六月壬午，第1190—1191页。

其实，蓟镇属夷捉人要赏、乘间为盗，自昔已然。昨日，竖子若不轻身出塞浪追，则亦无此丧败矣。今四方所报杀官劫库之事，无岁无之。中土且然，况边境乎！蓟帅昨蒙严旨切责，足以示惩。若举全镇防守之功，委无所损。数年以来，一矢不惊，内外安堵。此其功宁可诬乎？猫以辟鼠为上品，山有虎豹，藜藿不采，又不以搏噬为能也。似当以公初拟为当。若欲为之委曲除豁，则可云："据近日鸦鹘属夷之事，虽若防御少疏，然举一镇修守却虏之劳，实于功名未损。"以此意措词，不知可否？惟高明裁之。大抵蓟镇之与他镇不同，其论功伐亦当有异。①

信中值得注意的是"若欲为之委曲除豁，则可云"，这是张居正在教导阅视大臣如何撰写奏疏，而且并非泛泛的方向性指导，细及具体措辞。结合内阁首辅的"票拟"圣旨权看，这种奏疏写作教导和干预行为明显构成一出自导自演剧：首辅的意见，假借阅视大臣之笔上奏，再由首辅拟写批示。在此，阅视制无疑成为内阁首辅扩张权力的制度工具。

第二次阅视结束后，明廷再次出现对和议的检讨与争议，九边阅视制也再次被视为追求"经久"的重要保障。当初积极推动和议的大同巡抚、现任宣大山西总督方逢时，面对"群疑异趋，众虑殊途，国是所由以不定，而事功所由以不立"局面，于万历五年九月初一日上疏，首先强调实现和议"八年以来，九边之外，以生齿则日繁，以修守则日固，以兵马则日练，以刍饷则日积，以田野则日辟，以商贾则日通，穷边僻堡阽危残喘之民，始知有生生之乐，此今日之边事可知而可言者也"。但这没能消除反对者的担忧："或曰夷使成群，充斥城市为害，将不可制也；或曰财货日益费耗，虏欲终不可足也；或曰与虏益狎，隐忧叵测，将不知所终也。"对方氏造成很大压力，令其在即将离任返京之际，还担心和议

① 《张居正集》卷21《答阅边郜文川言战守功阀》，第2册，第616页。张居正对此事的意见参见同卷《答蓟辽总督杨晴川》《答总督杨晴川计处属夷》《答督府吴环洲》等，第612—613、618、627页。郜光先在张居正书信指导下如何上疏，尚不得而知，但据《明神宗实录》所记"阅边都御史郜光先疏报边臣三年内修守职业"，"上命赏督抚杨兆、张学颜等各银币有差"推测，郜氏应是按张居正指示上奏古北口损兵折将事的（卷53，万历四年八月甲戌，第1247页）。

会遭动摇，因此上疏一一解释，着重提出与蒙古交往过程中需注意的"善后机宜"，但方氏在疏末也明确述及和议对明朝边防的实际冲击：

> 自北虏款贡，三军忘战，七八年于此矣。夫兵以气为主，不战则惰，虽日训练之，犹惧其不振也。今三镇之兵堪备行伍者，各仅五万，其操戈乘骑者，二万五千余而已。加以入卫之抽补，工役之繁兴，屯粮马价之兑扣，日就疲困，臣虽再经建议，以为当加意畜养，而事体不一，尚属虚言。臣虽屡行申饬，修工不得役使马军，而各该将领私派工役，隐而不言者，往往有之，臣实恨焉。①

边镇之"忘战"，显然与前文所说"以修守则日固，以兵马则日练，以刍饷则日积"不同，也与其在万历三年十一月初三日上疏所称"五六年来，九边无烽燧之警，三军闲暇，万姓保聚，城堡坚完，储饷充积，可谓无事之时矣"相抵触。②

方逢时是和议的倡导者、推动者、捍卫者，与此同时，作为一线边镇的督抚，他不得不直面和议对明朝边防的持续削弱。与公开上疏形成对比的是，方氏同时期所撰《辕门记谈》七则中，第四则以问答形式首先检讨明朝对蒙古"和、战、守"三策，在强调必须坚持"和"策后，明确表达了"惧其（边兵）日惰"的担忧。尽管经过大力"整饬"，但他认为"今三军不战久矣，虽日训练之，人心不奋也。再加之年岁，人将不知兵革矣"。他同样对将才感到担忧，认为现行制度不利于"培植作养"将帅，尤其是："今之法吏，喜闻人过，议功惟恐其不轻，议罪惟恐其不重，而或寄视听于宵人，任喜怒于己见，是非淆乱，贤不肖错杂，谄佞奔竞者多美誉，质直忠勇者负俗累，大帅而下，重足屏息，安望其奋迅激昂以有为乎？"③ 显然，方氏抨击的"法吏"包括九边阅视官。

在方逢时上疏驳斥重新质疑和议之声后十余日，当初与他共同推动和议的前

---

① 方逢时：《大隐楼集》补遗《陈虏情以永大计疏》，第294—300页；《明神宗实录》卷67，万历五年九月甲寅，第1457—1458页。

② 方逢时：《大隐楼集》补遗《审时宜酌群议陈要实疏》，第311页；《明神宗实录》卷44，万历三年十一月丁酉，第988—989页。

③ 方逢时：《大隐楼集》卷15《辕门记谈》，第248—254页。

任宣大山西总督、现任兵部尚书王崇古，借南京礼科给事中彭应时、工科都给事中刘铉论劾和议之机，于万历五年九月十七日也反驳：

> 往返数月，取获番文，条上贡市八事，末议"审经权以策战守"，明言"以贡市为权宜，以修防为经久"也。及敕下兵部，廷议至再，辅臣又于讲筵面奏，亲奉俞旨，许其封贡。是当日边臣措注，皆先皇独断之明，辅弼折冲之略，臣不过奉扬而规画耳。既承辅臣八事之议，定三年阅视之规，示九边崇实之图，臣即随事条覆，严督奉行。今经七载，节省国饷，奚啻百万？保全军民，不可数纪；开垦屯田，远至边外；修砌城堡，各用砖包；筑建边垣，各数百里；柴砖木料，咸取虏中。昔也各边斗米值银二三钱，今则仅值钱许；屯粮尽完，盐粮估减，视嘉靖末年、隆庆初岁，安危迥异。而铉辈乃谓虏贡不足恃，虏情不可测，以安为危，以功为罪。臣去留何足恤，将使以后边臣转相顾忌，不至坐失虏心，大坏边图，贻君父宵旰之忧不止。乞敕廷臣查核，以明国是。臣死无憾。

王崇古通过回顾和议经过来反驳追劾，且以自己的去留相争。该疏上奏后得旨"连年虏酋款贡弥恭，边圉宁谧，卿以劳绩，朕已悉知。浮言不足介意。不准辞"。① 显然，此举公开展现了张居正内阁对和议的再次确认与强调。

（二）降格执行的第三、四次阅视

万历七年第三次阅视最明显的变化是，阅视官从前两次的部院大臣全部改由科道官担任，九边阅视制被降格执行。正月二十二日，"上以虏酋款顺，恐边臣弛备，遵先帝明旨，遣科道官阅视边务，用以儆惕人心，振兴颓废"。随后给事中李廷仪奏"差官糜费，劳扰无益"，结果以"妄言阻格"被"罚俸半年"。二月十四日，

---

① 《明神宗实录》卷67，万历五年九月庚午，第1465—1468页；王崇古：《少保鉴川王公督府奏议》卷10《为恳乞圣明早定国是核实边图亟赐罢斥微臣以谢人言事》，第400—403页。早在万历元年王崇古以宣大山西总督原职协理京营戎政时，兵科左给事中蔡汝贤就表示反对；稍后，兵科给事中刘铉亦弹劾王崇古。参见《明神宗实录》卷17，万历元年九月丁酉，第504—505页；卷18，万历元年十月戊申，第517页。

"阅边届期，遣刑科左给事中戴光启往延宁甘固，工科右给事中王致祥往蓟辽保定，刑科给事中姚学闵往宣大山西，给关防三颗，诏令悉心稽画，安静行事"。①

关于此次阅视的存世文献较少。《明神宗实录》记载仅有如九月十二日"阅视宣大山西给事中姚学闵论三边八事"、十月"阅视延宁甘固边务刑科左给事中戴光启参劾佥事咸怀良"。② 相关地方志书偶有记录，但往往一笔带过。③

张居正依旧利用阅视对亲信督抚进行奖赏。万历七年秋，他致信即将离任的宣大总督吴兑说：

> 九贡告成，国威远誉，咸公之功。阅视核实，必有懋赏矣！市事谅亦不出此月可竣，昨语代者（当指郑洛——引者注），姑缓其行，俾公得收全美。披对之期，曾在冬初。今岁增赏数亦不多，已语该部，酌从其请。④

万历十年第四次阅视，同样体现张居正对阅视制的利用。正月初七日，遣刑科都给事中周邦杰往蓟辽保定，工科左给事中萧彦往延宁甘固，兵科给事中田大年往宣大山西。当大同巡抚贾应元向张居正报告顺义王俺答死后部众内斗时，张

---

① 《明神宗实录》卷83，万历七年正月戊辰，第1753页；卷84，万历七年二月己丑，第1767页。

② 《明神宗实录》卷91，万历七年九月乙卯，第1868页；王国光：《司铨奏草》卷5《覆陕西巡抚傅希挚等劾方面官员疏》，北京：全国图书馆文献缩微复制中心，2009年，第138页。此复疏时间为万历七年十一月初五日，故弹劾疏当在十月。万历七年正月二十七日，部复蓟辽督、抚奏疏时提到蓟州等卫"自万历元年、四年两经阅视"（《明神宗实录》卷83，万历七年正月癸酉，第1755页）；六月二十八日，"户部题：自虏款以来，三边宣大已历九年，蓟昌四镇自万历元年阅视，至今亦逾六年矣"（《明神宗实录》卷88，万历七年六月壬寅，第1830—1833页）。

③ 范宗兴校注《增补万历朔方新志校注》卷2《宦迹》载："戴光启，山西人，万历七年以给事中阅边。"（银川：宁夏人民出版社，2015年，第74页）李应魁《肃镇华夷志》卷3《奉使》载："戴光启，以兵科都给事中，万历七年奉敕巡边至。"（高启安、邰惠莉点校，兰州：甘肃人民出版社，2006年，第207页）

④ 《张居正集》卷24《答宣大巡抚吴环洲言虏构衅之机》，第2册，第845页。原标题"巡抚"误，当作总督。吴兑于万历五年四月至七年八月任宣大总督，参见张德信：《明代职官年表》，合肥：黄山书社，2009年，第2448—2450页。

回信，"阅视科臣尚未具题，临行当别有委嘱也"。①

十月十九日，田大年上奏所见兵马、钱粮等八事弊端并提出对策，同时特别指出如何处理介于明朝和蒙古之间发挥缓冲作用的小部落。明蒙和议对这些小部落的冲击非常大，使得其地位和生计剧变，尤其是备受瞩目的史、车二部，"曲为堤防议处，无使为心腹之患，则毋论款与不款，而我有常胜之具矣"。② 同日，周邦杰亦题查劾各边八事。萧彦于十一月二十五日上奏肃州防务，十二月二十四日题阅过延宁甘固四镇情形。③

此次阅视同样凸显出阅臣与督抚、按臣间的纠葛。万历十一年正月十三日，陕西总督高文荐拟将延、宁二镇丈出的近两万顷荒田"招过流移耕种，三年起科，以充军饷"，遭阅视官萧彦反驳，双方意见最后由户部议复，户部以旧例"开垦荒田，永不起科"为据，建议"应听军民告官自垦，永不起科"，获得通过。十二年六月十一日，"先是，真定车营建于阅视侍郎汪道昆，议改于巡按御史汪言臣，至是，督抚张佳胤、李巳等并言改步非便，兵部覆请如督抚议"。十月初十日，因蓟辽总督张佳胤上疏请求酌处苏商便军事宜，指出巡按、巡关、阅视等"官之查盘太烦"，致使"商之受累最重"，都察院的议复对三者职权进行区分："有司仓库当属按差（巡按御史——引者注），各边仓场当属关差（巡关御史——引者注），别衙门皆不得与；阅视照六年、九年一差，亦不必拘三年，更不得轻拟重辟。"④

（三）名存实亡的后两次阅视

万历十三年第五次阅视停止派遣专门的阅视官，将阅视差使合并到各地原有

---

① 《明神宗实录》卷 120，万历十年正月丙寅，第 2235 页；《张居正集》卷 26《答大同巡抚贾春宇》，第 2 册，第 1092 页。

② 《明神宗实录》卷 129，万历十年十月癸卯，第 2405—2407 页；特木勒：《关于李家庄朵颜别部历史的几个问题》，《内蒙古大学学报》2011 年第 6 期，第 11—13 页；特木勒：《夹缝中的抉择：朵颜别部在明蒙之间的变迁》，刘迎胜主编：《元史及民族与边疆研究集刊》第 26 辑，第 157—175 页。

③ 《明神宗实录》卷 129，万历十年十月癸卯，第 2407 页；卷 130，万历十年十一月己卯，第 2427 页；卷 131，万历十年十二月戊申，第 2448—2449 页。

④ 《明神宗实录》卷 132，万历十一年正月丁卯，第 2455 页；卷 150，万历十二年六月丙辰，第 2784 页；卷 154，万历十二年十月壬子，第 2849 页。

巡按御史手中。正月十七日圣旨明确："三年阅视差官，渐成故事，今次罢遣。敕各该巡按御史，遍阅所属。"① 九边阅视制几乎名存实亡。这一变化主要出自内阁首辅申时行的主张，他认为巡按御史更熟悉当地情况，由其兼任阅视既能提高工作效率，还能减少专遣阅视官对地方的干扰，减轻财政负担。申氏致信宣大巡按御史徐申云："朝廷以阅视警饬边备，而其敝也，以阅视疲劳边人……故请上暂停特遣，而以属之各按院……要不失原差之意，而亦不至于为地方之扰耳。"② 随后，申时行反复致信徐申，指导其以阅视官身分上奏时的注意事项：

> 近来一等风尚，好生议论，幸朝廷有事而欲有功，今安能禁之不言？只置之不问，自然消弭，勿谓边臣劳苦而上不知，责任艰难而庙堂不恤也。仆在事一日，则持之一日，去即已耳。边堡应修者，公于阅视奏报时，另疏题请为是。③

> 敕内所载"京盘一并奏报"者，盖为阅视钱粮，未免查盘，恐阅视已查，京盘又查，多一番劳扰，故从省便耳。至于阅视造册，自当通三年□入，岂可独遗？其招参则止二年，另疏可也。阅视查实数，招参定罪名，事□并行。其实各款若究竟，则京盘必并于阅视，方为妥当。盖京盘事规，在虏未款贡之先，所行者同此钱粮，既阅又盘，不几赘乎？此当另行建议耳。险隘修筑，未有通数十年而不坏者，向来并造一册，亦欲观圮坏之迟速，以验工程之虚实，非无谓也。今欲以三年之前为"旧管"，则当于"新修"城

---

① 《明神宗实录》卷157，万历十三年正月己丑，第2894—2895页。万历《朔方新志》所记阅视官为巡茶御史兼任，参见范宗兴校注：《增补万历朔方新志校注》卷2《宦迹》，第74页。

② 申时行：《纶扉简牍》卷3《答徐巡按》，《四库禁毁书丛刊》，北京：北京出版社，2000年，集部，第161册，第106页。徐申"十二年巡按宣大，十四年巡按河南"，参见《兰台法鉴录》卷19，《北京图书馆古籍珍本丛刊》第16册，北京：国家图书馆出版社，2000年，第494页。

③ 申时行：《纶扉简牍》卷3《答徐巡按》，《四库禁毁书丛刊》，集部，第161册，第115页。张学颜从万历十一年四月初二日至十三年三月十九日任兵部尚书，致仕后由王遴继任，至同年九月二十一日致仕，由张佳胤继任至十四年十二月十六日致仕，参见张德信：《明代职官年表》，第619—621页。此信中"本兵"不易确定为谁，但从申时行对"本兵"的不满来看，应是王遴。

堡之下，明开来历，或系创修，或系补修、增修，或某年修过，某年复坏，今重修如此，则自明白矣。如以回避，反致混淆，则不可也。①

大约同时，申时行也致信甘肃/陕西巡按御史屠叔方，告以"顷阅视停差，即以属公"，指示他奉敕后要认真巡行查阅，"事须核实，不必以程限拘"，同时请他提供当地地图，以便"与部核参验"。②

辅臣王锡爵同样利用阅视加强同边方督抚的联系，其致甘肃巡抚曹子登信说：

> 大□二帙，言言皆深忧至计，劳赏未酬，岂有反酿为罪之理？前者阅视使者来，则弟已为之言："诸公此行，只宜料理未来，莫但追言既往。"意盖有所为也。李给谏来别，容即当以尊示语之。③

由巡按御史兼任阅视官后，对于如何协调两份差使，尤其是如何得体荐劾文武官员，申时行在致辽东巡按陈登云信中有较为详细的讨论：

> 承问二差举刺事，以愚而虑，决难并行。盖阅视专为边备，三年一差，叙功定罪，以示劝惩，此特举者也。按差复命，则通行者也。来谕先完阅视，另完按差，最为妥当。其三年之内有事地方者，虽已去，犹当叙及，轻

---

① 申时行：《纶扉简牍》卷3《答徐巡按》，《四库禁毁书丛刊》，集部，第161册，第123—124页。

② 申时行：《纶扉简牍》卷3《答屠巡按》，《四库禁毁书丛刊》，集部，第161册，第102页。"屠叔芳"当作"屠叔方"，屠氏编有《建文朝野汇编》，书中自序落款为"万历戊戌阳生吉旦，原任广东道监察御史臣秀水屠叔方谨撰"（《四库全书存目丛书》，史部，第51册，第4页）。据《兰台法鉴录》卷19，屠叔方"十二年巡按甘肃，十四年巡按应天"（《四库全书存目丛书》，史部，第51册，第493页）；王兆荣、王新著《明朝贤臣朱正色》在万历十三年六月肃州兵备道朱正色的公文后附录"上司衙门批示"，包括陕西三边总督郜光先、甘肃巡抚曹子登、"巡按陕西监察御史屠批"、"钦差巡按陕西监察御史董批"（北京：中国知识经济出版集团，2007年，第423—427页）。

③ 王锡爵：《王文肃公文集》卷18《曹如川巡抚》，《四库禁毁书丛刊》，集部，第7册，第418页。

重抑扬，在公笔端权衡耳。①

所谓"二差"，即巡按与阅视，"举刺"指荐举和弹劾文武官员。在申时行看来，巡按和阅视两份差使"决难并行"，即不能并列齐观，理由是阅视"专为边备，三年一差，叙功定罪，以示劝惩"，属于"特举"，应优先完成；相比之下，巡按仅是"通行"差遣。

申时行也将阅视作为对地方督抚、总兵等官进行奖赏的机制，其致总督郜光先信有云：

> 孙帅（甘肃总兵孙国臣——引者注）既病不任事，难以强留，优叙之典，且待阅视后耳。（宁夏总兵——引者注）刘承嗣久在河西，彼中藉藉称奖，故述以请教。兹奉尊谕，其人果可移任，即用之矣。余以次迁代者，并当如命。②

申时行致延绥巡抚梅友松信亦云：

> 虏贪而狡，始则肆口需求，虚声以喝我，继则生事窥窃，见形以胁我……贡市如约，此门下筹划劳心，操纵得策之明效也。原擒部夷，杀之不武，而释之足以示恩，有劳将领，于阅视并叙，甚当。谨领悉。③

值得注意的是，边镇官员在此次阅视中的升赏受到质疑，由此再度引发对阅视规则的检讨。万历十三年闰九月初一日，以阅视叙劳升赏总督宣大尚书郑洛等。十八日，以阅视叙劳升赏总督蓟辽尚书张佳胤等。针对这些叙劳升赏，刑科

---

① 申时行：《纶扉简牍》卷 3《答陈巡按》，《四库禁毁书丛刊》，集部，第 161 册，第 137 页。

② 申时行：《纶扉简牍》卷 3《答郜文川总督》，《四库禁毁书丛刊》，集部，第 161 册，第 126 页。

③ 申时行：《纶扉简牍》卷 7《答梅鹤洲巡抚》，《四库禁毁书丛刊》，集部，第 161 册，第 276 页。

左给事中王继先于二十三日上奏反对：

> 近见兵部题覆阅视：总督郑洛加太子少傅，荫一子锦衣卫百户；张佳胤
> 给与应得诰命，荫一子入监读书；而各官恩荫升赏各有差。窃以为过也……
> 皇上嘉诸臣之功，不过曰"整理边务，效有劳绩"，如是而已。而遽以邀延
> 世之赏，如持左券，岁复一岁，在边臣视为应得，而何有于激劝之实？且今
> 边事亦有隐忧，畚臿新而戈矛敝，雉堞壮而士卒羸。万一丑虏败盟，诸臣身
> 当矢石，又何以加之？臣考万历三年阅视恩例，在督抚大臣，不过奖以玺
> 书，赉以金帛，升荫之典，绝未之及，允为中制。迨至七年，则稍稍崇官
> 阶，而胄监之荫一人，以钻刺得之。乃至今日，隆以宫保，不已也，而荫
> 矣，荫以太学，不已也，而锦衣矣。一笑一颦，明主所爱。愿皇上名器之当
> 重。阅视行赏，悉仿三年事例。

王继先的意见被采纳，"以后遇有加恩，该部酌量题请，无得过滥"。①

万历十四年七月二十日，"兵部题陕西各镇关阅视讫，备将疏册参互考订，
比前阅实在数目"，这就是阅视结束后上奏朝廷的总结报告"八事册"。《明神
宗实录》抄录了其中部分数据，② 是目前已知此类册籍文书的仅存一例。这些
数字有几点需要注意：第一，是第五次阅视，也就是将阅视整合到巡按御史后
的首次阅视数据。第二，只是陕西各镇关的数字，即《会典》所说派遣三位阅
视官"一往延宁甘固，一往宣大山西，一往蓟辽保定"中"往延宁甘固"者所
回奏数字。第三，是跟前一次阅视相比的所谓"现存实在数目"。第四，存在
统计意义上的难以通约性，只能提示大概情形。第五，兵部根据这些数字大体
分出优劣殿最。第六，只有奉旨升赏，没有惩罚。

可能是针对兵部七月二十日题本数字及相应升赏的回应，八月十一日，陕西
巡按董子行条陈边事三项，第三项是"兵马册籍当严"，"阅视所及，报到军马年
貌色齿，俱系临期造送，类非素有。今欲将所阅兵马籍，即为实在印收之。嗣是

---

① 《明神宗实录》卷 166，万历十三年闰九月戊戌、乙卯、庚申，第 3009、3013、3016—
3019 页。
② 《明神宗实录》卷 176，万历十四年七月癸丑，第 3249—3254 页。

有收有除，皆核审的确，岁终类籍二本，在抚臣者备每年简查，在按臣者备三年阅视，新旧对验，庶可清滥冒之奸"。兵部据此题复后，"上俱依拟"。①

　　第六次阅视在万历十五年十二月廿六日就已被提出："以阅视届期，命照十二年例举行。"② 但迟至十六年下半年才开始，至十七年上半年结束。这同样跟申时行对阅视的轻视有关，他在十六年答大同巡抚邓林乔信中称："边疆之事，仰成督抚，而直指（巡按御史——引者注）时稽核焉，令所在无饰观、无弛备足矣，不必特遣，以扰地方。故比者两阅皆属直指，此圣明德意也。"③ 大致同时，申时行在致巡按徐大化信中也说：

> 　　阅视边务，所以不别差官者，一则从省便，免烦扰，一则以按院见在地方，耳目更真，稽核更易也。河西虏情孔棘，边事尤宜谨严。惟公于缓急轻重之间，一为调剂耳。往时闻有铲削城垣以应阅视者，愈削而愈薄，其他甲胄器械，辄那借饰观，事已即成乌有，此似不可不察也。④

　　万历十七年四月初六日，"御史王之栋、刘怀恕阅视宣大报竣，循例举刺，加前总督郑洛勋阶柱国，余赏罚有差"。相应的升赏惩处，还包括十八年二月廿八日"以阅视延宁甘固四镇边务，命总督郜光先荫一子入监读书，梅友松等各赏银币，总兵杜桐等各升赏有差，田汝经等革任回卫"。⑤

　　综合万历前期六次阅视实践来看，随着时间推移，九边阅视制被降格执行的趋势非常明显，集中体现在阅视官的身分变动上：最初两次派遣专职"大臣"，随后两次由科道官担任，最后两次将阅视差事归并到巡按御史手中，致使阅视制名存实亡。相应地，与阅视相关的各项配套措施也都被降格甚至取消。

① 《明神宗实录》卷 177，万历十四年八月癸酉，第 3277—3278 页。
② 《明神宗实录》卷 193，万历十五年十二月庚辰，第 3635 页。
③ 申时行：《纶扉简牍》卷 5《答邓玉洲巡抚》，《四库禁毁书丛刊》，集部，第 161 册，第 215 页。
④ 申时行：《赐闲堂集》卷 37《答徐熙寰巡按》，《四库全书存目丛书》，集部，第 134 册，第 766 页。
⑤ 《明神宗实录》卷 210，万历十七年四月壬午，第 3932 页；卷 220，万历十八年二月庚子，第 4126 页。

万历前期六次阅视凸显诸多问题。一是阅视官同原有巡按御史的职权区分，包括两者关系、对所属地方的重复巡视、荐劾文武官员，以及与贡市论叙制、官员考满制的协调。二是九边阅视制成为内阁首辅扩张权力的制度工具，先后两任首辅张居正、申时行都在阅视前夕分别嘱托阅视官，同时跟自己亲信的边镇官员暗通消息，深度介入阅视，即使在申时行将阅视归并到巡按御史手中时，仍然如此。三是朝廷根据阅视结果对边镇官员的奖惩，为他们有针对性地迎合阅视，进行制度套利提供新途径，集中体现在后来日益明显的有奖无惩和奖赏逾格。

三、阅视特差与册籍"虚文"：万历十九年张栋阅视固原之例

（一）阅视特差：应对明蒙突发冲突的制度工具

万历十八年六月发生的洮河之变，对隆庆和议以来较为稳定的明蒙关系造成极大冲击，并逐渐发展到对和议政策的又一次质疑。事变消息传到北京后，七月初十日，"顺天府丞李祯陈言边事，又盛言款贡非策"。[1] 兵部复本，奉圣旨：

> 北虏款贡，安边息民，已二十年，若虏情变迁，边备废弛，自应据事讲求，及时整顿，岂得追究始事？这所议，着行与督、抚、按，相机审势，务遵节次谕旨，毋得再有疏虞。[2]

显然，兵部复本和圣旨主要代表内阁首辅申时行的意见，主张就事论事，避免波及明蒙和议关系大局，更不应据此追究 20 年前确立和议国策的"始事"者。

然而，事态发展特别是和议反对者的持续批评，终于引起皇帝重视，致使几年来一直疏于朝政的万历皇帝不仅在七月二十六日上朝，朝毕还在皇极门暖阁召见阁臣商议应对之策。除在家养病的次辅王锡爵外，首辅申时行和次辅许国、王家屏均参与并重点讨论应变人选。万历帝与申时行先检讨相关督抚文臣，接着考虑将领、巡视监察人选，最后申时行提出推举经略大臣前去统筹应对。

---

[1] 《明神宗实录》卷 225，万历十八年七月己酉，第 4181 页。
[2] 周永春辑：《丝纶录》"兵部"，《四库禁毁书丛刊》，史部，第 74 册，第 662 页。

当时君臣交谈情形，起居注官均有记录。但《起居注》是宫廷秘档，外间难得一见，且据申时行称后来毁于万历二十五年的三殿火灾，幸赖他"曩从阁中录得数条，藏之家"，后以《召对录》为名刊刻。① 兹摘录相关对话如下：

上又曰："朕在九重之内，边上事不能悉知，卿等为朕股肱，宜常为朕用心分理。如今边备废弛不止陕西，或差有风力的科道，或九卿大臣前去，如军伍有该补足的，钱粮有该措处的，着一一整顿。《商书》云：'事事有备无患。'趁如今收拾还好，往后大坏，愈难收拾了。"

时行等对："当初许虏款贡，原为内修守备，外示羁縻，只为人情偷安，日渐废弛，所以三年阅视，或差科臣，或就差彼处巡按御史。"

上曰："三年阅视是常差，如今要特差。"

时行等对："臣等连日正在阁中商议，要推举大臣一员前去经略，且重其事权，使各边声势联络，庶便行事。容臣等撰拟传帖，恭请圣裁施行。"

上曰："还拟两个来行。"

已复言款贡事，上称"皇考圣断"者再。

时行等言："自俺答献逆求封，赖皇考神谟独断，许通款贡，已二十年，各边保全生灵何止百万？"

上曰："款贡亦不可久恃，宋家之事可鉴。"

时行等对："我朝与宋事不同，宋时中国弱，夷狄强，原是敌国。今北虏称臣纳款，中国之体自尊，但不可因而忘备耳。"

上曰："虽是不同，然亦不可媚虏。虏酋心骄意大，岂有餍足之时。须是自家修整武备，保守封疆。"

时行对："今日边事既未可轻于决战，又不可专于主抚，只是保守封疆，据险守隘，坚壁清野，使虏不得肆意侵掠，乃是万全之策。皇上庙谟弘远，边臣庶几有所持循。至于失事有大小，情罪有轻重。若失事本小而论罪过

---

① 申时行《召对录序》云："史官记注起居，贮之东阁。会三殿灾，皆毁于火。臣曩从阁中录得数条，藏之家。语云：'主上明圣而德不布闻，有司之过也。'臣为此惧，乃仿先正遗意，辑而存之，为《召对录》，以示子孙，使世世瞻戴颂述无替坠焉！大学士臣申时行谨书。"（《续修四库全书》第 434 册，第 96 页）

重，则边臣观望退缩，虏酋反得挟以为重，又非所以激励人心。自今尤望皇上宽文法，核功罪。"

上曰："如今失事也不轻了。"①

上文"款贡"一事指隆庆和议，故"已复言款贡事"之前是关于加强边备监督整顿的讨论，其后是对隆庆和议以来历史与现状的检讨。

值得注意的是，申时行所说"皇考"指隆庆皇帝，"圣断"指当年"款贡"是经隆庆皇帝同意的，由此确立与蒙古的和议关系。所谓"上称'皇考圣断'者再"，是指万历皇帝仍延续明蒙和议。显然，申时行想强调，和议是经过两代皇帝认可的基本国策，即使发生洮河之变，也不会动摇。

当时是否有"上称'皇考圣断'者再"的情节，笔者深表怀疑。一方面，这与随后万历帝"款贡亦不可久恃"、"媚虏"的担忧并不协调；另一方面，在日后申时行宣称起居注遭火灾被毁，只有自己保留了当初"从阁中录得"的记载，且主动刊刻公布出来，就显得更为可疑。

姑且搁置《召对录》的可信程度，仅就申时行选择在三殿火灾后将其刊刻公布看，笔者倾向于认为，这是他在新形势下刻意展示给政治对手看的文本，重在表明自己任首辅期间，尤其是在洮河之变后，始终坚持维护明蒙和议关系，并非一己独断专行，而是在贯彻隆庆、万历皇帝的一贯旨意。因此，经略大臣、阅视诸臣的人选和派遣，都要服务于这一考量。

就在召见阁臣当日，兵部接到两道圣谕。其一称"西镇边备废弛，虏情狡诈，还用大臣一员前去经略，兵部便会同九卿科道官推举来看。其各边将帅，须要得人，也着会同推举堪用的，以备缓急"，接着申斥"近来督抚等官不能选用将材，平时牵制掣肘，不得展布，及至失事，又诿罪于他，殊失用人之体，今后须加意鼓舞"。显然，令兵部主持会推经略大臣才是重点。其二称"朕近览陕西督抚奏报虏情本，殊用惕然"，"今虏众猖獗，抢掠番族，侵逼内地"，而各督抚官"平时不能制驭，临时不能堵遏，职守何在？岂不隳误边事，大负委使！朕已

---

① 申时行：《召对录》，《续修四库全书》第 434 册，第 111—112 页；南炳文等辑校：《辑校万历起居注》，万历十八年七月二十六日乙丑，天津：天津古籍出版社，2010 年，第814—817 页。

宽其罪罚，姑令策励"，并令兵部"传与各边督镇官知道"。①

从前述万历帝与申时行对话的执行情况，更易看出申时行在处理明蒙关系中的主导作用。申氏所提"推举大臣一员前去经略"很快被落实，七月三十日，"命兵部尚书郑洛兼都察院右都御史，经略陕西四镇，及宣、大、山西等处边务"。② 经略大臣人选同样也是申时行主导的结果，他在稍后写给宣大总督萧大亨信中说："顷上惓惓面谕，欲特遣重臣经略，已推范溪（郑洛）矣。"③ 其中明显具有误导性的，是申时行将自己主动提出的派遣经略大臣，说成万历皇帝的旨意。值得重视的是，这是明代内阁在缺乏行政权的情形下，阁臣通过假借皇帝权威来嵌入制度体系，从而间接对边镇督抚发号施令的权力运作方式。

万历皇帝提出加强对边备的监督和整顿，强调要"特差""有风力的科道或九卿大臣前去"，并表示不要纳入常规的三年一次阅视框架。这些主张不仅进展拖沓，而且最后仍以阅视方式执行。实际派遣的阅视官人数虽然空前庞大，但看起来更像是应付皇帝的虚张声势。这显然也是申时行主导的结果，符合他强调的"失事本小而论罪过重"、"宽文法，核功罪"，他并不主张朝廷对边镇高阶文武官员施加太大压力，希望通过稳住他们从而稳定局势，以便配合特遣经略大臣解决事变善后工作。

申时行上述应对方略，可从他跟事变相关总督的书信中得到印证。他一再致信处在洮河之变最前线的陕西三边总督梅友松，告以应对之策：

> 洮州之失……彼既肆无忌惮，我当明示讨伐。惟是兵寡饷乏，未能制胜万全，将若之何？……今在西镇，第当声言出剿，一告虏王，一告套虏，以不得党助凶逆、自坏款贡之意，而令刘（承嗣）、张（臣）二总兵屯兵境上，相机图之。我既张之以声，示之以形，彼或惧而悔祸，虏王或亦有所藉手，且趁此机会，必令莽、捏二川无留虏帐，而后洮河之间稍得休息耳。

① 《明神宗实录》卷225，万历十八年七月乙丑，第4192—4193页；周永春辑：《丝纶录》"兵部"，《四库禁毁书丛刊》，史部，第74册，第662—663页。
② 《明神宗实录》卷225，万历十八年七月己巳，第4193页。
③ 申时行：《纶扉简牍》卷9《答萧岳峰总督》，《四库禁毁书丛刊》，集部，第161册，第371页。

今后生大言，欲宣大出兵捣巢，殊孟浪可笑！火（落赤）、真（相）两小酋耳，猖狂横鹜，已莫可如何，而欲尽废款贡，大开边隙，此可尝试而漫为之哉？今尚藉虏王气脉，操纵羁縻，从中运用，犹足幸目前之安，为阴雨之计耳。①

从中可见申时行对当时明蒙格局的基本判断是，九边"兵寡饷乏"，明朝对蒙古没有"制胜万全"的可能，因此，"尽废款贡，大开边隙"是完全不可行的。但由于事变影响已扩大，并引发朝廷政治危机，只好由前线文武官员配合做些虚张声势的举动。同时，若能通过政治交涉推动顺义王向引起事变的火落赤、真相两股势力施压，后续或可采取小规模报复行动，趁机解除蒙古西迁对当地局势的威胁。

申时行同时致信位于事变之地东边的宣大总督萧大亨，希望他在尽可能稳住顺义王的前提下，推动顺义王对卷入洮河之变的西迁蒙古势力施压："第西镇（陕西）向来处置，殊失先后着，此时茫无措手，故欲仰东镇（宣大）为之操纵，非得已也。"②

在反复叮嘱梅友松稳住局面后，申时行致力于协调他与特派经略大臣郑洛间的关系，并谈到自己的考虑：

自崔直指（陕西［河西］巡按御史崔景荣——引者注）奏报虏情，云虏骑已至临洮城下，都中议论日繁，即关中士夫，亦谓虏必长驱深入，由临巩犯西凤，势如破竹耳。私心固疑之，以为果尔，则督府何以不急报？必道路之讹传也。然章疏纷纷，上心不能无动，以视朝之日，面谕阁臣，特遣大臣经略。初欲多差科道，鄙意谓后生……不如大臣习虏知兵，老成持重者，上意乃定。范溪（郑洛——引者注）昔在宣大，再与虏封，扯酋犹知敬信，此行当必使虏王刻日回巢。回巢之后，火、真等酋无所凭藉，我得整兵积饷，相机图之，此亦在门下始终担负，收功桑榆，勿以经略有人，自生疑阻

---

① 申时行：《纶扉简牍》卷 9《答梅鹤洲总督（两首）》，《四库禁毁书丛刊》，集部，第 161 册，第 364—365 页。
② 申时行：《纶扉简牍》卷 9《答萧岳峰总督》，《四库禁毁书丛刊》，集部，第 161 册，第 365—366 页。

也。洮河相拒，斩级虽不甚多，而我气自倍，虏气稍夺，总由大疏一至，以解群疑，宽主上西顾之虑。①

信中先以巡按御史的奏报和"上心不能无动"向梅友松施压，随后抛出"特遣大臣经略"，表示自己为梅氏和经略大臣拦住皇帝"欲多差科道"的主张。然后，申氏告诫对方"勿以经略有人，自生疑阻"，敦促其积极配合即将到任的经略大臣。最后，催促对方按自己的提示尽快上疏"以解群疑"。

但申时行在致梅友松信中既淡化了对他的深度不满，也未将自己对局势的看法和盘托出。对此，他在致萧大亨信中谈得更透彻直白：

> 西镇事体，可为寒心！此弟之所深忧而未敢言者。缘新进少年，不谙虏情，不习边事，而但为大言，极诋贡市，而力主用兵。殆类痴人说梦者！弟亦为西镇督府（梅友松——引者注）言：此时当扬言必剿以为声，令刘（原陕西总兵革任随军立功刘承嗣——引者注）、张（甘肃总兵张臣——引者注）二帅屯兵境上以为形，而其实则未可轻试，未可先泄。总之，相机结局，令国体无损，疆事无坏，足矣。此可为知者道，难为众人言也。②

为应对"章疏纷纷，上心不能无动"的危机，申时行令陕西文臣"扬言必剿"放出风声、武将"屯兵境上"虚张声势，但"其实则未可轻试，未可先泄"。他仍希望通过这些举措争取时间，稳住边方局面，平息京中舆论，稳定已有动摇的"上心"，顾全"疆事"、"国体"，从而"相机结局"事变。

申时行称赞自己荐举的经略大臣"习虏知兵，老成持重"，批评科道官员的用兵主张"孟浪可笑"、"不谙虏情，不习边事"，徒然"掣肘"。据此推测，快

① 申时行：《纶扉简牍》卷9《答梅鹤洲总督》，《四库禁毁书丛刊》，集部，第161册，第373—374页。关于崔景荣任陕西（河西）巡按御史及其在任期间留下的书信集《出书稿》，参见刘文华：《明代〈出书稿〉作者与时间考》，《历史档案》2013年第1期，第132页。

② 申时行：《纶扉简牍》卷9《答萧岳峰总督》，《四库禁毁书丛刊》，集部，第161册，第366页。

速派遣经略大臣、拖延派遣阅视官，是其刻意为之。对他来说，事情的理想走向是，在阅视官还未正式派出前，经略大臣就已经妥善处理善后工作。为此，内阁还采取包括暂停扯力克"市赏"在内的举措，以惩罚其"于西镇生事，党助凶逆，侵掠边境，显是背恩犯顺"。但这些举措的重点，仍是针对性地搪塞和议反对者，试图拖延时间，等待经略大臣处理事变善后问题。①

然而，申时行预期中的乐观情形并未如期而至，反对派的声音却越发响亮。作为坚持明蒙和议的中坚力量，申时行在洮河事变后的种种作为，遭到主战派的批判。主战派的弹劾对象，从相关涉事督抚到兵部尚书，最终直接指向申时行。万历十八年九月初三日，山西道御史万国钦疏论：

> 时行于前月召对时，上问虏酋侵犯，则委之为抢番，无意内犯；上切责督抚，则委之为武臣之信地，文臣无与；上意选谋勇将材曾经战阵者，则委之为少有；上称款贡乃"皇考圣断"，则乘机逢迎；欲入"和"说，则封贡二十年，保全生灵何止百万。及为皇上所屡折其奸，因以难掩。是皇上之意在战，公论亦在战，而时行之意独不在于战；皇上之意在绝和，公论亦在绝和，而时行之意独不在于绝和。

万国钦随后还指责申氏"受辽将王国勋等数千万金"，为其"援引"、"庇护"，以及"兵部尚书王一鹗、总督梅友松、抚臣李廷仪，俱时行私人，互相党援，欺君误国"。对此，万历皇帝称："元辅忠诚清慎，朕所素知。近时召议边事，参酌机宜，甚合朕意。万国钦如何辄来淆乱国是，且事无影响，任意污蔑？念系言官，姑降一级，调外任。"

主战派显然从此前皇帝召见辅臣传递出来的信息中，捕捉到皇帝倾向于对蒙古采取强硬立场，因此以主战"公论"自居，凸显申时行违背皇帝意志，同时抨击主和派的兵部尚书与相关督抚。值得留意的是，皇帝对万国钦的严词斥责与实际惩处存在较大落差，看起来更像是高高举起、轻轻落下。这些迹象，应该也是

---

① 参见周永春辑：《丝纶录》"兵部"，《四库禁毁书丛刊》，史部，第74册，第663—664页。

令主和派感到"上心不能无动"之处。或因此，申时行随即辩解：

> 近日大酋犯顺，虏王助逆，洮河之役，杀将损军，凡有人心，孰不奋然思一大创以雪仇耻？即虏王市赏，已奉旨停革，臣何尝主于不战？臣之愚计，谓必使虏王归巢，诸边安静，乃可以专力制西虏，必使西事既定，边备大修，乃可以全力制大虏。今不分顺逆，不量彼己，必欲诸边一时尽罢贡市而与之战，使虏势尽合，我力益分，东撑西支，乘危徼幸，未有如此而能得志者。

申时行接着指出"前月伏蒙召对，商确边事"过程中，皇帝并未"以臣为奸而发之"，随后又辩护贿嘱王国勋及任用私人王一鹗、梅友松等指责，最后"乞皇上罢斥臣，以谢言者。其西镇事，仍乞敕九卿科道集议上请"。对此，皇帝圣旨首先肯定其"竭忠谋国，持廉秉公。顷筹划边情，具有次第"，接着指示"既遣大臣经略，付以便宜，责其成功，不必又议，以滋烦扰。其他诬蔑浮言，原无影响，何足介意？"最后表示"朕方倾心信任，岂人言所能间？宜深体此意，亟出辅理，匡持国是，以慰朕怀"。①

尽管先有万历皇帝在七月二十六日指示"三年阅视是常差，如今要特差"，后有九月初万国钦的直接弹劾与申时行的被迫上疏辩解，但阅视特差仍迟迟没有取得任何实质性进展。直到十二月十六日，才终于落实"钦遣阅视官员"名单：

> 右通政穆来辅，蓟镇，兼阅保定、昌平；
> 大理寺右少卿王世扬，延绥；
> 光禄寺少卿曾乾亨，大同；
> 尚宝司丞周弘禴，宁夏；
> 兵科都给事中张栋，固原；
> 吏科左给事中侯先春，辽东；
> 工科右给事中钟羽正，宣府；

---

① 《明神宗实录》卷227，万历十八年九月壬寅，第4209—4211页。

兵科给事中张贞观，山西；

工科给事中李汝华，甘肃。

穆来辅等仍兼宪职：来辅，河南道；世扬、弘禴，陕西道；乾亨，山西道。①

洮河事变引发的一种政治舆论认为，边镇防务松懈使明朝在此次冲突中受到欺辱，由此再次引起对和议削弱明朝防务的担忧，进而质疑继续维持和议的必要性。而且，质疑声引起万历皇帝的关注，随后有上朝、召见辅臣、作出"特差"指示等系列举动。

为响应皇帝的重视，此次特别派出9名阅视官。但这个表面上郑重其事的姿态，与前引申时行在致陕西三边总督梅友松信中表达的立场差异很大。日后，申时行将九边各遣一人的主意挂在户科左给事中吴之佳名下：

时款贡日久，三岁则遣京朝官阅视边备，或病其扰，乃属之按臣。君言："按臣与边臣狎比，即有奸如山，莫肯先发，徒具文耳。仍遣京朝官便。"是岁，特遣九边各一人，从君议也。②

然而，即使接受这一叙述，也能合理质疑：如果没有洮河事变引发皇帝召见辅臣并作出"特差"指示，以及申时行由此嗅到"上心不能无动"的危机，那么吴之佳的提议，是几乎不可能获得申时行同意的。甚至可以从吴氏之"议"与申氏之"从"中，感受到申氏的自导自演，③ 旨在尽可能掌控阅视的进程。

在阅视名单确立前的十二月初八日，史科左给事中侯先春上疏称：

---

① 《明神宗实录》卷230，万历十八年十二月甲申，第4267—4268页。

② 申时行：《赐闲堂集》卷30《文林郎刑科都给事中吴君暨配封孺人顾氏合葬墓志铭》，《四库全书存目丛书》，集部，第134册，第631页。

③ 类似情形，在万历十四年多罗土蛮部侵扰西宁等地的冲突应对过程中已出现过，当时申时行授意兵科都给事中顾九思对陕西三边总督郜光先、甘肃巡抚曹子登进行开脱式弹劾。参见陆星宇：《抚为事而战不休：蒙古西行与明万历前中期的北疆治理》，硕士学位论文，中山大学历史学系，2022年，第62—71页。

顷者皇上特遣诸臣分边阅视，窃计诸臣靡不矢天自效，以求无负任使。顾边事积坏，已非一日。今当事诸臣，必且虞其罪之及己，又虞其罪之及人，务匿其情，以欺阅视。彼阅视者，欲以一手一足之力，而洞悉二十余年之积弊，其道无由。臣窃谓莫若宽其文法，与之更始，使边臣晓然知上意旨，各输情实，共刬弊端。一切情弊，自万历十八年以前，悉从宽减。唯夫以少作多，以虚作实，则必正其欺罔之罪。立法若此，庶乎边臣皆知虚文无所逃罪，而莫敢不以实应矣……赏罚者，鼓舞人心之大机，赏必当功，罚必当罪，然后赏可信，罚可必也。今阅视事例，八事修举者与斩获同赏，废坠者与失机同罚。夫八事修举之与斩获，八事废坠之与失机，原自不同，唯必欲比而同之，无惑乎冒斩获之功者比比皆是，而复失机之罪者竟寥寥也。乞敕该部详议申饬，期在必行，毋厌更张。①

侯疏经兵部议覆后获准施行。但其中的"悉从宽减"、"宽其文法，与之更始"，很容易令人联想到皇帝召见阁臣时，申时行强调的"失事本小而论罪过重"、"宽文法，核功罪"。侯先春跟申时行保持同调的不止于此，他还指出大张旗鼓的突袭式检查，并不能解决隆庆和议以来边镇的种种积弊，而针对阅视八事的奖惩规则，更是沦为边方官员的套利机会。② 值得注意的还有，在上述特遣阅视名单中，侯先春负责阅视的辽东，离洮河事变发生地最为遥远。而当次年这批阅视官赶赴九边途中时，侯先春就被升为户科都给事中。③

尽管阅视名单终于敲定，但距实际派遣阅视官赴任仍遥遥无期。并且，其间还陆续出现意见分歧，其中反对阅视的尝试可能也出自申时行一方。万历十八年十二月二十日，通政司右通政穆来辅等条议阅视未尽事宜：戒科敛、惩欺弊、禁虚糜、禁迎送、处供亿、议委官、搜遗材。部复如议。万历十九年二月初五日，户部主事王阶请停阅视，严责按臣从实查核，"部复以闻，上曰：'差官阅视，原为振饬边

① 《明神宗实录》卷230，万历十八年十二月丙子，第4262—4263页。此疏见侯先春：《侯少芝先生谏草》卷上《阅视求实效疏》，十一世孙开明重刊本，2019年，第30—32页。
② 侯先春与申时行保持同调的还包括举荐万世德、将洮河之变归罪于"星变"等，参见陆星宇：《抚为事而战不休：蒙古西行与明万历前中期的北疆治理》，第71—83页。
③ 《明神宗实录》卷234，万历十九年闰三月丙寅，第4331页。

防，先年虚文积弊，已该各官条陈厘革，岂得又议停止？着遵前旨行。'"直到万历十九年闰三月初一日，这批阅视官才出发赴任。① 此时距万历皇帝召见阁臣并强调"特差"阅视九边，已经超过 8 个月，距阅视官名单出台也超过 3 个半月。

（二）巡阅历程：在实践中感知"虚文"

在此次特遣 9 名阅视官中，以兵科都给事中身分阅视固原的张栋，② 曾在万历十八年十一月二十五日上"边事久敝，亟宜更始，敬陈责实之议，以创前非、规后效"疏，分析对蒙政策的结构性问题，检讨阅视制既未能对政策问题有所纠正，也未能有效发挥监督边防边备作用：

> 何陵夷至此极耶？议者往往追咎款虏之失，不知款虏之初，议未失也，失在既款之后耳。其最可异者，每岁市成，边臣悉以次叙功，升赏有差。夫虏非厌其欲则市不成，我非厌虏欲则市不成，市成而升赏随之，夫焉得不相劝以要虏之必市？是教边臣以媚虏也。
>
> 阅视之臣，三年一遣……二十年来，凡五、六遣，率以一疏了事……今虏至辄称无兵无马、无饷无险，进不能战，退不能守，则八事修乎？否乎？向所阅视者，今安在乎？是殆与边臣交相为欺也。
>
> 夫庙堂靳鼓舞之方，阅视乖综核之实，以故边计益疏，边备益弛，虏气益张，虏情益狡……此又边臣自教虏轻中国也。③

此疏上奏 20 天后，张栋就被任命为他刚刚抨击过的九边阅视特遣官。但他实际奉到敕文，已迟至十九年三月初六日。敕书除规定阅视内容和起止时间，以及强调阅臣亲履稽核外，还有几点值得注意。

---

① 《明神宗实录》卷 230，万历十八年十二月壬辰，第 4270 页；卷 232，万历十九年二月壬申，第 4292 页；卷 234，万历十九年闰三月丙寅，第 4331 页。

② 吴安国：《张可庵先生书牍叙》，张栋：《张可庵先生书牍》，《四库全书存目丛书》，集部，第 166 册，第 4—5 页。

③ 张栋：《张可庵先生疏稿》卷 2《论边事议责实疏》，中国国家图书馆藏明万历四十一年刻本，第 57—58 页。

先因虏酋款贡，边患稍宁。犹虑人心懈弛，每叁年阅视，或遣大臣，或差科臣，或就便委巡按御史。乃各官多循虚套，无益边防。近采言官建议，特遣京堂、科臣，相兼阅视，玖边各壹人，期各尽心稽核，振举边务。兹特命尔前去固原地方，查照先今事理，将壹应边务，会同各该巡按御史，从实查阅。要见钱粮积下若干，有无侵冒……及一切应行事宜，悉查原议，一一亲履其地，设法稽核。惟以事完为度，不拘限期。毋但托付委官，据凭文册，苟且塞责。边臣有能着实修整、著有劳绩，及踵袭故套、搪塞误事者，俱从实具奏，以凭赏罚。①

一是九边阅视官的构成。敕书指出，此前阅视官由大臣、科臣担任或由巡按御史兼任，分别对应前两次、中间两次和最后两次阅视，其中由巡按兼任是申时行任首辅期间的主张，正如申氏致信陕西三边总督郜光先指出的："阅视向称劳费，故省大臣而差科臣，又省科臣而属直指，盖从便也。"② 此次阅视尽管在"特遣"名义下进行，九边各遣一人，人数最多，且由京堂大臣与科臣担任。但此次阅视不仅反复拖延，而且所谓"特遣京堂"，实际上仅限于通政司、大理寺、光禄寺、尚宝司诸衙门，并无六部、都察院等重要衙门大臣。当然，对阅视官来说，"特遣"可能带来相当程度的压力，正如张栋致信靖虏兵粮道王亮称："弟虽藉赖于兄，苟且毕事而还，难免于人之议：在廷诸君子，必以为奉特旨而出，未见有以异于人也；而此中诸君子，又当恶其信己，不肯委曲迁就，是两失之耳。"③

二是特别点明阅视需要"会同各该巡按御史"开展。这可能也是申时行的主张，因为他此前两次"罢遣"阅视官，主张将阅视差使归并到巡按御史手中。

三是强调"惟以事完为度，不拘限期"。但从实践层面看，阅视官在包括时间起止问题上的左顾右盼现象很明显，同样，相关地方衙门和中央机构对阅视期

① 张栋：《张可庵先生疏稿》卷4《奏缴阅册疏》，第45—46页。
② 申时行：《纶扉简牍》卷7《答郜文川总督》，《四库禁毁书丛刊》，集部，第161册，第276—277页。
③ 张栋：《张可庵先生书牍》卷5《与王楼峰苑马（八）》，《四库全书存目丛书》，集部，第166册，第135页。

限也有期待。从张栋的经历看，尽可能"中规中矩"完成阅视差使，尽早回归本等衙门，以免原有职位及升迁常格受到影响，是在阅视过程中没能获得破格升迁的情形下，更符合自身利益的考虑。毕竟，阅视官与巡按御史存在重大差异：前者只是临时差使，通常任期不到一年，没有专职衙门，官员均由借调充任，事毕各归本等衙门；后者则是朝廷专职官员，可续任迁转。这种差异必然影响阅视官的仕途考量，致使他们对阅视工作多有顾忌。

在实际阅视固原的六七个月间，张栋留下 17 篇奏疏、243 通书信。其中，阅视奏疏连同其任官工科、刑科、兵科期间的奏疏 28 篇，合共 45 篇，由其子与邑人王焕如在万历四十一年刊刻为《张可庵先生疏稿》，阅视书信连同其历任牍稿也经王焕如编排，在天启年间获得资助刊刻为《张可庵先生书牍》十卷，① 为了解阅视制的实践情形及万历中期官场运作提供史料基础。

固原一镇所属共有九道，其中固原、河西、关西三道此前属于陕西（河东）巡按御史的查阅范围，靖虏、临巩、洮岷、陇右四道此前属于甘肃（即陕西［河西］）巡按御史查阅范围，另外还有隶属苑马寺的靖虏兵粮道和隶属户部陕西司的督理甘固粮储道。固原虽为九边之一，但随着和议实现，固原镇变成"腹里"，所属九道中仅有靖虏道"临边"。②

遵照敕书"会同各该巡按御史，从实查阅"，张栋的阅视必须"所至会同巡按陕西监察御史李本固（河西）、周盘（河东），照依八事，逐一查阅"。③ 然而所谓"会同"，实际上主要体现在张栋以阅视官身分向朝廷上奏时，在部分奏议开头写上一笔"会同巡按"而已。张栋在阅视过程中真正的"会同"对象，是

① 伍袁萃：《可庵公疏稿序》、胡士容：《张可庵先生疏稿序》，张栋：《张可庵先生疏稿》，第 8—19 页；文震孟：《牍稿叙》、王焕如：《凡例》，张栋：《张可庵先生书牍》，《四库全书存目丛书》，集部，第 166 册，第 3、7—9 页。

② 张栋：《张可庵先生疏稿》卷 4《奏缴阅册疏》《荐举文武官员疏》，第 47—48、53—54 页。张栋《议修筑器械贰事疏》《议造报家丁武学将领占役布花逃故积贮经制玖事疏》《题报屯盐疏》仅提及"通行固原、河西、靖虏、临巩、洮岷、陇右、关西等各道"（《张可庵先生疏稿》卷 5，第 1、8、52 页），靖虏兵粮和督理甘固粮储二道，仅见于张栋《荐举文武官员疏》。

③ 张栋：《张可庵先生书牍》卷 6《上申瑶泉老师》，《四库全书存目丛书》，集部，第 166 册，第 161 页；《张可庵先生疏稿》卷 4《奏缴阅册疏》，第 47 页。

有着共同政治立场的当地巡抚，及有私交的其他边镇阅视官。阅视官与本地巡按的"会同"，更多只是礼仪性、象征性的，在张栋书信中体现得尤为明显。

张栋巡历阅视固原镇的大致情形，可概括如下：万历十九年三月初五日，循例拜见申时行并聆听指示；次早陛辞，并奉到敕文、出发。途中逗留40日，闰三月十三日进入潼关，先迂道去会城西安查册、阅视，于四月初二日抵达固原镇城。旋即从固原开始阅视，依次巡历查阅靖虏、临巩、洮岷、陇右、关西，以抵河西。"阅视事毕还朝，于十一月十五日过潼关，行至河南府地方。"①

张栋来自江南，在阅视西北固原镇所辖各地时，面临巨大地域差异，他在致信同年顾绍芳时称：

> 身不涉边境，目不击边事，率尔款言，甚易。弟行边而后知边地之苦，阅视而后知阅视之虚也……一过长安，渡渭水，而从西北行，则别是一番沙界。夹境皆山，仅留一线以通行径。民皆土窟，一城之内，有瓦为居者，可指屈也。山坡绝堑，亦见推犁而耕者，半皆黄枯，微有生气而已。即开城，一制府仗钺之地，而民居荒落，不能当吾郡一巨镇。地之所生，唯荞麦、燕麦，闾阎遂储为卒岁之需，而官军猬聚，为民者寡矣。故套相沿，牢不可破，文武将吏，共贯同条，若以为当然也者。流离死徙，勿之恤也。吾不知将来究竟终作何状？贾生而在，岂止痛哭流涕而已耶！政本之地，全然不

① 张栋：《张可庵先生疏稿》卷6《参劾经略请专行勘疏》，第4页。有关固原镇设置及其演变，参见艾冲：《明代陕西四镇长城》，西安：陕西师范大学出版社，1990年，第131—160页；肖立军：《明代中后期九边兵制研究》，长春：吉林人民出版社，2001年，第78—79页；彭勇：《明代北边防御体制研究——以边操班军的演变为线索》，北京：中央民族大学出版社，2009年，第297—301页；赖建诚：《边镇粮饷：明代中后期的边防经费与国家财政危机，1531—1602》，杭州：浙江大学出版社，2010年，第83—86、462—463页；赵现海：《明代九边长城军镇史——中国边疆假说视野下的长城制度史研究》，北京：社会科学文献出版社，2012年，第449—457页；刘景纯：《明代九边史地研究》，北京：中华书局，2014年，第149—151页；于默颖：《明蒙关系研究：以明蒙双边政策及明朝对蒙古的防御为中心》，呼和浩特：内蒙古大学出版社，2016年，第131—133页；胡凡：《明代九边形成及演变研究》，北京：高等教育出版社，2021年，第231—235页。

知，苟安朝夕。①

"阅视而后知阅视之虚"是张栋在亲历后的评估，可见他对西安以西边地自然条件、经济社会和军政秩序等，都感到极度失望，而朝廷尤其是内阁却对此"全然不知，苟安朝夕"。结束阅视前后，张栋致信延绥阅视王世扬也谈道：

> 弟本东南水泽之人，驰驱于极西极北苦寒沙碛之地。自四月初从开城驾车，未尝有三日停歇，途路苦辛，生平仅见。且受气难当，益令人有毁冠裂带之念耳！弟入仕十五年，皆在南方腹里，不知边徼人情事体如此，几乎废尽王法，另自一种荒服之习，而官吏之因循怠玩，真可笑可恨！弟亦不得已，稍究心于大纲，其细微曲折，姑置之矣。若一一欲为清楚，不特今年不得了事，虽十年亦不为久也。②

在张栋看来，"极西极北苦寒沙碛之地"的自然条件，跟"几乎废尽王法"的"荒服之习"、"牢不可破"的相沿"故套"明显存在关联性。显然，这些观感对其阅视态度构成非常负面的影响，所谓"不得已"、"姑置之"，就是体现。由此可推知，张栋此行不仅是阅视而后"知"阅视之虚，同时也在阅视过程中选择了相当程度的"行"阅视之虚，可谓"以虚应虚"。

与内阁阁臣及朝中大臣的往还礼仪，是特遣阅视官张栋赴任出发后的优先事务。为此他特别致信顾绍芳："更有一言托兄者：弟同差九人，前出都日，有云到地方当具禀帖报政府（即内阁）者，有云不必者，不知曾有已行一二人否？兄试为我一查，并为筹之。如不可已，亦当办此矣。"其《上中瑶泉老师》等书信，

---

① 张栋：《张可庵先生书牍》卷6《与顾学海赞善》，《四库全书存目丛书》，集部，第166册，第165—166页。张栋致总督魏学曾信中也说："近巡东路，睹村落之萧条，稔灾疲之情状，殆有甚于开城以北者。夫边衅既棘，民困如斯，将来关陇之间，未审终作何状？言之可为寒心也。今且还庆州，专理册事，需其完，即可出关。"[《张可庵先生书牍》卷3《与魏确庵总督（七）》，《四库全书存目丛书》，集部，第166册，第67页]
② 张栋：《张可庵先生书牍》卷6《与王怀棘大理（五）》，《四库全书存目丛书》，集部，第166册，第154页。

除请示、汇报工作外，也多为应官场礼仪而作。①

与所阅地方官的礼仪交涉，是张栋赴任途中的重要主题。早在从北京出发前夕，他就致信时任陕西巡抚叶梦熊，嘱以接待从简；在赴任途中及抵任后，这类官场接待和交往礼仪仍是双方反复协调的内容之一。叶氏并非孤例，张栋在致督粮道参政胡希舜信中提到："入关之初，顿荷遣信，一时诸遣候于关门者几二十余人，弟骤见之，不胜惊叹，即此知驿递之劳扰为多。"这个规模庞大的恭候队伍的派遣者，就包括叶梦熊、陕西巡按御史李本固、陕西茶马巡按御史王有功、甘肃巡按御史周盘及一众地方官。②

在地方官的热情接待礼仪基础上，张栋还需仔细辨识负责接待事务的地方小吏的热情加码。例如，靖虏兵粮道王亮派遣手下循例在所辖边界处等候迎接张栋，但负责迎候的手下却直抵西安，"彼小官必过界一程，以是为敬"。③

张栋同当地宗藩的往还礼仪，不仅费时费心，而且涉及经济上的辗转周折。面对西安秦藩的礼仪表达，张栋"不得已仍行固原道，更借官银，另买十二币，具一谢启答之，而易其所送之币，即发固原道变价，以补两次借用之银，所谓调停之术耳"。双方的礼仪往来持续到阅视将要结束时，张栋以近乎逃遁的架势收尾，拜托当地官员"必俟十一月内，度不类出境已远，然后烦一吏役送去。若此时即送，恐其（秦藩——引者注）又具礼来答，多费一番往复矣。不类拟在十月终图归，宁迟至十一月中旬方送为妙，但讨得一回帖缴到固原道，便中寄知可也"。④

在巡历期间，张栋及其幕僚书吏还必须谨慎面对诸如"书吏衣价"、"花币奉敬"等名目繁多的"酬劳"。无论阅视官收受与否，地方官趁机搜刮一番已成惯例。张栋在致经略大臣郑洛信中指出："先年阅臣未出，而地方将领多方索取军

---

① 张栋：《张可庵先生书牍》卷6《上申瑶泉老师》《与顾学海赞善》，《四库全书存目丛书》，集部，第166册，第161—167页。

② 张栋：《张可庵先生书牍》卷4《与叶龙潭巡抚（六—十）》《与李碧筠巡按》、卷5《与胡见虞参政》，《四库全书存目丛书》，集部，第166册，第89—91、106、120页。

③ 张栋：《张可庵先生书牍》卷5《与王楼峰苑马（三）》，《四库全书存目丛书》，集部，第166册，第134页。

④ 张栋：《张可庵先生书牍》卷5《与郭云楼知府（三）》，《四库全书存目丛书》，集部，第166册，第137页。

士以充靡费，闻诸人言，能令气塞！及查往牒，禁止虚靡，三令五申，何尝不具？奈何视为貌言，未必遵也。"①

对这些官场礼仪的谈论，张栋显然存在选择性。例如在写给首辅申时行、兵部尚书石星、都御史李世达的信中，他完全没有提及上述官场礼仪；但在致信老友顾绍芳时就提到"此中院道诸公，终不能脱然尽去故套，仍有书使相候于关门，因驻足潼关者三日，尽遣回各役，而后策骑入长安"。②

随从和助手将在很大程度上影响阅视成效，情形正如前引侯先春指出，阅视官"欲以一手一足之力，而洞悉二十余年之积弊，其道无由"。③ 张栋从北京出发时仅有书役俞世德同行，在结束阅视返京后旋即于万历二十年二月初被斥为民，但在四月中旬返家途中，张栋仍向刚刚升任宣府巡抚的王世扬推荐俞氏。④阅视助手则由熟悉情况且敢于任事的委官担任：

> 边事之科条甚伙，阅臣之耳目难周，势不得不佐以委官。如得刚方明练之才，而又不在阅属之内者，委之甚善；即系阅属，而能不畏大吏，务竭精思，搜剔靡遗，检举咸当者，委应一体荐扬，破格优叙。如有不称任使，或徇情负托者，自应参治改委。

据此，张栋请汉中府推官邓启愚、平凉府推官马英担任阅视委官，协助开展工作。在阅视过程中，往往阅视委官打前站，阅视官"尾之而行，随处复阅"；有时阅视委官甚至代替阅视官前往那些难以巡阅之地。阅视工作结束后，张栋于十

---

① 张栋：《张可庵先生书牍》卷3《与郑范溪经略》《与尤绍庵总兵（三）》、卷6《与王怀棘大理（五）》，《四库全书存目丛书》，集部，第166册，第74、84、155页。

② 张栋：《张可庵先生书牍》卷6《与顾学海赞善》，《四库全书存目丛书》，集部，第166册，第161—165页。

③ 张栋在阅视期间反复感叹书役人手不足，其致陕西巡抚叶梦熊信："小疏并欲请教，缘誊写无役，稍俟录出，当寄台下求指迷耳。"[《张可庵先生书牍》卷4《与叶龙潭巡抚（一九）》，《四库全书存目丛书》，集部，第166册，第94页] 其致经略大臣郑洛信："不类之为此役，良亦苦矣。一身兼作仆，既无缮写者，又无遣行者。"[《张可庵先生书牍》卷3《与郑范溪经略（七）》，《四库全书存目丛书》，集部，第166册，第77页]

④ 张栋：《张可庵先生书牍》卷6《与王怀棘巡抚》，《四库全书存目丛书》，集部，第166册，第174页。

一月初八日连同负责阅视蓟镇兼阅保定、昌平的通政使司右通政穆来辅等一起上疏，举荐邓、马二人。①

情报搜集和信息保密是密切关系阅视成效的要务，张栋致固原标下右营游击李宁的信很能说明问题：

> 得报，已悉各虏出边情状。但虏最黠悍，其行走内地，岂无一毫骚扰乎？督抚衙门，岂无厚加赏宴乎？地方官一意蒙蔽本科，常恐本科之访知也。独公非地方之官，本科亦素知公之贤，欲特引荐，正当密切报我，岂可如地方官蒙蔽，只云"虏王恭顺"也？甚非本科所望于公之心矣，谨此相托，公须仰体本科之心，速将各虏真实情状，及经略（郑洛——引者注）衙门，或抚镇衙门赏赐数目，备细开报。各官惧怕经略衙门，故不肯实报本科，今密托公，真以心腹待公也。亲笔自写，封固密报，至嘱！至嘱！②

张栋还特别提到，他与巡抚叶梦熊的通信也有被人偷拆的风险：

> 昨在会城（西安——引者注），稍阅兵马……台下惠来械筒两重，俱似拆动者，深以为疑，而细叩来人，则会城军夜，意台下必择而使之者，然终不能释然。附问，非过疑也。或有肝膈请教，不可使人知者，宁不虑及于此耶？台下既许我内交，从此有心必言、有言必尽，愿毋以狂躁罪之。③

（三）举劾：阅臣的信息掌握与权力运用

前引阅视敕谕开列阅臣职责，除稽查钱粮、兵马等"八事"外，"边臣有能

---

① 张栋：《张可庵先生疏稿》卷4《荐举委官疏》，第59—61页。
② 张栋：《张可庵先生书牍》卷3《与李游击（二）》，《四库全书存目丛书》，集部，第166册，第86页。
③ 张栋：《张可庵先生书牍》卷4《与叶龙潭巡抚（一四）》，《四库全书存目丛书》，集部，第166册，第93页。

着实修整、著有劳绩，及踵袭故套、搪塞误事者，俱从实具奏，以凭赏罚"。据此，阅臣对所阅地方官有监督评估权和荐举弹劾权，对受阅文武官的仕途至关重要，因此极大地影响他们在"八事"上的表现。但从实践层面看，阅视官要在几个月内摸清当地官场格局，在原有监察考核体系如巡按、巡关御史之外，① 对当地官员提出举劾，是相当不易之事。正因此，接到阅视任命之初，张栋就致信前江右同事、时任靖虏兵粮道王亮，打听当地官场局势：

> 兄在西久，又能留心世故者，一切机宜，无分巨细，何者不载兄胸中？弟孤身远役，非藉相知多方密示，何由得知？而弟之相知，舍兄其谁？弟非兄之望，其谁望？无论其他，即举刺一节，弟决不敢自用，亦决不敢信他人，全仰给于吾兄，兄须为我预办此事，弟不更他求矣。至若地方利病，兄或见之真而不可以告两院（巡抚和巡按——引者注）者，不以告弟，又谁告耶？②

由于阅臣的举劾直接关系官员仕途，这些信息既需多方打听，也需高度保密，方法之一就是在递送公文的掩护下传递私人消息。张栋在致陕西按察司金事分巡关南道万自约信中指示：

> 至于核功罪、酌举刺，尤为鼓舞人心之要机，今日之急务也。而使弟何所凭借、何所信托？苟非同心，不敢轻出此语，而托之非正人，又恐倒置黑白。则今日所可仰望者，舍门下，更有何人？正欲觅便致恳。微闻监司中相疑相忌，恐有形迹为人所窥……门下万毋漫然。其最重最要者，文则道、府，武则参、游以上，愿老掌科人各为弟摹写其真，而应刺者又最要中之要，千万留意！千万留意！乞姑缓送册，必办完此，而后借册以达，庶使人

---

① 关于九边监军系统，参见肖立军：《明代中后期九边兵制研究》，第 149—153 页。
② 张栋：《张可庵先生书牍》卷 5《与王楼峰苑马》，《四库全书存目丛书》，集部，第 166 册，第 133 页。

无可疑。至恳！至恳！①

　　大约在万历十五年，张栋与万自约都任职刑科，称"老掌科"当指此而言。信中值得注意的有以下几点：其一，张栋得知固原镇监司官员中有"疑忌"自己之人，担心对方窥伺自己形迹并因而受到要挟；其二，在边方官员中，阅视官的举劾主要集中在"文则道、府，武则参、游以上"，并希望万自约提供名单和各官详细资料；其三，在举荐和弹劾两项职权中，阅视官更在意弹劾，正如前引万历三年方逢时在《辕门记谈》中，指责负责监督边镇的"法吏""喜闻人过，议功惟恐其不轻，议罪惟恐其不重，而或寄视听于宵人，任喜怒于己见，是非淆乱"。② 显然，方氏是从受阅边方督抚的立场看待阅视。其四，这些信息的传递要高度保密，张栋建议对方等举劾信息搜集完备后，借公文掩饰进行传递，避免引起怀疑。

　　洮州副将唐尧辅的官场风评与阅臣接触后的落差，反映了阅视举劾权的实际运作及其可能遭遇的困境。张栋本是兵科都给事中，还在北京时就已从兵部得知唐尧辅官场名声不佳。在固原阅视期间，当地部分官员对唐氏同样风评欠佳。但当张栋亲自接触唐氏后，却形成完全不同的观感，他在万历十九年七八月间致陕西茶马巡按王有功信中有过详细说明：

　　　　此中唐副将，昨曾语之老丈，颇闻其有议，老丈亦复见谕，谓其一二未妥者，似昭昭可信者也。乃今弟见其人，殊磊落有志，与之谈论既明爽，非冥然者；稍以边事扣之，又似有一念忠愤可取。弟甚疑之：何所见与所闻大异也？其人气象颇觉倨傲，意者因而生谤乎？弟在都之日，即闻兵部诋之，及至此中，又有一二府官指摘之者。弟今辄有疑于心：兵部之诋，意者不能钻刺；府官之议，意者恶其倨傲耶？未审老丈所闻，得之何自？敢因而请教焉。老丈不日莅此，试以弟之言察其人，计悬鉴朗然，必能洞察而不爽矣。仍乞惠之教言，以为断案，毋使弟狐疑两可而未决也。谨此密嘱：老丈一至

① 张栋：《张可庵先生书牍》卷5《与万仰峰金事》，《四库全书存目丛书》，集部，第166册，第135—136页。
② 方逢时：《大隐楼集》卷15《辕门记谈》，第254页。

洮，会面间即可定其臧否，幸勒数语，特人见报，弟且引颈而望，万万勿忘！①

类似评价，在张栋致陕西巡抚叶梦熊、陕西三边总督魏学曾等信中均有提及。通读张栋的全部书信可知，魏学曾、叶梦熊、王有功在此期间均跟张栋关系密切，他们在洮河事变后均持主战立场，同样对唐尧辅仕途影响甚大，因此张栋才有如此辩白。张栋的亲见观感确实发挥了积极作用，唐氏随即升任分守洮岷河阶等处副总兵。②

阅臣举劾权遇到的更大困境，在于制度体系的结构性紧张，特别是源于都察院监察体系的科臣与道臣的内在紧张。当科臣临时承担阅视差遣被派往地方时，与当地原有道臣如巡按、巡关御史更易产生事权冲突。③ 前引张栋的阅视敕书中特别强调"会同各该巡按御史，从实查阅"，也是两者事权紧张的反映。在结束阅视之际，张栋致信陕西巡按御史李本固时，就明确提到阅臣与道臣的分别："况是役也，与贵衙门奉使不同，所关不甚重，虽有旧例，亦何常之有？老丈以为何如？"④

固原阅视官张栋与甘肃巡按御史周盘的立场分歧，正是新旧监督制度产生结构性紧张的集中体现。大概在万历十九年八月，当周盘明确支持维护和议的经略大臣郑洛，反对"罢和主战"的陕西巡抚叶梦熊时，张栋写信告诉叶氏：

直指君（周盘）颇右经略（郑洛），而不甚满台下，不类久已察之。然

---

① 张栋：《张可庵先生书牍》卷4《与王梧冈巡茶（五）》，《四库全书存目丛书》，集部，第166册，第110页。

② 张栋：《张可庵先生书牍》卷3《与魏确庵总督（一五）》《与唐副总兵（一一三）》、卷4《与叶龙潭巡抚（三一）》，《四库全书存目丛书》，集部，第166册，第70、85—86、99页。

③ 关于明代监察制度尤其是科道官的研究，参见小川尚：『明代地方监察制度の研究』、東京：汲古書院、1999年、第19—90頁；曹永禄：『明代政治史研究：科道官の言官の机能』，渡昌弘译、東京：汲古書院、2003年、第45—75、224—264頁；方志远：《明代国家权力结构及运行机制》，北京：科学出版社，2008年，第229—247页；陶道强：《明代监察御史巡按职责研究》，北京：中国社会科学出版社，2017年，第22—118页。

④ 张栋：《张可庵先生书牍》卷4《与李碧筠巡按（五）》，《四库全书存目丛书》，集部，第166册，第108页。

未敢于台下前少露者，两台（指均属都察院的科臣与道臣——引者注）同事，贵在同心，稍有形迹，恐非地方之福。今来示先言之，不敢不以实告。大都此君世眼中俗流，又寡识见，但知庙堂之意欲是经略，则从而傅会赞扬以迎合当路，有识者视之奚啻粪壤耶！台下不必在意，更不当示有形迹，见非同心，勿轻笔舌。此不类一念惓惓，欲效于台下者。况此君物望甚卑，即敝同年中亦共略之，出于其口，原不足为公论，何暇与之校是非哉！①

所谓"但知庙堂之意欲是经略"，是指周盘知悉郑洛后台是申时行，郑洛在处理洮河事变善后工作时，贯彻的是申时行的和议基调。② 随后张栋又致信叶梦熊：

日者手示云，周直指（周盘）颂扬经略（郑洛），时未见其疏，率遽奉答，今始于邸报中见之，可骇！可叹！……何其颠倒是非，毁裂公论，一至是耶！廉隅扫地，言官之辱，奈何！奈何！不类手其疏，凡三四抛掷，胸中气勃勃横生，思得更驰一疏入，而敝同年中恐有咎不类过激者，姑俟还朝之日别图之。③

阅视官与巡按御史在边镇监察问题上的结构性矛盾和政治立场对立，还反映在对地方官员的弹劾上。万历十九年九月初六日，张栋上疏弹劾巩昌府徽州知州浦朝柱、文县知县卢论、西固城守备戴陛、河州卫指挥冯官，④ 稍后致信陕西茶马巡按王有功提到：

兰州别驾、文县令君，弟已有疏入矣。二官皆周心老（周盘，字心

① 张栋：《张可庵先生书牍》卷4《与叶龙潭巡抚（三七）》，《四库全书存目丛书》，集部，第166册，第101—102页。
② 郑洛早在隆庆四年至五年任山西怀来兵备道时，就积极支持隆庆和议。参见郑洛：《抚夷纪略》，薄音湖、王雄编辑点校：《明代蒙古汉籍史料汇编》第2辑，呼和浩特：内蒙古大学出版社，2006年，第138—139页。
③ 张栋：《张可庵先生书牍》卷4《与叶龙潭巡抚（四一）》，《四库全书存目丛书》，集部，第166册，第103—104页。
④ 张栋：《张可庵先生疏稿》卷4《劾文武官员疏》，第35—40页。

铭——引者注）同乡，颇为之解纷。弟疏先发，而后使之闻之也。然犹耿耿于心，恐或未当，今得丈示，不胜愉快！①

大约万历十九年十月，张栋在庆阳造写文册期间反复致信王有功，指责周盘：

> 周心老故自长者，然未免太过于厚。朝廷建置言官，其阶甚卑，其权甚重，良有意也。昨于邸报中见其扬颂经略（郑洛）功，在先臣彭（彭泽）、杨（杨一清）之上。其然，岂其然乎？与老丈同心，私共商之。②
>
> （张栋）所指摘经略，岂不知为时之所忌？即文县令（卢论），弟亦知其为有凭依者（指巡按周盘——引者注）。但念之所至，决不能抑己以从人也。行吾之志，行吾之事，爱憎毁誉，一任于人，愿与老丈永坚此约。③

当阅视即将结束时，阅臣需循例上奏总结性奏疏，其中有关当地官员的举劾内容备受关注。而当地官员往往会根据阅视过程中的种种迹象，在阅臣上奏前捕捉危险信号，并试图阻止危险发生，靖虏兵粮道王亮和临巩兵备道刘光国就是典型。

大概在万历十九年九月前后，因张栋弹劾地方文武官员多人，且对部分地方事务"批驳太重"，引起刘光国极大抵触。当张栋得知其抵触情绪后，将双方间的纠葛一一告诉陕西巡抚叶梦熊，托其代为转圜：

> 昨所示王靖虏（王亮）之言，殊为可骇可愕！临巩（刘光国）自是长者，但过于笃厚而少锋芒。近日因有一二事见不类批驳太重，彼或心中以为

---

① 张栋：《张可庵先生书牍》卷4《与王梧冈巡茶（六）》、卷5《与田东洲参政（二）》，《四库全书存目丛书》，集部，第166册，第110—111、121页；《张可庵先生疏稿》卷4《劾监收府佐请重铨补疏》，第29—34页。

② 张栋：《张可庵先生书牍》卷4《与王梧冈巡茶（八）》，《四库全书存目丛书》，集部，第166册，第111页。

③ 张栋：《张可庵先生书牍》卷4《与王梧冈巡茶（一〇）》，《四库全书存目丛书》，集部，第166册，第113页。

疑，而靖虏之言出，将致投杅而起矣。奈何！奈何！不敢不详告台下，愿台下为我力解之。

先为乔同知（乔虞）钱粮册籍不明，不类欲深求之，而临巩曲为扶援，今乔不免。此其疑不类者一也。胡尚礼招由，多方为之解脱。不类以为，此等棍徒，不加重罪，何以明法？……此其疑不类者四也。而不类所参各官，如孟、原二将、乔同知、冯指挥，多系该道所属，则临巩之疑不类也方深……言官论人，自是常事，况奉差纠摘司道，亦非过举，不类初不怀嫌避怨。①

此信罗列的参劾官员中，属于临巩道所辖的，有原任游击今住俸管事孟孝臣、原任临河副总兵今降游击原进学、兰州监收同知乔虞、河州卫指挥冯官。

在托叶梦熊代为转圜的同时，张栋反复致信刘光国进行解释：

承谕杨国孝、胡尚礼事，此非不类所敢谓为然也。不类在河州日，亲问街市之口，皆称胡尚礼克落官银，人无异词。今辄尽为遮饰，坐杨国孝以诬告。嗟嗟！杨国孝棍徒耳，罪之亦何足惜，但不知朝廷之三尺何在？头上之青天何在？此等大事……若使依违隐忍，宁挂冠而行耳，未敢如命！②

凡有公事所当请教，遂不惜纵言之，门下岂因而见罪耶？抑或因此而有疑于不类耶？……请以来谕三事毕其说。胡尚礼者，本一棍徒，初无实心报效，所称招军，不过借此以媒利，人皆知之，唯经略（郑洛）独加优奖，岂真见尚礼之可用哉？正欲藉此棍徒虚张声势，以欺朝廷。此不类之所深切痛恨者，故一览其招，不自觉夫言之峻矣。冯官者……门下于胡尚礼一事，则欲全经略之体面，于冯官一事，则恐长讦上之习风，而于乔同知，则又出自怜才真念。虽与鄙意未免小异，终不失为大同。不类之议乔，亦谓其当量处

① 张栋：《张可庵先生书牍》卷4《与叶龙潭巡抚（四二）》，《四库全书存目丛书》，集部，第166册，第104—105页。
② 张栋：《张可庵先生书牍》卷5《与刘泗洲参政（五）》，《四库全书存目丛书》，集部，第166册，第123页。

耳。胡尚礼既经抚院肯从宽宥，不类谨当从门下之命，冯官所犯轻重，亦惟门下酌量处之。①

结合前信可知，张栋对所阅地方官的举劾有很深的政治烙印。凡是同经略大臣郑洛维护明蒙和议立场相同或相近者，都会引起持"罢和主战"立场的张栋的特别注意，孟孝臣、原进学就是如此。同样，对"唯经略独加优奖"的胡尚礼，张栋也坦率承认他因此成为自己"所深切痛恨者，故一览其招，不自觉夫言之峻矣"。

万历十九年十月前后，张栋在致陕西茶马巡按王有功信中也谈道：

> 王靖虏与弟素厚，亦素知其底里，不意其孟浪至是！弟微有所闻，而未得其详，故以问之老丈耳。弟昨有数行规之，乃反见疑……临巩殊有疑弟之意，弟实未尝举此念，原在首荐之中。敢于丈前面谩者，非人也。弟以屏劣滥与耳目之官，论人常事耳。奉差而出，论一监司，亦非过举，若果有此心，何足自讳？但实未尝举念至此，而靖虏出言谬妄，使人生疑，真可大笑！弟之此役，与贵衙门诸差不同，即有举劾，原不足为轻重。况今次已有新例，首宽文法，弟于监司诸君，意欲尽入荐疏，第以俸叙，不置优劣，正拟请教于老丈耳。若有司，则首临洮，次巩昌，次平凉，次靖虏监收；而县令，则会宁、陇西、清水、安化四人也。作意亦有举而无劾，昨二监收、一守、一令，谓可塞责矣，老丈以为何如？②

信中所说"监司诸君，意欲尽入荐疏，第以俸叙，不置优劣"，当指张栋于十一月初八日所上《荐举文武官员疏》。疏中首先荐举靖虏兵粮道苑马寺少卿兼佥事今升苑马寺卿王亮、固原兵备道副使杨时宁、分守河西道副使兼参议李承志、临巩兵备道右参政刘光国、分守陇右道右参政田乐等"文臣之贤"8 人，接着荐

---

① 张栋：《张可庵先生书牍》卷 5《与刘泗洲参政（一一）》，《四库全书存目丛书》，集部，第 166 册，第 125 页。
② 张栋：《张可庵先生书牍》卷 4《与王梧冈巡茶（一〇）》，《四库全书存目丛书》，集部，第 166 册，第 113 页。

举固原标下左营游击来保、分守靖虏参将萧如兰等"武臣之贤"7人，然后荐举督理甘固粮储户部陕西司郎中胡应辰及其继任李际春等"部臣之贤"2人，以及镇守总兵官署都督金事尤继先，尤其隆重举荐原陕西巡抚今调甘肃的叶梦熊"负大才，宜大用之以究其底蕴"，总督三边兵部尚书兼都察院右副都御史魏学曾"真是伍百年之名世"，"不可无壹，不能有贰，宜信之专、任之笃，以冀其成功者也"；在疏末，张栋再次弹劾经略大臣郑洛和总兵官刘承嗣。①

所谓有举而无劾的"有司"，即十一月初八日张栋上疏举荐的临洮府知府岳维华、巩昌府知府郭师古、平凉府知府徐濂、靖虏卫监收通判田选，及会宁县知县延论、陇西县知县李守谦、清水县知县王忠显、安化县知县卢梦麟。② 所谓"二监收、一守、一令"，即前述其弹劾的浦朝柱、卢论、戴陛、冯官。

（四）造册：炮制"虚文"

阅视官还京时，须向朝廷提交总结性的册籍报告，即"八事文册"。③ 但荒谬的是，当张栋赴任抵达固原镇时，当地官员就已按惯例将文册"造完"。这就意味着，边镇"八事"的实际情况、阅臣的阅视活动与最终的文书报告可以完全脱离，阅臣不必为此承担太多风险。但当张栋手持"先年所造"文册，对照沿途各地"八事"实情，便判定那些文册"尽属虚文"。更令其无奈的是，他还得在阅视历程的最后阶段，耗时1个多月炮制同为"虚文"的新八事文册。

张栋阅视期间留下的书信中，有关"八事文册"的资料主要集中在三部分：一是致阅视延绥大理寺少卿王世扬的9通书信；二是致"阅视委官"汉中府推官邓启愚的11通书信和平凉府推官马英的7通书信；三是致固原镇所辖各道道臣

---

① 杨起元《与张栋一首》论及叶梦熊："若叶之才，盖无所不可，生非敢太早计，欲深明此公之能，不负门下所举也。"似是回应张栋调查叶氏背景语，参见徐志达主编：《惠州文征》上编，广州：广东人民出版社，2013年，第614页；张栋：《张可庵先生疏稿》卷4《荐举文武官员疏》，第53—58页。

② 张栋：《张可庵先生疏稿》卷4《荐举邻边有司疏》，第62—64页。

③ 目前尚未发现完整的"八事文册"，黄虞稷《千顷堂书目》卷8著录"《阅视山西录》一卷、《阅视大同录》一卷、《阅视宣云图说》一卷"，应是类似本文前引吴百朋《阅视三镇奏议》那样的阅视专题文献集，而非"八事文册"。参见《千顷堂书目》，瞿凤起、潘景郑整理，上海：上海古籍出版社，2001年，第206页。

的多通书信。这些书信反映的问题各有侧重。

第一，张栋致王世扬信件，主要围绕旧造文册与现实的落差、编造新"八事文册"等，着重体现了张、王考虑如何更好地向朝廷提交新的文册，彼此协调文册与现状落差的呈现方式。四月中旬，张栋致信正在阅视延绥的王世扬：

> 先抵长安，住不能四日。迤逦及开城，迄今将半月矣。八事册亦如宣府故事，未奉条约，业已造完。稍一展卷，不觉失笑：钱粮则称多积若干，兵马则称一一精壮，所称险隘，细究之，皆腹里民堡，民间自茸以居者也。诸如此类，不可概举。再三嘱谕委官，丁宁告戒，涎血俱干。又频行申饬，纸尽笔枯，自谓已竭吾心，不知终当何如？……丈须出绪余，以助我也。[①]

其中充斥对各道所造"八事文册"夸张吹嘘、东挪西凑的无奈。此信发出后逾月仍未收到回信，在五月十五日稍后，张栋再次致信王世扬：

> 八事文册依然，何从下手？虽日向地方各官苦求，决不敢以前人之误事，责备于见在者，但愿吐露情实，共图振起。而彼边臣溺于故习，牢不可破，若以弟之言为话之者。唇血干矣，无益于用，终当付之无可奈何而已乎？吾丈谅必有妙用在，或另不肯以告他人，独可坐视弟之哀哀求援而勿之恤也？平素爱我如同胞，今正当在此时教我，半字不及，不知丈平素爱我之心何在？弟今已巡历至靖虏（堡）……今各道所具八事文册，皆据旧套誊写者。八事，无一事不称"修举"矣，将遂据其册以缴乎？八事之敝坏，今既目击之矣，将昧吾本心，仍如旧套，一一叙功乎？叙功则涉于欺，不叙则不成体，此弟所日夜忧思者……至于造册之期，拟在何时？造册之事，有定见否？举劾一节，尤有当商者。弟定于庆阳造册，吾丈不知定于何处？若得道里相近，频通一信为妙。昨李桂庭（阅视甘肃工科给事中李汝华——引者注）来问方伯粮储之荐，弟茫然无以应之，而周二鲁（阅视宁夏尚宝司丞周弘禴——引者

---

① 张栋：《张可庵先生书牍》卷6《与王怀棘大理（一）》，《四库全书存目丛书》，集部，第166册，第151页。写信时间及情境，见同卷《与王怀棘大理（三）》（第152页）。

注）以为不必荐，二兄曾通书于丈否？何以复彼也？所愿一一示我，宁详毋略，至望！至恳！①

除了详述对"故习"无计可施外，还互相打听，在具体处理意见和方式上进行磋商与呼应。大约在此前后，张栋致信首辅申时行，也谈到固原现状与文册之间的巨大落差，他称四月初二日初抵固原镇城时：

> 则八事文册，业已仍旧套……据册八事，无一事不修举者。及按而查之，则八事未有一事可观者。且以钱粮言：仓庾所蓄，见谓不乏，而军士枵腹者，五、六越月。细扣其故，今所蓄，皆动官银易买以备凶荒者也。各军例领折色，而库银仅有二千两，整襟露肘，旦夕可虑。以兵马言：戎伍依然，挽弓挟弹，非不有人。迫而察之，皆乡里卖菜佣，饥寒困苦之状可掬。使与犬羊狂暴相持而斗，真不啻以肉投馁虎，万无幸者。至于屯田、盐法，尤为可笑。屯租俱系贫军赔纳，无已即扣其月粮。盐引俱派土商承认，无已即分及小户。种种弊政，有难以悉述者。盖边事之敝坏，已至万分矣。②

在张栋给老友顾绍芳、阅视宁夏的尚宝司丞周弘禴信中，均有类似抱怨。③

张栋在致王世扬第三通信中，除继续抱怨"八事"册籍外，还透露其在日常文移往来的压力，以及对边防难恃且改善无望的无奈：

---

① 张栋：《张可庵先生书牍》卷6《与王怀棘大理（二）》，《四库全书存目丛书》，集部，第166册，第151—152页。写信时间及情境，见同卷《与王怀棘大理（三）》（第152页）。

② 张栋：《张可庵先生书牍》卷6《上申瑶泉老师》，《四库全书存目丛书》，集部，第166册，第161—162页。此信时间不易确定，但从内容可知，应是张栋四月初到任并已开展一段时期的阅视工作后所写，而随后写给申时行并同时写给兵部和都察院的第二通信，时间在七月，参见同卷《上申瑶泉老师（二）》（第162页），故将此信大概置于五六月间。

③ 张栋：《张可庵先生书牍》卷6《与周二鲁尚宝》《与顾学海赞善》，《四库全书存目丛书》，集部，第166册，第159、166页。

间一走边墙下，指点虏穴，仅仅一水之隔，虽有土墙，不成藩屏。惟冀其不来，一来，万万不能抵当。展转无长策，便竟日纳闷，欲遽舍之而归，不若高卧故丘，付理乱于不闻，人世光阴有几何，乃自苦如此。若使苟且粉饰以求了事，则愚性又所不能。①

在张栋致王世扬第四通信中，除了继续追问造册是否"仍循旧套"外，还提到其他阅视官的表现，包括弹劾所阅边镇官员，以及阅视蓟镇兼阅保定、昌平的右通政穆来辅同司道官围绕官场礼仪的冲突。张栋试图借此纾解同行带来的压力，并向王世扬打听固原镇文武官员对自己的评价：

弟今巳至兰州。固原、靖虏二道地方，虽似巡历已过，终茫然无所得也。毕竟他日造册，仍循旧套否乎？先年叙功疏内，必称"兵马精强，器械坚利"，今亦云然否？不精强、不坚利，亦既已见而知之矣，犹复云然，是自作欺罔也；如不云尔，则又何以论荐？此事弟日夜愁叹，朝夕抽思，迄无善计，吾丈何以教之？……宣府、大同、蓟镇相继有所纠劾，我辈四人独无所指，岂真他郡自有，平原自无耶？丈之高见何若，并以教我。穆启老（穆来辅）因仪节微与司道有嫌，丈闻之否？吾丈必有妙用。所属各道，非同年，即同乡，其相得无疑。亦尝闻此中司道议弟行事何如？丈试探问房、徐二年兄，彼或有所闻，密以示我，乃见肉骨至爱也。②

张栋在巡历各道后抵达并驻留庆阳编纂"八事文册"。九月初八日后，他在给王世扬的第七通信中，对文册细节及具体处理办法进行讨论：

册事殊费料理。向来走路日多，点兵查库工多，而于册内细微曲折，未暇详览，亦未及想到。即所带来上次青册，大而且重，不能携之随行边徼。

---

① 张栋：《张可庵先生书牍》卷 6《与王怀棘大理（三）》，《四库全书存目丛书》，集部，第 166 册，第 152—153 页。

② 张栋：《张可庵先生书牍》卷 6《与王怀棘大理（四）》，《四库全书存目丛书》，集部，第 166 册，第 153 页。

今始一一揭而查之，全是虚文，毫无实际。意者当时阅视使君，漫不查阅，竟托之于本道，而本道又不自查阅，竟据各将领、有司所开之册，类成一册，送使君，使君遂取各道之册，类成一大册奏缴而已，册内多寡有无，全不知也。今弟查上次册内，如钱粮，有散数载入而总数不载者；如兵马，有实一千而册内误写二千者；而器械一款，尤为可笑。想当时各道，只欲以多为功，妄意开入册内。今实查之，虚数动以万计。嗟嗟，何忍欺君一至是耶！弟皆删而去之，一一实报，不惮与前异同也。仁兄以为当然否？承答教诸款，大都皆与愚见相合，弟有其心，不敢自信，而请裁于仁兄耳。愿更与兄毕其说：兵马一事，来教最当……"荐举"一款，弟当如来教，方伯、粮储竟置不言，监收仍入有司疏内。至于经略（郑洛）诸君，似决不可叙，即今公论甚为不平，吾辈岂可为彼而自犯公论？此似从井救人矣。弟与仁兄骨肉至爱，不敢不以肝胆相披对，兄以为然否？制府公（总督魏学曾）则又不可不叙，仁兄相去稍远，弟已数数手札往还，岂能舍置？若以为初到，则叶中丞（巡抚叶梦熊）亦到未久也。督抚尽置不言，弟心不安。况二公者，又真见其赤忠为国，大非经略（郑洛）之比。为国荐贤，亦自不可已也。①

末段对固原镇官员及相关督抚的"荐举"商量，与前引《荐举文武官员疏》对比，唯该疏先荐举"文臣之贤"8人、"武臣之贤"7人后，继续荐举胡应辰和李际春"部臣之贤"2人，与信中"粮储竟置不言"似有不符。所谓"监收仍入有司疏内"，应指张栋《荐举邻边有司疏》中的靖虏卫监收通判田选。

第二，张栋在致"阅视委官"邓启愚、马英信中，主要讨论了各地提交册籍的具体内容，以及阅视末期造册事宜，集中反映了"八事"现状与文册之间的巨大落差，特别是固原镇所辖各地的共性问题。

综合张栋写给邓氏的11通书信和写给马氏的7通书信看，他更信任邓氏。但在讨论册籍和造册时，这种差异并不明显，张栋致邓启愚第一通信有云：

① 张栋：《张可庵先生书牍》卷6《与王怀棘大理（七）》，《四库全书存目丛书》，集部，第166册，第156—158页。

知临巩道属已完，甚慰。昨在固镇，业已颁式于马司理，令其查完之后，即照式造册，一样二本，陆续送核。今将马司理送到文册附去，乞公悉照其式逐处造缴，不必类齐也。钱粮之有附余，此似买糖止小儿号嗄耳！先年册开，深以为愧，乃敢自蹈之耶！马司理亦曾有一处开报，随令删去矣。公可体仆此意，俱不必用也……数日来，曾有三四束复马司理者，今亦录出其稿奉览，欲公知仆意在彼不在此。若区区执法于微贱，而不能纠察于大奸，何用主上"特遣"为哉！所皇皇者，志在当道豺狼，人之畏忌而不敢发者，仆能以此身任其怨。①

马司理即马英，"颁式"指张栋致马英第一通信中"本科所颁条约"，此举正是对前引《与王怀棘大理》首通信"未奉条约，业已造完"的回应。从"数日来，曾有三四束复马司理"看，《张可庵先生书牍》中现存张栋致马英信件，仅仅是当时通信的一小部分。张栋致邓启愚第二通信有云：

前曾告公，此番查报，正欲得实耳，初不系乎兵马之多，器械之精，钱粮之积为功也。先惠固原镇城册，未及一一亲验，姑据公惠来者，即印发该道矣。自镇戎以至西安，仆即未能逐处尽验，然间抽一二处验之，皆未必如册内所云……乞公发回各堡，从实另报。今已到靖虏地方，见干盐池、打剌赤二处所送之册，比之固原各堡，尤为可笑：兵马尽称精壮，而细查皆服役于各衙门者。举一事而他事可知，举一处而他处可知，恐公又如镇戎、海剌都等堡，徒费纸笔，故急足驰告，万万留意！②

此信除了继续指出各地报来册籍存在的问题外，还表明张栋可能只是抽样式突袭检查。张栋致邓启愚第三通信表明，在其颁布册式条约及"发回各堡，从实另报"后，各地造送来的文册并没有实质性改善，以致对邓氏屡有训斥之语：

① 张栋：《张可庵先生书牍》卷 5《与邓少谷推官》，《四库全书存目丛书》，集部，第 166 册，第 140 页。
② 张栋：《张可庵先生书牍》卷 5《与邓少谷推官（二）》，《四库全书存目丛书》，集部，第 166 册，第 140—141 页。

查盘文册，大失所望！仆素知公缜慎周详，决不肯苟且塞责。想造册之人，只是沿习旧套，牢不可变，仍旧誊写，谓仆决不细看也。所发册式（即前引"条约"——引者注）甚明，何以不照式造送？原式内称"至今"、"止今"字，正公查盘之日也，必欲扣至闰三月止，此何意耶？而"今开"之下，又自增除，册后"续放"一句，尤为可笑，遂至"实在"之数，顿然减少。此造册书手，必有通同扶捏之弊，可恨！可恨！……兵马、器械，稍一开卷，便令人动气不能遍览矣。仆原式云："一处自造一处。"今册将各堡尽提入一处总造，尤为可笑之极！而器械册内，竟无一条城者。仆昨过一条城，亲问伊堡有器械，岂公绝然未之查耶？今马司理（马英）册在也，试取一看，自见明白。即使各处册未能齐完，何妨先后造报？假如一条城堡先完，即送一条城者；次有买子堡继完，即送买子堡者，何必类齐一道而后送也？种种俱与仆所行相反，看来只是旧套，决不肯改，必欲循习先年阅视弊规，支吾了事而已。嗟嗟，岂仆重托门下之意耶！①

在随后致邓启愚的第四通信中，张栋首先表达对阅视现状的无奈，然后为前信语气过重致歉，接着又指出"续造来册，又多未妥者，不免更为评发"。②

张栋巡历至秦州时写给邓启愚第六通信，提醒邓氏"报册不可迟"，说明受阅地方官可能利用阅视官不能久等而故意拖延，企图不了了之。张栋抵达庆阳后发出第七通信："仆在庆阳无所事事，专待诸册齐到，方可动手造奏缴册。"同时托邓氏催促"所过之处"官员，速交"批行词状或牌票"。③ 在完成造册工作后，张栋致信邓启愚总结：

今虽幸已完事而去，若曰此心快然无遗憾，仆不能也。临巩、洮岷、陇

① 张栋：《张可庵先生书牍》卷5《与邓少谷推官（三）》，《四库全书存目丛书》，集部，第166册，第141页。
② 张栋：《张可庵先生书牍》卷5《与邓少谷推官（四）》，《四库全书存目丛书》，集部，第166册，第142页。
③ 张栋：《张可庵先生书牍》卷5《与邓少谷推官（六）》《与邓少谷推官（七）》，《四库全书存目丛书》，集部，第166册，第142—143页。

右三道，借重于公，似可得其什之八九；若固原各道，意者仍照先年誊报耳。仆不能重查的确，终是负君命处，然亦付之无可奈何而已。马司理（马英）亦忠诚有实心者，仆非不信之也，但未免溺于拘挛不可破，若以为查盘之道，不过如是，则又非今日特命所宜，公谓为然否？①

张栋致马英信件中反映的问题跟上述致邓启愚信大同小异。

第三，张栋致固原镇各道道臣信件。阅视官在阅视期间主要面对的边方官员包括三个层级，在上的总督、巡抚，基本平行的巡按、巡关、巡茶等监察体系的官员，在下则是各道官员。从张栋的阅视实践看，他很难做到频繁同道臣直接交涉，同其下府、州、县有司官及总兵、参将等武官的直接交涉，则只能偶一为之。张栋同道臣的通信同样反映了各地现状与文册之间的落差，也体现不同地区存在问题的差异性。

张栋致河西分守道李寿光信8通，首通信表明道臣向阅视官报送的册籍中有《贤否册》，从册名及内容有对监收同知"注上考者"推测，应是道臣对所属官吏的考评册籍。第四、六通信提到各地普遍存在"钱粮案卷，动称遗失"、"所至每见文卷皆称遗失"的情形。第八通信呈现其在庆阳造册的情形："始知卷帙徒繁，尽属虚文，何益边事耶？稍出己见，删其虚之极者，夜以继日，不敢言劳，度在此月终可完，遂仗槌出关去矣。"②

张栋致临巩兵备道刘光国信14通，其中第二、三、四、七、十三通皆与册籍有关。值得注意之处：一是从该道报送的《民运拖欠册》中可知"全镇军饷缺乏之故"；二是有关经手钱粮仓官的信息：

初至一条城，解鞍稍稍问兵马、钱粮，盖二事于八事中尤为吃紧。而操守、坐堡相顾错愕，谓："并不经手钱粮。""然则经手者为谁？"曰："仓官

---

① 张栋：《张可庵先生书牍》卷5《与邓少谷推官（十一）》，《四库全书存目丛书》，集部，第166册，第144页。

② 张栋：《张可庵先生书牍》卷5《与李实吾按察使》《与李实吾按察使（四）》《与李实吾按察使（六）》《与李实吾按察使（八）》，《四库全书存目丛书》，集部，第166册，第117—120页。

也。""仓官何在?"曰:"不知何在。"以故不胜惊异,亟请教于门下。乃今得示知仓官向来不住本堡,则又无足深异矣。彼其身在兰州,何由知不类之到而责之不先伺候也?……但一条城仓官不住一条城而住兰州……非我国家设官之意,奈何?顷至买子堡,问买子堡仓官,亦云不住本堡也,未审始自何年,相沿不变?意欲求门下一议,又恐住兰州毕竟有益,改住本堡毕竟有损,中间委曲,不可以一人胸臆行之者,姑俟与门下面计之。①

此外,张栋致甘固粮储道胡应辰信5通,除首通外均涉册籍文书;致关西分守道马鸣銮信2通,致固原兵备道杨时宁信12通,致陇右分巡道郭万里信2通,也有关于册籍内容的信息。②

十月初,张栋致信时任户部总督仓场侍郎的会试座主李戴,直言"先年所造(八事册),尽属虚文。今欲仍其旧,则非此番专遣之意;悉脱去之,又恐骇观。不得已,另为属草,去其虚之极者,而姑存其什五,以备故事"。十月中下旬以后,张栋致陕西茶马巡按御史王有功、甘肃阅视李汝华等信中也反复抱怨造册之艰难。十一月中旬稍后,张栋致王世扬第九通信表示,自己于十一月初三日从庆州返京,准备在距北京"三四百里外",等运送八事文册人员到达后一起入京。③

在结束阅视和完成造册后,张栋于十一月初四日上《奏缴阅册疏》,将固原镇存在的各种册籍问题,归咎于固原九道此前分属陕西巡按和甘肃巡按,导致在造册问题上"人各有见,未免参差,今将从此,则遂有异于彼;将从彼,则遂有异于此;将酌彼此而从其当,则遂有异于昔"。接着详述阅视所见各种问题:

---

① 张栋:《张可庵先生书牍》卷5《与刘泗洲参政(二)》《与刘泗洲参政(一三)》,《四库全书存目丛书》,集部,第166册,第121—122、125页。

② 张栋:《张可庵先生书牍》卷4《与胡对薇户部(五)》、卷5《与马凤麓参政》《与杨小林副使》《与郭海鹏佥事(二)》,《四库全书存目丛书》,集部,第166册,第113—114、126—130、136—137页。

③ 张栋:《张可庵先生书牍》卷4《与王梧冈巡茶(七)》《与王梧冈巡茶(八)》、卷6《与王怀棘巡抚》《与李桂亭工科》《上李对泉老师》,《四库全书存目丛书》,集部,第166册,第111、158、160—161、165页。

每查阅一事，既不敢不求其实，每造报一事，又不敢不从其实：则钱粮有不在仓库而报称"实在"者，兵马有重造姓名而溢于实数者，险隘有饰虚妄报而无当于实者，器械有虚报多数而实无其物者，屯田日见荒芜猥云"新垦"，盐法商民两□而漫曰"疏通"。诸如此类，皆可删也。至如"逆党"，犹为可异。本镇九道，惟靖房一道实系临边，间有招回□人，以承"逆党"之乏，犹可言也。其余地方，原在腹里，"逆党"不能从天而降、从地而出，而必以通丁、番军牵缀入册，竟不思通丁、番军皆已造入兵马数内，辄又开为"逆党"，一人两见，此何说耶？独幸无"胡马"耳。闻诸先年亦曾以茶马抵数，而后方摘去也。此以知各道报册，不足尽凭也。

对于自己所造"八事文册"，张栋仅以一句"臣谨查照旧式，参以己见，删繁就简，备造文册奏缴，而并陈其大略如此"带过。① 然而，对比以往阅视留下的册籍与当时边镇现实的巨大落差，张栋所造"八事文册"仍属"虚文"之列。

（五）改革建议：政策、制度与现实的妥协

随着明蒙隆庆和议确立以及相应款、贡、市规则陆续落地，作为推动实现和议的九边阅视迅速失去其政策助推价值，越来越不受朝廷重视，仅在制度层面保有一定程度的补充监督意义，即在原有边镇监督体系外，增加每三年一次的定期阅视来强化监督边务"八事"，试图阻止或减缓和议对明朝边防可能造成的削弱。但对边镇文武官员而言，阅视的奖惩机制却提供了制度套利机会。

回到北京后，张栋于万历二十年正月初九日再次卜奏总结性的《陈边事疏》，检讨隆庆和议以来持续20年的"和"对明朝边防的危害。对此，他提出两方面建议。

一方面，"欲首请罢和"。张栋自知这项请求同当时政策基调不合，因此退而求其次，"愿议'启边'之令、愿议'损军'之令，以为'和'助"。所谓"启边"、"损军"之令，是指明廷在坚持和议政策下，对边方文武将吏和百姓过度严厉的约束，导致他们在日常交涉中处处受制于蒙古，而蒙古则利用这点，通过刻

---

① 张栋：《张可庵先生疏稿》卷4《奏缴阅册疏》，第47—48页。

意挑衅和勒索来捞取好处：

> 我既与虏和，而边将幸功，边氓贪利，衅自我发，是诚"启边"也。若虏入抢掠而我杀之，安得谓之"启边"？惟贰拾年来，兢兢然恐坏"和议"，以故虏杀我则无禁，我杀虏则有禁。虏且窥见我意，恣情狂逞，壹入即抢，壹抢即尽，沿边军民，袖手不敢与敌。间有操、守等官，稍为白眼，虏复揶揄之曰："尔能抗我，我能中尔以罪。"遂皆相顾披靡，而任其狂逞，若奉骄子，可悯也！亦可恨也！愿自今破此令，无论边将，无论边氓，有敢杀虏者，虏至，听其剸刃，即盗马劫帐，亦可无究。虏或责我渝盟，我独不可妄对如彼所谓"稍带人口"，所谓"误杀汉人"乎？虏日犯我，不责其渝盟，而我欲渝盟，即恐自失信义，臣之所未解也。

"损军"情形与此类似：

> 虏之入犯而不能收敛，不能堵截，因被杀戮，是诚"损军"也。若与对敌而致有阵亡，安得谓之"损军"乎？惟贰拾年来，第幸边疆无事，以故虏之入犯，利于隐而不利于报，利于纵敌而不利于交锋，急即剥军以媚之，而未敢有一人弯弓相向者。灰壮士之心，夺材官之气，非一朝一夕之故也。

因此请求破除这些"启边"、"损军"禁令。

另一方面，"欲请罢阅视"。理由是阅视制早已因循故事、尽属虚文，难以发挥实际效果：

> 臣惟自往阅视而欲请罢阅视也。阅视之始，差大臣矣，未几而改科臣，又未几而改按臣，又未几而改命臣等九人，分道以出，一喷一醒，而终不能保其后之不痿痹也。且阅视者，责在纠察，不在修举，事已废误，虽纠察，亦奚以为？臣所至阅报册，则八事无一事不修举者，及按而查之，则八事无一事不废误者。将一一而求之乎？将一一而宽之乎？间有饰虚之极，目不忍睹，至于拊心浩叹，而卒亦付之无可奈何也。臣是以知阅视之臣不能为边事

效也。诚得实心任事者，分置诸边方，假以便宜，疏其文罔，使之积日累月，次第修举，一年责以一年之成功，两年责以两年之实效，不啻如始议所云者，则又安用此赘差，以滋好事者之口耶？苟边臣不得其人，虽岁一阅视，月一阅视，日一阅视，亦何益矣！①

在明知难以"罢阅视"的情形下，张栋希望至少应对现行阅视制加以修订，"愿议叙功之例，愿议罚罪之例，以为阅视助"，并提出如下建议。

第一，打破九边阅视中有关边臣奖惩的规定。从高拱、杨博提议设立阅视制，到《会典》摘录的阅视条文，都明确规定对受阅边臣优赏劣罚，但实际却往往"有劝无惩"，且"虏至而不能战、不能守"者反而能"今日冒上赏，明日滥崇阶"。甚至，一些边臣不惜劳民伤财地迎合八事标准，猎取升赏。

第二，明确"八事"存在的问题并分别提出相应的改革建议。如"积钱粮"，"不妨明言钱粮缺乏，但当苦心思所以节其流而防其匮……毋以有存积为功，而以无妄用为功，则庶乎节省者非虚名而有实际矣"。又如"修险隘"，至于"藻缋粉饰，虚文相胜，有难以枚举者。其最可笑，无如寿山福海几副，花眼垛头几千万个，皆称险隘，具入报册……乃有创筑壹城，创设壹堡，费帑银、竭民力以猎取功赏者"，故建议"修险隘无足言功，必被虏而收坚壁清野之效，是之为功"。

第三，建议增加核抚赏费和复核各边经制，使阅视"八事"增加到十事。

第四，建议调整阅视时间、阅臣人数和所属衙门，不必严格按照原有的三年一次、一次三人，也不必局限于大臣或科道官，而是根据实际需要"便宜从事"。

该疏上奏后，十力历二十年正月初九日奉圣旨："兵部看了来说。"② 但张栋很快于正月底因"疏救降斥诸臣"被"夺职为民"，③ 此疏便不了了之。

四、万历中期以后九边阅视的运行

万历十九年十二月中下旬，除张栋以外的其余八名阅视官也都在返京后上

---

① 张栋：《张可庵先生疏稿》卷6《陈边事疏》，第7—12页。
② 张栋：《张可庵先生疏稿》卷6《陈边事疏》，第12—22页。
③ 《明神宗实录》卷244，万历二十年正月初九日，第4558页。

奏，获得朝廷回应。十七日，兵部复王世扬、穆来辅、侯先春等所奏各镇"八事修举分数及叙论文武各官功罪"，得旨"各官整理边备，效有劳绩"，督抚文武等官张国彦、郝杰、蹇达、顾养谦、张邦奇各加俸、升级、赏银有差。二十一日，兵部复钟羽正、曾乾亨、张贞观等奏所阅各镇"八事修举及叙论文武各官功罪"，督抚文武等官萧大亨、王基、郭四维以下，得旨升赏各有差。①

在万历十九年特差九人阅视边镇后的十余年间，明廷没有再专遣阅视官，而由巡按御史兼任。起因在于二十一年底"兵部题诸边阅视，上以近年专遣阅视官，未见有益边防，或反激变。今后第照旧例，敕各该巡按御史稽查具奏，其有边臣饰虚弛备，御史不行纠举，该科并参重治"。②"或反激变"指阅视宁夏的周弘禴举荐的哱承恩、土文秀、哱云等在次年叛乱。

巡按御史兼任阅视之例，散见于万历二十二年至三十六年的《明神宗实录》记载中。③ 这些事例中，无论是"巡按"、"御史"、"按臣"的"阅视"，或"阅视巡按"、"阅视按臣"、"阅视御史"，均指巡按御史兼阅视差使。

部分阅视记载虽未指明是否巡按御史兼任，但事实上都属兼任。如万历三十年十一月十五日，"兵部题，'九边阅视，前次候旨已久，今又届期，请速赐换发，以昭劝惩。'诏：'这次阅视赏格，还再酌拟停当，奏来行'"。十二月初一日，兵部"议阅视赏格"，"报可"。④

直到万历三十七年十月十七日，户部复言九边军马钱粮冒滥情形后，建议"阅视大臣，亦岁宜钦遣"，皇帝命兵部酌议"阅视官应否特遣"。三十八年三月

① 《明神宗实录》卷 243，万历十九年十二月己酉、癸丑，第 4537—4539、4541—4542 页。
② 《明神宗实录》卷 267，万历二十一年闰十一月甲辰，第 4977 页。
③ 《明神宗实录》卷 274，万历二十二年六月乙亥，第 5085—5086 页；卷 276，万历二十二年八月丙午，第 5105—5106 页；卷 277，万历二十二年九月乙酉，第 5126 页；卷 283，万历二十三年三月戊子，第 5241 页；卷 304，万历二十四年十一月甲寅，第 5701 页；卷 341，万历二十七年十一月甲子，第 6328 页；卷 352，万历二十八年十月乙未，第 6602 页；卷 356，万历二十九年二月戊子，第 6655 页；卷 453，万历三十六年十二月甲子，第 8554 页。
④ 《明神宗实录》卷 280，万历二十二年十二月丙午，第 5169—5170 页；卷 282，万历二十三年二月壬子，第 5211 页；卷 287，万历二十三年七月丙申，第 5324—5329 页；卷 334，万历二十七年闰四月乙未，第 6190—6191 页；卷 378，万历三十年十一月壬申，第 7119 页；卷 379，万历三十年十二月戊子，第 7128 页。

二十四日，皇帝催促"兵部酌议速闻"遣官阅视事情。① 闰三月初二日，兵部追述阅视制创立以来的演变脉络，提议视边防形势变化"间一举行"：

> 初，俺酋受封，边烽寝息，阁臣高拱恐边吏晏安忘儆，请岁遣重臣临边阅视，以诘戎振惰。后定为例，三载一遣。初用卿贰重臣，改用科臣，又间一用京堂官。万历二十一年后，归并各该巡按御史者十四年。中间有名无实，大失遣阅初意，议者惜糜费、厌逢迎，故京朝官久罢不遣。顷边事隳坏，台谏为言，请复先年阅视旧制。至是，兵部覆言："莫若因时间一举行，非边情重大、时势艰虞，则不必遣。今虏封未定，辽寇纵横，公私兵食两困，时可行矣。俟秋防竣事后，请特遣风力科臣三员，分阅宣大、蓟辽、延宁甘固三大镇，会同各该巡按，再为简阅查核，一切空兵空马、无名赏费，及近年权宜所增沿为例者，议裁汰。至防守虚实、将吏臧否、利弊兴革，务据见闻所确，就事论事，不必额为举劾，及踵采访之说。庶于遣阅旧制外，酌为通变之宜者也。若大臣体面崇重，事多有碍，寝之便。"得旨如议，且命实行。②

上文指出从万历二十一年后，九边阅视"归并各该巡按御史者十四年"。而对于"边事隳坏"，台谏官建议恢复每三年遣官阅视旧制。结合前引《明神宗实录》三十七年十月十七日所记，户部认可这一建议，或因九边军马钱粮开支越来越大。而兵部对恢复阅视旧制热情不高，可能因边防事务会受更多掣肘。万历三十九年九月十八日，兵部尚书李化龙题请"阅视各边御史敕八道，诏与之"，同时指出困难之一竟是科臣缺人：

> 先是，万历三十八年正月，计臣请复先年阅视故事，奉旨未行，以六科缺人也。至是，议三年阅视之外，特加一遣，以示鼓舞。若三年阅视恒期，按臣自有专责。按臣、科臣风力既同，采访无异。按臣就差举事，于事为

---

① 《明神宗实录》卷463，万历三十七年十月乙丑，第8736—8737页；卷468，万历三十八年三月庚子，第8847页。

② 《明神宗实录》卷469，万历三十八年闰三月丁未，第8851—8852页。

省；科臣增差增费，事乃反多。但于御史着实举行，比常较严，即其遣科臣之意也。各御史既奉坐名敕书，务令事完方许奏缴，设有按期将满，亦要宽限复命。若别有事故，亦须急请题差，以便速完。若一时缺人，而地方有兼差者，都察院不妨题请就近接阅，期于毕事，诸弊尽销可也。①

鉴于科道缺员严重，九边阅视只好仍由巡按御史兼任，对此都察院左副都御史许弘纲奏称：

今阅视届期，巡关尚缺，督臣、抚臣疏请急矣。在京御史，不过五员，一人兼至六七员，扶病奔驰，劳苦万状。在外各差御史，动辄数年。与考选诸臣三更岁月，名叨行取，实同禁锢。情极而告假者，若干人矣；株守而殒命者，又若干人矣。旅食已窘，旅衬何堪？凡如此类，皆至紧切而顷刻可立断者。②

万历四十六年七月二十五日，兵部奏："阅视之典，三年一举，所以澄清将吏，整饬边防。顷按臣（真定巡按）刘廷元已经报满，例不复阅。乞速点按差，刻期交代，以饬秋防。"③ 直到四十七年，缺员问题仍未改善。七月二十一日，内阁大学士方从哲题：

臣今早入阁，见举朝大小官员约于思善门同上公疏，伏阙候旨。盖因辽东虏势纵横，边疆破坏，京师之危，只在朝夕。乃政本之地止臣一人，部院堂官止八、九人，科道止十数人，各处巡抚、巡按久缺不补，考选散馆科道累年不下，平时不充任使，有事孰与勖勤？此皆用人之最急者。此外，若遣徐光启监护朝鲜以壮声援，遣姚宗文阅视辽东并宣慰北关以携虏势，至于兵部，凡有奏请关系边事者，俱宜朝上夕下，无误军机。臣谨扶病随诸臣后，

① 《明神宗实录》卷487，万历三十九年九月甲寅，第9179—9180页。
② 《明神宗实录》卷496，万历四十年六月甲子，第9338—9339页。
③ 《明神宗实录》卷572，万历四十六年七月辛亥，第10808—10809页。

恭诣宫门叩请，立候明旨。①

方疏没有等来"明旨"。在经过朝臣反复争议后，吏科右给事中姚宗文被遣阅视辽东，万历四十七年九月二十六日朝廷铸给"钦差阅视边务关防"、"钦差管理练兵关防"各一枚。② 十月初五日，姚宗文奏：

> 顷臣奉明旨阅视各边，兵部议在两存，令臣关内查阅。乃近日建议者，多以出关为是。臣不言出关，则迹涉畏避；而冒昧出关，又明为背旨。于今恭领敕书，即驰至山海关，听兵部相机斟酌具题，以为进止。至于兵马、钱粮、器械，应自何年阅起，何年为止？查阅兵马之法，与其逐名查点，不如三等挑选，以防窜溷，以便后日稽查。他如宣谕朝鲜、优恤北关，及联属西虏，并属要着。

这是阅视制实施以来首次出现的荒诞情况：即将抵任的阅臣竟然还在为阅视地域范围、"八事"起止和查阅办法等基础工作内容请求明确指示，而朝中对此仍然争吵不休。随后，姚疏被正式"下兵部复议"，结果"上是其言，命姚宗文作速出关，与经、抚诸臣相机行事；北关既陷，其酋长、子姓、部落何在？着于西虏处查访明确，以凭优恤"。③ 随后，《明实录》收录多份姚宗文的阅视报告，重要内容之一便是与经略大臣熊廷弼和兵部之间的矛盾，如泰昌元年（1620）八月，姚宗文指出兵部复议熊廷弼所报杀虏数存在冒滥隐匿，"下该部再议：'宗文奉命阅视，多草率了事。廷弼言其惟赋诗饮酒，遂彼此不协。'议者两病之"。① 但围绕边务的分歧在党争裹挟下此后依然争议无休。

崇祯二年（1629）四月二十六日，针对此前兵科给事中陶崇道上疏主张由朝廷施压要求边方督抚汰减兵、饷，崇祯帝召见内阁辅臣及五府、六部、都察院、通政司、大理寺、科道官等讨论：

---

① 《明神宗实录》卷584，万历四十七年七月壬寅，第11164—11165页。
② 《明神宗实录》卷586，万历四十七年九月乙巳，第11235页。
③ 《明神宗实录》卷587，万历四十七年十月甲寅，第11242—11243页。
④ 《明光宗实录》卷7，泰昌元年八月庚午，第189—190页。

（内阁阁臣钱）龙锡奏：祖宗朝常遣科臣阅视，要清兵，还宜差科臣。

（户部尚书毕）自严、（兵部尚书王）洽皆以为请。

（内阁首辅韩）爌奏：旧制虽遣科臣，后来专属巡按御史，毕竟地方官见得真，科臣差遣可省。

（内阁次辅李）标奏：阅视查核，总要得人。语云："有治人，无治法。"

上曰：巡按御史亦是专差，钱粮弊窦，俱可查核，不必另差。

自严奏：按臣与督、抚、道、将情面相关，还以差科臣为便。

上顾兵部（王洽）曰：此系卿部职掌，即传谕各边，实心清汰，违者查参。①

九边阅视制在万历中期以后越来越不受重视，也体现在当时的私人记载中。沈德符曾指出："隆庆间，以北虏修款，命兵部大臣，每三年即兼宪职，阅视九边，得举劾督抚，以至总兵等官。其权寄之崇，几与故相杨文襄（杨一清）、翟文懿（翟銮）相埒。以后大臣罢遣，即以其事属之巡阅御史，体例渐卑。今承平已久，各边亦视三年大阅为了故事矣。"叶向高于万历四十一年指出："方虏之始款也，高文襄（高拱）请以八事课计边臣，三岁一阅视，治其功罪……而奉行岁久，具文解实，诚使封疆大吏能破因循之习，奋然督励，一见之施行，南北之患，庶几其有廖乎？"万历末天启初，茅元仪也称："自俺答始封以来，至于今五十年矣。高拱所言'八事'者，始尝命大臣阅视，继而即令按臣兼之，然终以奉行鲜实，而市贡亦岁增。大同市本至七万金，宣府至十八万金，山西至四万金。其抚赏各至二万金，而镇将私措不与焉。苦不给，则剥士以供之，而边备日弛矣。"②

相应地，阅视册籍也逐渐被忽视。崇祯四年底，户部尚书毕自严称："有崇

---

① 《崇祯长编》卷20，崇祯二年四月辛亥，第1253、1265—1267页。

② 沈德符：《万历野获编》卷22，"总督军务"条，北京：中华书局，1997年，第552页；卷7，"辅臣殿阁衔"条，第182页；叶向高：《苍霞续草》卷8《癸丑会试》，《四库禁毁书丛刊》，集部，第124册，第45—47页；茅元仪：《石民四十集》卷96《北虏近事考》，《续修四库全书》第1387册，第137—138页。

祯三年十二月内，宣大巡按胡良机移送《宣大二镇阅视八事简明册》二本，内开天启七年至崇祯二年，止一应收支钱粮数目，而抚赏钱粮亦在其内。"① 崇祯五年六月二十五日，皇帝质疑直隶巡按王道直所呈阅边图册未载属于阅视范围的天津，王道直回奏："天津镇原属腹里平衍之地，无偏坡、壕堑、边墙诸事，向来并无创举，所以前关差奏缴，无论三年大阅与岁巡之差，其所画边图、所开事迹，止及蓟、昌、保三镇，而不及于天津。历年节呈御前，可复而按。臣照查往例，缮造图册开报，遂不获缀天津于蓟、昌、保之后。"② 可见历年记载含糊与陈陈相因。

结　语

隆庆四年至五年，明廷围绕是否推进明蒙关系由"战"到"和"的重大转变争议激烈。以内阁首辅高拱为首，主要包括次辅张居正、吏兵二部尚书杨博、宣大总督王崇古、大同巡抚方逢时在内的和议支持者为尽快结束政争，顺利实现对蒙政策转向，主动提出增设高标准的九边阅视制，以消除反对者对和议政策削弱明朝边防的担忧。这一"因政设制"背景，极大制约着九边阅视制的实际运行。

随着明蒙关系转向和议，配套政策如封、贡、市陆续落实，九边阅视制逐渐失去其助推国策转向的价值，仅存补充监督功能。阅视制创立之初设定的高标准难以为继，逐渐被降格执行，最后完全流于形式。这一趋势集中体现在万历初期六次阅视的阅视官身分变动上。从最初两次的专遣"大臣"，到随后两次降格为专遣科臣，再到最后两次干脆"罢遣"专官而改由巡按兼差，阅视制在近 20 年的实际运行中呈现每况愈下的阶段性特征。

万历十八年的洮河之变严重冲击明蒙和议关系，万历皇帝特召阁臣面商对策，指示加强对边镇的监督，表现出对蒙古采取强硬回应立场的倾向。但这一立场既背离由隆庆和议确立起来的明蒙关系基础，也与首辅申时行坚持维护和议的主张不合。为此，在申时行主导下迅速派出继续贯彻和议主张的经略大臣处理事

---

① 毕自严：《度支奏议》堂稿卷 19《回奏抚赏钱粮文册疏》《据实查奏抚赏文册疏》，《续修四库全书》第 484 册，第 177—181 页。

② 《崇祯长编》卷 60，崇祯五年六月辛卯，第 3461—3463 页。

变善后事宜，并在表面上积极回应皇帝加强监督的"特差"指示，实则对阅视官人选和实际派遣拖延超过半年时间，以便为经略大臣在和议框架下解决明蒙冲突赢得时间。由此可见，作为应对明蒙突发事件的制度工具，九边阅视制仍有其价值，不过皇帝和首辅对其的运用明显不同。

在此背景下特遣的九名阅视官中，仅阅视固原镇的张栋留下详细的书信和奏疏，为深入考察九边阅视制的实际运行提供了史料基础。从张栋的阅视经历中可以发现，和议国策对明朝边防确实有所削弱，而九边阅视制也没能发挥通过加强监督来强化边防的功能。

从阅视文书"八事文册"的生产机制看，万历中期的明朝呈现相当明显的"在文书中空转"特性。张栋的阅视实践表明，阅视制运行不到20年就已名存实亡，阅臣向朝廷提交的阅视文册彻底沦为虚文，阅臣在此基础上对边方官员的举劾也不尽符合实情。尽管如此，后来的阅视官仍不得不投入大量时间和精力，在旧有的"虚文"册籍基础上，炮制同样充斥套话、空话、假话的阅视文书。

尽管阅视制在实践中逐渐被降格乃至流于形式，但其监督功能与奖惩机制，为强化作为朝廷实权派的内阁阁臣与作为九边实权派的督抚之间政治联系（即"内阁—督抚"新体制）提供了重要途径。张居正任首辅时，充分利用新设阅视制加强同重要边镇督抚将领的政治联系，因此他既反复叮嘱、指示阅臣，又对受阅边臣"书"授机宜。继任首辅申时行尽管在形式上"罢遣"阅视专官，但同样注重利用阅视制强化同边方督抚的联合行动与利益交换。而从九边督抚角度看，阅视制在实际运作中逐渐成为其制度套利的工具，在阁臣的指授下通过有针对性地满足和迎合阅视考核，从而赢得相应奖赏。可见，阅视制在失去助推国策转向的初始价值后逐渐转变，为助推明朝中央和地方制度体系中新实权派的相互联合提供了新机制。

鉴于上述原因，九边阅视制在实际运作中尽管呈现出明显的每况愈下趋势，却难以被彻底放弃，时断时续地运行到明亡。

〔作者刘勇，中山大学历史学系教授、中国历史研究院"朱鸿林工作室"特聘研究员。广州 510275、北京 100101〕

（责任编辑：黄　娟）

两河流域文明的起源、演变及其特质*

刘昌玉

摘　要： 古代两河流域文明是世界最早的原生文明之一，历经3000余年而亡，在人类文明史上占有重要地位。两河流域文明起源有两个最重要标志，即城市国家出现和文字发明。该文明在政治形态上经历城邦、区域国家和帝国的演变过程；在经济形态上由"家庭经济"转向"贡赋经济"，同时伴随私人经济盛行和货币化的不断推进；在思想文化上呈现出神权性、开放性与多元性三个重要特质。

关键词： 两河流域　文明起源　城市革命　国家形态　神权性

文明起源问题是学术界长期关注的重大课题。恩格斯在《家庭、私有制和国家的起源》中提出，"国家是文明社会的概括"。[1] 20世纪70年代提出的文明"三要素"说（冶金术、文字和城市）早已不是国际学术主流观点，被国内外学者所摒弃。[2]自1857年亚述学诞生起，学界对于古代两河流域文明起源的讨论从未停止，但

---

* 本文系国家社科基金中国历史研究院重大历史问题研究专项"世界古代早期国家形态比较研究"（22VLS012）阶段性成果。

[1] 《马克思恩格斯选集》第4卷，北京：人民出版社，2012年，第193页。

[2] 参见《百年考古与中华文明之源——访中国历史研究院考古研究所王巍研究员》，《历史研究》2021年第6期，第47页；王震中指出，"'三要素'论或'四要素'论的文明观，明显地存在两个方面的缺陷：其一是这类'标志物'并非放之四海而皆准，很难适应世界各地文明起源的多样性和区域性；其二是它们将文明看成是单项因素的凑合，形成所谓'博物馆清单'式的文明观，这既难以对文明社会的出现作出结构特征性说明，更难以对文明社会形成过程做出应有的解释"（《改革开放四十余年中国文明和国家起源研究》，《史学月刊》2020年第9期，第114页）。

意见并不一致，出现若干种观点与理论。① 其中，较有代表性的理论包括演进论、适应论、人口压力论、灌溉论等。② 学者并未把文明起源归纳为单一动因，而是在诸多动因中特别强调其中一种。笔者通过总结与分析前人研究成果，结合最新研究动态，试图梳理与提炼两河流域文明起源与发展的规律及文明特质。

一、两河流域文明起源与标志

两河流域是人类文明发源地之一，南部的苏美尔文明是世界上最早的文明，大约起源于公元前 3500 年至前 3200 年。③ 以前学者将文明起源的"三要素"或"四要素"说套用到古埃及、两河流域文明等原生文明上，但笔者发现，两河流域文明的起源主要指城市和文字的出现，尤其是城市，即所谓城市革命或城市化进程是国家产生的前提条件。

城市和国家起源是讨论两河流域文明起源与发展的核心问题。德布卢瓦等认为，两河流域文明与埃及文明兴起的标志，是不断推进的城市化过程、国家产生和文字发明。④城市化是两河流域文明起源最重要的标志，又被看作城市文明的典型。目前学

---

① M. Gibson, "By Stage and Cycle to Sumer," in D. Schmandt-Besserat, ed., *The Legacy of Sumer, Invited Lectures on the Middle East at the University of Texas at Austin*, Malibu: Undena Publications, 1976, p. 52.

② C. L. Redman, *The Rise of Civilization: From Early Farmers to Urban Society in the Ancient Near East*, San Francisco: W. H. Freeman and Company, 1978, pp. 220 – 237.

③ 关于两河流域文明与古埃及文明孰更早的争论，目前学界普遍认为，两河流域文明略早于古埃及文明。参见 D. C. Jones, "The Origin of Civilization: The Case of Egypt and Mesopotamia from Several Disciplines," Ph. D. dissertation, Union Institute & University, 2007, pp. 36 – 38. 关于两河文明起源的时间，学界争议颇多。阿尔加兹（G. Algaze）等学者将两河流域南部苏美尔文明的出现定为大约公元前 3900 年（或前 3800 年）到公元前 3200 年（或前 3100 年）之间。参见 H. T. Wright and E. Rupley, "Calibrated Radiocarbon Age Determination of Uruk Related Assemblages," in M. Rothman, ed., *Uruk Mesopotamia and Its Neighbors*, Santa Fe: SAR Press, 2001, pp. 85 – 122; E. Rupley, "^{14}C AMS Determinations of the Fourth Millennium BC from Tell Brak," *Iraq*, Vol. 65, 2003, pp. 33 – 37; G. Algaze, *Ancient Mesopotamia at the Dawn of Civilization: The Evolution of an Urban Landscape*, Chicago: University of Chicago Press, 2008, p. 3; M. Van de Mieroop, *A History of the Ancient Near East ca. 3000 – 323 BC*, Chichester: Wiley Blackwell, 2016, p. 21.

④ L. de Blois and R. J. van der Spek, *An Introduction to the Ancient World*, London and New York: Routledge, 2008, p. 9.

术界普遍认为，世界上第一个真正的城市出现在巴比伦尼亚南部的乌鲁克，大约处于乌鲁克文化晚期（前 3500—前 3200）。① 城市化为什么在该时期出现，又为什么首先在乌鲁克出现，是学界重点关注的两个问题。首先，城市起源是长期过程，不是一蹴而就的。② 生产方式决定生活方式，城市起源的前提是定居生活，定居生活的前提是农业生产方式，即农业的起源。③

　　大约公元前 9000 年，农业最早起源于两河流域，人们开始长时期生活在同一地区，定居生活逐渐形成。④ 公元前 7000 年，两河流域平原降雨量较多的上游地区普遍出现农村。公元前 6000—前 5500 年，在两河流域下游，聚落广泛普及。从公元前 5 千纪至前 4 千纪，西亚地区发展差异性形成，"原始城市"（protourban）出现于叙利亚北部哈布尔河上游平原，以及两河流域南部冲积平原。公元前 5 千纪欧贝德时期，⑤ 聚落数量逐渐增多且多有差异，分为小的城镇中心和农村。

----

① 亦有学者认为是公元前 3500 年至前 2800 年，参见 M. Liverani, "A History of the Ancient Near East," in D. C. Snell, ed., *A Companion to the Ancient Near East*, Hoboken: Wiley Blackwell, 2020, p. 13.

② 关于古代城市定义的讨论，参见 C. L. Redman, *The Rise of Civilization: From Early Farmers to Urban Society in the Ancient Near East*, p. 215; M. Van de Mieroop, *A History of the Ancient Near East ca. 3000 – 323 BC*, p. 23.

③ R. McC. Adams, *The Evolution of Urban Society: Early Mesopotamia and Prehispanic Mexico*, Chicago: Aldine, 1966; *Heartland of Cities: Surveys of Ancient Settlement and Land Use on the Central Floodplain of the Euphrates*, Chicago: University of Chicago Press, 1981, pp. 52 – 80; M. Van de Mieroop, *The Ancient Mesopotamian City*, Oxford and New York: Oxford University Press, 1999, pp. 23 –41.

④ 关于古代两河流域的农业起源，参见 K. V. Flannery, "The Origins of Agriculture," *Annual Review of Anthropology*, Vol. 2, 1973, pp. 271 – 310; A. Moore, "Agricultural Origins in the Near East: A Model for the 1980s," *World Archaeology*, Vol. 14, No. 2, 1982, pp. 224 – 236; D. Q. Fuller, G. Willcox and R. G. Allaby, "Cultivation and Domestication Had Multiple Origins: Arguments Against the Core Area Hypothesis for the Origins of Agriculture in the Near East," *World Archaeology*, Vol. 43, No. 4, 2011, pp. 628 – 652; A. H. Simmons, *The Neolithic Revolution in the Near East: Transforming the Human Landscape*, Tucson: University of Arizona Press, 2011. 关于古代两河流域的两种农业类型——旱作农业和灌溉农业的论述，参见 L. de Blois and R. J. van der Spek, *An Introduction to the Ancient World*, pp. 9 – 10.

⑤ 关于欧贝德时期的时间范围，在学术界存在争议，主要观点包括：（1）公元前 5000—前 4000 年，参见 J. N. Postgate, *Early Mesopotamia: Society and Economy at the Dawn of History*, London and New York: Routledge, 1992, p. 22; G. Leick, *Historical Dictionary of Mesopotamia*, Lanham: Scarecrow Press, 2010, p. xi. （2）公元前 5000—前 4200 年，参见

公元前4千纪是两河流域"原始城市"向真正城市过渡的关键时期。在公元前4千纪早期，随着乌鲁克时期开始，聚落数量突然大幅增加，规模显著扩大，且在两河流域南部和北部出现差异。在北部，人口密集的中心聚落连同周围小聚落一同出现。随着时间推移，小聚落合并到大聚落，如布拉克的大聚落面积达130公顷，分散在广阔区域，聚落之间有大片空地。① 据最新古DNA研究数据表明，布拉克城市化是不同族群移民的结果，农村人口不断向城市聚集，在城市定居后产生社会分化（social segment），为考察两河流域城市化进程提供了另一种模型。② 相反，南部民众生活在农村。其中，巴比伦尼亚中部与南部居民总人口几乎相等，但中部民众居住在3个30—50公顷不等的中心区，而在南部只有一个面积70公顷的中心区，即乌鲁克。③ 乌鲁克城市中心的雏形逐渐凸显。

从公元前4千纪后半叶开始，两河流域南部政治体在规模、内部差异性、等级制度

P. Akkermans, "Prehistoric Western Asia," in K. Radner, N. Moeller and D. T. Potts, eds., *The Oxford History of the Ancient Near East*, Volume I: *From the Beginnings to Old Kingdom Egypt and the Dynasty of Akkad*, New York: Oxford University Press, 2020, p. 72. （3）公元前4000—前3500年，参见H. J. Nissen, "Ancient Western Asia before the Age of Empires," in J. M. Sasson, ed., *Civilizations of the Ancient Near East*, Volume II, New York: Charles Scribner's Sons, 1995, p. 795; K. R. Nemet-Nejat, *Daily Life in Ancient Mesopotamia*, Peabody: Hendrickson Publishers, 2002, p. 18. （4）公元前5900—前4300年，参见B. R. Foster and K. P. Foster, *Civilizations of Ancient Iraq*, Princeton and Oxford: Princeton University Press, 2009, p. 13. （5）公元前5100—前4000年，参见M. Liverani, *The Ancient Near East*: *History Society and Economy*, London and New York: Routledge, 2014, p. 52. （6）公元前5000—前3500年，参见D. C. Snell, *Life in the Ancient Near East 3100 – 332 B. C. E.*, New Haven and London: Yale University Press, 1997, p. 13. （7）公元前5500—前3700年，参见W. H. Stiebing, *Ancient Near Eastern History and Culture*, New York: Addison Wesley Longman, 2003, p. 20.

① G. Emberling and H. McDonald, "Excavations at Tell Brak 2000: Preliminary Report," *Iraq*, Vol. 63, 2001, pp. 21 – 54; J. Oates, "Tell Brak: The Fourth Millennium Sequence and Its Implications," in J. N. Postgate, ed., *Artefacts of Complexity: Tracking the Uruk in the Near East*, Warminster: Aris and Phillips, 2002, pp. 111 – 122; R. J. Matthews, ed., *Excavations at Tell Brak*, Vol. 4: *Exploring an Upper Mesopotamian Regional Centre, 1994 – 1996*, London: McDonald Institute for Archaeological Research, 2003.

② Nina Maaranen, Jessica Walker and Arkadiusz Sołtysiak, "Societal Segmentation and Early Urbanism in Mesopotamia: Biological Distance Analysis from Tell Brak Using Dental Morphology," *Journal of Anthropological Archaeology*, Vol. 67, 2022, pp. 1 – 10.

③ M. Van de Mieroop, *A History of the Ancient Near East ca. 3000 – 323 BC*, p. 24.

方面超过邻近地区。据古气候学研究理论，大约公元前 3200 年至前 3000 年，两河流域北部旱作农业区由于极度干旱的气候而崩溃。[1] 到公元前 4 千纪晚期，两河流域南部成为交往中心，新兴城邦分裂为政治上相互敌对的小城邦。[2] 大约在公元前 3200 年，乌鲁克聚居地的范围比欧贝德时期大 10 倍多，城市正式形成。乌鲁克由两大公共区域组成（一个由城墙围起，另一个没有围墙），面积至少有 250 公顷，居住 2.5 万—5 万人。[3] 两个区域是祭祀区，西区以供奉安神的白庙为主（因墙上涂有白色石膏故名），东区是供奉伊南娜女神的埃安那神庙。有学者认为，除祭祀功能外，乌鲁克城区更可能是中心行政管理机构。[4] 兼具宗教与世俗双重功能的城市复杂体出现，标志着乌鲁克城市化完成。

城市化为什么最早在乌鲁克形成？城市化形成的标志性因素是什么？有观点认为，早期城市出现和政府制度化的复杂现象，不能仅靠经济因素来解释。[5] 在构建早期城市位置、形式和布局时，文化因素和经济因素同等关键。[6] 从酋邦到国家的演变，关键经济因素决定了国家出现在哪里，如自然资源分布位置、资源提取机制的完善和贡赋方式的出现等。[7] 环境影响、社会制度、经济机制结合，使西亚最早的

---

[1] Michael Charles, Hugues Pessin and Mette Marie Hald, "Tolerating Change at Late Chalcolithic Tell Brak: Responses of an Early Urban Society to an Uncertain Climate," *Environmental Archaeology*, Vol. 15, No. 2, 2010, pp. 183 – 198.

[2] G. Algaze, *The Uruk World System: The Dynamics of Expansion of Early Mesopotamian Civilization*, Chicago: University of Chicago Press, 2005, pp. 144 – 145.

[3] 考古学家通过调查农村遗址、收集陶器遗物来确定人们的生活地点，基于陶器类型来确定生活时间。这种方法使考古学家可以计算不同时期的聚落规模，利用得到的规模数据，确定不同聚落的重要性，建立不同的层级。最大的中心聚落被认为是城市，较小的为城镇，最小的为农村。参见 N. Yoffee, *Myths of the Archaic State: Evolution of the Earliest Cities, States, and Civilizations*, Cambridge: Cambridge University Press, 2004, p. 211; M. Van de Mieroop, *A History of the Ancient Near East ca. 3000 – 323 BC*, p. 25.

[4] H. J. Nissen and P. Heine, *From Mesopotamia to Iraq: A Concise History*, Chicago: University of Chicago Press, 2009, p. 22.

[5] H. Wright, "Cultural Action in the Uruk World," in M. Rothman, ed., *Uruk Mesopotamia and Its Neighbors*, pp. 123 – 148.

[6] G. Cowgill, "Intentionality and Meaning in the Layout of Teotihuacan, Mexico," *Cambridge Archaeological Journal*, Vol. 10, 2000, pp. 358 – 365.

[7] K. V. Flannery, "Process and Agency in Early State Formation," *Cambridge Archaeological Journal*, Vol. 9, 1999, pp. 3 – 21; H. T. Wright, "Early State Dynamics as Political Experiment," *Journal of Anthropological Research*, Vol. 62, 2006, pp. 305 – 319.

城市文明产生于两河流域南部乌鲁克，而非其他地区。① 乌鲁克的城市化现象被柴尔德称为"城市革命"。②

从政治角度而言，城市革命标志着国家或早期国家的起源。从生产方式角度，城市革命导致专业化分工和社会经济分层出现。③ 城市革命的第一个影响是社会分工与社会组织的出现。劳动的专业化分工，是两河流域南部城市生活的特征之一。剩余产品从生产者流向专业化人员，后者不需要从事生产。其中，行政管理者（书吏、管理员、保管员）以及从事祭祀活动人员（祭司）处于城市顶层。社会组织在宗教与世俗上层建筑的代表分别是神庙和宫殿，既是行政与决策中心，也是剩余产品积累中心以及再分配体系的核心。

除了作为人或神的居所，以及政治与宗教意识形态的公共表现中心之外，神庙和宫殿的周边还建有工作坊、仓库、书吏学校和档案库等。随着社会组织兴起，人口开始分为两类，一是专门为宫殿服务的技术人员，获取配给和土地份额，成为国家政治与经济精英集团。晚期乌鲁克的职业表泥板（lists of professions）列举了大量职业名称，表明当时的社会分工已十分普遍。④ 二是由家庭组成的农业劳动者，拥有土地和牲畜，过着自给自足的生活，但要将剩余产品缴纳给国家进行再分配，同时要被征召服劳役。城市革命的第二个影响主要是社会阶层（即阶级）出现。阶级差异成为城市社会的基本特征之一。每个专业化部门包括首领、训练人员、监督人员和工匠等若干等级。⑤ 新的专门化分工演变为

① F. Hole, "Investigating the Origins of Mesopotamian Civilization," *Science*, Vol. 153, No. 3736, 1966, pp. 605 – 611; D. J. Kennett and J. P. Kennett, "Early State Formation in Southern Mesopotamia: Sea Levels, Shorelines, and Climate Change," *Journal of Island & Coastal Archaeology*, Vol. 1, 2006, pp. 67 – 99.

② V. G. Childe, "The Urban Revolution," *Town Planning Review*, Vol. 21, 1950, pp. 3 – 17.

③ M. Liverani, *The Ancient Near East: History Society and Economy*, p. 61; "A History of the Ancient Near East," p. 13.

④ M. Van de Mieroop, *A History of the Ancient Near East ca. 3000 – 323 BC*, pp. 29 – 30; C. Lecompte, "The Archaic Lists of Professions and Their Relevance for the Late Uruk Period: Observations on Some Officials in Their Administrative Context," in A. Garcia-Ventura, ed., *What's in a Name? Terminology Related to Work Force and Job Categories in the Ancient Near East*, Münster: Ugarit-Verlag, 2018, pp. 81 – 132.

⑤ M. Liverani, *The Ancient Near East: History Society and Economy*, pp. 61 – 65.

分层化社会，具有明显的阶级分化特点。

古代两河流域文明起源的另一重要标志是文字的发明。摩尔根和恩格斯提出"由于拼音文字的发明及其应用于文献记录而过渡到文明时代"。① 文字的发明是人类文明起源中最明显以及最具象征性的因素，是城市化发展到一定阶段的产物。正如有学者所言，文字"是苏美尔文明的典型特征"。② 古代两河流域的楔形文字（cuneiform）是目前已知世界上最早的文字系统，因笔画形似"楔子"故名。楔形文字由苏美尔人发明，用以书写苏美尔语，③ 后来被西亚其他语言借用，如阿卡德语（分为巴比伦方言和亚述方言）、埃卜拉语、埃兰语、赫梯语、胡里语、乌加里特语、乌拉尔图语、古波斯语等，是古代西亚的通用文字体系，直至约公元 75 年帕提亚王国时期完全被字母文字取代。④ 楔形文字的主要书写材料是泥板，此外还被铭刻在建筑物、石碑、金属器、印章和珠饰上。

楔形文字起源于大约公元前 3200 年的乌鲁克，作为一种记账工具，标志着史前时期结束、历史时期开始。⑤ 文字起源被认为是信史开端标志的观点过分简

---

① 《马克思恩格斯选集》第 4 卷，第 34 页。

② E. A. Speiser, "The Beginnings of Civilization in Mesopotamia," *Antiquity*, Vol. 15, 1941, p. 171.

③ 需要指出的是，关于楔形文字是否为苏美尔人发明，仍有争议，参见 C. Walker, *Reading the Past：Cuneiform*, London：British Museum Press, 1987, p. 7.

④ 关于最后一块楔形文字泥板的论述，参见 A. Sachs, "The Latest Datable Cuneiform Tablets," in B. Eichler, ed., *Kramer Anniversary Volume：Cuneiform Studies in Honor of Samuel Noah Kramer*, Kevelaer：Butzon & Becker, 1976, pp. 379 – 398；M. Geller, "The Last Wedge," *Zeitschrift für Assyriologie und Vorderasiatische Archäologie*, Vol. 87, 1997, pp. 43 – 95；D. Brown, "Increasingly Redundant：The Growing Obsolescence of the Cuneiform Script in Babylonia from 539 BC," in J. Baines, J. Bennet and S. Houston, eds., *The Disappearance of Writing Systems：Perspectives on Literacy and Communication*, London：Equinox, 2008, pp. 73 – 101；H. Hunger and T. deJong, "Almanac W22340a from Uruk：The Latest Datable Cuneiform Tablet," *Zeitschrift für Assyriologie und Vorderasiatische Archäologie*, Vol. 104, 2014, pp. 182 – 194. 关于楔形文字的破译，参见 C. Gordon, *Forgotten Scripts：The Story of Their Decipherment*, London：Thames and Hudson, 1968；K. Cathcart, "The Earliest Contributions to the Decipherment of Sumerian and Akkadian," *Cuneiform Digital Library Journal*, No. 1, 2011, pp. 1 – 12.

⑤ I. Finkel and J. Taylor, *Cuneiform*, London：British Museum Press, 2015, p. 7. 有学者以文字发明为界线，将古代两河流域文明分为史前时期、原史时期（Protohistory）、历史时期，参见 R. L. Zettler, "Reconstructing the World of Ancient Mesopotamia：Divided Beginnings and Holistic History," *Journal of the Economic and Social History of the Orient*, Vol. 46, No. 1, 2003, pp. 3 – 45.

化，甚至是错误的。① 传统观点认为，苏美尔史诗《恩美卡尔与阿拉塔之王》是反映苏美尔人"文字起源观"的第一部文学作品。史诗主人公乌鲁克国王恩美卡尔是楔形文字发明者，发明文字是为了便于记住与传递复杂口头信息。② 不过，此看法受到学界质疑。③ 据不同学者的观点，陶筹（tokens）、实心泥球（bullae）、空心泥球、计数泥板、滚印等，是前文字时代主要记录载体，也被认为是楔形文字发明的主要诱因。④ 其中，以陶筹论最为著名。⑤ 本质上，楔形文字的发明，是伴随城市化进程下社会分工与行政管理复杂化的产物。最早的文字用来记录神庙等的经济活动，随着中央集权经济发展，宫殿与神庙的官员需记录粮食和牲畜进出情况。例如，乌鲁克Ⅳ时期的原始楔形文字泥板（古朴文献）记录了大麦被分配给工匠的情形。⑥ 据统计，乌鲁克早期文献有85%属经济类，涉及神庙进出物品

---

① M. Liverani, "A History of the Ancient Near East," p. 13.

② T. Jacobsen, *The Harps that Once …: Sumerian Poetry in Translation*, New Haven: Yale University Press, 1987, pp. 275 – 319; H. Vanstiphout, *Epics of Sumerian Kings: The Matter of Aratta*, Atlanta: Society of Biblical Literature, 2003.

③ 主要参见拱玉书:《古代两河流域文字起源神话传说》,《世界历史》2007 年第 2 期。

④ K. Sauer, "From Counting to Writing: The Innovative Potential of Bookkeeping in Uruk Period Mesopotamia," in P. W. Stockhammer and J. Maran, eds., *Appropriating Innovations: Entangled Knowledge in Eurasia, 5000 – 1500 BCE*, Oxford: Oxbow Books, 2017, pp. 12 – 28; M. Maiocchi, "Writing in Early Mesopotamia: The Historical Interplay of Technology, Cognition, and Environment," in A. C. Love and W. C. Wimsatt, eds., *Beyond the Meme: Development and Structure in Cultural Evolution*, Minneapolis: University of Minnesota Press, 2019, pp. 395 – 424.

⑤ 参见 D. Schmandt-Besserat, *Before Writing*, Austin: University of Texas Press, 1992; 拱玉书:《楔形文字起源新论》,《世界历史》1997 年第 4 期。但是，陶筹论遭部分学者质疑，例如，法国亚述学家格拉斯否认楔形文字是为满足经济和行政目的被发明的，而是有着更深层的意义，是特定时空条件下苏美尔人的思想解放运动，具有深远的形而上寓意，参见 J. -J. Glassner, *The Invention of Cuneiform: Writing in Sumer*, Baltimore & London: Johns Hopkins University Press, 2003. 格拉斯的观点也遭到许多学者褒贬不一的热议，参见 R. K. Englund, *Journal of the American Oriental Society*, Vol. 125, No. 1, 2005, pp. 113 – 116; S. Dalley, *Technology and Culture*, Vol. 46, No. 2, 2005, pp. 408 – 409; D. O. Edzard, *Orientalia*, Vol. 74, No. 1, 2005, pp. 115 – 116; K. McGeough, *Near Eastern Archaeology*, Vol. 68, No. 3, 2005, pp. 135 – 136; A. R. George, *Bulletin of the School of Oriental and African Studies, University of London*, Vol. 68, No. 1, 2005, pp. 107 – 109; E. Robson, *American Journal of Archaeology*, Vol. 110, No. 1, 2006, pp. 171 – 172.

⑥ M. Van de Mieroop, *A History of the Ancient Near East ca. 3000 – 323 BC*, p. 30. 关于乌鲁克的古朴文献，参见 M. W. Green, "Miscellaneous Early Texts from Uruk," *Zeitschrift für*

（如牲畜和纺织品）；15%属辞书类，包括不同物品、动物和官吏的名称。[1] 不过，这些泥板仍然难以理解，考古背景也不清楚。[2]

随着乌鲁克城市发展成熟，国家开始出现，城市的发展是国家产生最重要的基础。在国家起源和早期发展过程中，多种要素相继出现，文字出现并广泛用于社会管理，神庙经济与长途贸易不断发展，对外征服战争开始出现，民族迁徙与融合不断加剧。上述因素共同促进了古代两河流域文明的独特发展。

古代两河流域文明大约产生于公元前3500年至前3200年，一直到公元前539年最后一个本土政权——新巴比伦王朝的灭亡为止，持续3000年左右。古代两河流域文明作为古代世界最重要、最具代表性的文明之一，追溯其起源，对于探究两河文明3000年发展道路尤为重要。

二、两河流域政治形态的演变

关于古代两河流域政治形态演变研究，首要问题是历史分期，在此基础上探究不同时期政治形态特征。[3] 如同中华文明及世界其他古代文明，古代两河流域3000年历史发展过程也分为若干统一时期和分裂时期（或称中间期）。按王朝更迭分期，是较直观简明的方法。据此，古代两河流域历史可分为早王朝、阿卡德王朝、乌尔第三王

Assyriologie und Vorderasiatische Archäologie, Vol. 72, No. 2, 1982, pp. 163 – 177; H. J. Nissen, "The Archaic Texts from Uruk," World Archaeology, Vol. 17, No. 3, 1986, pp. 317 – 334; M. W. Green, "Archaic Uruk Cuneiform," American Journal of Archaeology, Vol. 90, No. 4, 1986, pp. 464 – 466; G. Rubio, "Archaische Verwaltungstexte aus Uruk: Die Heildelberger Sammlung," Journal of the American Oriental Society, Vol. 126, No. 3, 2006, p. 462.

[1] C. Walker, Reading the Past: Cuneiform, p. 11; H. Nissen, "Uruk: Early Administration Practices and the Development of Proto-Cuneiform Writing," Archéo-Nil, Vol. 26, 2016, pp. 33 – 48.

[2] R. K. Englund, "Texts from the Late Uruk Period," in P. Attinger and M. Wafler, eds., Mesopotamien: Späturuk-Zeit und Frühdynastische Zeit, Freiburg Schweiz: Universitätsverlag and Gottingen: Vandenhoeck & Ruprecht, 1998, pp. 15 – 236; H. Nissen, "Cultural and Political Networks in the Ancient Near East during the Fourth and Third Millennia B. C. ," in M. Rothman, ed., Uruk Mesopotamia and Its Neighbors, pp. 149 – 180; H. Nissen, "Uruk Key Site of the Period and Key Site of the Problem," in J. N. Postgate, ed., Artefacts of Complexity: Tracking the Uruk in the Near East, pp. 1 – 16.

[3] W. E. Butler, "Periodization and International Law," in A. Orakhelashvili, ed., Research Handbook on the Theory and History of International Law, Cheltenham: Edward Elgar Publishing, 2011, p. 379.

朝、伊新王朝、拉尔萨王朝、巴比伦第一至十王朝等，^① 主要是以两河流域南部（巴比伦尼亚）为主体的王朝划分，来源依据是《苏美尔王表》等王表材料。^②

第二种是千纪分期，即将古代两河流域文明分为公元前 3 千纪、公元前 2 千纪、公元前 1 千纪三大时段，大致对应苏美尔文明、巴比伦文明和亚述文明。^③千纪分期法被越来越多的学者接受，用以宏观考察古代两河流域文明的整体历史演变，但缺点亦十分明显，即只能粗略概括一千年的历史发展共性，忽略具体细节及异质性。第三种是考古学分期法，将古代两河流域文明分为新石器时代和铜石并用时代（史前）、早期青铜时代（早王朝至乌尔第三王朝）、中期青铜时代（伊新—拉尔萨王朝至古巴比伦王国）、晚期青铜时代（中巴比伦—中亚述时期）、早期铁器时代（前 12—前 9 世纪）、帝国与统一时期（新亚述帝国、新巴比伦、波斯）。^④也有学者综合运用两种或三种分期法，形成混合分期法。例如，德布卢瓦等综合运用千纪分期法与考古学分期法，认为两河流域的历史在公元前 3 千纪对应早期青铜时代，公元前 2 千纪对应中期青铜时代（约前 2000—前 1600）和晚期青铜时代（约前 1600—前 1200），公元前 1 千纪对应早期铁器时代（约前 1200—前 750）和西亚帝国时代（约前 750—公元 651）。^⑤

不过，以上三种分期法均未充分体现古代两河流域文明的国家形态演变特色。美国哥伦比亚大学亚述学家范德米罗普以国家形态为依据，将两河流域文明划分为城邦、区域国家（或王国）、帝国三个阶段。^⑥"三分法"理论与国内外学

① P. Beaulieu, *A History of Babylon: 2200 BC-AD 75*, West Sussex: Wiley Blackwell, 2018, p. 12.

② W. Sallaberger and I. Schrakamp, eds., *ARCANE Ⅲ: History & Philology*, Turnhour: Brepols, 2015, p. 4; F. Chen, *Study on the Synchronistic King List from Ashur*, Leiden: Brill, 2020.

③ G. Leick, *Historical Dictionary of Mesopotamia*, p. xiii.

④ 参见 M. Liverani, *The Ancient Near East: History Society and Economy*. 另外，也有学者对每个时代的具体时限有异议，划分为早期青铜时代（约公元前 3100—前 2100 年，从城市革命到阿卡德王朝）、中期青铜时代（约公元前 2100—前 1600 年，乌尔第三王朝到古巴比伦时期）、晚期青铜时代（约公元前 1600—前 1200 年，中巴比伦—中亚述时期）、铁器时代（约公元前 1200—前 333 年），参见 W. W. Hallo and W. K. Simpson, *The Ancient Near East: A History*, Belmont: Wadsworth, 1998.

⑤ 参见 L. de Blois and R. J. van der Spek, *An Introduction to the Ancient World*.

⑥ 参见 M. Van de Mieroop, *A History of the Ancient Near East ca. 3000 – 323 BC.*

者关于中国古代国家形态或类型演变的诸多理论有相同之处，① 是目前有关两河文明历史分期以及文明发展规律最新研究成果。利韦拉尼概述道："古代近东的国家形态演变，首先是从定居式农村和季节性放牧聚落，逐渐演变为城邦，特征是以一个城市作为农牧业中心；其次是城邦演变为区域国家，统治若干地区和城市；最后是许多越来越强大的国家发展成为帝国。"②

　　城邦、区域国家、帝国三分法，难点在于确定三者之间的过渡时间及时长，每个阶段的定性及其与前后期的区分，尤其是对于区域国家和帝国之间的界限，不同学者观点相差甚远。范德米罗普将公元前 3 千纪对应于城邦时代，认为阿卡德王朝和乌尔第三王朝是城市王朝或城邦，将该时期的历史归于城邦阶段；公元前 2 千纪对应区域国家时代，在此阶段早期，区域国家出现，可控制更广大的区域，但区域国家在政治体制上与同时期其他国家没有本质区别，持续时间不长，多是在杰出君王统治下因一系列战争胜利而建立，在其去世后便崩溃，到公元前 2 千纪后半期才逐渐稳定；公元前 1 千纪对应帝国时代，在该时期，两河流域才发展成帝国。③ 尼森将公元前 2350—前 2000 年称为最早的区域国家（First Territorial States）时期，认为早王朝是城邦时期，自阿卡德王朝进入区域国家时期。④ 尼森后来观点有所调整，将阿卡德王朝到古巴比伦时期（前 2350—

① 例如："氏族制—城市国家—领土国家—帝国"模式，参见宫崎市定：「中國上代は封建制か都市國家か」、『史林』第 33 卷第 2 号、1950 年、第 145 頁。"古国—方国—帝国"说，参见苏秉琦：《中国文明起源新探》，北京：三联书店，2019 年，第 130—167 页。"族邦时代—帝制时代"说，参见田昌五：《中国历史体系新论》，济南：山东大学出版社，1995 年，第 31、36 页；《中国历史体系新论续编》，济南：山东大学出版社，2002 年，第 217 页。"早期国家—成熟国家"说，参见谢维扬：《中国早期国家》，杭州：浙江人民出版社，1995 年，第 459 页。"古国—王国—帝国"说，参见严文明：《黄河流域文明的发祥与发展》，《华夏考古》1997 年第 1 期，第 53—54 页。"邦国—王国（王朝国家）—帝国（帝制国家）"说，参见王震中：《邦国、王国与帝国：先秦国家形态的演进》，《河南大学学报》2003 年第 4 期，第 30—32 页；《中国古代国家的起源与王权的形成》，北京：中国社会科学出版社，2013 年，第 59—66 页；《改革开放四十余年中国文明和国家起源研究》，《史学月刊》2020 年第 9 期，第 124 页。

② M. Liverani, *The Ancient Near East: History Society and Economy*, p. 571.

③ M. Van de Mieroop, *A History of the Ancient Near East ca. 3000 – 323 BC*, pp. 113, 221.

④ H. J. Nissen, *The Early History of the Ancient Near East, 9000 – 2000 B. C.*, Chicago: University of Chicago Press, 1988, p. 165.

前 1595）称为最初中心国家（First Central States）时期。在早期，中心国家不稳固，城邦常重获独立。直到公元前 2 千纪，城邦体系寿终正寝，区域国家正式形成。①

尼米特内扎特将公元前 3 千纪定义为城邦和"部族国家"（Nation-States）时期，将公元前 2 千纪定义为新王国（New Kingdoms）时期，将公元前 1 千纪定义为帝国时期。② 凯珀将区域国家特指早王朝晚期的拉伽什，将阿卡德王朝和古巴比伦定义为帝国。③ 在关于两河流域国家起源最新论述中，贝纳蒂等虽运用了城邦、区域国家、帝国"三分法"理论，但下限只到公元前 2 千纪前半叶，具体为：城市革命时期（前 3800—前 3300）、原始国家时期（前 3300—前 3100）、城邦时期（前 3100—前 2550）、王国时期（前 2550—前 2350）、帝国时期（前 2350—前 1750）。④

关于两河流域不同时期国家形态的讨论，分歧最大的是对阿卡德王朝的认识。许多学者借用"帝国"一词，称其为"阿卡德帝国"（Akkadian Empire）或"最初的帝国"（First Empire）。⑤ 法国学者沙尔潘对源自古罗马的"帝国"一词

① H. J. Nissen and P. Heine, *From Mesopotamia to Iraq: A Concise History*, p. 59.

② K. R. Nemet-Nejat, *Daily Life in Ancient Mesopotamia*, pp. 19 – 35.

③ K. Kuiper, *Mesopotamia: The World's Earliest Civilization*, New York: Britannica Educational Publishing, 2011, pp. 50 – 71.

④ G. Benati and C. Guerriero, "The Origins of the State: Technology, Cooperation and Institutions," *Journal of Institutional Economics*, Vol. 18, 2022, pp. 29 – 43.

⑤ 不同的命名列举如下："帝国的兴起"（前 2300—前 2000），参见 D. C. Snell, *Life in the Ancient Near East 3100 – 332 B. C. E.*, p. 30. "最早的帝国"，参见 G. Roux, *Ancient Iraq*, London: Penguin Books, 1992, p. 155; M. Liverani, *Akkad, The First World Empire: Structure, Ideology, Traditions*, Padova: Sargon, 1993; J. N. Postgate, "In Search of the First Empires," *Bulletin of the American Schools of Oriental Research*, No. 293, 1994, pp. 1 – 13; W. H. Stiebing, *Ancient Near Eastern History and Culture*, p. 65; B. R. Foster and K. P. Foster, *Civilizations of Ancient Iraq*, p. 51. "阿卡德帝国"，参见 L. W. King, *A History of Sumer and Akkad: An Account of the Early Races of Babylonia from Prehistoric Times to the Foundation of the Babylonian Monarchy*, New York: Greenwood Press, 1968, p. 216; J. R. McIntosh, *Ancient Mesopotamia: New Perspectives*, Santa Barbara: ABC-CLIO, 2005, p. 76; L. de Blois and R. J. van der Spek, *An Introduction to the Ancient World*, p. 17; M. Liverani, *The Ancient Near East: History, Society and Economy*, p. 133; B. R. Foster, *The Age of Agade: Inventing Empire in Ancient Mesopotamia*, London and New York: Routledge, 2016.

是否适用于阿卡德王朝提出疑问。①

笔者同意范德米罗普关于城邦、区域国家、帝国的"三分法"，但不同意其将阿卡德王朝和乌尔第三王朝定义为城邦时期，更不同意许多学者将二者定义为帝国的观点。笔者认为，约公元前3200年至前2350年为城邦时期，对应乌鲁克晚期、捷姆叠特纳色时期和早王朝时期，特点是若干城邦并立，部分城邦之间爆发冲突与争霸战争；约公元前2350年至前1000年为区域国家时期，包括阿卡德王朝、乌尔第三王朝、古巴比伦—古亚述时期和中巴比伦—中亚述时期，特点是通过合并若干城邦及其周边区域，形成统一国家，有较为强大的中央政府以及完善的地方治理措施（如行省制度和赋税制度）；约公元前1000年至前539年为帝国时期，包括新亚述帝国和新巴比伦帝国，主要特征是不断对外征服，扩张区域突破两河流域，延伸至整个近东，将被征服地区纳入帝国直接统治之下。值得注意的是，行省制度是王国和帝国的政治根基，也是后两种国家形态与城邦体制的本质区别。基于此，下文将集中讨论古代两河流域的城邦、区域国家和帝国三种政体。

学者将苏美尔城邦视为世界上最早出现的国家形式，特点是以中心城市为主，周围环绕着次中心城市、小城市和农田。② 学界一般认为，最早的城邦形成于乌鲁克扩张期。③ 城邦最初由农田、人工渠和农村组成，有生产和行政中心、神庙和宫殿。④ 在早王朝时期（前3000—前2350），许多新城市发展起来。苏美尔地区有30多个城邦，每个城邦都有各自守护神和统治者"恩西"（苏美尔语为 ensi$_2$）或"恩"（苏美尔语为 en）。曾有观点认为，苏美尔城邦的土地都属于神

① 沙尔潘提出，称阿卡德"帝国"合适吗？在阿卡德语中，没有一个词对应"帝国"。但是不能排除这种"帝国"概念或现象的存在。参见 D. Charpin, "The History of Ancient Mesopotamia: An Overview," in J. M. Sasson, ed., *Civilizations of the Ancient Near East*, Volume II, p. 810.
② 徐建新等：《古代国家的起源和早期发展》，南昌：江西人民出版社，2012年，第13页。
③ G. Algaze, "The End of Prehistory and the Uruk Period," in H. Crawford, ed., *The Sumerian World*, London and New York: Routledge, 2013, pp. 68-94.
④ G. Barjamovic, "Mesopotamian Empires," in P. F. Bang and W. Scheidel, eds., *The Oxford Handbook of the State in the Ancient Near East and Mediterranean*, Oxford and New York: Oxford University Press, 2013, pp. 123-124.

所有，城邦经济理应由神庙控制，是为"神庙经济"，但该观点早已被学界摒弃。① 据苏美尔史诗《吉尔伽美什和阿伽》反映的主题思想，两河流域城邦时代早期，城邦首领、长老大会和城市大会（unken）共同组成城市决策机构，首领的决定名义上需得到长老大会和城市大会同意，政治统治具有原始民主特点。②

大约公元前2500年，基什城在苏美尔地区取得霸主地位，它的统治者获得"王"（苏美尔语为lugal，音译为"卢伽尔"）的称号，此后该称号被其他取得霸主地位的城邦统治者沿袭。城邦之间会达成某种共识，认同尼普尔城守护神恩利尔至高无上的地位，但为争夺土地或水资源也爆发冲突、战争，如《埃安纳吞鹫碑》就记载了温马和拉伽什之间的战争。③ 为了制衡并防止城邦间发生冲突，城邦之间结成同盟，由盟主统治，其权力被所有联盟城邦承认。

城邦时代末期，新型国家管理形式开始萌芽，专制王国成为继苏美尔城邦之

---

① B. Foster, "A New Look at the Sumerian Temple State," *Journal of the Economic and Social History of the Orient*, Vol. 24, 1981, pp. 225 – 241; G. Leick, *Historical Dictionary of Mesopotamia*, p. xv. 另外，王献华提出"新神庙经济论"观点，认为"作为早期两河流域经济链条中的关键保障性环节，神庙和神庙间形成的区域性合作机制所提供的一切至少可以被当作早期两河流域持续性经济增长现象背后的软性内部结构因素来理解"，参见《"神庙经济"论与早期两河流域研究》，《社会科学研究》2019年第4期。

② S. N. Kramer and T. Jacobsen, "Gilgamesh and Agga," *American Journal of Archaeology*, Vol. 53, No. 1, 1949, pp. 1 – 18; A. Falkenstein, "Zu ʻGilgameš und Aggaʼ," *Archiv für Orientforschung*, Vol. 21, 1966, pp. 47 – 50; J. S. Cooper, "Gilgamesh and Agga: A Review Article," *Journal of Cuneiform Studies*, Vol. 33, No. 3/4, 1981, pp. 224 – 241; H. Vanstiphout, "Towards a Reading of ʻGilgamesh and Aggaʼ," *Aula Orientalis*, Vol. 5, 1987, pp. 129 – 141; D. Katz, *Gilgamesh and Akka*, Groningen: SIXY Publication, 1993; A. George, *The Epic of Gilgamesh: A New Translation*, London: Penguin Classics, 1999, pp. 143 – 148. 关于国内学者早期的论述，主要参见易宁：《试论早期历史时期苏美尔城邦政体——兼评雅各布森的"原始民主政治"说》，《西南师范大学学报》1989年第2期；《论南部两河流域古苏美尔时期城邦政体》，《北京师范大学学报》1994年第3期；吴宇虹：《古代两河流域的长老会》，《世界历史》1997年第2期。

③ D. Nadali, "Monumants of War, War of Monumants: Some Considerations on Commemorating War in the Third Millennium BC," *Orientalia*, Vol. 76, No. 4, 2007, pp. 351 – 357; D. R. Frayne, *Presargonic Period (2700 – 2350 BC)*, Toronto: University of Toronto Press, 1998, pp. 128 – 140.

后的又一统治模式。有学者认为，因为城邦彼此过于相似，以及持久的相互冲突，导致无法自发得到更高层次的融合，直到阿卡德王朝的建立者萨尔贡建立新制度，形成新形式，即"原始国家"（pristine state）。① 阿卡德王朝创立的新国家形式，与松散的城邦相比，组织形式更紧密，也更集权。② 二者的区别为：其一，阿卡德王朝统一阿卡德和苏美尔地区，实际控制区域变大；其二，虽然阿卡德王朝的具体组织形式仍不甚清晰，但各地的恩西逐渐丧失独立性，被国王指派的官员取代；其三，阿卡德王朝具有更强的对外扩张倾向，其军队到达地中海。阿卡德王朝虽然持续时间较短，但组织形式得以延续。城邦虽依然存在，但阿卡德王朝的国家形式才具有发展为帝国的可能性。③ 王献华认为，阿卡德王朝既是"原始国家"，也是一种形式的帝国。④

　　针对阿卡德王朝能否被称为"帝国"，从20世纪下半叶开始就争议颇多。⑤

---

① J. Forest, "The Process of State Formation as Seen from Mesopotamia," in S. Pollock and R. Bernbeck, eds., *Archaeologies of the Middle East: Critical Perspectives*, Malden: Blackwell, 2005, pp. 203-204.

② 有学者认为，在阿卡德王朝之后，城邦被王国取代。参见 G. Roux, *Ancient Iraq*, p. 160.

③ D. Charpin, "The History of Ancient Mesopotamia: An Overview," pp. 809-810.

④ Wang Xianhua, "State and Empire in Early Mesopotamia," *Social Evolution & History*, Vol. 18, No. 1, 2019, p. 207.

⑤ 如何给"帝国"下准确而普遍的定义，长期困扰学界。在词源学上，"帝国"（empire）一词源自古罗马。通常而言，古代世界中的标准"帝国"包括亚历山大帝国、波斯帝国和罗马帝国。参见 S. Brumfield, "Imperial Methods: Using Text Mining and Social Network Analysis to Detect Regional Strategies in the Akkadian Empire," Ph. D. dissertation, University of California, 2013, pp. 31-32. 关于古代帝国和现代帝国的区别，参见 Y. Ferguson, "Approaches to Defining 'Empire' and Characterizing the United States Influence in the Contemporary World," *International Studies Perspective*, Vol. 9, 2008, p. 276. 19世纪有学者认为，当一个国家的统治者对广大领土拥有最高统治权时，它即可被称为帝国，但这种概念无疑太过宽泛和主观。参见 S. Brumfield, "Imperial Methods: Using Text Mining and Social Network Analysis to Detect Regional Strategies in the Akkadian Empire," p. 32. 20世纪50年代，学者开始细分不同类型的帝国，包括"非正式"帝国（informal empire）、"小型"帝国（mini-empire）、"贡赋"帝国（tributary empire）等，参见 M. Smith and L. Montiel, "The Archaeological Study of Empires and Imperialism in Pre-Hispanic Central Mexico," *Journal of Anthropological Archaeology*, Vol. 20, 2001, pp. 263, 296. 由于此前对帝国的分类和描述不是从普遍意义上明确帝国与非帝国的界限，弗格森（Y. Ferguson）因此提出划分帝国和非帝国的四个方法，即古典方法（"classical" approach）、帝国的"要素"方法（"essence"

博泰罗最早将阿卡德王朝称为帝国，认为其很大程度上依靠被征服地区的贡赋，对被征服地区的控制手段以提取贡赋为主。[①] 利韦拉尼认同将阿卡德王朝视为帝国，认为阿卡德国王萨尔贡创立了新王权，为最早的帝国奠定基础。他还表示，阿卡德王朝的政治思想比其政治结构更符合帝国特征。[②] 斯坦因凯勒认为，所谓帝国就是一个国家主要通过军事征服手段控制地理面积较大、文化与种族多样化的区域，并可以在该区域持续施加政治影响。阿卡德王朝曾发动大范围军事征服，对巴比伦尼亚南部苏美尔城邦实行直接统治，在政治和经济上整合巴比伦尼亚南北部，推行统一的意识形态，因此可称为帝国。[③]

范德米罗普对阿卡德王朝的性质持不同观点，称其为城市王朝（city-dynasties），[④] 主要原因有三：一是虽然阿卡德王朝在政治、思想等方面加强集权，但体制不够成熟，如阿卡德国王任命原苏美尔城邦的统治者（恩西）作为王朝地方行省总督，带有浓厚城邦遗存；二是国家体制不完善，阿卡德的霸权并不稳固，苏

---

of empire approach）、建构主义方法（constructivist approach）、规范的或贬义的方法（normative/pejorative approach）。现代学者最倾向于使用建构主义方法，试图解析帝国的普遍特征，确立帝国的核心概念。参见 Y. Ferguson, "Approaches to Defining 'Empire' and Characterizing the United States Influence in the Contemporary World," pp. 272 – 280; K. Morrison, "Sources, Approaches, Definitions" and K. Schreiber, "The Wari Empire of Middle Horizon Peru: The Epistemological Challenge of Documenting an Empire without Documentary Evidence," in S. E. Alcock et al., eds., *Empires: Perspectives from Archaeology and History*, Cambridge: Cambridge University Press, 2001, pp. 1 – 9, 71; C. Sinopoli, "The Archaeology of Empires," *Annual Review of Anthropology*, Vol. 23, 1994, p. 160; "The Archaeology of Empires: A View from South Asia," *Bulletin of the American Schools of Oriental Research*, No. 299/300, 1995, p. 5; S. Brumfield, "Imperial Methods: Using Text Mining and Social Network Analysis to Detect Regional Strategies in the Akkadian Empire," p. 35; A. J. Motyl, *Imperial Ends: The Decay, Collapse, and Revival of Empires*, New York: Columbia University Press, 2001, p. 4.

① J. Bottero, "The First Semitic Empire," in J. Bottero et al., eds., *The Near East: The Early Civilizations*, New York: Delacorte Press, 1967, pp. 91 – 132.

② M. Liverani, *Akkad, the First World Empire: Structure, Ideology, Traditions*, p. 4.

③ P. Steinkeller, "The Sargonic and Ur Ⅲ Empires," in P. F. Bang, C. A. Bayly and W. Scheidel, eds., *The Oxford World History of Empire*, Vol. Ⅱ: *The History of Empires*, Oxford: Oxford University Press, 2021, pp. 43, 46 – 49.

④ M. Van de Mieroop, *A History of the Ancient Near East ca. 3000 – 323 BC*, p. 48.

美尔城邦叛乱时有发生；三是阿卡德王朝依然是以一座城市为核心的国家，统治中心位于阿卡德城。综上所述，学者虽然在阿卡德王朝的性质问题上存在分歧，但均认可该王朝开创了两河流域历史上新国家形态，因此将其作为两河文明发展分水岭。

笔者认为，应将阿卡德王朝视作区域国家而非帝国或城邦，理由如下。其一，阿卡德王朝与早期城邦有极大区别，其控制多个原城邦，最重要特征是将原先的独立城邦统一划归王国地方行省管辖，利用总督实行直接统治。阿卡德王朝凌驾于原城邦之上，其国家形态应当高于城邦，其创立的行省制度为古代近东后来的统一王朝统治奠定政治基础。其二，阿卡德王朝的国家形态在两河流域历史上得到延续，其灭亡后部分城邦虽重获独立，但不久后乌尔第三王朝再次统一巴比伦尼亚。到公元前 2 千纪，城邦体制在两河流域几乎消失殆尽，证明阿卡德创立的国家形态不是特殊现象，而是取代城邦成为常态。其三，它与公认的"帝国"有一定差距。从目前资料看，无法准确断定其真正控制的区域面积，而从原城邦的数次叛乱可知，阿卡德王朝未能有效控制巴比伦尼亚。它与公元前 1 千纪的亚述帝国相比，无论在统治面积还是实际控制力方面都无法相提并论，因此不能称为帝国。

古代两河流域文明真正的帝国时代，始于公元前 1 千纪的新亚述帝国。亚述的历史，也是帝国思想发展的历史。[1] 从公元前 14 世纪开始，新帝国统治体系在亚述城邦的寡头政治基础上形成。亚述成为由国王和贵族主导，以扩张主义为特征的中央政治主体。亚述帝国对被征服地区的统治方式与之前的国家不同。[2] 以古叙利亚地区为例，亚述帝国使用三种方式管理。第一种为设立行省，行省总督由亚述国王指派，受其控制。例如，到提格拉特帕利沙尔三世统治时期，整个古叙利亚地区除少数几个腓尼基城市，几乎都已纳入亚述帝国行省体系，受其直接控制。第二种为建立附属国，首领通常为该地区原统治者，但需定期纳贡，是历史上两河流域国家对被征服地区的普遍做法。第三种为建立傀儡国，首领通常由亚述帝国扶植当地人担任，也需定期纳贡。

此外，亚述帝国王权观念也是帝国统治的根基。亚述国王是阿淑尔神代理人，代替神行使权力，接受帝国臣民宣誓效忠，宣誓者包括官员和平民，以及附

---

① G. Barjamovic, "Mesopotamian Empires," pp. 137–150.
② M. Van de Mieroop, *A History of the Ancient Near East ca. 3000–323 BC*, pp. 267–278.

属国统治者。亚述人认为，阿淑尔神给世界带来秩序，国王负有将阿淑尔神的统治扩展到其他地方的义务，也是亚述具有极强扩张倾向的原因之一。亚述国王几乎每年都会发动战争。亚述帝国的官僚体系表现出较强集权性，是金字塔状层级结构，官职由国王授予且无法世袭，为防止官员将权力传给后代，还设有大量宦官。官员没有明确的职责划分，可同时负责行政、军事、宗教等事务，国王和官员之间强调个人忠诚。① 值得注意的是，帝国时期的行省制度相较王国时期，一是统治区域明显扩大，二是取代王国时期核心区—边缘区的统治模式。帝国对被征服地区采取统一的中央—行省模式，尤其是边远地区亦被纳入行省体制，此系公元前 1 千纪近东帝国发展的典型特征。

三、两河流域经济形态的演变

关于古代两河流域经济形态演变，学者主要关注获取公共收入和资源的方式和手段的演变，包括战争掠夺、纳贡、贸易等。其中，税收体系是获取资源和国家收入的基础。② 古代两河流域的经济形态以国家经济为主还是以私人经济为主，学界存在诸多争议。波兰尼认为，现代的、以市场为导向的经济理论不适用于古代世界，经济的社会嵌入型决定经济行为。③ 不过，其观点受

---

① 参见 A. K. Grayson, *Assyrian Rulers of the Third and Second Millennia BC* (*To 1115 BC*), Toronto: University of Toronto Press, 1987, pp. 3 – 6; H. Tadmor and S. Yamada, *The Royal Inscriptions of Tiglath-pileser* Ⅲ (*744 – 727 BC*) *and Shalmaneser V* (*726 – 722 BC*), *Kings of Assyria*, Winona Lake: Eisenbrauns, 2011, pp. 1 – 18. 国内学者的研究，参见曲天夫：《略论亚述帝国军制》，《东北师大学报》1999 年第 5 期；李海峰、刘期亮：《亚述人尚武文化论析》，《西南大学学报》2014 年第 1 期；国洪更：《亚述行省制度探析》，《世界历史》2014 年第 6 期；《赋役豁免政策的嬗变与亚述帝国的盛衰》，《历史研究》2015 年第 1 期；《亚述帝国宦官的地位与作用》，《古代文明》2015 年第 2 期；陈飞：《〈亚述王表〉与亚述王权》，《世界历史》2019 年第 1 期；梅华龙：《论新亚述王国的帝国理念与外交实践》，《古代文明》2021 年第 3 期。

② J. Valk, "A State of Extraction: Navigating Taxation in Ancient Polities," in J. Valk and I. S. Marin, eds., *Ancient Taxation: The Mechanics of Extraction in Comparative Perspective*, New York: New York University Press, 2021, p. 1.

③ K. Polanyi, *The Livelihood of Man*, New York: Academic Press, 1977, p. 35; J. Renger, "Economy of Ancient Mesopotamia: A General Outline," in G. Leick, ed., *The Babylonian World*, New York and London: Routledge, 2007, p. 187.

到许多学者质疑。① 奥本海姆认为，市场发源于埃兰和安纳托利亚，后传入两河流域。② 两河流域的经济行为不能简单地被认为完全由官方主导，如公元前2 千纪早期的古亚述贸易就不仅仅是官方主导下的行动，③ 明显受到社会结构影响。

从公元前 4 千纪末至公元前 3 千纪，两河流域出现"家庭经济"（oikos economy）特征。④ "家庭"（oikos）这一术语源于古希腊，⑤ 家庭经济的概念首先由洛贝尔图斯（K. Rodbertus）发展，后由布赫（K. Bücher）和韦伯（M. Weber）详细阐释，⑥ 指一个家庭独立生产并消费大多数产品（如金属、奢侈品等）的经济模式。古

① J. Renger, "Patterns of Non-institutional Trade and Non-commercial Exchange in Ancient Mesopotamia at the Beginning of the Second Millennium BC," in A. Archi, ed., *Circulation of Goods in Non-Palatial Context in the Ancient Near East*, Rome: Edizioni dell'Ateneo, 1984, pp. 31 – 123; M. Stol, "Wirtschaft und Gesellschaft in altbabylonischer Zeit," in P. Attinger et al., eds., *Mesopotamien: Die altbabylonische Zeit, 643 – 975*, Freiburg: Academic Press and Göttingen: Vandenhoeck & Ruprecht, 2004, pp. 904 – 909; P. Steinkeller, "Toward a Definition of Private Economic Activity in Third Millennium Babylonia," in R. Rollinger and C. Ulf, eds., *Commerce and Monetary Systems in the Ancient World: Means of Transmission and Cultural Interaction*, München: Franz Steiner Verlag, 2004, pp. 91 – 111.

② A. Oppenheim, *Ancient Mesopotamia-Portrait of a Dead Civilization*, Chicago: University of Chicago Press, 1977, p. 129.

③ 参见 K. Veenhof, *Aspects of Old Assyrian Trade and Its Terminology*, Leiden: Brill, 1972; K. R. Veenhof and J. Eidem, *Mesopotamia: The Old Assyrian Period*, Freiburg: Academic Press and Göttingen: Vandenhoeck & Ruprecht, 2008; K. R. Veenhof, "The Archives of Old Assyrian Traders: Their Nature, Functions and Use," in M. Faraguna, ed., *Archives and Archival Documents in Ancient Societies: Legal Documents in Ancient Societies IV, Trieste 30 September – 1 October 2011*, Trieste: EUT Edizioni Università di Trieste, 2013, pp. 27 – 71.

④ A. Oppenheim, *Ancient Mesopotamia-Portrait of a Dead Civilization*; I. Gelb, "Household and Family in Early Mesopotamia," in E. Lipinski, ed., *State and Temple Economy in the Ancient Near East*, Leuven: Departement Orientalistiek, 1979, pp. 1 – 97.

⑤ A. Bresson, *The Making of the Ancient Greek Economy: Institutions, Markets, and Growth in the City-States*, Princeton and Oxford: Princeton University Press, 2016, pp. 1 – 30; H. Borisonik, "Key Positions about the Economic Legacy of Aristotle," *Journal of Public Management Research*, Vol. 2, No. 2, 2016, pp. 1 – 13.

⑥ 参见 B. K. Gills, "Globalization as Global History: Introducing a Dialectical Analysis," in K. P. Thomas et al., eds., *Rethinking Global Political Economy: Emerging Issues, Unfolding Odysseys*, New York: Routledge, 2003, p. 93.

代两河流域的家庭经济有两个特点：其一，整个国家都可看作统治者的家庭。大型公共机构的产生有多种原因，一是修建灌溉设施的需要，二是社会分层的出现。[1] 家庭劳动力的特征是高度专业化，有基于性别和年龄的劳动部门分工。据吉尔苏文献记载，这种家庭的苏美尔术语为 e_2-mi_2（直译为"女性之家"），由拉伽什统治者的妻子担任首脑。[2] 除获取配给外，家庭成员也可能获得份地，份地原则上不能继承，但实际上很多是可以继承的，份地可以租给非家庭成员，以此获得租金。[3] 家庭的基本需求可以通过内部满足，只有少数物资需从外部获取。其二，家庭经济具有再分配性。物品先由统治者占有，再由相关机构分配给生产者，在两河流域多由神庙或宫廷承担分配工作，大部分人的经济生活依赖神庙或与神庙有联系。[4] 到公元前 3 千纪晚期的乌尔第三王朝，家庭经济已较为复杂，并呈现新特点。

公元前 2 千纪开始产生"贡赋经济"（tributary economy），[5] 原因是外族入侵、土地盐碱化、家庭经济对生产生活的过分控制等。由于承担贡赋者需要向国

---

[1] J. Renger, "Institutional, Communal, and Individual Ownership or Possession of Arable Land in Ancient Mesopotamia," *Chicago-Kent Law Review*, Vol. 71, 1995, pp. 304 – 308.

[2] G. Selz, "Reconstructing the Old Sumerian Administrative Archives of the é-Mí - é-^{d}Ba-ba$_6$-Institution," in G. Barjamovic et al., eds., *Akkade Is King: A Collection of Papers by Friends and Colleagues Presented to Aage Westenholz on the Occasion of His 70th Birthday 15th of May 2009*, Leiden: Nederlands Instituut voor het Nabije Oosten, 2011, pp. 273 – 286; V. Bartash, "E$_2$-mi$_2$- 'Women's Quarters': The Earliest Written Evidence," in F. Buccellati et al., eds., *House and Household Economies in 3rd Millennium B. C. E. Syro-Mesopotamia*, Oxford: Archaeopress, 2014, pp. 9 – 20; F. Karahashi, "Some Professions with Both Male and Female Members in the Presargonic E$_2$-MI$_2$ Corpus," *Orient*, Vol. 51, 2016, pp. 47 – 62.

[3] I. J. Gelb, "Quantitative Evaluation of Slavery and Serfdom," in B. Eichler, ed., *Kramer Anniversary Volume: Cuneiform Studies in Honor of Samuel Noah Kramer*, p. 196; S. Pollock, *Ancient Mesopotamia: The Eden that Never Was*, Cambridge: Cambridge University Press, 1999, p. 118.

[4] J. Renger, "Economy of Ancient Mesopotamia: A General Outline," pp. 187 – 189.

[5] 有学者称公元前 5 千纪至前 4 千纪的经济模式为 tributary economies，公元前 3 千纪为 oikos-based economy，可能此处 tributary 术语与"贡赋经济"中 tributary 的含义不同。参见 S. Pollock, *Ancient Mesopotamia: The Eden that Never Was*, pp. 78, 117.

家缴纳财物（实物或金银），因此这种经济模式被称为贡赋经济。[1] 贡赋经济模式下，大型生产工作被分成小块分配给个人（农民或商人），生产工作不仅包括农业、畜牧业、手工业等，还包括征税、物品运输、物品储存、长途贸易等。农业生产逐渐独立进行，农民不再需要每日或每月从相关机构领取份额，而是分得农田或果园，然后向相关机构缴税。贡赋经济下国家机构对生产的控制减弱，个人经济活动的自由度提升，国家也将生产风险转嫁至个人。除被分配的土地外，也存在私人所有土地。[2] 私人经济的活跃或许促进不同交易形式的产生。除再分配交易形式外，也存在互惠交易（reciprocal exchange），[3] 但互惠交易不一定由再分配交易转化而来，也没有取代再分配交易，二者共存于两河流域。

公元前 1 千纪两河流域的经济与公元前 2 千纪相比，基本形式没有变化，国家、神庙、私人依然是两河流域经济的基本要素，主要的不同体现在城市化、货币化和私人经济比重的增加。[4] 这一时期，巴比伦尼亚北部的城市化程度加深。通过战争和贸易得来的白银流入市场导致货币化盛行，国家更倾向于征收白银而非实物，进一步加深货币化趋势。神庙在经济生活中依然占据重要地位，但

---

[1] J. Renger, "Das Palastgeschäft in der altbabylonische Zeit," in A. Bongenaar, ed., *Interdependency of Institutions and Private Entrepreneurs*, pp. 153 – 183; R. Kolinski, "Between City Institutions and Markets: Mesopotamian Traders of the 2nd Millennium BC," in L. E. Kogan et al., eds., *Proceedings of the 53e Rencontre Assyriologique Internationale*, Vol. II: *City Administration in the Ancient Near East*, Winona Lake: Eisenbrauns, 2010, pp. 81 – 95; G. West, "Tracking an Ancient Near Eastern Economic System: The Tributary Mode of Production and the Temple-State," *Old Testament Essays*, Vol. 24, No. 2, 2011, pp. 511 – 532.

[2] W. F. Leemans, "The Role of Landlease in Mesopotamia in the Early Second Millennium B. C," *Journal of the Economic and Social History of the Orient*, Vol. 18, 1975, pp. 134 – 145; J. Renger, "Institutional, Communal, and Individual Ownership or Possession of Arable Land in Ancient Mesopotamia," pp. 269 – 319.

[3] J. Renger, "Patterns of Non-institutional Trade and Non-commercial Exchange in Ancient Mesopotamia at the Beginning of the Second Millennium BC," pp. 31 – 123; T. F. Potts, "Patterns of Trade in Third-Millennium BC Mesopotamia and Iran," *World Archaeology*, Vol. 24, No. 3, 1993, pp. 379 – 402; M. Liverani, *International Relations in the Ancient Near East*, *1600 – 1100 BC*, London: Palgrave, 2001, pp. 146 – 150.

[4] M. Jursa and J. Hackl, *Aspects of the Economic History of Babylonia in the First Millennium BC: Economic Geography*, *Economic Mentalities*, *Agriculture*, *the Use of Money and the Problem of Economic Growth*, Münster: Ugarit Verlag, 2010, pp. 26 – 33.

私人经济盛行和货币化趋势，成为公元前1千纪上半叶两河流域经济最具代表性的特征。

四、两河流域文明的特质

公元前539年，最后一个本土王朝新巴比伦被波斯所灭，两河流域3000年文明史中断。作为两河文明重要标志之一的楔形文字，继续被使用至大约1世纪，此后两河流域文明只在古典作家和圣经文献中有些许记载，成为"死"文明，[1] 直到近代被重新发现。两河流域文明虽然是一个中断文明，但对人类文明的贡献与影响是无法被磨灭的，从农业与城市的起源、青铜器的制造、文字的发明等，两河流域文明创造了多项"世界第一"。例如，美国亚述学家克莱默在其著作《历史始于苏美尔》中，共列举39项两河流域人们创造的"世界第一"。[2] 此外，古代两河流域文明对波斯帝国、希腊化时代以及西方文化的影响也十分深远，如在天文学、哲学思想、洪水故事、字母文字起源等方面，甚至被一些学者称为"西方文明的源头"。在思想文化领域，笔者认为古代两河流域文明有三个重要特质：神权性、开放性与多元性。

第一个特质是神权性，或说古代两河流域是神权社会。据学者统计，两河流域万神殿的神多达三四千位，其中有2000多位神具有苏美尔语名字。[3] 在50位主神中，7位拥有决定人类社会和个人命运的大权。仅次于主神的是伊吉吉神（Igigi），其下还有等级更低的神和魔，所有的神都是天神安（An）的后裔。主神

---

① 关于古代两河流域文明的崩溃及其原因的讨论，参见 N. Yoffee, "The Decline and Rise of Mesopotamian Civilization: An Ethnoarchaeological Perspective on the Evolution of Social Complexity," *American Antiquity*, Vol. 44, No. 1, 1979, pp. 5 – 35; R. Adams, "Contexts of Civilizational Collapse: A Mesopotamian View" and N. Yoffee, "The Collapse of Ancient Mesopotamian States and Civilization," in N. Yoffee and G. L. Cowgill, eds., *The Collapse of Ancient States and Civilizations*, Tucson: University of Arizona Press, 1988, pp. 20 – 43, 44 – 68.

② S. N. Kramer, *History Begins at Sumer: Third-nine Firsts in Man's Recorded History*, Philadelphia: University of Pennsylvania Press, 1981.

③ T. Jacobsen, *Toward the Image of Tammuz and Other Essays on Mesopotamian History and Culture*, Cambridge: Harvard University Press, 1970, p. 21; W. G. Lambert, "Ancient Mesopotamian Gods Superstition, Philosophy, Theology," *Revue de l'histoire des religions*, Vol. 207, No. 2, 1990, pp. 115 – 130; J. Bottéro, *Mesopotamia: Writing, Reasoning, and the Gods*, Chicago: University of Chicago Press, 1992, p. 216.

可以根据清晰的世系关系进行分类，而次等神因其世系关系不清楚，只能按照功能进行划分。[1] 乌鲁克时代，多神崇拜稳定发展，苏美尔宗教体系初步形成。在早王朝时期，每个苏美尔城邦都有其保护神，城邦统治者只是保护神任命的人间代理人。尼普尔成为两河流域的宗教中心，不论朝代如何改换，尼普尔的宗教中心地位贯穿于两河流域文明始终。[2] 在阿卡德王朝，神权观念发生重大变化：一是神界等级制度逐渐形成，二是神不再作为一个城市或城邦财产和土地的所有者，表明世俗权力在逐渐兴起。

神庙和神庙权力是古代两河流域文明重要组成部分，宗教权力与世俗权力的角逐也是两河流域历史发展的特色之一。《苏美尔王表》开篇即言"王权从天而降"，概述了两河流域王权来源。[3] 不过，总体上看，两河流域的王权（或世俗权）基本上处于神权（宗教权）之下，除短暂出现王权神化现象（即国王自称为神且享受与神一般的待遇）之外，[4] 王权神授思想贯穿两河流域文明发展史。例如，《吉尔伽美什史诗》记载，"神创造人类之时，已规定人生死有期，而把永生牢牢握在他们自己手里……大神阿努纳吉，聚在一起把事情商谈，命运缔造者玛米图亦在他们中间，共同对人类命运作出了最后决断。他们确定了生与死，却没有透露死亡期限"。[5] 这些体现了古代两河流域神权至上的世界观。

即使到帝国时代的新亚述时期，王权依然从属于神权，不过也要注意到，此时的国王更会利用神权为统治服务。新亚述国王，如同两河流域早期统治者，是神的总督（viceroy）和神在人间的代表，也是神与人类之间的中间人。尽管权力强大，但是他们从未被神化。不过，他们表现出像神一样的属性，使其能够作出合理决定，完成阿淑尔神的意愿。他们模仿神，认为国家的幸福依靠国王个人德

---

[1] 布鲁斯·G. 崔格尔：《理解早期文明：比较研究》，徐坚译，北京：北京大学出版社，2014 年，第 300—301 页。

[2] M. Such-Gutiérrez, *Beiträge zum Pantheon von Nippur im 3. Jahrtausend*, Rome：Universitaà degli studi di Roma "La Sapienza", 2003.

[3] 参见 T. Jacobsen, *The Sumerian King List*, Chicago：University of Chicago Press, 1939.

[4] 关于王权神化及其演变的历史，参见 W. von Soden, *The Ancient Orient：An Introduction to the Study of the Ancient Near East*, Grand Rapids：William B. Eerdmans Publishing, 1994, p. 67.

[5] 《吉尔伽美什史诗》，拱玉书译注，北京：商务印书馆，2021 年，第 217、220 页。

性及其与王权相关仪式的实施。① 亚述王权的根本保障只来自阿淑尔神。理论上，国王是国家绝对统治者，其决定不能被质疑，臣属只能是"奴仆"。实际上，国王权威部分受传统亚述贵族制约，其主要决定要得到神支持。国王需要尊重传统的个人和集体财产权、赋税豁免权以及其他权利。如果国王不尊重传统，很难使国民信服其阿淑尔神管理者角色。亚述国王在作重要决定和采取重大行动之前，必须首先通过占卜咨询神的意愿。但是亚述国王不是占卜师的傀儡，不受操纵，反而会操纵占卜师作出有利于自己的决定。② 亚述国王维持神圣的秩序世界，国王不仅代表神统治人类，还在神面前作为人类的代表。国王由众神选中的观念，阻碍亚述形成长子继承制，为统治带来不稳定因素。

古代两河流域文明的第二个特质是开放性。首先是自然环境因素的影响。两河流域为平原地形，且有多条河流与多地紧密相连，交通较为便利。向两河流域东部进发可达伊朗高原，通过伊朗高原向东可达阿富汗、印度河流域；沿幼发拉底河北上可达古叙利亚地区，经由古叙利亚地区可达安纳托利亚半岛、地中海、埃及等；南下可达波斯湾，海路运输将两河流域与巴林、阿曼、印度河流域联系起来。两河流域处于较为开放的地理环境中。

其次，开放性体现在两河文明活跃的对外贸易方面。对外贸易的活跃源于资源不平衡。水和肥沃的土地是两河流域最充足的资源，特别是在南部地区，冲积平原给农作物提供极佳生长环境，大量产出大麦、椰枣和芝麻等。如同希罗多德称埃及为尼罗河的赠礼，人们也将巴比伦尼亚称为底格里斯河和幼发拉底河的赠礼。黏土和沥青也是两河流域极为丰富的资源，黏土可制作砖块和作为书写材料，沥青则可作为黏合剂和防水材料。但是，两河流域极度缺乏建筑所用石材、木材以及矿产资源（包括铜、锡、铁、金、银等）。由于社会发展和阶层出现，两河流域对外部资源的需求越来越强烈，催生对外贸易的繁荣。两河流域商人早在公元前5千纪就在巴林、阿曼等地活动，公元前3千纪又活跃在印度河流域。③ 在早王朝时期，苏美尔城邦已建立复杂商路网络，阿卡德王朝和乌尔第三王朝的

① S. Parpola, "The Assyrian Tree of Life: Tracing the Origins of Jawish Monotheism and Greek Philosophy," *Journal of Near Eastern Studies*, Vol. 52, 1993, pp. 161 – 208.
② W. H. Stiebing, *Ancient Near Eastern History and Culture*, pp. 272 – 273.
③ S. Bertman, *Handbook to Life in Ancient Mesopotamia*, Oxford: Oxford University Press, 2003, p. 5.

统治者也将控制商路作为军事扩张的目的之一。① 由此可见，两河流域文明具有较强对外开放性。

古代两河流域文明的第三个特质是多元性和非直线型发展。其一，社会基本结构具有双语或多语种共存、多民族共生与融合的多元化特征。公元前3千纪，两河流域存在阿卡德语和苏美尔语双语现象。② 后来，不同语种的人群相继进入两河流域，甚至建立若干王朝，两河流域历史发展呈现很强的多元特色。③ 双语（或多语）现象十分普遍，最早的双语泥板出现于公元前3千纪中期阿卡德地区，即在同一块泥板上使用苏美尔语和阿卡德语来记录。此外，双语文献还包括阿卡德语—阿拉米语、阿卡德语—波斯语、希腊语—阿卡德语（或苏美尔语）等。④ 希腊化时代巴比伦尼亚的双语（或多语）现象值得关注，希腊语—阿卡德语、希腊语—苏美尔语双语泥板，即希腊—巴比伦泥板（the Graeco-Babylonica tablets）⑤

---

① M. Liverani, *The Ancient Near East: History Society and Economy*, p. 142.

② R. van Dijk-Coombes, "The Use of Sumerian and Akkadian during the Akkadian Period: The Case of the 'Elites'," in L. C. Jonker, A. Berlejung and I. Cornelius, eds., *Multilingualism in Ancient Contexts: Perspectives from Ancient Near Eastern and Early Christian Contexts*, Stellenbosch: Sun Press, 2021, pp. 129 – 144.

③ G. Leick, *Historical Dictionary of Mesopotamia*, p. xv.

④ 参见 R. Hasselbach-Andee, "Multilingualism and Diglossia in the Ancient Near East," in R. Hasselbach-Andee, ed., *A Companion to Ancient Near Eastern Languages*, Hoboken: Wiley, 2020, p. 461. 注意，由兰斯伯格（B. Landsberger）等学者自1937年至2004年间整理出版的多卷本《苏美尔语辞书资料》（*Materialien zum sumerischen Lexikon*，简称 MSL）收集了大多数双语和多语词汇列表；此外，由加州大学伯克利分校的威豪斯（Niek Veldhuis）负责的"楔形文字辞书文献数据库"（Digital Corpus of Cuneiform Lexical Texts，简称 DCCLT）项目，编辑了更为完整的楔形文字双语或多语词汇表，参见 https://oracc. museum. upenn. edu/dcclt/index. html，访问日期：2022年3月31日。

⑤ 希腊—巴比伦双语泥板（the Graeco-Babylonica tablets）这一术语最早由索尔伯格提出，参见 E. Sollberger, "Graeco-Babyloniaca," *Iraq*, Vol. 24, No. 1, 1962, pp. 63 – 72. 这些泥板通常被认为是希腊化时代巴比伦学校中使用的练习泥板，不仅有助于揭示阿卡德语和苏美尔语的发音，也有助于研究希腊化时代的跨文化交流。关于双语泥板的概述，参见 M. Geller, "More Graeco-Babyloniaca," *Zeitschrift für Assyriologie und Vorderasiatische Archäologie*, Vol. 73, 1983, pp. 114 – 120; S. Maul, "La fin de la tradition cunéiforme et les Graeco-Babyloniaca," *Cahiers du Centre Gustave-Glotz*, Vol. 6, 1995, pp. 3 – 17; M. Geller, "Graeco-Babyloniaca in Babylon," in J. Renger, ed., *Babylon: Focus mesopotamischer Geschichte, Wiege früher Gelehrsamkeit, Mythos in der Moderne*, Saarbrücken: SDV Press, 1999,

写于公元前 1 世纪到 1 世纪。泥板的一面是阿卡德语（或苏美尔语）文本，另一面则是希腊字母写成的阿卡德语音译文本。史蒂文斯通过研究希腊—巴比伦双语泥板，认为希腊化时代的巴比伦尼亚存在一种混合教育体系，巴比伦的精英祭司同时学习希腊语、阿卡德语和苏美尔语，在希腊化世界文化交流中发挥了重要作用。① 范德米罗普从认识论角度，利用希腊—巴比伦双语泥板，研究希腊与巴比伦的文化交流。②

其二，古代两河流域历史发展的一个基本特征是族群变换频繁。周边族群入侵导致文明发展暂时受挫，却增添了文明内涵。古代两河流域文明并不是直线式发展的，中间还有不少波折。在两河流域文明 3000 年发展史中，除最早创造文明的苏美尔人，还有阿卡德人、阿摩利人、加喜特人、胡里人、亚述人、迦勒底人、阿拉米人等族群，尤其公元前 2 千纪之后，若干外来族群在两河流域建立政权，并且逐渐被两河流域文化所同化，融入到两河流域文明中。以阿摩利人为例，他们虽然是游牧民族，但很快适应并认可两河流域文化，产生了归属感，构建了阿摩利人的两河流域文化认同。在乌尔第三王朝灭亡后，阿摩利人采用两河流域城市定居生活方式，积极吸收本地区语言文化，建立了长久统治。阿摩利人没有使用本民族语言来书写记录，而是学习使用阿卡德语楔形文字，与两河流域文化传统一脉相承。概言之，阿摩利人以自身文化为基础，借用两河流域的文化传统，创造了兼具两种文化风格的阿摩利—阿卡德文化，代替了之前的苏美尔—阿卡德文化，他们坚持多元文化共存，又积极借鉴与吸收两河流域先进文化要素，达成与两河流域的文化认同。

pp. 377 – 383；A. Westenholz, "The Graeco-Babyloniaca Once Again," *Zeitschrift für Assyriologie und Vorderasiatische Archäologie*, Vol. 97, 2007, pp. 262 – 313；J. Oelsner, "Überlegungen zu den Graeco-Babyloniaca," in L. Sassmannshausen, ed., *He Has Opened Nisaba's House of Learning*, Leiden and Boston：Brill, 2013, pp. 147 – 164；M. Lang, "Akkadian and the Greek Alphabet (Graeco-Babyloniaca)," in J. Vita, ed., *History of the Akkadian Language*, Leiden and Boston：Brill, 2021, pp. 102 – 129.

① K. Stevens, *Between Greece and Babylonia：Hellenistic Intellectual History in Cross-Cultural Perspective*, Cambridge：Cambridge University Press, 2019, pp. 120 – 143.

② M. Van de Mieroop, *Philosophy before the Greeks*, Princeton：Princeton University Press, 2015, pp. 185 – 215.

结　语

　　两河流域文明起源于约公元前3500—前3200年，是古代西亚文明的代表与人类文明发源地之一。从最早苏美尔人的神话传说，到古典作家的实地考察或道听途说，再到近现代考古发掘与古文献研究的深入，学者对古代两河流域文明起源的探讨从未停息，产生若干理论与方法，至今仍在不断变化更新中。通过解读与剖析不同观点，笔者认为，两河流域文明起源有两个最重要的标志，即城市出现和文字发明。作为古代世界最重要、最具代表性的文明之一，两河流域文明3000年的发展主要包括政治方面的国家政体演进，以及经济方面的国家获取公共收入与资源的途径。公元前539年，古代两河流域文明独立发展道路中断，但其对人类文明的贡献与影响无法磨灭。

　　两河流域文明探源历程对中华文明探源工程具有重要启示。其一，两河流域文明研究（亦称亚述学）长期被西方学者垄断，但从20世纪末开始，随着包括中国学者在内的世界多国学者不断参与，时至今日已然成为一门世界性学科和学问。中华文明探源工程需世界各国学者共同努力，坚持文明多样性和多元化理念，将研究继续朝着世界性学问方向不断推进。其二，继续争取中国人文社会学科研究的国际话语权，摒弃"西方中心论"。早期西方学者从《圣经》入手研究两河流域文明，相关理论后来虽被不断修复与批评，但至今仍有生存空间，可见话语权问题不容忽视。其三，两河流域文明探源历时百余年之久，并非一帆风顺、一言始终，而是涌现许多不同理论和观点，甚至是相互对立的观点，理论的确立、完善、认同需要时间，中华文明探源工程任重道远。作为已不复存在的文明，两河流域文明研究是探索世界文明兴衰的典型案例，如何总结与认识文明兴衰规律，对正确认识绵延至今的中华文明具有更为深远的现实意义。

〔作者刘昌玉，浙江师范大学人文学院教授。金华　321004〕

（责任编辑：郑　鹏）

美国科学家与核禁试问题
(1954—1963)[*]

赵学功

摘　要： 作为核武器研发者，美国科学家在艾森豪威尔和肯尼迪政府制定核政策过程中扮演了重要角色。不少科学家认识到，核试验对人体健康和生态环境造成严重危害，而愈演愈烈的核军备竞赛则大大增加了爆发核战争的风险，直接威胁战后世界和平。他们呼吁美国政府停止核试验，以此作为裁军第一步。1954—1963年，围绕核试验产生的放射性尘埃是否对人体健康和生态环境造成危害、核禁试是否符合美国国家安全利益、全面核禁试还是有限核禁试等问题，美国科学界展开激烈争论，形成了禁试派和反禁试派。这些争论虽然体现在技术层面，但实质是两者不同政治诉求。科学家能否对美国决策者产生影响，基本上取决于其立场是否与决策者一致或符合决策者需要。

关键词： 艾森豪威尔　美国科学家　核试验　核禁试谈判　苏联

20世纪50年代中期之后，核试验产生的放射性尘埃对人体健康和生态环境造成危害，引起科学家高度关注，不少人力主美国应停止核试验，以减缓军备竞赛，确保世界和平与稳定。在艾森豪威尔和肯尼迪政府核政策制定过程中，美国科学家扮演了重要角色，不仅在美国暂停核试验并与苏联就核禁试展开谈判方面发挥了积极作用，也是推动美国国会议员和民众支持部分禁止核试验条约的关键力量。美国政治学者罗伯特·吉尔平较早对这一问题展开研究，主要利用当时美

---

* 本文系国家社科基金重大项目"美国的非政府组织与东西方冷战研究"（17ZDA224）阶段性成果。

国的报刊资料，考察艾森豪威尔时期美国科学界在核禁试政策制定过程中的作用。① 虽然此后陆续有学者就这一问题展开探讨，但正如一位美国学者所言，学界对核禁试问题研究大多集中在美国决策者，而对于美国科学家在其中扮演的角色关注相对较少，并且多集中在对奥本海默等少数精英的研究，很少系统地研究科学家群体在核禁试谈判中的作用。②

多年来，西方学界对科学家在美国核禁试政策中的作用一直存在两种截然对立的观点：一种基本否定，认为艾森豪威尔倾向于谋求停止核试验，之所以未能在美苏日内瓦谈判中采取灵活立场，推动核军备控制，很大程度上因受到美国原子能委员会和一些科学精英误导。该观点还认为，参加日内瓦技术专家会谈的科学家是"不起作用的外交家"，因为他们不能区分技术问题和政治问题，在核禁试谈判中不仅没有发挥作用，反而还干扰和影响了美国政策制订。③ 另一种认为美国科学家的作用"至关重要"，是推动美国政府同意与苏联进行禁试谈判，并最终签署部分核禁试条约的主要力量。④

本文主要利用美国政府相关档案资料，对美国科学界围绕核禁试问题的争论，及其对艾森豪威尔和肯尼迪政府核禁试政策的影响进行梳理，分析美国科学家在政府相关决策过程中发挥的作用，进而揭示科学家与美国冷战政策之间的复杂关系。

---

① Robert Gilpin, *American Scientists and Nuclear Weapons Policy*, Princeton: Princeton University Press, 1962.

② Paul Rubinson, "'Crucified on a Cross of Atoms': Scientists, Politics, and the Test Ban Treaty," *Diplomatic History*, Vol. 35, No. 2 (April 2011), p. 284; Julia M. Macdonald, "Eisenhower's Scientists: Policy Entrepreneurs and the Test-Ban Debate, 1954 – 1958," *Foreign Policy Analysis*, Vol. 11, No. 1, 2015, p. 19.

③ David Tal, *The American Nuclear Disarmament Dilemma*, Syracuse: Syracuse University Press, 2008, pp. 163 –164; Benjamin P. Greene, *Eisenhower, Science Advice, and the Nuclear Test-ban Debate, 1945 –1963*, Stanford: Stanford University Press, 2007, p. 232.

④ Benjamin P. Greene, *Eisenhower, Science Advice, and the Nuclear Test-ban Debate, 1945 – 1963*, p. 6; Sarah Bridger, *Scientists at War: The Ethics of Cold War Weapons Research*, Cambridge, MA: Harvard University Press, 2015, p. 6.

一、美国科学界围绕禁止核试验的争论

早在战后初期，美国就有一些科学家非常担心核武器对国际关系的影响，提出对原子能进行国际管制，并停止核试验。1954年3月，美国在太平洋马绍尔群岛进行核试验，致使在附近海域作业的一艘日本渔船船员受到核辐射，不仅令国际社会深感震惊，日本、印度、加拿大等国纷纷要求美国停止核试验，并与有核国家缔结一项禁试协议，结束愈演愈烈的核军备竞赛，而且引起美国科学界广泛关注，由此展开旷日持久的激烈争论。

美国一批生物学家、遗传学家、物理学家都极为担心放射性尘埃对人体健康可能造成的严重危害。他们告诫说，随着越来越多的锶-90、铯-137等放射性物质被释放到大气层，遗传方面的病例将成倍增加，有可能导致基因变异，强烈呼吁美国政府停止核试验。密苏里州华盛顿大学生物学家巴里·康芒纳发起建立"核信息委员会"，就圣路易斯地区儿童牙齿中锶-90含量进行广泛调查和研究，同时还在美国各地收集婴儿牙齿。研究结果显示，这些牙齿中的确含有放射性元素锶-90，因此证明核试验产生的放射性尘埃对人体有害。参与曼哈顿工程的物理学家拉尔夫·拉普、遗传学家阿尔弗雷德·斯图特万特、生物学家赫尔曼·穆勒等多位科学家都发表文章，详细阐述核辐射可能造成的遗传影响，强调无论受辐射剂量多么小，所带来的遗传危害都将不可避免，且影响可累计，并具有不可逆性。[①] 拥有2500多名会员的美国科学家联盟发表声明，呼吁联合国建立一个由各国科学家组成的委员会，对核试验所产生的放射性尘埃的潜在危害进行风险评估。该声明认为，核试验不仅污染大气层，还可能造成人类基因变异，导致国际关系紧张；停止核试验不仅可以减少放射性尘埃的释放，同时也是迈向普遍裁军

---

① Carolyn Kopp, "The Origins of the American Scientific Debate over Fallout Hazards," *Social Studies of Science*, Vol. 9, No. 4, 1979, pp. 405 – 406; A. H. Sturtevant, "Social Implications of the Genetics of Man," *Science*, Vol. 120, No. 3115 (September 10, 1954), pp. 406 – 407; Ralph E. Lapp, "Radioactive Fall-out," *Bulletin of the Atomic Scientists*, Vol. 11, No. 2, 1955, pp. 45 – 51.

的一步。① 该组织创始人之一、阿尔贡国家实验室物理学家戴维·英格利斯多次致函美国政府高层，要求停止核试验，并发表文章呼吁美国不仅应减少放射性尘埃的释放，而且要减缓军备竞赛。②

1956 年美国总统大选期间，民主党总统候选人阿德莱·史蒂文森力主美国停止核试验，赢得科学界普遍赞成。来自加利福尼亚理工学院、哥伦比亚大学、耶鲁大学以及阿尔贡国家实验室等多所大学和研究机构的 200 名科学家发表声明，呼吁美国政府停止核试验，认为这不仅有助于减少放射性尘埃，防止核扩散，还有助于提升美国在西欧和亚洲的声誉。③

在反对核试验的科学家中，最激进也是最有影响力的是诺贝尔化学奖获得者、加利福尼亚理工学院教授莱纳斯·鲍林。早在 1946 年，鲍林就加入原子能科学家紧急委员会，向民众宣传核武器以及即将到来的核军备竞赛所带来的危险。他认为，美国原子能委员会严重低估了放射性尘埃所造成的危害，美国政府是以国家安全的名义牺牲数十万名儿童的身体健康，核武器试验的放射性沉降物会导致儿童基因变异。他确信，核试验及放射性尘埃的增加严重威胁人类健康，甚至可能危及子孙后代。1957 年 5 月，鲍林主持起草一份公开信，向全国科学界征求签名。鲍林等人在信中强调，核试验产生的放射性元素损害全人类身体健康，作为有良知的科学家，有责任将这些危险告知公众。他们呼吁国际社会紧急行动起来，达成停止核试验协议，立即停止一切核试验，迈出全面裁军和最终有效销毁核武器的第一步。很快就有 2000 多名科学家签名，大多数为生物学家、化学家和医学专家。6 月 3 日，鲍林向媒体发表请愿书，同时送交联合国和总统艾森豪威尔，并不断接受媒体采访，重申放射性尘埃对人类健康的危害。鲍林此

① Federation of American Scientists, "Proposal for a United Nations Commission to Study the Problem of H-Bomb Test," *Bulletin of the Atomic Scientists*, Vol. 11, No. 5, 1955, pp. 185 – 186; "Scientists Ask U. N. Study of H-Test Perils," *Chicago Daily Tribune*, March 7, 1955, p. 20.

② David R. Inglis, "Ban H-Bomb Tests and Favor the Defense," *Bulletin of the Atomic Scientists*, Vol. 10, No. 11, 1954, pp. 353 – 356.

③ "10 Nuclear Experts Back Stevenson on H-bomb Test Ban," *Chicago Daily Tribune*, October 15, 1956, p. 19; "73 Scientists Back Adlai's H-Bomb Stand," *Chicago Daily Tribune*, October 22, 1956, p. 13; "Nuclear Weapons Tests," *Science*, Vol. 124, No. 3228 (November 9, 1956), pp. 925 – 926.

举立即成为美国各主要媒体关注的焦点。1958 年 1 月，鲍林向联合国秘书长哈马舍尔德递交这份由 40 多个国家 9235 名科学家签名的请愿书，其中包括 36 名诺贝尔奖获得者。不久，签名人数升至 11021 人。[①] 随后，鲍林又出版《不再有战争》，并继续发表文章，进一步阐述对核武器、战争与和平等问题的看法，呼吁各国放弃战争和武力威胁。

鲍林的反核行动虽然得到科学界广泛支持，但在美国国内却受到不少质疑，美国政府对此颇不以为然。艾森豪威尔在一次记者招待会上称，"有些科学家似乎喜欢离开自己的专业领域，参与这场有关核试验的争论"，认为这很像是一次"有组织的事件"。联邦调查局认为，鲍林是在利用放射性尘埃问题"制造恐慌、蛊惑人心"。一些保守派媒体怀疑鲍林的行动得到苏联支持，攻击鲍林等人有关放射性尘埃会危及子孙后代的说法是"危言耸听"。

美国原子能委员会以及物理学家爱德华·特勒等人，对放射性尘埃造成的危害不以为然，称民众每天都处在自然界放射性物质包围中，因为在地面上受到的太阳辐射和宇宙射线中就有放射性同位素，核试验所产生的放射性尘埃对人体影响"微不足道"，声称大气层试验有害的言论依据的都是虚假数据，很可能是受苏联蛊惑和指使而展开的宣传活动。原子能委员会主席刘易斯·施特劳斯在国会听证会上表示，据他所知，美国本土没有任何人受到放射性尘埃伤害。原子能委员会化学家维拉德·利比认为，所有核试验所产生的放射性尘埃对人体的危害，远不及在医院拍一次胸片所受到的辐射大。特勒称，一块荧光表对人体造成的伤害都要比核试验所产生的放射性尘埃大。[②]

美国科学界在 1956 年围绕核禁试问题形成针锋相对的两派。特勒与物理学家欧内斯特·劳伦斯发表联合声明，极力淡化放射性尘埃对人体的危害，同时重申继续核试验对保持美国战略优势地位极为重要，而且宣称对核禁试难以监测。

---

① Lawrence S. Wittner, *Resisting the Bomb: A History of the World Nuclear Disarmament Movement, 1954 – 1970*, Stanford: Stanford University Press, 1997, pp. 38 – 39; "9235 Scientists Ask End of Nuclear Tests," *The Washington Post*, January 14, 1958.

② Carolyn Kopp, "The Origins of the American Scientific Debate over Fallout Hazards," p. 405; Warren Unna, "AEC Claims Fall-Out Danger Is Overrated," *The Washington Post*, April 16, 1955, p. 2.

芝加哥大学、哥伦比亚大学以及贝尔实验室等机构 12 名科学家联名向艾森豪威尔提交备忘录，称除非国际社会就裁军达成协议，以消除或减少核武器试验，保障美国和西方国家安全，否则，美国除了继续研制和试验最新式的防御性武器外别无选择。声明同时称，根据美国国家科学院和英国医学研究理事会研究表明，核试验所产生的辐射并不比土壤中以及医用 X 光辐射高，尽管从绝对意义上说，放射性尘埃对遗传有危害风险，但无论过去还是可预见的未来，这一风险都微不足道。①

为了消除美国民众担心，特勒不断宣称放射性尘埃的危害被过分夸大。1957年 6 月 20 日，特勒、劳伦斯等在国会原子能事务联合委员会作证时，一方面称放射性尘埃所造成的危害可以忽略不计，另一方面又强调正努力研发一种"清洁"炸弹，将大大减少辐射。如果基于"道义上"的理由，在这种武器得到完善之前就停止试验将是"愚蠢的"。② 1958 年 3 月，特勒在致美国原子能委员会主席施特劳斯的信中再次建议，可以采取办法对释放到大气层中的放射性物质进行量的限制，强调如果美国同意苏联提出的暂停核试验交易，将会造成"灾难性"后果，认为美国目前在核武器上尚占优势，而停止试验将使美国失去这一优势。③特勒认为，"我们必须克服那些认为核武器比常规武器更不道德的流行观念"，而且"我们必须修改军事计划，来打赢一场有限核战争"。他强调，核武器是美国国家安全有力保障。鲍林的请愿书发表后，特勒发表文章重申核试验"刻不容缓"。在与鲍林进行电视辩论时，他称目前尚无确凿的统计数字表明放射性尘埃所造成的危害，极为微量的放射性物质对人体也可能是有益的，没有变异，人类就不会进化。他认为，解决放射性尘埃问题唯有通过更多试验，以便研制出完全"清洁"的武器。施特劳斯、利比等极力辩解锶 – 90 可能带来的危害，认为其影响可以忽略不计，同时强调如果停止核试验，美国将在军备竞赛中处于劣势，并

① "2 Scientists Back Tests of H-bombs," *New York Times*, November 6, 1956, p. 45; "12 Scientists Support Ike on H-Bomb Issue," *The Baltimore Sun*, October 21, 1956, p. 1.

② Robert A. Divine, *Blowing on the Wind: The Nuclear Test Ban Debate, 1954 – 1960*, New York: Oxford University Press, 1978, p. 148; Peter Goodchild, *Edward Teller*, London: Weidenfeld & Nicolson, 2004, p. 268.

③ Stanley A. Blumberg and Gwinn Owens, *Energy and Conflict: The Life and Times of Edward Teller*, New York: G. P. Putnam's Sons, 1976, p. 381.

可能在冷战对抗中遭受失败，因为苏联的常规兵力远超美国，只有核武器才能有效遏制对方。在鲍林请愿书发表后，利比再次提醒国会议员，与人们每天承受的辐射量相比、与美国一旦拱手相让核优势所带来的"毁灭"相比，放射性尘埃造成的危险"不足为惧"。

美国原子能委员会以及特勒的这些看法适应了美国决策者需要。核武器是美国大规模报复战略的基础，艾森豪威尔政府将其视为维护美国和西方国家安全、威慑苏联的核心力量，宣称一旦发生战争，美国将根据军事需要动用武器库中的一切武器，包括核武器。杜勒斯等人确信，战后世界之所以能够保持和平，最主要的原因就是美国享有核优势。① 鉴于此，美国政府根本无意谋求核禁试。不过，鲍林等赞成核禁试的科学家的广泛宣传活动仍取得一定成效，特别是使美国民众进一步认识到放射性尘埃的危害，从而对美国政府决策产生压力。1955 年只有17% 的美国民众听说过放射性尘埃，大多数人不赞成禁止核试验。1957 年 4 月、6 月的两次民意测验显示，64% 受访者赞成美国就核禁试问题与苏联达成协议；54% 受访者认为放射性尘埃"的确有害"，69% 受访者赞成达成多边核禁试协议。②

二、科学家对政府决策的影响

美国国内以及国际社会的强大舆论压力，促使美国决策者不得不开始认真考虑核禁试问题。美国国务院一位官员表示，美国舆论"已经越来越担心辐射对健康和遗传产生的影响"，而且国际社会反对核试验的呼声越来越高，如果美国在核禁试问题上不率先行动，势必陷入孤立境地。③ 原子能委员会成员利比建议，美国可以限制大气层核试验，并寻求达成一项国际协议，设置放射性尘埃排放量

① Letter from the Representative at the United Nations (Lodge) to the Secretary of States, January 24, 1956, *FRUS*, 1955 – 1957, Vol. 20, p. 273.
② Eugene J. Rosi, "Mass and Attentive Opinion on Nuclear Weapons Tests and Fallout, 1954 – 1963," *Public Opinion Quarterly*, Vol. 29, No. 2 (Summer 1965), p. 283; Allan M. Winkler, *Life under a Cloud: American Anxiety about the Atom*, New York: Oxford University Press, 1993, p. 101.
③ Letter from the Deputy under Secretary of States for Political Affairs (Murphy) to the President's Special Assistant (Stassen), August 31, 1956, *FRUS*, 1955 – 1957, Vol. 20, p. 420.

上限，使锶 - 90 的水平维持在民众可以接受的最大范围之内。①

　　美国原子能委员会、国防部以及一部分科学家依然坚决反对核禁试，确信唯有不断试验才能确保美国的核优势。1957 年 4 月，施特劳斯在一次会议上表示，如果美国同意自愿暂停核试验，将付出高昂代价，使武器研制延迟一年。他表示，科学家能够研制出不产生锶 - 90 的武器，但如果不经过大量试验，就不可能研制出这一武器。② 6 月 24 日，经过施特劳斯和一些国会议员的精心安排，特勒、劳伦斯、米尔斯在白宫向艾森豪威尔面陈意见，认为禁止核试验是不明智的，对核禁试也无法实施有效监督，苏联有可能秘密进行核试验，并且不会被发现。鉴于艾森豪威尔对放射性尘埃所造成的危害感到担忧，特勒、劳伦斯安抚说，这些尘埃对人类健康的影响极小，而且他们的实验室正在研制不产生任何放射性尘埃的"清洁"核武器，美国应实施更多的试验，在今后六七年之内即可研制出这类武器，不仅可用于战场，摧毁预定军事目标，而且可用于和平目的，包括修筑隧道、开凿运河等大型工程。他们宣称，如果在研制出"清洁"武器之前停止试验，将是"对人类的犯罪"。③ 日后艾森豪威尔称，他并未对这次会谈留下深刻印象，也没有被特勒等人说服。④ 但根据杜勒斯的看法，这次会晤给艾森豪威尔留下深刻印象，使其对暂停核试验建议的正确性产生严重怀疑。⑤ 6 月 26 日，艾森豪威尔公开宣称，美国核试验的放射性尘埃已减少95%，在今后数年内美国科学家即可研制出"绝对清洁"的核武器。美国国家安全委员会接受了特勒有关

---

① Toshihiro Higuchi, *Political Fallout: Nuclear Weapons Testing and the Making of a Global Environmental Crisis*, Stanford: Stanford University Press, 2020, p. 105.

② Memorandum of a Conversation, April 20, 1957, *FRUS*, 1955 - 1957, Vol. 20, p. 477.

③ Richard G. Hewlett and Jack M. Holl, *Atoms for Peace and War: Eisenhower and the Atomic Energy Commission, 1953 - 1961*, Berkeley: University of California Press, 1989, pp. 400 - 401; A. J. Goodpaster, "Memorandum of Conference with the President," June 24, 1957, U. S. Declassified Documents Online (USDDO), CK2349374734.

④ Memorandum of Conference with President Eisenhower, April 17, 1958, *FRUS*, 1958 - 1960, Vol. 3, p. 604.

⑤ Telegram from the Secretary of State to the Department of State, July 29, 1957, *FRUS*, 1955 - 1957, Vol. 20, p. 666; Stephen E. Ambrose, *Eisenhower: The President*, New York: Simon and Schuster, 1984, pp. 399 - 400.

核禁试难以监督的观点，强调苏联进行秘密核试验的威胁是"极为严重的"。①

然而，美国不少科学家对特勒的观点提出异议。康奈尔大学核物理学家汉斯·贝特认为，核禁试不仅能够保持美国核优势，还有助于防止核扩散，是朝着裁军迈出的第一步，美国可以利用苏联禁止核试验的愿望作为达成一项裁军协议的筹码，而且现在是战后以来进行谈判的最好时机。贝特曾在二战时期担任洛斯阿拉莫斯实验室理论部负责人，是一位极具声望的核物理学家。② 美国国防动员局科学顾问委员会主席伊西多·拉比表示，如果在苏联部署6个左右的监测站，就可以监测到其境内任何重要的核试验。他认为，与维护美国在热核武器设计方面相对于苏联的明显优势相比，核试验所获的好处就显得无足轻重了。因而，为了自身利益，一旦苏联允许建立这样的监测站，美国就应同意停止一切核试验。拉比指出，目前美国在核领域仍领先于苏联，继续进行核试验的确可以不断提升美国核武器的某些优势，而苏联的核试验表明其核技术尚存在不少问题，继续核试验显然有助于苏联不断改进其核武器，而禁止核试验则可以确保美国现有的优势。他建议，美国应在苏联发现自身核技术问题之前停止核试验，并立即展开反导系统的研制工作。他明确指出，艾森豪威尔接受特勒、劳伦斯有关"清洁"核弹和有必要继续进行核试验的观点，乃是一个"巨大的错误"，美国未能尽早谋求与苏联达成核禁试协议，以阻止其研制出可发射的热核武器弹头，是一个"悲剧"。拉比是艾森豪威尔非常信任的老朋友，其观点显然对总统产生了影响。艾森豪威尔表示，如果美国确实在各种类型的核武器方面领先于苏联，就应立即停止核试验，以确保这一优势。他指示原子能委员会组织最优秀的科学人才讨论在美国实行核禁试政策的同时，就如何确保并加强美国及西方国家的安全提出方案，并希望不同机构的科学家协同研究。③ 通过与施特劳斯、拉比谈话，艾森豪威尔也认识到，在核禁试问题上美国科学界存在严重分歧，拉比等人与特勒、劳

---

① Memorandum from the Senior Member, National Security Council Special Staff（Smith），to the President's Special Assistant for National Security Affairs（Cutler），June 26, 1957, *FRUS*, 1955 – 1957, Vol. 20, p. 642.

② Andrew D. Kopkind, "Bethe Calls Test Ban Essential," *The Washington Post*, April 21, 1958.

③ A. J. Goodpaster, "Memorandum of Conference with the President," October 30, 1957, Ann Whitman File, Eisenhower Diaries, Box 27, Eisenhower Library.

伦斯相互敌视多年，让其合作几乎不可能。①

施特劳斯、特勒等不顾美国国内和国际舆论的强烈反对，一味要求扩大核试验。施特劳斯认为，拉比的建议可能没有考虑到美国的"国家风险和国际地位"，与美国的国家安全利益背道而驰。特勒则公开宣称，苏联成功发射人造卫星，让美国遭遇到"比珍珠港事件更大的失败"。艾森豪威尔大为光火，他批评少数科学家"在某种程度上突然成为军事和政治问题专家"，② 并指示麻省理工学院院长詹姆斯·基利安将美国国防动员局科学顾问委员会改组为总统科学顾问委员会，作为白宫的咨询机构，以便在核问题上更广泛地听取科学界意见，而不再完全依赖美国原子能委员会及特勒等人。美国总统科学顾问委员会由贝特、拉比、基斯塔科夫斯基等18名科学家组成，他们大都赞成核禁试。通过这一机构，这些科学家有了一个可以直接将意见提交给美最高决策者的渠道，从而更有效地影响美国核政策。③ 事实证明，在推动核禁试谈判方面，这一机构发挥了重要作用。

鉴于国际社会和美国社会各界不断要求停止核试验，苏联在1957年底又提出暂停核试验2—3年，核禁试成为美国总统科学顾问委员会关注的首要问题之一。1958年初，美国政府成立一个由核物理学家贝特领导的特别小组，就核禁试可行性以及对美国核计划的影响提出建议。这一小组的11名成员来自五角大楼、原子能委员会、中央情报局以及总统科学顾问委员会等部门。原子能委员会和国防部的代表争辩说，核禁试对美国的武器发展计划产生极为严重的影响，从而危及美国国家安全。国防部副部长唐纳德·夸尔斯在写给贝特的一份备忘录中表示，从长期和总体结果看，停止核试验将明显不利于美国。但贝特坚持认为核禁试不仅可以确保美国在核武器上的优势，而且有利于减缓军备竞赛。他以军方的反对意见超出了该小组的"技术"权限为由，拒绝将其纳入小组报告中。④

---

① Robert H. Ferrell, ed., *The Eisenhower Diaries*, New York: W. W. Norton & Company, 1981, p. 349.

② Benjamin P. Greene, *Eisenhower, Science Advice, and the Nuclear Test-ban Debate, 1945 – 1963*, p. 137.

③ Paul Rubinson, *Redefining Science: Scientists, the National Security State, and Nuclear Weapons in Cold War America*, Amherst: University of Massachusetts Press, 2016, p. 97.

④ Zuoyue Wang, *In Sputnik's Shadow: The President's Science Advisory Committee and Cold War America*, New Brunswick: Rutgers University Press, 2008, pp. 123 – 124.

贝特小组在提交给美国国家安全委员会的研究报告中表示，美国今后数年在核技术方面仍将享有优势地位；核禁试在技术上是可行的，尽管没有任何一种核查体系可以做到"万无一失"，但可以通过精心建立监测站网，包括在苏联部署70个左右的监测站，并辅以必要的一定次数的现场核查以及空中侦察，就可以有效监测苏联至少90%的当量在1000吨以上的各类核试验。[1]

美国军方和原子能委员会坚持要求继续进行核试验。施特劳斯强调，那种认为核禁试不会削弱美国安全的论调是"错误的和危险的"，如果美国停止核试验，将带来一系列不良影响。为了威慑苏联，美国必须拥有最先进的核武器。因而，美国没有任何理由放弃核试验，决不能为了迎合世界舆论而付出"可怕的代价"。[2] 参谋长联席会议主席内森·特文宁和夸尔斯都表示，在拥有可以应对任何威胁的"全谱"核武器之前，停止核试验对美国来说将是灾难性的；美国迫切需要研制更为先进的核武器，核试验对于研发清洁的、小型的、低成本的用于战场和反弹道导弹系统的弹头是必要的。在美国军方看来，为了遏制苏联在人力方面享有的明显优势，美国必须拥有当量在1000吨或更小的、可实际投入使用的核武器。只有进行更多的核试验，才能使美国在核领域保持领先地位。美国军方和原子能委员会的专家还担心，美国探测低当量核试验的能力还比较弱，如果苏联进行核试验，有可能无法发现。因此，核禁试只对美国不利，而对苏联很可能不起作用，美国现有的进攻性和防御性武器很快就会变得过时，到时将对整个西方应对苏联威胁产生严重不良影响。对于美国军方和原子能委员会来说，必须确保美国在核领域的"绝对优势"，而不仅仅是相对优势。[3] 支持美国军方和原子能委员会观点的特勒警告说，除了对大气层核试验进行某些限制以减少放射性尘埃外，其他任何对核试验的限制都将"严重危及美国安全"。他甚至将核禁试谈判与二战前的"慕尼黑阴谋"相提并论，称美国的让步将导致第三次世界

---

[1] "Report of NSC Ad Hoc Working Group on the Technical Feasibility of a Cessation of Nuclear Testing," March 27, 1958, USDDO, CK2349187957.

[2] Robert A. Divine, *Blowing on the Wind: The Nuclear Test Ban Debate, 1954–1960*, p. 208; Lewis L. Strauss, *Men and Decisions*, Garden City: Doubleday, 1962, p. 424.

[3] Donald A. Quarles, "The Effects of a Total Suspension or Cessation of Nuclear Testing," March 21, 1958, USDDO, CK234945662; N. F. Twining, "Memorandum for the Secretary of Defense," April 30, 1958, USDDO, CK2349448183.

大战爆发。[1]

美国决策者接受了贝特小组报告的结论，即核禁试在技术上是可行的。同时，面对来自国内外要求核禁试的强大压力，美国政府不得不有所行动。艾森豪威尔在与特勒等人谈话时表示，新的热核武器的确威力很大，但在很多方面却不及当今世界舆论的影响力，因为后者能迫使美国不得不遵循某些特定政策。[2] 基于政治考虑，艾森豪威尔决定就核禁试问题与苏联谈判。他表示，除非美国采取某种"积极行动"，否则将在世界上处于"道义上的孤立境地"，美国从核禁试谈判中获得的政治利益要大于将来可能获得的军事好处，暂停核试验符合美国利益。[3]

三、美国科学家与日内瓦谈判

美国总统科学顾问委员会对贝特小组的报告表示赞成。1958 年 4 月 8—10日，美国总统科学顾问委员会对该报告进行了深入讨论。利弗莫尔实验室主任约克等少数人反对向艾森豪威尔提议进行核禁试，认为这基本上是一个政治问题，是否停止核试验超出了技术范畴和该委员会的能力。但大部分成员仍认为，虽然他们并非军备问题专家，但总统科学顾问委员会不能仅仅提供技术支持，也应当向决策者提出相关政策建议。拉比甚至提出应对军备控制问题进行全面研究，认为总统科学顾问委员会在帮助美国政府制定公共政策方面走得还不够远。事实上，艾森豪威尔也曾表示，国防部和原子能委员会都对军备控制不感兴趣，希望科学家能在这一问题上提供帮助。在拉比看来，需要进行广泛研究，以便在美国政府内部就军备控制达成共识。威斯纳也强调，总统科学顾问委员会是一个"唯一有机会做正确事情的组织机构"。约克显然被说服了。总统科学顾问委员会在全面讨论了核禁试的技术和军事问题后，认定停止核试验有利于维护美国国家安

---

[1] Paul Rubinson, *Redefining Science: Scientists, the National Security State, and Nuclear Weapons in Cold War America*, p. 79.

[2] A. J. Goodpaster, "Memorandum of Conference with the President," August 14, 1958, USDDO, CK2349455479.

[3] Memorandum of Conference with President Eisenhower, March 24, 1958, *FRUS*, 1958 – 1960, Vol. 3, pp. 569 – 570; Robert A. Divine, *Blowing on the Wind: The Nuclear Test Ban Debate, 1954 – 1960*, p. 212.

全，并经过投票一致同意建议艾森豪威尔应将核禁试列为近期可实现的目标。① 4月17日，基利安向艾森豪威尔汇报这一建议时重申，继续核试验只会有利于苏联缩小与美国的差距，使美国失去优势地位。置于监管之下的核禁试不仅可行，而且有利，可以使美国在今后数年继续保持技术优势，符合美国"总体利益"，同时还将为日后更广泛的裁军开辟道路，建议尽快谈判缔结一项"令人满意的"核禁试协议。②

美国军方和原子能委员会对总统科学顾问委员会的报告表示强烈反对。助理国防部长赫伯特·洛珀认为，鉴于苏联"不可预测的"威胁，增加而不是减少在核领域的研发是更为现实的选择。他指责该委员会歪曲了贝特报告，没有适当考虑美国的某些基本政策以及地缘和国际政治因素。美国军方和原子能委员会的反对未能阻止艾森豪威尔和杜勒斯采取行动。1958年4月20日，美国政府向苏联建议就核禁试的可行性举行技术专家会谈。杜勒斯指示与会的美国科学家，讨论应严格限于纯技术性问题，不得涉足政治领域。7月1日，来自美国、苏联、英国的数十位科学家，就大气层、海洋和地下核试验的监测问题在日内瓦开始磋商。

苏联对谈判采取了灵活政策，希望就停止核试验尽快达成协议。苏联代表团成员费多罗夫向一位美国物理学家表示，尽管核禁试在军事上对苏联不利，但苏联仍谋求达成协议，因为这是防止核扩散的一种手段，也是迈向裁军的"第一步"。③美苏技术会谈进展颇为顺利，很快就达成协议。会议发表的公报强调，建立一个有效的监测体系，来探测那些违反停止核试验协议的行动，从技术上说是可行的。④美苏双方就核禁试达成的"日内瓦体系"，对核裁军来说是一个重大突破，被誉为

---

① "Some Technical Considerations and Their Implications Relating to the Cessation of Nuclear Tests," April 11, 1958, USDDO, CK2349159973; Herbert F. York, *Making Weapons, Talking Peace*, New York: Basic Books, 1987, pp. 117 – 119.

② Memorandum of Conference with President Eisenhower, April 17, 1958, *FRUS*, 1958 – 1960, Vol. 3, pp. 603 – 604; James R. Killian, Jr., *Sputnik, Scientists, and Eisenhower*, Cambridge: The MIT Press, 1977, p. 156.

③ Martha Smith-Norris, "The Eisenhower Administration and the Nuclear Test Ban Talks, 1958 – 1960," *Diplomatic History*, Vol. 27, No. 4, 2003, p. 510; Zuoyue Wang, *In Sputnik's Shadow: The President's Science Advisory Committee and Cold War America*, p. 131.

④ Richard G. Hewlett and Jack M. Holl, *Atoms for Peace and War: Eisenhower and the Atomic Energy Commission, 1953 – 1961*, pp. 541 – 542.

十多年来东西方在谈判中朝着裁军方面迈出的最"积极的"一步。[1]

为推进谈判，基利安和总统科学顾问委员会的科学家敦促艾森豪威尔尽早与苏联达成核禁试协议，强调核禁试不仅符合美国的"最大利益"，而且是可以核查的。他们认为，美国的核弹头比苏联的重量更轻、更为有效，在技术上享有巨大优势，如果允许继续试验，苏联的核技术有可能赶上美国。他们建议，美国应谋求全面核禁试，只禁止超出一定临界值的核试验或"临界"方案以及允许地下核试验的部分核禁试方案都不可取，无助于减缓核军备竞赛。基利安表示，禁止大气层核试验的建议"严格说来是一种宣传举措"，旨在减轻放射性尘埃所带来的政治影响，不能从根本上解决问题。[2] 参加 1958 年帕格瓦什会议的威斯纳也是美国总统科学顾问委员会成员，表示基于技术分析，苏联再多的试验也不能降低美国核武器的价值，核禁试不会危及美国安全。[3] 与会的另一名科学家维克多·魏斯科夫则向基利安表示，苏联代表团的确正致力于停止核试验，以谋求达成核禁试协议。[4]

但是，特勒以及原子能委员会科学家极力为谈判制造障碍。根据在内华达州进行的系列核试验数据，他们认为日内瓦监测体系并不可靠，难以区分地震和地下核爆炸，无法发现当量较低的地下核试验。特勒认为，对地下核试验进行监督面临以下困难：地壳内的噪声可能是核试验，也可能是一次地震，地震学家尚难以区分震级较小的地震与当量较低的核爆炸；接近地壳表面的试验可以不发出很大的声音。他在国会听证会上称，苏联"极有可能"用各种各样的办法有效掩盖试验。在代表原子能委员会出席有国务院代表参加的会议上，特勒认为日内瓦核

---

[1] John W. Finney, "East-West Talks Reach Agreement on Atomic Checks," *New York Times*, August 20, 1958.

[2] Skolnikoff, "Summary of Discussion Regarding Test Cessation Issues," November 18, 1958, USDDO, CK2349455480；"PSAC Meeting on Test Suspension," November 24, 1958, USDDO, CK2349186450.

[3] Walter A. Rosenblith, ed., *Jerry Wiesner: Scientist, Statesman, Humanist*, Cambridge：The MIT Press, 2003, p. 263.

[4] Paul Rubinson, *Redefining Science: Scientists, the National Security State, and Nuclear Weapons in Cold War America*, p. 99.

查体系存在明显漏洞，难以监测当量低于 5000 吨的核爆炸及外层空间的核试验。①

在特勒的敦促下，利弗莫尔实验室以及兰德公司的科学家设计出种种"疯狂的方案"来证明，不论是地下核试验还是外层空间核试验都可以规避核查。兰德公司物理学家阿尔伯特·拉特推算称，如果在一个很深的、巨大的洞穴中进行核爆炸，可使产生的地震波减少 300 多倍，因而一些当量较小的地下核试验根本无法监测到。这就为美国原子能委员会和军方反对签署全面核禁试条约提供了"理论依据"。② 特勒称，如果在地下 5000 英尺进行 100 万吨级的核爆炸，在地面上不会留下任何放射性物质痕迹。如果把一个两万吨级的核弹放在地下 3000 英尺、直径约为 500 英尺的洞内引爆，传出的声音不会很大，好像只进行了一次 70 吨级的爆炸。特勒确信，地下核试验无疑可以秘密进行，因而核禁试只会是单方面的；如果苏联秘密进行试验，那么不出几年就会在核打击力量方面遥遥领先。在他们看来，如果在地下足够大的洞穴中进行核试验，现有手段和技术很难发现，苏联可以秘密进行核试验并规避核查。基利安回忆说，莱特曾在一次会议上告诉他，无论在监测技术上取得什么进展，特勒领导的研究小组总能找到规避或使之难以奏效的技术手段。③ 在艾森豪威尔的科学技术特别助理基斯塔科夫斯基看来，特勒在核禁试问题上的态度"几乎是歇斯底里"，是美国"最危险的科学家"，而拉比则将其称为"人类的敌人"。④

实际上，贝特小组在报告中明确指出，不论是在巨大的洞穴内还是在外层空间进行核试验，鉴于成本过高，实际上都难以实施。美国政府建立了两个技术小组对日内瓦体系重新展开研究，结论是这一体系虽然存在不足，但可以通过改进

① Memorandum of Conversation, September 30, 1958, *FRUS*, 1958–1960, Vol. 3, pp. 662–663.

② Gregg Herken, *Cardinal Choices: Presidential Science Advising from Atomic Bomb to SDI*, New York: Oxford University Press, 1992, p. 114; A. L. Latter et al., "A Method of Concealing Underground Nuclear Explosions," March 30, 1959, USDDO, CK2349705599.

③ Robert Gilpin, *American Scientists and Nuclear Weapons Policy*, pp. 235–236; James R. Killian, Jr., *Sputink, Scientists, and Eisenhower*, p. 168.

④ George B. Kistiakowsky, *A Scientist at the White House*, Cambridge, MA: Harvard University Press, 1976, p. 228; Peter Goodchild, *Edward Teller*, p. 282.

的设备和仪器恢复其有效性，在美国总统科学顾问委员会看来，监控体系的技术问题并非难以逾越的障碍，核禁试协议的达成将使美国在政治上处于主动地位。该委员会不少成员以及美国国务院一些官员都表示，应修正日内瓦体系，以便在可核查的情况下尽可能广泛地禁止核试验，不仅可以减缓军备竞赛，缓和东西方之间紧张局势，而且有助于防止核扩散。拉比明确表示，如果限制军备是美国的一项基本政策，即使协议可能存在漏洞，也应当签署。他认识到，军备控制本质上是一个政治问题，并无完美的技术解决方案。①

随着越来越多的证据表明，美国中西部地区小麦中锶 – 90 含量已接近危险值，艾森豪威尔认识到，大气层核试验的确会对人类健康和生态环境造成危害，并对原子能委员会的科学家之前作出的放射性尘埃不会产生问题的保证表示不满，认为美国不得不停止大气层核试验。② 此外，他又对苏联是否会恪守核禁试协议持怀疑态度。出于国内政治考虑，艾森豪威尔赞同军方的意见，指示美国代表团推翻此前专家会谈达成的共识，要求以建立更严密的监控机制作为达成核禁试协议的先决条件，即使谈判破裂也在所不惜。③ 美国的这一政策转变遭到苏联强烈反对。

美国政府要求举行第二次技术专家会议，讨论美国在监测地下核试验方面所获得的新数据，以便对苏联地下核试验进行更有效更严格监测，提出要在苏联建立 650 个监测站，显然是苏联不可接受的，此举甚至遭到不少美国科学家反对。在他们看来，美国不过是以所谓的技术问题为借口拖延行动，阻挠全面核禁试谈判，因而拒绝参加技术小组会议。就连基斯塔科夫斯基都怀疑，鉴于美国政府缺乏明确的政策，是否会有科学家愿意参加这种技术会谈。④

尽管苏联同意举行新一轮专家会议，讨论如何区分地震和地下核试验产生的信号问题，但未能取得实质性进展，令艾森豪威尔颇为沮丧。他希望美国总统科

① David Z. Beckler, "Record of Meeting," March 16 – 17, 1959, Record of Action and Meetings, 1957 – 1961, *PSAC*, Eisenhower Library.
② George B. Kistiakowsky, *A Scientist at the White House*, p. 291.
③ Harold K. Jacobson and Eric Stein, *Diplomats, Scientists, and Politicians: The United States and Nuclear Test Ban Negotiations*, Ann Arbor: University of Michigan Press, 1996, p. 137; James R. Killian, Jr., *Sputnik, Scientists, and Eisenhower*, p. 164.
④ George B. Kistiakowsky, *A Scientist at the White House*, p. 147.

学顾问委员会帮他摆脱困境，指示该委员会建立一个小组委员会，就推进军备控制拟定具体措施。总统科学顾问委员会的科学家们确信，全面核禁试有助于维护美国的核优势；大部分核试验用现有技术都可以检测，苏联会遵守核禁试协议，日内瓦监测体系为美苏达成一项核禁试协议提供了极好机会，技术上的问题不能成为阻止达成协议的理由，任何一种手段都难以保证毫无遗漏地有效监测每一次核试验。该委员会坚持认为，签署核禁试协议在军事上对美国有利。贝特极力敦促美国政府在日内瓦谈判中奉行灵活政策，强调一旦达成核禁试协议，美国将比苏联更有条件继续在核武器领域取得进展，而且在发展较低当量的核武器方面，美国享有巨大优势。他确信，一个"经过深思熟虑、合理监督的限制军备协议要比无限制的军备竞赛更有利于美国安全"。在他看来，尽管不可能建立一个可以监测每一次核试验的体系，但立足于现有技术，能够确立一个行之有效的核查机制，日内瓦监测体系经过完善，可以有效起到监测作用，他强烈要求不放弃达成全面核禁试的努力。贝特在一篇文章中表示，即使存在一定风险，美国也应谋求达成核禁试协议，不仅有助于巩固美国优势，而且将限制核武器扩散；持续的核试验并不能如特勒所宣称的那样使核武器效能提升1000倍。① 特勒对此大为光火，指责贝特的文章"充满了事实错误"，要求与贝特进行电视辩论。他再次呼吁美国立即恢复核试验，宣称如果苏联采取规避手段，西方国家现有技术手段难以监测。他致函新任原子能委员会主席麦科恩，表示对暂停核试验深感不安，因为这关乎"美国和西方国家的命运"。特勒告诫，如果不尽快恢复试验，很多优秀科学家将离开实验室，因为他们不再能够履行"独特使命"，而且由于停止试验，也不可能很好地培养出新的核武器专家。②

　　特勒等人对日内瓦会谈的破坏在一定程度上达到目的。威斯纳写道，特勒的

---

① Paul Rubinson, *Redefining Science: Scientists, the National Security State, and Nuclear Weapons in Cold War America*, p. 33; Hans A. Bethe, "The Case for Ending Nuclear Tests," *Atlantic Monthly*, August 1960.

② George B. Kistiakowsky, *A Scientist at the White House*, p. 398; Paul Rubinson, *Redefining Science: Scientists, The National Security State, and Nuclear Weapons in Cold War America*, p. 80.

"清洁"炸弹幻想，说服艾森豪威尔告诉苏联，在 1960 年随时可以结束禁核试验。特勒对监测体系的怀疑，也使艾森豪威尔的几位顾问转向反对核禁试。一位美国科学家对此感叹道，在核禁试问题上，反对意见往往比赞成更为有效。① 美国军方和国会内一些反对核禁试的议员与特勒一样，对苏联缺乏基本信任，坚持要求在核查问题上必须做到万无一失。麦科恩称，要找到监测地下核试验的方法，就需要进行更多核试验。国防部一位官员强调，尽管国防部支持禁试政策，但不想承诺停止超出美国控制范围的试验。麦科恩强调，这也是原子能委员会的一贯立场。②

尽管美国总统科学顾问委员会力主全面核禁试，反对"临界"方案和部分核禁试方案，但为打破会谈僵局，解决地下核试验监测问题，艾森豪威尔新任科技顾问基斯塔科夫斯基认为有必要作出妥协。在他看来，拉特的"理论"纯属无稽之谈，对核禁试的争论已超出科学和技术范畴；鉴于原子能委员会、国防部以及特勒等强烈反对，全面核禁试条约显然不可能在美国国会通过。因而，"临界"方案较为切实可行，可以将核禁试的阈值从爆炸当量变成里氏震级，这样监测就变得较为容易，可以允许进行里氏 4.75 震级以下的地下核试验。因为根据当时的技术水平，90% 的里氏 4.75 震级地震都可以监测，但应禁止其他所有地下及水下和大气层核试验。美国军方领导人以及特勒对此表示反对，强调任何停止核试验的做法都是"极其错误的"，但该方案得到原子能委员会和其他机构的赞成。③ 1960 年 2 月，艾森豪威尔提出新方案，苏联对此作出积极回应，同意就美国提出的"临界方案"进行谈判，只是要求在谈判过程中双方必须停止一切核试验。双方立场趋于一致，但随后美国间谍飞机入侵苏联领空并被击落一事，致使艾森豪威尔任内达成美苏核禁试协议可能性化为泡影。

---

① Walter A. Rosenblith, ed., *Jerry Wiesner: Scientist, Statesman, Humanist*, p. 409; Paul Rubinson, *Redefining Science: Scientists, the National Security State, and Nuclear Weapons in Cold War America*, p. 104.

② Memorandum of Conversation, November 14, 1959, *FRUS*, 1958 – 1960, Vol. 7, p. 796.

③ George B. Kistiakowsky, *A Scientist at the White House*, pp. 198 – 199; Byron R. Fairchild and Walter S. Poole, *The Joint Chiefs of Staff and National Policy, 1957 – 1960*, Washington, D. C.: Office of Joint History, Office of the Chairman of the Joint Chiefs of Staff, 2000, pp. 67 – 68.

四、科学家反对恢复核试验努力失败

肯尼迪执政伊始，就承受来自军方、原子能委员会和一些国会议员要求恢复核试验的巨大压力。在军方领导人和部分国会议员看来，美国如再不恢复试验，苏联在核技术方面很快就能赶上或超过美国。美国军方和原子能委员会向来对核禁试谈判持强硬立场，对苏联谈判的诚意表示怀疑，认为核试验不仅是美国研制、发展和完善核武器所必需，而且也是找到识别和确定地下核爆炸的不可或缺之法，继续坚持"自愿禁试"不符合美国利益。美国原子能委员会在提交给国会的报告中称，继续核试验将在武器设计方面取得重大进展，地下或外层空间核试验不会产生放射性尘埃，不会危害人体健康。

鉴于核查问题是核禁试谈判关键，美国政府就核试验监测和核查进行研究，商讨苏联每年地震的可能次数，以及为确保检测到其进行秘密试验所需要的现场核查次数。原子能委员会主席西博格认为，应根据苏联发生地震的情况来决定核查次数，不能设置上限，这显然是苏联不可能接受的。肯尼迪科学顾问、总统科学顾问委员会主席威斯纳则主张采取灵活的立场，认为没必要对每一次地震现象都进行现场核查，核查本身就是对苏联的一种威慑，即使进行一次秘密核试验也无关紧要，不会给美苏之间的力量均势带来多大改变。①

1961 年 1 月底，肯尼迪裁军助理约翰·麦克罗伊组建一个由贝尔实验室物理学家菲斯克领导的特别小组，由贝特、布朗、约克、沃尔夫冈·帕诺夫斯基等科学家以及军方代表组成，重新研究美苏科学家原来达成的日内瓦核查体系，旨在确定这一体系在技术上是否仍然可行，从而为美国政府决策提供支持。3 月初，该小组提交了报告，认为核禁试涉及很多技术、军事和政治因素，在很大程度上并非由技术这一单一因素决定，政治和军事上的考虑是最主要的，因而必须对核禁试带来的政治收益与风险进行权衡；尽管美国在苏联周边地区部署了可远程监测的声学、地震、电磁以及放射性设备，但仍不能区分地下核爆炸与地震，因为仅靠地震波并不能识别地下核试验，建议扩大地震监测研究。报告认为，达成核禁试协议对

---

① Memorandum of Conversation: Meeting of Principals, March 2, 1961, Box 267, National Security Files, Kennedy Library.

美国来说比对苏联更为重要，军备控制迈出第一步会带来一定风险，但将有助于稳定美苏关系，从而缓和世界紧张局势，避免核战争发生，防止核扩散，还将使美国赢得世界舆论支持。该报告强调，美国现有核力量既可以有效发挥威慑作用，也足以发动第一次打击，对城市目标给予"过度摧毁"。在强制禁试的情况下，双方凭借已有核储备，无需进行新的试验仍可保持强有力的威慑。即使核禁试协议不能强制实施，苏联仍然进行了最大限度的秘密核试验，美国的威慑力量依然有效。① 麦克罗伊向肯尼迪汇报说，根据对核禁试各种影响因素研究，从技术角度看，重新进行核禁试谈判并谋求达成协议"符合美国总体安全利益"。尽管存在苏联进行秘密试验风险，但可以通过加强地震研究来降低。他强调，"总体来说，值得冒险"，核禁试"将是军备控制领域的一个重大步骤"，是迈向裁军的踏脚石。②

菲斯克小组成员、退役陆军军官赫伯特·洛珀基于军事上考虑，对菲斯克小组报告的部分结论提出异议，担心苏联会规避监测，秘密进行核试验，从而超越美国，强调"美国的任何行动，如果不能使科学和工程界有机会将最大能力应用于国家防御，就不可能给国家带来军事优势"。兰德公司发表的一份由拉特等人撰写的报告，也对菲斯克小组结论提出疑问。报告称，美国科学家几乎一致认为，某些核试验是无法监测到的，要求核禁试要基于核技术已经发展到没有新的发现可以打破目前军事平衡这一假设。在核禁试支持者看来，无论美国是否继续进行试验，还是苏联是否对核禁试协议采取规避行动，都无关紧要。报告认为，这些说法都是错误的，美国核试验事关重大。特勒、福斯特以及空军部门首席科学家格里格斯，都对这一结论表示赞成。报告争辩说，如果停止核试验，美国将面临很多不利之处，苏联研究人员可能会发现美国核力量存在弱点，使美国错失关键的反导系统发展机会。报告认为，在核禁试问题上应坚持"充分控制"原则，鉴于尚缺乏对地下试验进行有效监测的手段，核禁试协议只适用于大气层、

① Report of the Ad Hoc Panel on the Technological Capabilities and Implications of the Geneva System, March 2, 1961, Disarmament: Fisk Panel on Technical Capabilities of the Geneva System, March 1961, Box 100, President's Office Files, Kennedy Library.

② Memorandum from the President's Advisor on Disarmament (McCloy) to President Kennedy, March 8, 1961, *FRUS*, 1961 – 1963, Vol. 7, Washington, D. C.: U. S. Government Printing Office, 1995, pp. 15 – 17.

外层空间和超过临界值的地下核试验。① 兰德公司科学家与菲斯克小组都认为，目前技术还难以对低当量的地下核试验进行远程监测，但两者在苏联是否恪守协议、核禁试的风险是否超过军备控制的好处等问题上存在严重分歧。

美国军方对菲斯克小组的报告表示强烈反对。1961 年 4 月初，参谋长联席会议主席莱曼·莱姆尼策认为，"自愿禁试"严重影响美国国家安全；苏联如果通过"秘密"试验研制开发出更有效、更低廉的反洲际导弹系统，就有可能对美国实施核打击，不再惧怕美国的报复行动。② 参谋长联席会议在一份报告中指出，"没有任何切实可行的军备控制协议和监测体系，可以完全消除遭受突然袭击的危险"。军方要求尽快恢复核试验，以便改进和完善美国反导系统，军备控制使得美国更不安全。③

美国国务院以及肯尼迪一些顾问都非常担心，恢复核试验会引起国际社会强烈反对。国务卿迪安·腊斯克、美国常驻联合国代表阿德莱·史蒂文森、美国驻印度大使约翰·加尔布雷斯以及肯尼迪特别助理小阿瑟·施莱辛格等都非常担心，恢复核试验将会使美国陷入孤立境地，对美国外交政策目标造成严重影响，敦促肯尼迪谨慎行事。④ 肯尼迪认识到，美国恢复核试验势必引起国际社会强烈反应，从而对美国国际形象造成严重影响。不仅如此，大气层核试验势必产生更多放射性尘埃，同样令肯尼迪深感不安，要求威斯纳和总统科学顾问委员会就核试验相关技术问题展开研究。⑤

---

① Loper to McCloy, March 2, 1961; A. L. Latter et al., "Some New Considerations Concerning the Nuclear Test Ban," March 10, 1961, Disarmament: Nuclear Test Ban Negotiations folder, Box 100, President's Office Files, Kennedy Library.

② Memorandum from the Joint Chiefs of Staff to Secretary of Defense McNamara, April 8, 1961, *FRUS*, 1961 – 1963, Vol. 7, pp. 39 – 41.

③ Joint Chiefs of Staff, "Arms Control Measures Affecting Risk of Surprise Attack," May 1961, Box 273, National Security Files, Kennedy Library.

④ Telegram from the Mission to the United Nations to the Department of State, May 26, 1961, *FRUS*, 1961 – 1963, Vol. 7, pp. 81 – 83; John Kenneth Galbraith, Memorandum for the President, June 12, 1961, Box 299, National Security Files, Kennedy Library.

⑤ Memorandum for President Kennedy, July 20, 1961, USDDO, CK 2349494101; Arthur M. Schlesinger, *A Thousand Days: John F. Kennedy in the White House*, Boston and New York: Houghton Mifflin Company, 2002, p. 455.

威斯纳是肯尼迪政府中核禁试谈判的积极推动者。1960年他参加在莫斯科举行的帕格瓦什会议后，向美国国务院汇报，苏联愿意与肯尼迪一道努力，达成核禁试协议。他日后回忆说，在帕格瓦什会议上他与苏联科学家建立起良好和融洽的关系；在担任肯尼迪科学顾问期间，他与苏联科学家的接触，在推动美苏达成核禁试协议中发挥了非常重要的作用。在他看来，肯尼迪非常担心放射性尘埃造成的危害。据威斯纳回忆，在一个下雨天，当他告诉肯尼迪放射性尘埃是被雨水冲出云层带到地球时，肯尼迪看着窗外，神情黯然，好几分钟没有说话。①

美国科学界不少人对恢复核试验深感不安。洛斯阿拉莫斯实验室负责人诺里斯·布拉德伯里同样认为，美国恢复核试验不会导致"国家实力的根本变化"，大量核武器的研制工作可以在实验室中完成，关键的运载系统也可以在核禁试的情况下进行试验，因而在军事上没有恢复试验的急迫性。他认为，核禁试是迈向裁军的重要举措，"目前的核禁试谈判尽管令人失望，却是改变核军备竞赛历史进程的第一次真正尝试"。布拉德伯里的同事卡森·马克同样认为，美国已经拥有大量极具破坏性的有效核储备，任何新的试验进展都不能改变这样一个事实，即"我们和潜在的对手都可以给对方造成身体和心理上无法忍受的伤害"。② 担任美国国防部核武器顾问的物理学家拉普表示，非常担心美国恢复核试验带来严重"政治后果"，敦促肯尼迪政府在裁军方面"作出巨大和持久的努力"。③

鉴于美国政府内部和科学界分歧严重，肯尼迪指示斯坦福大学物理学家沃尔夫冈·帕诺夫斯基领导一个特别小组，就与核禁试相关的技术问题进行评估，包括苏联是否在暂停核禁试期间进行秘密试验、苏联的试验对其核技术具有何种影响，以及美国恢复核试验可以取得何种进展等，并分析苏联在核武器研制方面超越美国的可能性。该小组成员包括贝特、布拉德伯里、菲斯克、哈佛大学化学家基斯塔科夫斯基等。

从已解密的报告看，帕诺夫斯基小组的基本结论是：没有任何确凿的证据表

① Theodore C. Sorensen, *Kennedy*, New York: Harper & Row, 1965, pp. 621 – 622; Walter A. Rosenblith, ed., *Jerry Wiesner: Scientist, Statesman, Humanist*, p. 58.

② Norris Bradbury to Wiesner, July 17, 1961, Box 302, National Security Files, Kennedy Library.

③ "A-Test Hazard: Political Fallout," April 28, 1961, *Boston Globe*, p. 11.

明苏联进行了秘密核试验；尽管从长远看，核禁试限制了美国的武器发展，即便苏联因某些试验而取得一些进展，在今后一段时期，美国仍将在核武器领域享有技术优势。从技术和军事角度看，现在讨论的任何一项具体的武器试验似乎都没有迫切需要，推迟作出正式恢复核试验的决定至关重要；任何有关恢复核试验的决定都主要基于非技术或军事因素的考虑。报告承认，恢复核试验有助于加快美国轻型核弹头以及洲际导弹和反导系统发展，但如果只是禁止大气层试验，这些研究将不会受到"严重影响"，不过会变得更为困难、更为昂贵。但从更大的战略角度看，全面且可核查的核禁试协议会"冻结"美国优势，倘若美苏无限制地进行核试验，则有可能使双方在核弹头技术方面旗鼓相当。同菲斯克报告一样，帕诺夫斯基报告也指出，无论是进行威慑还是反击，美国都拥有"过度杀伤"的能力。[1] 在8月8日的国家安全委员会会议上，帕诺夫斯基又明确表示，核禁试的确限制了美国武器发展，但这种限制在很大程度上可以通过美国在其他技术上的改进得到弥补。[2]

帕诺夫斯基报告为美国政府内反对恢复核试验的力量提供了有力支持。国务院副国务卿鲍尔认为，美国在作出恢复核试验决定时，需对各种问题进行全面权衡，包括美国盟友和苏联的立场以及世界舆论，同时也必须充分考虑这一行动对美国裁军政策和军事安全的影响。他提出，对美国最有利的做法就是暂缓试验，推迟至1961年底再决定。[3] 西博格对报告结论"总体上"表示认同。美国国家安全委员会官员罗伯特·科默、马克·拉斯金都明确支持暂缓恢复核试验，强调对美国来说恢复核试验弊多利少，不仅会遭到国际社会普遍谴责，而且势必导致军备竞赛加剧。美国核技术一直处于领先地位，即使恢复核试验也难以取得重要军事成果，继续暂停试验短期内不会对美国军事态势造成严重影响，对国家安全

① Report of the Ad Hoc Panel on Nuclear Testing, July 21, 1961, *FRUS*, 1961 – 1963, Vol. 7, pp. 106 – 108.

② Memorandum of Minutes of the 490th Meeting of the National Security Council, August 8, 1961, *FRUS*, 1961 – 1963, Vol. 7, pp. 134 – 135.

③ Memorandum from Acting Secretary of State Ball to President Kennedy, August 4, 1961, *FRUS*, 1961 – 1963, Vol. 7, p. 132.

并非至关重要的。①

美国部分科学家对帕诺夫斯基小组的报告有不同意见。加利福尼亚大学辐射实验室主任、即将出任美国裁军与军备控制署署长的威廉·福斯特表示，基于对可能取得的技术进展和军事价值的评估，美国迫切需要恢复核试验，在美苏竞争中，苏联在军事上正逐步取得优势，而美国则处于"严重劣势"。如果美国不恢复核试验，不仅会影响在研制战略和战术核武器方面保持一种积极态势，而且还会削弱人们对核武器效能的信心。他强调，美国必须尽一切可能在所有军事领域取得进展，恢复核试验决不能再推延。他确信，无论苏联是否秘密进行核试验，美国在核领域的相对优势地位正在失去，唯有尽快进行核试验，美国才能继续领先于苏联。②

美国国防部和参谋长联席会议对帕诺夫斯基小组报告表示反对。国防部长麦克纳马拉建议全面准备恢复核试验，担心如果美国不进行试验而苏联秘密进行的话，从长远看苏联将取得重大进展，特别是如果苏联在反弹道导弹领域取得重大突破，美国的威慑能力将被削弱，美国及其盟友的安全将受到严重影响。他强调，考虑到柏林危机，恢复核试验将表明美国与苏联对抗的决心。③ 与此同时，美国国防部国防研究与工程局局长、物理学家哈罗德·布朗向威斯纳强调，帕诺夫斯基小组的报告低估了苏联进行秘密试验的危险性，国防部认为，尽管短期内停止核试验不会产生重大影响，但从长远看，苏联通过核试验可能取得的成果，势必对美国造成军事上的不利影响。因而，只要政治上适宜，应尽快恢复地下核

---

① Memorandum for McGeorge Bundy, July 25, 1961, Box 299, National Security Files, Kennedy Library; Memorandum from Robert W. Komer of the National Security Council Staff to the President's Special Assistant for National Security Affairs (Bundy), May 19, 1961, *FRUS*, 1961 – 1963, Vol. 7, pp. 70 – 71.

② John S. Foster to Wiesner, August 2, 1961, Box 302, Nuclear Weapons: Panofsky Panel, National Security Files, Kennedy Library.

③ Willard S. Poole, *The Joint Chiefs of Staff and National Policy, 1961 – 1964*, Washington, D. C.: Office of Joint History, Office of the Chairman of the Joint Chiefs of Staff, 2011, p. 96; Letter to John McCloy from Robert S. McNamara, July 28, 1961, Box 299, National Security Files, Kennedy Library.

试验。①

参谋长联席会议主席莱姆尼策、肯尼迪军事代表马克斯韦尔·泰勒都认为，如不尽快恢复试验，将严重阻碍美国开发轻型战略弹头和战术核武器研制。② 美国军方领导人对苏联是否遵守"自愿暂停"表示怀疑，认为苏联"极有可能"利用"自愿禁试"之机秘密进行核试验，从而获得决定性军事优势，使美国国家安全面临极大风险，不同意那种认为"美国恢复核试验的紧迫性不大"的说法，强调恢复核试验不仅必要，而且"刻不容缓"。参谋长联席会议称，根据以往对核试验放射性尘埃的调查，核试验产生的辐射只占天然辐射的很小一部分，美国应在任何被允许的环境中进行核试验，放射性尘埃对任何生物的影响从世界范围看不足为害。尽管美国中央情报局在1959—1961年曾三次提交报告，认为尚没有证据表明苏联秘密进行了核试验，并且没有对帕诺夫斯基小组的报告提出异议，但参谋长联席会议依然坚称，该小组依据"未经证实"的情报作出判断，对苏联核能力的评估不准确，得出的结论完全是"推测性的"，存在"严重错误"，担心如果美国不恢复核试验，苏联就有可能在核技术领域超越美国。③

帕诺夫斯基小组的报告使肯尼迪认识到，美国从核禁试中得到的好处可能比较有限。但他对美国军方的反对感到困惑，因为西博格对帕诺夫斯基小组的报告结论已经表示基本认可。他向泰勒表示，"参谋长联席会议对帕诺夫斯基报告表示强烈反对"，他想了解参谋长联席会议的哪些官员支持他们的反对意见，是一个人、两个人或是三个人，还是由在国防部之外的一群科学家完成的。④

即使在1961年9月苏联恢复了核试验，威斯纳以及总统科学顾问委员会的

① Letter to Jerome Wiesner from Harold Brown, August 3, 1961, Box 302, National Security Files, Kennedy Library; Lawrence S. Kaplan, Ronald D. Landa and Edward J. Drea, *The McNamara Ascendancy, 1961 - 1965*, Washington, D. C.: Historical Office, Office of the Secretary of Defense, 2006, p. 330.

② Memorandum from the President's Military Representative (Taylor) to President Kennedy, August 7, 1961, *FRUS*, 1961 - 1963, Vol. 7, pp. 133 - 134.

③ Memorandum from the Joint Chiefs of Staff to Secretary of Defense McNamara, August 2, 1961, *FRUS*, 1961 - 1963, Vol. 7, pp. 125 - 127; "Comments of JCS on Report of the Ad Hoc Panel on Nuclear Testing," August 2, 1961, Box 301, National Security Files, Kennedy Library.

④ John F. Kennedy, Memorandum for General Taylor, August 7, 1961, Box 302, National Security Files, Kennedy Library.

科学家们依然认为，美国并无必要步其后尘，敦促肯尼迪推迟恢复试验，以便获得最大政治利益。但是，迫于美国原子能委员会、军方和国会的强大压力，肯尼迪政府不仅恢复了地下核试验，而且加紧准备恢复大气层核试验。参谋长联席会议和国防部都认为，从美国国家安全角度看，仅仅恢复地下核试验对武器研制是非常不够的，因为这类试验不仅耗时长，比大气层核试验更为昂贵，也更加困难，更重要的是并不适合进行一些极为重要的武器试验。美国要想不断完善武器系统，评估核武器效能，改善美国战略态势，唯一的办法就是展开全面核试验，因为诸如洲际导弹、反导导弹等项目的试验不能通过地下试验来完成。① 国防部认为，现在是美国武器发展的关键时期，进行全面核试验对确保美国进攻性和防御性武器系统有效性至关重要。② 西博格担心苏联可能在某些关键技术领域取得了重大突破，并因连续试验而积累了新的数据，苏联的系列试验使其获得了"重要的相对优势"，在原子能委员会看来，为了国家安全有必要立即开始进行大气层核试验，大气层核试验产生的放射性尘埃将会被控制在最小限度，不会对人体健康造成危害，也不会污染环境。③

1962年初，由美国空军前参谋长特文宁领导的由科学家、空军军官等组成的委员会，对美国恢复核试验问题进行了研究。他们认为，苏联在核武器设计的某些方面可能已经赶上甚至超过美国，其在武器制造技术上取得了实质性进展，很可能制造出一种单位重量的爆炸力高于美国的核武器，由此改变美苏力量均势，获得政治和外交上的有利地位。这是美国政府所不能接受的。报告强调，美国政府称禁止试验将保护美国的核优势，并将遭受突然打击的风险降到最低，但"从科学和军事角度看"，这一看法缺乏根据，核禁试对美国国家安全所带来的风险要比原来的认识大得多。④ 肯尼迪国家安全事务助理乔治·邦迪认为，鉴于该报

① Willard S. Poole, *The Joint Chiefs of Staff and National Policy, 1961 – 1964*, p. 97.

② Memorandum from the Deputy Secretary of Defense (Gilpatric) to President Kennedy, undated, *FRUS*, 1961 –1963, Vol. 7, pp. 312 –316.

③ Letter from the Chairman of the Atomic Energy Commission (Seaborg) to President Kennedy, October 7, 1961, *FRUS*, 1961 –1963, Vol. 7, p. 193.

④ Report by the Twining Committee, "Military Implications of U. S. and Soviet Nuclear Testing," March 4, 1962, Box 302, National Security Files, Kennedy Library; John W. Finney, "Soviet Test Gain Said to Imperil U. S. Atomic Lead," *New York Times*, December 8, 1961, p. 1.

告已经在国会议员中流传，因而可能具有"重要的政治意义"。2月，参谋长联席会议在致肯尼迪的备忘录中明确表示，美国的安全在很大程度上取决于保持核优势，以及有效使用核武器的能力，美国迫切需要加强包括大气层在内的各种环境下的核试验，以研制出更为先进的核武器，进一步增进对核武器效能的了解。[1]

美国国家安全委员会中的一个小组委员会认为，有很多重要的项目无法通过地下核试验获得，唯有通过大气层核试验才能确保美国军事的相对优势，许多关键信息和可能的技术进步不可能仅仅通过地下核试验获得，并且苏联在某些领域所取得的重大技术进展已经超越美国，如果再展开进一步试验，就可能导致两国实力地位发生变化。[2] 美国国务院对军方立场表示支持，认为军方要求恢复大气层核试验的理由"令人信服"，如果美国仍不恢复大气层核试验，听任苏联在核技术领域取得进展，将严重损害美国国家安全。国务卿腊斯克表示，恢复大气层核试验旨在显示美国"捍卫"国家安全和盟友的决心与力量，有助于增强美国国际地位。他甚至称，与误解美国核力量所带来的危险相比，放射性尘埃所造成的危害则小得多。[3]

对核禁试谈判持反对立场的物理学家爱德华·特勒称，苏联一直在进行秘密核试验，并且已取得"决定性优势"，美国应尽快开展广泛试验，民众没必要对放射性尘埃问题过分担忧。1961年11月，他向肯尼迪面陈了自己的主张，要求立即全面恢复试验，同时应大规模建设庇护所，以保护美国民众免遭核打击。12月初，他在给肯尼迪的一封信中进一步强调恢复大气层核试验对美国国家安全"至关重要"，有助于研发更为小型和廉价的核弹头以及反导系统。他警告说，如果不恢复大气层核试验，随着苏联第一次打击能力的不断增强，到60年代中期，美国将面临"极其危险的局面"。他表示，鉴于公众舆论一直不断要求停止核试验，核科学家正承受着巨大压力；更重要的是，核武器实验室也越来越难以吸引

---

[1] JCS Views on Resumption of Nuclear Testing, February 16, 1962, USDDO, CK2349175527.

[2] Memorandum for President Kennedy, November 1, 1961, USDDO, CK2349188602; Letter from the Chairman of the NSC Committee on Atmospheric Testing Policy (Seaborg) to President Kennedy, November 29, 1961, *FRUS*, 1961 – 1963, Vol. 7, pp. 242 – 248.

[3] Memorandum from Secretary of State Rusk to President Kennedy, undated, *FRUS*, 1961 – 1963, Vol. 7, pp. 320 – 322.

优秀的青年人才，美国核武器研究正面临人才短缺问题。为了改变这种状况，特勒提议，肯尼迪可以视察美国的两个核武器实验室，并向全国科学家发表公开讲话，阐明核武器发展为美国提供了"确保和平的力量"，以此激励核科学家的研究活动。① 1962 年 2 月，特勒还发表文章称，放射性尘埃对人体所产生的影响小得几乎难以测出，不仅不会造成多大危害，甚至还可能有益处。②

　　肯尼迪的一些顾问则坚持反对恢复大气层试验。史蒂文森告诫说，美国恢复大气层核试验势必遭到国际舆论反对，从而给美国带来负面影响。施莱辛格、拉斯金等人认为，放弃恢复大气层核试验不仅有助于美国"重新获得道义和政治上的领导地位"，而且还会赢得大多数美国民众支持。③ 施莱辛格和肯尼迪特别助理西奥多·索伦森甚至为肯尼迪起草了一份宣布美国单方面放弃大气层核试验的演说稿。威斯纳极力守住禁止大气层核试验的底线，以帕诺夫斯基报告为依据，认为没有进行大气层试验的迫切需要，美国此举将不必要地引起放射性尘埃的"政治问题"。在他看来，进行核试验基本是一个政治问题，并无军事和技术上的需要："虽然这些试验的确有助于增强我们的军事力量，但对我们的总体军事地位来说并非至关重要，甚至也不是非常重要。"他认为，对美国最为重要的是维持一支有效的威慑力量，无需进行大气层核试验就可以做到这一点，美国可以通过更广泛的外交手段实现国家安全目标。如果不危及美国军事安全，最好不要进行大气层核试验。④ 威斯纳敦促肯尼迪考虑更为全面的核禁试方案，认为这比恢复大气层核试验更具政治吸引力，建议为达成全面核禁试协议，美国应将其对现场检查的要求降至苏联提出的三次，并将该协议作为更全面裁军提案的"第一阶段"。他认为，如果苏联同意，"我们就将为世界和平作出巨大贡献"。1962 年 2

① Letter to President Kennedy from Edward Teller, December 7, 1961, Box 299, National Security Files, Kennedy Library.

② Ronald J. Terchek, *The Making of the Test Ban Treaty*, The Hague: Martinus Nijhoff, 1970, p. 71.

③ Adlai E. Stevenson, Memorandum for the President, February 21, 1962; Raskin to McGeorge Bundy, December 20, 1961; Schlesinger, "Resumption of Atmospheric Testing: A Proposal," December 29, 1961, Box 299, National Security Files, Kennedy Library.

④ Memorandum from Wiesner to President Kennedy, December 19, 1961, Box 299, National Security Files, Kennedy Library.

月 21 日，威斯纳提出一项更为激进的禁试与裁军计划：全面禁止所有环境下的核试验；停止所有核武器的研究和开发；除确定用于和平目的的商定数量外，完全停止裂变材料的生产；美苏双方每年可进行 20 次核查；所有实验室都将由常驻人员监督；对所有以前从事过核武器研究的相关人员的活动登记记录。在他看来，这样不仅可禁止一切核试验，而且将阻止所有相关研究活动。[1]

美国科学界普遍反对恢复大气层核试验。针对特文宁委员会提出的扩大核试验主张，贝特感到非常担心。他强调，美国在核武器领域仍领先苏联；没有证据表明苏联在禁试期间秘密进行核试验；美国现有陆基导弹和"北极星"潜射导弹足以应对苏联的突然袭击；苏联研制出可用于实战、轻型、廉价的热核武器可能性极小；美国恢复核试验并非"必须"。[2] 美国科学家联盟认为，美国和苏联已经达成"战略平衡"，双方都有足够力量消灭对方，核武器的进一步改进不会改变这一局面，而美国的克制不仅表明其对裁军的承诺，限制放射性尘埃排放，还将促使国际社会为建立一个稳定的世界作出更大努力，因而，达成一项核禁试协议对美国"至关重要"。该组织认为，是否恢复试验不能仅仅基于军事上的考虑，而必须有助于实现国家长远目标，增进国家安全，美国恢复核试验只能表明，美国的安全只能依赖军事力量来维持，明确指出目前恢复试验是非常不明智的。[3] 1962 年 2 月中旬，147 名康奈尔大学科学家联名致函肯尼迪，呼吁美国政府停止大气层核试验。1939 年曾与爱因斯坦一起力促罗斯福研制原子弹并且参与曼哈顿工程的核物理学家利奥·西拉德，则在全国各大学发表演说，呼吁民众用选票向美国政府和国会施压，促其在裁军和废止战争方面采取行动。[4]

---

[1] Wiesner to JFK, January 25, 1962, Nuclear Testing 1962 – 1963 folder, Box 104, President's Office Files, Kennedy Library; Jerome B. Wiesner, "Outline of a Proposed Plan to Control the Testing and Development of Nuclear Weapons and the Production of Fissionable Material," February 21, 1962, Archives Unbound, Gale.

[2] Hans A. Bethe, Twining Commission Report on Military Implications, January 26, 1962, Box 302, National Security Files, Kennedy Library.

[3] Toshihiro Higuchi, *Political Fallout: Nuclear Weapons Testing and the Making of a Global Environmental Crisis*, pp. 176 – 177; FAS, "Scientists Appraise Atmospheric Tests," *Bulletin of Atomic Scientists*, Vol. 18, No. 4, 1962, p. 33.

[4] Leo Szilard, "Are We on the Road to War?" *Bulletin of Atomic Scientists*, Vol. 18, No. 4, 1962, pp. 23 – 30.

在美国决策者看来，核试验不仅是美国与苏联进行冷战对抗的一种手段和工具，也是美国实力的象征和展示，全面恢复核试验有助于维护美国在西方世界的领导地位。当时美国政府官员普遍心态是：美国在国际上正面临重重危机，"最大限度地利用任何核态势的政治威慑价值是极其重要的"；即使大气层核试验不会取得军事上的重大成果，出于政治考虑，也应恢复试验。[①] 1962年4月下旬，美国在太平洋上开始新一轮大气层核试验。

美国政府恢复大气层核试验的决定，在科学界引起轩然大波。鲍林在给肯尼迪的电报中告诫，放射性尘埃将危及无数未出生的孩子，谴责美国此举是"可怕的不道德行为"，肯尼迪由此将成为"有史以来最不道德的人和人类最大的敌人之一"。[②] 大多数科学家表示"深感沮丧"，并继续施加压力，敦促美国政府尽快停止试验，谋求达成全面核禁试协议。威斯纳认为，从技术上讲，苏联抱怨一个有"临界"的条约不是真正的禁试，是有道理的。任何低于4.75级震级的地下核试验都可以继续进行，这一方案在科学上是站不住脚的。他对美国原子能委员会提出的为和平使用核能应允许进行试验的说法不以为然。在他看来，这些支持试验的借口不论听起来多么冠冕堂皇，都几乎肯定有助于推进武器研制，美国应当放弃"临界"方案。[③] 应当说，随着远程监测技术不断发展，美国政府也逐渐认识到以前过高估计了苏联发生地震的次数，美苏双方达成全面核禁试协议的可能性较前更大了。

五、美国科学界支持部分核禁试条约

在美国全面恢复核试验之时，美苏之间围绕核禁试问题的会谈仍在继续，两国科学家也在煞费苦心地寻求更好解决核查的办法。当参加帕格瓦什会议的科学家提议用"黑匣子"来监测苏联境内的地震以替代现场核查时，苏联领导人表示赞成。然而，肯尼迪认为，参加会议的美国科学家不能代表美国政府，他们没有

---

① Memorandum by Robert W. Komer, January 18, 1962, Box 299, National Security Files, Kennedy Library.

② "Pauling Calls Tests Grave Immorality," *New York Times*, March 2, 1962, p. 3.

③ Wiesner, Memorandum for President, March 9, 1962, Nuclear Testing, 1962 – 1963 folder, Box 104, President's Office Files, Kennedy Library.

与负责的美国政府官员进行磋商，所有与会者都是以个人身份发言，没有人是地震学家，他们所达成的协议除了表明这是一个值得进一步研究的领域外，没有任何其他意义。①

1962 年 10 月，古巴导弹危机发生将世界推到了核战争边缘，美国领导人迫切感到必须对愈演愈烈的核军备竞赛加以控制，避免核冲突发生，因而在核禁试问题上采取较为灵活和积极的态度，并谋求达成核禁试协议。美国政府此举得到大多数科学家赞成。1963 年 2 月，哈佛大学、普林斯顿大学、麻省理工学院 8 名科学家发表声明，支持肯尼迪政府与苏联签署核禁试条约，强调从长远看，如果不能达成协议，将对美国国家安全造成巨大破坏。② 5 月，包括英格利斯、贝特在内的来自普林斯顿大学、麻省理工学院、加利福尼亚理工学院、哈佛大学、康奈尔大学等机构的 27 名科学家发表声明，强调日内瓦谈判以来对核试验监测的技术已取得很大进展，重申美苏双方拥有"过度杀伤"能力，即使实施最为严格的核禁试仍有足够力量进行威慑。他们认为，禁止核试验将是减少军备竞赛和核战争风险的有力工具，核禁试符合"美国和世界和平的最佳利益"，有助于减缓军备竞赛和核扩散，降低发生核战争的可能性，并阻止放射性尘埃危害扩大，继续核试验所带来的危险超过了规避条约进行秘密试验的风险。③ 1963 年在伦敦召开的帕格瓦什会议上，基斯塔科夫斯基等科学家一直在讨论如何打破日内瓦核禁试谈判僵局，并探讨了核禁试条约在美国参议院讨论时可能出现的问题，同时交流了很多监测办法以及地震试验结果。一位与苏联政府高层保持定期联系的科学家向基斯塔科夫斯基表示，苏联愿意接受每年 5 次的现场核查。

但是，美国军方、部分国会议员以及特勒等反禁试科学家仍不断制造障碍，试图改变美国谈判政策。由特勒、普林斯顿大学物理学家约翰·惠勒、加州大学洛杉矶校区化学家威廉·麦克米兰、利弗莫尔国家实验室的约翰·福斯特、洛斯

---

① United States Arms Control and Disarmament Agency, *Documents on Disarmament*, *1962*, Washington D. C: U. S. Government Printing Office, 1963, p. 1279.

② "8 Scientists Urge Support for U. S. Test-Ban Proposal," *Boston Globe*, February 12, 1963, p. 6.

③ "Text of Scientists Statement Supporting Test Ban Treaty," May 10, 1963, Box 100, President's Office Files, Kennedy Library; "27 U. S. Scientists Urge Test-ban Pact," *New York Times*, May 13, 1963, p. 4.

阿拉莫斯国家实验室的乌拉姆等9名科学家起草的一份报告称，苏联正全力加速研制核武器，核禁试将严重危及美国国家安全，导致无论是进攻还是防御能力的现有均势"决定性转向对苏联有利"，"很难想象届时美国还能制定一个有效战略"。因而，美国必须全面展开试验。作为兰德公司顾问以及国防研究与工程局武器效能特别委员会主席，麦克米兰依照优先顺序提出一份详细的试验清单，包括对导弹基地的安全性、反导系统的能力以及通信系统的安全试验。美国空军科学顾问委员会也提出报告，强调美国绝不能将在科学上的领导地位让与他国，如果不进一步扩大试验，势必严重影响美国在核领域的优势，进而危及美国国家安全。① 力主核禁试的西博格成为一些美国国会议员主要攻击目标，资深参议员赛明顿甚至将其视为美国政府中"最危险的人"。②

1963年8月，美苏达成部分核禁试条约，禁止大气层、外层空间和水下核试验，但并未禁止地下核试验。在肯尼迪政府担任中央情报局局长的麦科恩表示，特勒等人对条约的反对将不如军方那样强烈，而且他们的反对意见也不会为国会和公众所关注。③ 事实证明，这一看法是完全错误的，过分低估了特勒对国会议员和军方领导人的影响力。

特勒对美国与苏联达成任何限制核军备控制的协议都表示反对。当美苏开始谈判时，他就施展种种手段，试图阻挠双方达成协议。他强调，只有强有力的核力量才能对苏联起到威慑作用，核禁试条约将严重阻碍美国部署反导导弹，部分核禁试条约包含着"极其严重的危险"。④ 1963年6月，他向100多名国会议员呼吁拒绝批准核禁试条约。在国会就部分核禁试条约举行的听证会开始之际，特勒表示"希望修改或挫败核禁试条约"。他与参议院军事委员会和外交委员会的约翰·斯坦尼斯、亨利·杰克逊、赛明顿等议员保持密切联系，表示愿意随时到国会作证，发表需要继续进行核试验的声明，并推荐利弗莫尔实验室的科学家参与组织听证会活动。他向议员们强调，一旦通过核禁试条约，美国要想增强防御

---

① "Military Implications of U. S. and Soviet Nuclear Testing," December 12, 1962, Box 302, National Security Files, Kennedy Library.
② Gregg Herken, *Cardinal Choices*, p. 142.
③ Memorandum for the Record, July 22, 1963, *FRUS*, 1961–1963, Vol. 7, p. 821.
④ "Teller Warns Against Quick A-Ban Action," *Chicago Tribune*, July 28, 1963, p. 5.

力量将会遇到"极其严重的困难"。① 美国国会原子能事务联合委员会认为，这一条约甚至比军备竞赛给美国国家安全带来的危险更大。一些国会议员和媒体指责肯尼迪政府以牺牲国家安全为代价，与苏联达成一项"秘密协议"。②

特勒在出席参议院军事委员会和外交委员会举行的听证会时称，他反对部分核禁试条约是基于"技术"因素考虑。他的基本观点是，没有证据显示美国在核武器制造和使用方面处于优势地位，也缺乏确凿证据表明美国在低当量武器研制方面领先于苏联；而在核武器效能监测方面，苏联处于"决定性的领先地位"；没有办法对核禁试条约实施进行监督，现有方法无法监测苏联所有核试验，因而苏联可以规避核查，秘密进行核试验；苏联在武器研发方面已经超越美国；核禁试也阻止了美国对导弹发射台的坚固性进行监测，但苏联却可以进行这类试验；同时，也将阻止美国对和平利用原子能的研究。他宣称，核禁试条约将阻碍美国发展反导系统，而苏联已经部署这一系统；部分核禁试条约如果获得国会通过，将对美国和西方国家的安全造成"严重后果"，也使战争危险进一步增加，这一条约并非如肯尼迪所言是"迈向和平的一步"，而"可能是走向战争的一步"，是朝着"错误的方向"迈出的一步，要求立即恢复必要的大气层核试验，以获得武器发展所必需的资料。在他看来，这一条约不仅不能阻止反而会使军备竞赛愈演愈烈。他警告参议员们，如果批准了这一条约，那就是"出卖"美国未来的安全，增加发生战争的危险。③ 特勒的言论对国会议员、军方领导人都产生了深刻影响。参议员希肯卢珀、空军参谋长柯蒂斯·莱梅等人作证时都多次引用或重复特勒的证词。泰勒也公开承认，特勒是他顾问团队中的一员。

除特勒等少数科学家外，部分核禁试条约得到绝大多数科学家支持，科学界在核禁试问题上的严重分歧，仍对美国国会议员和公众舆论产生多方面影响，不少人对核禁试条约产生怀疑，另有部分人则感到无所适从。肯尼迪等人清楚地认识到，只要特勒、福斯特等人不断宣扬只有继续核试验才能不断改进美国核武器

① Paul Rubinson, *Redefining Science: Scientists, the National Security State, and Nuclear Weapons in Cold War America*, p. 109.

② Theodore C. Sorensen, *Kennedy*, pp. 736–737.

③ U. S. Senate, *Hearings: Nuclear Test Ban Treaty*, 88th Congress, August 1963, pp. 425–426, 430.

性能，核禁试条约就难以获得军方和国会支持。为了消除特勒的影响，使条约得到国会议员、民众更广泛支持，美国政府与科学界进行了合作。

特勒的言论遭到出席国会听证会的美国政府官员以及很多支持核禁试科学家的强烈反对。在西博格、威斯纳建议下，拉比组织了一场美国诺贝尔奖获得者声援运动，敦促参议院尽快批准部分核禁试条约。特勒在参议院军事委员会作证当日，35 名诺贝尔奖获得者发表声明，并将声明递交给美国国会领导人。声明认为，这一条约是减缓军备竞赛方面"微小但意义重大的第一步"，有助于增进美国安全以及世界和平，是美国渴望和平的具体体现，希望参议院批准条约。① 很快，签名者增至 40 人。这一声明不仅受到美国民众广泛关注，更重要的是给予美国政府以有力支持。肯尼迪在新闻发布会上被问及特勒有关核禁试会削弱美国防御的观点时表示，特勒曾多次表明其反对部分核禁试条约的立场，但美国有很多资历可与之相媲美的优秀科学家，包括总统科学顾问委员会成员、诺贝尔奖及其他奖项的获得者、其他从事核研究的科学家，都认为"核禁试是我们力量的源泉"。肯尼迪特别致函拉比，对他的"辛勤工作"表示感谢。② 与此同时，在白宫助理达顿安排下，基斯塔科夫斯基、约克、拉比等多名科学家还负责向一些参议员就条约的技术问题提供咨询，这些参议员是由美国裁军与军备控制署和达顿有针对性选择的，同时达顿还计划邀请纽约或伯克利地区数位生物学家就放射性尘埃的危害发表一份特别声明。③

对美国总统科学顾问委员会科学家来说，部分核禁试条约的签署进一步强化了其观念，军备控制应当通过政治途径来解决，而非依赖任何技术上的突破。虽然他们对没有实现全面核禁试感到有些沮丧，但对部分核禁试条约仍给予大力支持，因为这不仅有助于消除放射性尘埃带来的有害影响，而且有助于减少核扩散危险。美国总统科学顾问委员会举行了一次特别会议，决定公开发表声明，对特勒有关部分

---

① "Statement by Nobel Laureates," August 14, 1963, Arms Control and Disarmament Agency: Disarmament, Subjects, Nuclear Test Ban, Archives Unbound, Gale; Robert C. Toth, "Teller Opposes Test Ban Treaty," *New York Times*, August 15, 1963, p. 10.

② Zuoyue Wang, *In Sputnik's Shadow: The President's Science Advisory Committee and Cold War America*, p. 229.

③ Frederick G. Dutton, "Public Campaign in Support of Test Ban Treaty," August 16, 1983, Box 100, President's Office Files, Kennedy Library.

核禁试条约会妨碍反弹道导弹系统发展的论断进行反驳，强调继续不加限制地开展武器研发只能降低美国的实际安全，指出弹道导弹的发展瓶颈在本质上与核弹头无关，条约不会阻止开发加固导弹基地或探索反弹道导弹的防御技术，对美国军事安全不会构成危险。声明表示，鉴于美国核技术以及相关武器系统的先进性，美国能够接受该条约对核试验的限制，并对自身持续安全充满信心。声明指出，依据现有的监测技术，任何国家要想规避条约进行秘密试验而不被发现，都是极为困难的。声明最后表示，部分核禁试条约使人们免遭放射性尘埃危害，有助于防止核扩散，是朝着"维护世界和平与安全迈出的重要一步"。① 9 月 10 日，邦迪将该声明送交参议院。他向肯尼迪表示，这一声明可以作为特勒并非代表科学界、实际上绝大多数科学家都反对其立场的证据。② 拉比则致函每一位参议员，并附上这一声明，敦促其支持条约。③ 布拉德伯里在记者会上公开宣布，条约对其实验室的科学家及其研究工作不会产生任何影响，美国不会因为核禁试条约而停止核研究，也不会停止研制新型武器。④ 9 月中旬，正当参议院就部分核禁试条约进行辩论时，包括 19 名诺贝尔奖获得者在内的 52 名科学家联名呼吁议员投票赞成条约。⑤

为了更有力地反驳特勒等人观点，西博格、曾担任艾森豪威尔科技顾问的基斯塔科夫斯基等先后出席国会听证会，特别强调美国此前曾考虑研制大当量的核武器，但其效能很值得怀疑；没有确凿证据表明，苏联由于进行大当量武器试验，而对核武器效能的认识超过美国，并在反导系统发展方面领先美国，而且无须进行大气层核试验即可解决这一领域所面临的主要问题。他们强调，虽然苏联有可能通过地下试验赶上美国，但与双方继续在大气层中进行试验相比，这类试验成本更高，速度也更慢，部分核禁试条约实际上将延长美国的军事优势，符合

①　Statement by the President's Science Advisory Committee on the Nuclear Test Ban Treaty, August 25, 1963, President's Office Files, Box 100, Kennedy Library.

②　Gregg Herken, *Cardinal Choices*, pp. 144 – 145.

③　Benjamin P. Greene, *Eisenhower, Science Advice, and the Nuclear Test-ban Debate, 1945 – 1963*, p. 242.

④　"Text of Dr. Bradbury's News Conference," August 1, 1963, President's Office File, Box 100, Kennedy Library.

⑤　Mary Milling Lepper, *Foreign Policy Formulation: A Case Study of the Nuclear Test Ban Treaty of 1963*, Columbus: Charles E. Merrill Publishing Company, 1971, p. 60.

美国的最大利益。① 包括贝特在内的一些科学家致函参议院外交委员会主席威廉·富布赖特，对特勒的言论提出疑问，认为他并非导弹防御领域专家，其证词不足为信。唐纳德·布伦南和弗里曼·戴森代表美国科学家联盟在国会听证会上表达了同样看法，强调部分核禁试条约是减缓军备竞赛和减少发生核战争危险的重大一步，也是迈向军备控制的第一步。该组织公开谴责特勒是在误导民众。② 支持核禁试的科学家证词与游说活动，对于美国国会议员和民众更全面地认识和了解部分核禁试条约，从而推动条约在国会顺利通过无疑起了至关重要的作用。1963年9月，部分核禁试条约以多数票获得美国参议院通过。

结　语

1954—1963年，美国科学界围绕核禁试问题的争论从未间断，并出现了三种主张：一是以鲍林为代表的一派主张全面禁止核试验，认为核试验不仅有违道义，对人类身体健康和生态环境带来长久危害，而且核军备竞赛加剧了国际局势紧张，他们可以被视为激进禁试派。二是以总统科学顾问委员会中多数科学家为代表的温和禁试派，认为美国在核技术领域仍领先苏联，核禁试有助于保持美国这一优势，并确信利用当时的技术，可以有效监测大部分试验，一旦达成协议，苏联将不会采取规避行动。尽管一直谋求全面核禁试，但面对美国军方、国会以及特勒等人的强烈反对，他们采取了较为灵活务实的立场，赞成部分核禁试方案，认为该方案既可以减少民众对放射性尘埃危害的担心，取得国际舆论支持，同时又可以通过地下核试验不断增强美国核力量。三是以特勒为代表的极少数科学家极力反对任何限制核试验的协议，要求通过扩大试验不断提升美国核武器性能，这一主张得到美国军方和原子能委员会以及部分国会议员支持。

尽管支持与反对的两派都声称是基于技术考虑，但他们对核禁试是否有利于维护美国国家安全利益却有着截然不同的观点。在支持核禁试的温和派看来，技

---

① U. S. Congress, Senate, Committee on Armed Services, *Hearings: Military Aspects and Implications of Nuclear Test Ban Proposals and Related Matters*, Washington, D. C. : U. S. Government Printing Office, 1963, pp. 205 – 220, 856 – 858.

② U. S. Congress, Senate, *Nuclear Test Ban Treaty: Hearings*, Washington, D. C. : U. S. Government Printing Office, 1963, pp. 1007, 894 – 896, 996.

术并非维护国家安全的有效手段，任何技术解决办法都有其局限。随着技术的不断变革，美国面临的安全环境将更为严峻，唯有通过政治途径才能缓和美苏之间的紧张关系。而特勒等人则坚持认为，绝对的核优势是确保美国和西方国家安全、对苏联构成强有力威慑的唯一办法。在禁试派和反禁试派两者争论的背后，体现的是不同政治诉求，反映出两者对核武器在美国国家安全和外交政策中作用的不同认知。

美国科学界围绕核禁试问题展开的争论，对美国政府决策产生的影响是多方面的，不仅制约了美国政府的核试验政策、日内瓦核禁试谈判进程，而且一定程度上决定了美苏核禁试谈判结果。应当说，支持和反对核禁试的两派都部分实现了各自目标。美苏所签署的部分核禁试条约并不是大多数科学家所希望的全面禁止核试验，赞成核禁试的科学家要想实现通过军备控制将科学从战争转向和平的愿望，仍需要长期不懈的努力，有限禁止只会使军备竞赛转入地下。迫于美国军方、反禁试议员的压力，美国政府承诺将加大地下核试验，并采取措施确保美国在核领域的优势地位。核军备竞赛并未被遏制。威斯纳也将这一条约视为在美国政府任职期间所取得的最大成就，同时也是最大失败。[1] 有美国科学家甚至认为，部分核禁试条约存在严重缺陷，是军备控制的"灾难"。[2]

美国科学家主要通过两种方式影响政府决策过程：一是间接影响，通过发表演说和文章，使越来越多的美国民众认识到核试验对人类健康和生态环境造成的严重危害，从而对美国政府施加压力，促其停止核试验。二是直接参与美国政府相关决策。美国总统科技顾问、总统科学顾问委员会和原子能委员会顾问等都能够通过各种方式直接参与政府相关决策。美国总统科学顾问委员会建立伊始，大多数科学家都力图避免卷入政治。基利安曾向艾森豪威尔明确表示，核禁试是一个极具争议的问题，该委员会的建议将仅限于技术层面，必须与其他因素区隔开。因而，他拒绝支持艾森豪威尔的裁军顾问史塔生提出的核禁试建议，理由是

---

① Walter A. Rosenblith, ed., *Jerry Wiesner: Scientist, Statesman, Humanist*, p. 161.
② Paul Rubinson, *Redefining Science: Scientists, the National Security State, and Nuclear Weapons in Cold War America*, p. 113.

美国总统科学顾问委员会在这一领域缺乏能力和经验。① 包括该委员会成员在内的不少科学家认为，应当将其意见限制在技术领域，他们要做的主要是从技术上证明，军备控制不会危及美国国家安全。但在实践中他们逐渐认识到，很难将核禁试的技术层面与政治层面严格区分开来，核禁试最终是一个政治问题，技术评估只是在解决美国政府内部以及美苏之间的分歧方面起到有限作用。正如约克在参议院作证时所强调的那样，部分核禁试条约是朝着正确方向迈出的一步，因为唯有通过政治谈判而不是通过科学或技术手段，才能寻求解决核军备竞赛问题，军事力量增长并未带来国家安全提升，反而使人更缺乏安全感，解决这一困境的唯一出路在于政治谈判。② 这一观点实际上代表了美国科学界大多数人的观点。因而，这些科学家努力推动美国政府在日内瓦谈判中采取积极和灵活的政策。

核禁试显然不仅仅是一个技术问题，更大程度上是一个政治问题。是否禁止核试验、禁止何种类型的试验，主要是美国决策者基于政治考虑作出决定，同时反映了国内外诸多复杂因素相互博弈的结果。科学界两派意见在美国政府和国会中都有相应支持力量，科学家实际上只是为美国政府决策提供技术层面支持。有学者认为，正是在贝特、拉比等声誉卓著的科学家大力推动下，艾森豪威尔不仅同意"自愿禁试"，而且开始与苏联就核禁试展开谈判。还有学者提出，艾森豪威尔一直致力于谋求达成核禁试协议，之所以未能成功，乃是受到特勒以及原子能委员会误导，并始终未能摆脱他们影响，强调是特勒"挫败"了艾森豪威尔谋求核禁试的努力。③ 这些看法不免夸大了贝特、拉比以及特勒等人对艾森豪威尔的影响。实际上，科学家能否对美国决策者产生影响，在很大程度上取决于其立场是否与决策者一致或符合决策者需要。

毋庸置疑，一批有良知、赞成核禁试的美国科学家，在推动日内瓦谈判以及促使美国国会批准部分核禁试条约中发挥了积极作用，在美国政府制定核禁试政

① Memorandum of Conference With President Eisenhower, April 17, 1958, *FRUS*, 1958 – 1960, Vol. 3, p. 603; Zuoyue Wang, *In Sputnik's Shadow: The President's Science Advisory Committee and Cold War America*, pp. 121 – 122.

② Herbert York, *Making Weapons, Talking Peace*, p. 199.

③ Benjamin P. Green, *Eisenhower, Science Advice, and the Nuclear Test-ban Debate, 1945 – 1963*, p. 232; Paul Rubinson, *Redefining Science: Scientists, the National Security State, and Nuclear Weapons in Cold War America*, p. 105.

策过程中扮演了重要角色。他们将谋求核禁试视为科学家应该承担的责任和义务，坚持认为科学技术是用来造福人类、维护世界和平，而不是危害人类。由于鲍林等人的不懈努力，美国以及世界各国民众和政府愈发认识到核试验给人类健康和生态环境所带来的长期危害，推动美苏达成部分核禁试条约，鲍林由此获得1962 年诺贝尔和平奖。

但是，面对美国军方和国会内强硬派的激烈反对，美国科学界大多数人不得不采取"中间"立场，唯恐因被指责为危害美国国家安全而重蹈奥本海默的命运。鲍林在奥本海默听证会后表示，许多有远见卓识的科学家会得出结论，他们不应接受政府机构的工作，或者即使他们接受了，也应认识到，他们的贡献并不是重要的。① 事实上，鲍林也因为坚持反对核试验而受到美国联邦调查局以及国会的审查与非难，加利福尼亚理工学院校方甚至对其反核言行表示不满，他因此遭受种种不公正待遇。很多科学家正是因为不愿卷入政治而拒绝在请愿书上签字。美国原子能委员会主席麦科恩甚至认为，怀疑苏联是否会规避条约秘密试验的约克实际上犯了"叛国罪"。他和施特劳斯都将美国在日内瓦谈判中陷入困境的原因归咎于贝特等人。②

必须指出的是，大多数科学家反对核试验并非基于道义考虑，而是强调核禁试符合美国总体利益，赞成在建立一支有效威慑力量基础上对军备进行有限控制。为了保持对决策的影响力，这些科学家不愿对美国政府政策给予过多批评，更不希望与决策层公开决裂。显而易见，面对美国军方和国会中强大的反对力量，禁试派科学家的微弱言论对美国政府政策的影响势必受到很大制约。

〔作者赵学功，南开大学世界近现代史研究中心教授。天津　300350〕

（责任编辑：马俊燕）

---

① "Scientists Affirm Faith in Oppenheimer," *Bulletin of the Atomic Scientists*, Vol. 10, No. 5, 1954, p. 189.

② Gregg Herken, *Cardinal Choices*, p. 132; Benjamin P. Greene, *Eisenhower, Science Advice, and the Nuclear Test-ban Debate, 1945 – 1963*, p. 213.

图书在版编目（CIP）数据

中国历史研究院集刊. 2022 年. 第 2 辑：总第 6 辑 /
高翔主编. -- 北京：社会科学文献出版社，2023.7
　ISBN 978 - 7 - 5228 - 1725 - 5

　Ⅰ.①中…　Ⅱ.①高…　Ⅲ.①史学 -丛刊　Ⅳ.
①K0 - 55

中国国家版本馆 CIP 数据核字（2023）第 068161 号

中国历史研究院集刊2022年第2辑（总第6辑）

主　　编／高　翔
副 主 编／李国强　路育松（常务）

出 版 人／冀祥德
组稿编辑／郑庆寰
责任编辑／赵　晨
责任印制／王京美

出　　版／社会科学文献出版社·历史学分社（010）59367256
　　　　　　地址：北京市北三环中路甲 29 号院华龙大厦　邮编：100029
　　　　　　网址：www. ssap. com. cn
发　　行／社会科学文献出版社（010）59367028
印　　装／北京盛通印刷股份有限公司

规　　格／开 本：889mm × 1194mm　1/16
　　　　　　印 张：18.5　字 数：309 千字
版　　次／2023 年 7 月第 1 版　2023 年 7 月第 1 次印刷
书　　号／ISBN 978 - 7 - 5228 - 1725 - 5
定　　价／300.00 元

读者服务电话：4008918866

▲▲ 版权所有 翻印必究